火災報告取扱要領ハンドブック

防災行政研究会　編著

東京法令出版

は じ め に

　火災報告の取扱いについては、平成 6 年 4 月21日付け、消防災第100号「火災報告取扱要領の全部改正について」をもって、消防庁長官から各都道府県知事に通知され、平成 7 年 1 月 1 日の火災から実施されることとなった。

　この度の改正により、従来火災として扱っていなかった爆発を火災報告の範疇として扱うこと、また、死者の調査についても火災報告として扱うこととなったなど、火災報告の拡大が図られたのであります。

　しかしながら、近年、都市化の進展、社会経済の変化に伴い、災害の態様はますます複雑多様化、大規模化してきており、デパート、スーパーマーケット、ホテル、地下街等不特定多数の者が出入りする建物の火災、ガス爆発等大きな被害の発生する危険性はますます増大しております。

　このような火災における出火原因、死者の発生した原因、特徴等を的確に把握し、効果的な火災予防対策を講じていくためには、多くの情報、統計の蓄積と的確な処理、加工分析により得られるデータが必要不可欠であります。

　以上のような趣旨から、本書は多様な火災報告の取扱いに万全を期していただくために、火災情報、火災統計等作成の根拠となる火災報告取扱要領の解釈、運用について解説を行ったものであり、火災報告担当者必携の書として活用されることを期待するものであります。

　平成 6 年 7 月

防災行政研究会代表　今 井 康 容

目　次

はじめに

火　災　報　告　取　扱　要　領

2 　目　　次

火災報告取扱要領の改正の経過

火 災 報 告 取 扱 要 領 の 解 説

付　　　　　　　　　　　　録

火災報告取扱要領

○火災報告取扱要領の全部改正について（通知）

（平成 6 年 4 月21日
消防災第100号消防庁長官）

改正　平成 7 年12月消防災第246号、平成 9 年 8 月消防情第129号、平成11年 1 月消防情第10号、平成12年 7 月消防情第83号、平成13年 1 月消防情第 3 号、平成15年 6 月消防情第104号、平成16年12月消防情第234号、平成17年11月消防情第263号、平成20年 9 月消防情第158号、平成25年 3 月消防情第58号、平成26年 2 月消防情第70号

各都道府県知事

　火災報告取扱要領（昭和43年11月11日付け消防総第393号、以下「要領」という。）については、統計処理の電算化、報告事項の多様化等に対応するため、数次の改正を行ってきている。しかし、近年社会生活の多様化、都市構造、建築構造等の変化、危険物の増大等により災害事象がますます多様化し、ホテル、旅館、地下街等不特定多数の者が出入りする建物等の火災やガス爆発等依然として大きな被害を伴う火災が後を絶たない状況である。また、将来の効果的な予防行政を推進するうえで、火災報告による情報・統計の蓄積とその的確な処理分析により得られるデータが重要となっている。このことから、多様化する災害事象を的確に把握するため、火災報告取扱要領の全部を別紙のとおり改正し、平成 7 年 1 月 1 日から実施することとしたので通知する。

　今回の主な改正点は下記のとおりであるので、貴職におかれては、これらの改正趣旨を踏まえ、今後の要領の取扱いに万全を期せられるとともに、貴管下市町村に周知徹底を図られたい。

記

〔1〕第1　総則について
　1　火災の定義に爆発現象を加えたこと。
　2　車両火災を自動車車両と鉄道車両に区分することとしたこと。
　3　火災月報について、火災四半期報に改めたこと。
〔2〕第2　火災報告について（第1号様式その1、2）
　1　爆発について報告を加えたこと。
　2　救助開始時刻を加えたこと。
　3　放水開始時刻、火勢鎮圧時刻、鎮火時刻に月を加えたこと。
　4　初期消火器具の火災鎮圧に効果のあったものについて加えたこと。
　5　市街地等の区分について加えたこと。
　6　少量危険物等の施設の状況について加えたこと。

 7　日本標準産業分類の改訂（平成5年10月）に伴い、業態別分類表を改めたこと。

 8　出火原因分類表の発火源、経過、着火物について、分類項目を加えたこと。

 9　建物の工事期間中に発生した火災の状況について加えたこと。

 10　防火管理の状況について加えたこと。

 11　適マーク表示対象の状況について加えたこと。

 12　防炎物品の使用状況について加えたこと。

 13　消防用設備等の設置状況について加えたこと。

 14　住宅防火対策について加えたこと。

 15　建物の焼損程度に「ぼや」を加えたこと。

 16　建物焼損面積について、建物焼損床面積、建物焼損表面積に区分したこと。

 17　防火区画等を貫通して延焼した状況について加えたこと。

 18　世帯の区分について、国勢調査の例に準じて改めたこと。

 19　負傷者のうち火災により負傷した後48時間を経過し30日以内の死亡者について加えたこと。

 20　死者及び負傷者の区分に応急消火義務者、消防協力者を加えたこと。

 21　火災損害に爆発損害を加えたこと。

 22　負傷者の状況について、負傷程度、避難方法等を加えたこと。

〔3〕第3　死者の調査表について（第1号様式その3）

 火災による死者の調査記入（記載）要領（昭和53年消防予第244号）に基づく調査を加えたこと。

〔4〕第5　火災四半期報（第3号様式）

 火災四半期報として、「毎四半期」、「上半期」、「1年間」で公表すること。

〔5〕実施時期

 平成7年1月1日から実施する。

別　紙

火災報告取扱要領

第1　総　則

1　趣旨

この要領は、消防組織法（昭和22年法律第226号）第40条の規定に基づき消防庁長官が求める消防関係報告のうち火災に関する統計及び情報の形式及び方法を定めるものとする。なお、火災即報については、火災・災害等即報要領（昭和59年10月15日付消防災第267号）の定めるところによるものとする。

2　火災の定義

「火災」とは、人の意図に反して発生し若しくは拡大し、又は放火により発生して消火の必要がある燃焼現象であって、これを消火するために消火施設又はこれと同程度の効果のあるものの利用を必要とするもの、又は人の意図に反して発生し若しくは拡大した爆発現象をいう。

3　調査対象

調査対象は、日本の領土内において発生したすべての火災とする。ただし、消防法（昭和23年法律第186号）に基づく調査権の行使できない地域、施設等の火災は、火災件数その他判明している事項についてのみ報告書に記入し、不明の事項についてはその旨を記載する。

4　報告義務

(1)　報告は、当該火災の発生した地域の属する市町村が都道府県を通じて行う。

(2)　(1)にかかわらず、2以上の市町村を移動した車両火災、船舶火災及び航空機火災の報告は、これらの火災を主として防ぎょした市町村又はこれらの火災があったことについて報告を受けた市町村が都道府県を通じて行う。

5　火災件数

(1)　日本の領土内において発生した火災は、その程度のいかんにかかわらず、すべて火災件数として取り扱う。

(2)　「1件の火災」とは、一つの出火点から拡大したもので、出火に始まり鎮火するまでをいう。

(3)　飛火による火災が現場から消防隊が引き揚げた後に発生したときは、当該火災は別件火災とする。

6　火災の種別

火災は、次の種別に区分する。この場合において、火災の種別が2以上複合するときは、焼き損害額の大なるものの種別による。ただし、その態様により焼き損害額の大なるものの種別によることが社会通念上適当でないと認められるときはこの限りでない。

(1)　建物火災

ア　「建物火災」とは、建物又はその収容物が焼損した火災をいう。

イ 「建物」とは、土地に定着する工作物のうち屋根及び柱若しくは壁を有するもの、観覧のための工作物又は地下若しくは高架の工作物に設けた事務所、店舗、興業場、倉庫その他これらに類する施設をいい、貯蔵槽その他これに類する施設を除く。

ウ 「収容物」とは、原則として柱、壁等の区画の中心線で囲まれた部分に収容されている物をいう。

(2) 林野火災

ア 「林野火災」とは、森林、原野又は牧野が焼損した火災をいう。

イ 「森林」とは、木竹が集団して生育している土地及びその土地の上にある立木竹と、これらの土地以外で木竹の集団的な生育に供される土地をいい、主として農地又は住宅地若しくはこれに準ずる土地として使用される土地及びこれらの上にある立木竹を除く。

ウ 「原野」とは、雑草、灌木類が自然に生育している土地で人が利用しないものをいう。

エ 「牧野」とは、主として家畜の放牧又は家畜の飼料若しくは敷料の採取の目的に供される土地(耕地の目的に供される土地を除く。)をいう。

(3) 車両火災

「車両火災」とは、次に区分する自動車車両、鉄道車両及び被けん引車又はこれらの積載物が焼損した火災をいう。

ア 「自動車車両」とは、イの鉄道車両以外の車両で、原動機によって運行することができる車両をいう。

イ 「鉄道車両」とは、鉄道事業法(昭和61年法律第92号)における旅客、貨物の運送を行うための車両又はこれに類する車両をいう。

(4) 船舶火災

ア 「船舶火災」とは、船舶又はその積載物が焼損した火災をいう。

イ 「船舶」とは、独行機能を有する帆船、汽船及び端舟並びに独行機能を有しない住居船、倉庫船、はしけ等をいう。

(5) 航空機火災

ア 「航空機火災」とは、航空機又はその積載物が焼損した火災をいう。

イ 「航空機」とは、人が乗って航空の用に供することができる飛行機、回転翼航空機、滑空機、飛行船等の機器をいう。

(6) その他の火災

「その他の火災」とは、(1)から(5)までに掲げる火災以外の火災(空地、田畑、道路、河川敷、ごみ集積場、屋外物品集積場、軌道敷、電柱類等の火災)をいう。

7 爆 発

(1) 「爆発」は、人の意図に反して発生し又は拡大した爆発現象をいう。

(2) 「爆発現象」は、化学的変化による爆発の一つの形態であり、急速に進行する化学反応によって多量のガスと熱とを発生し、爆鳴・火炎及び破壊作用を伴う現象をいう。

8 震災時における火災件数等の取扱い〔火災報告取扱要領の解説6参照〕

(1)　震災時における火災件数の決定

　ア　同一の消防対象物において、同一の震災により、同時期に発生した火災は 1 件とする。

　イ　1 又は複数の火のついた消防対象物が津波等により移動し、延焼拡大した一連の火災は、全体を捉えて 1 件とする。(津波等により消防対象物が移動した後に、1 又は複数の火災が発生し、延焼拡大した一連の火災も同様とする。)

(2)　火災の焼損範囲等の取り扱い

　　　震災に伴い発生した複数の火災(出火点が特定ができるもの)で、一連の広域的な焼損を生じた場合においては、それぞれの火災の焼損面積は、街区又は道路等により便宜的に区分して評価するものとする。

(3)　火災種別等の取り扱い

　ア　建物については、当該消防対象物がもともと存した場所で焼損している場合(津波等により消防対象物が移動した場合を除く)、倒壊後に出火したか、出火後に倒壊したかに関わらず、「建物火災」とする。車両、船舶、航空機についても同様とする。

　イ　津波等により移動した消防対象物の火災の種別は、「その他の火災」とする。

(4)　火災による死者の取り扱い

　ア　火災現場(津波火災を除く)から発見された焼死体については、その死因が特定できない場合(火災に直接起因するものか、建物の倒壊等によるものかが判明しない場合)、火災による死者として計上する。

　イ　津波火災の現場において発見された焼死体については、その死因が特定できない場合、火災による死者として計上しない。

9　火災報告の報告要領

(1)　火災報告及び死者の調査票は、火災報告オンライン処理システムにより随時報告するものとし、報告期限は、市町村は都道府県の定める日まで、都道府県は四半期分を 5 月・8 月・11 月・2 月の15日までに報告(エラーチェック済)及び報告確認するものとする。

　　　なお、訂正については常時出来るものとし、1 年間の最終訂正期限は 2 月15日とする。

(2)　火災詳報は、第 2 号様式により市町村は都道府県の定める日まで、都道府県は消防庁長官の指示する日までに提出すること。また消防庁長官が別途調査項目を指示する場合には、当該項目についても報告するものとする。

第 2　火災報告

　火災報告(第 1 号様式その 1 ～ 3)は、1 火災ごとに別葉とし、列番号別の記載要領は次に定めるところによる。

1　㋐～㋺までについては、報告を作成する市町村が事務処理上必要な場合に、次の通り文章で記入することができる。(※非集計項目)

㋑　報告都道府県市町村

報告を作成する市町村が記入する。この場合都道府県名も必ず記入する。

㋑　出火場所

建物火災、林野火災及びその他の火災については、その火災の発生した場所、船舶火災、車両火災及び航空機火災については、その火災を主として防ぎょした場所の属する市区町村名（詳細に町・丁目・字・番地まで）をそれぞれ記入する。

㋒㋓　火元の業態及び事業所名

火元が事業所である場合のほか、火元が事業の用に供する車両、船舶、航空機その他の物件である場合も含めて、次により記入する。

⑴　火元の業態

火元の業態は、別表第2により分類し、業務例示を記入する。

なお、業務例示に掲げる以外の業態については、適宜に業務例示を付して記入する。

〔例示〕　和生菓子製造業　　そば屋　　薬局

⑵　火元の事業所名

事業所に付された名称を記入する。

〔例示〕　○○株式会社○○支社　　○○百貨店　　○○中学校
　　　　　○○映画館　　○○病院　　○○寺

㋔　火元の用途

火元が建物、林野、車両、船舶、航空機及びその他の火災である場合に、次により記入する。

⑴　「建物」については、別表第1により用途名目を記入する。ただし、建物の用途が、複合するものについては、それぞれの用途名目の頭一文字を記入する。

なお、別表第1にいう「建築物」とは、第1の6の⑴に定める建物と同意義である。

〔例示〕　住宅、店舗、作業場、住・店・作

⑵　「林野」については、次の例示に準じて記入すること。

〔例示〕　普通林（○○）　　制限林（○○）（制限林とは、法令等によって施
　　　　　業制限を受けるもの）　　原野　　牧野

注　（○○）内には国有、都道府県有、市町村有、私有等と所有区分を記入する。

⑶　「車両」、「船舶」及び「航空機」については、その使用されている目的を記入する。

〔例示〕　乗用自動車　　貨物自動車　　貨物列車　　旅客列車　　旅客船
　　　　　貨物船　　タンカー　　漁船　　遊覧船　　住居船　　旅客機
　　　　　貨物専用機　　遊覧機　　自衛隊機

⑷　「その他」については、次の例示に準じて記入すること。

〔例示〕　ネオン塔　　日除け　　門　　塀　　空地の枯れ草　　公園の芝生

㋕　出火箇所

火災の発生した箇所を具体的に記入する。

〔例示〕　建　　物……台所、居室、天井、押入、壁内、床下等

　　　　　林　　野……山林、原野等

　　　　　車両・……機関部、運転席、助手席、客席、車（機）体下部、トランク
　　　　　航空機　　　等

　　　　　船　　舶……機関部、運転席、客席、甲板、船内通路、船倉等

　　　　　その他……道路、河川敷、空地等

(キ)　火災番号（市町村用）

　　この火災番号は、市町村が火災１件ごとに付する欄である。火災番号は「各市町村における年ごとの火災の一連番号」を記入するもので、火災番号を付するに当たっては、原則として、火災発生順に番号を付するものである。

2　火災番号及び本部固有番号

(1)　火災番号

　　火災番号は、オンラインシステム登録時に自動的に付与される番号である。

(2)　本部固有火災番号

　　本部固有火災番号は、報告を作成する市町村が記入する。この場合市町村ごとに識別するため、一意の番号を記入する。

3　01表

(1)　出火場所、都道府県、市町村コード

　　建物火災、林野火災及びその他火災については、その火災の発生した場所、船舶火災、車両火災及び航空機火災については、その火災を主として防ぎょした場所の属する市区町村名を総務省設定の市区町村コードを用いて記入する。

(2)　火災種別

　　火災種別は次表により記入する。

火 災 種 別 区 分	火災種別番号
建　　物　　火　　災	1
林　　野　　火　　災	2
車　　両　　火　　災	3
船　　舶　　火　　災	4
航　空　機　火　災	5
そ　の　他　の　火　災	6

解説
　　【OKエラー01】　オンラインシステムにおいて、第２表の「(37)～(53)各火災種別ごとの損害額」のうち、最大の火災種別と第１表の「(2)火災種別」が違う場合チェックを入れる。（突合番号001に対応）

(3)　爆　　発

　　爆発現象により、建物等の損害が発生したが焼き損害がなかった場合「1」を記入する。

〔例示〕

　　プロパンガスが煮物のふきこぼれによりたち消えして室内に滞留し、何らかの原因により引火爆発したことで天井、窓ガラス等が破損したが、建物等の焼き損害はなかった。

(4)～(8)　出火時刻

　　消防機関が火災になったと認定した時刻をいう。

　　出火時刻が不明の場合、不明箇所すべてに「99」を記入すること。なお、この場合に、9時の「09」と混同しないように注意すること。

> **解説**
> 　【**出火時刻不明OKエラー**】　オンラインシステムにおいて出火日時分が不明な場合、「日時分不明」、「時分不明」又は「分不明」を選択入力する。

〔例示〕　平成5年1月15日0時8分

	(4)	(5)	(6)	(7)	(8)
	年	月	日	時	分
	20	22	24	26	28
	0　5	0　1	1　5	0　0	0　8

出 火 時 刻

平成5年2月で日、時、分が不明

	(4)	(5)	(6)	(7)	(8)
	年	月	日	時	分
	20	22	24	26	28
	0　5	0　2	9　9	9　9	9　9

出 火 時 刻

以下(29)～(32)鎮火時刻についても同様の扱いとする。

> **解説**
> 　・月の不明(99)は受け付けない、該当すると推定できる月を記入すること。

(9)～(16)　覚知時刻

　　消防機関が火災を覚知した時刻をいうものであり、以下の「入電時刻」又は「指令時刻」を記載すること。なお、指令システム等において、「入電時刻」及び「指令時刻」を自動的に記録している場合は両方について記載すること。

(9)～(12)　「入電時刻」とは

通信回線等が消防機関に接続した時刻をいう。

通信回線等を使用しない通報の場合は、受付を開始した時刻をいう。

(13)～(16)　「指令時刻」とは

消防隊等に対する出場指令がされた時刻をいう。

指令システム等において、消防隊等に対する出場指令がされた時刻を記録せず、消防隊等の編成が完了した時刻を記録している場合は、この時刻を「指令時刻」として取り扱うこと。

(17)～(24)　放水開始時刻

火災現場で常備消防隊、消防団が筒先から放水を開始した時刻をいう。

ただし、放水がない場合は空欄とする。

(25)～(28)　火勢鎮圧時刻

火勢が消防隊の制ぎょ下に入り、拡大の危険がなくなったと現場の最高指揮者が認定した時刻をいう。

ただし、放水がない場合は空欄とする。

(29)～(32)　鎮火時刻

現場の最高指揮者が再燃のおそれがないと認定した時刻をいう。

> **解説**
> **【鎮火時刻不明OKエラー】**　オンラインシステムにおいて鎮火日時分が不明な場合、「日時分不明」、「時分不明」又は「分不明」を選択入力する。

(33)　覚知方法

消防機関が火災を覚知した方法をいい、次表により番号を記入する。

覚知方法区分		覚知方法番号
消防機関側	通報者側	
火災報知専用電話	固定電話※1から（NTT加入電話※2を除く）	1
〃	固定電話※1から（NTT加入電話※2）	2
〃	携帯電話から	3
加入電話	固定電話から	4
〃	携帯電話から	5
警察電話	―	6
駆け付け通報	―	7

事後聞知	－	8
その他	－	9

※1　「固定電話」とは、携帯電話を除く電話のことをいう。

※2　「NTT加入電話」とは、NTTの一般公衆網（アナログ・ISDN）に接続された固定電話のことをいう。

(34)　初期消火器具

　　主として使用した器具を次表により番号を記入する。また、火災鎮圧に主として効果があった器具の場合、次表の番号に「50」を加えた番号を記入する。

　　ただし、初期消火なしの場合は空欄とする。

初　期　消　火　器　具　区　分	初期消火器具番号
水　　バ　　ケ　　ツ	11
水　　　　　　　　槽	12
乾　　　燥　　　砂	13
膨張ひる石又は膨張真珠岩	14
水　　消　　火　　器	21
酸 ア ル カ リ 消 火 器	22
強　化　液　消　火　器	23
泡　　消　　火　　器	24
二 酸 化 炭 素 消 火 器	25
粉　末　消　火　器	26
ハ ロ ゲ ン 化 物 消 火 器	27
屋 内 消 火 栓 設 備	31
ス プ リ ン ク ラ ー 設 備	32
水 噴 霧 消 火 設 備	33
泡　消　火　設　備	34
二 酸 化 炭 素 消 火 設 備	35
ハ ロ ゲ ン 化 物 消 火 設 備	36
粉　末　消　火　設　備	37
屋 外 消 火 栓 設 備	38
動 力 消 防 ポ ン プ 設 備	39
水道、浴槽、汲み置き等の水をかけた	41
寝具、衣類等をかけた	42
も　み　消　し　た	43
そ　　の　　他	44

※ここでいう「二酸化炭素消火設備」とは、「二酸化炭素消火設備」以外の「不活性ガス消火設備」を含むものをいう。

　〔例示〕　粉末消火器を使用し、初期消火に成功した場合「76」を記入する。

㉟㊱　放水したポンプ台数

　　実際に放水して消火活動に従事したポンプ（中継ポンプを含む。）の台数をいい、常備消防隊、消防団についてそれぞれ記入する。

　　ただし、放水がない場合は空欄とする。

㊲㊳　主として使用した水利

　　主として使用した水利を次表の番号により常備消防隊、消防団についてそれぞれ記入する。

　　ただし、使用しなかった場合は空欄とする。

主として使用した 水利区分	主として使用した 水利番号
消　火　栓	11
私設消火栓	12
防火水槽	13
プ　ー　ル	14
河川・溝等	15
濠・池等	16
海・湖	17
井　戸	18
下　水　道	19
積載水	20
そ　の　他	91

> **解説**
> 　**【積載水】**　水槽付き消防ポンプ自動車の積載水をいう。

㊴㊵　出動延べ人員

　　消防活動に従事した消防吏員、消防団員の延べ人員をそれぞれ記入する。

㊶㊷　最寄消防機関からの距離

　　出火場所から最も近い常備消防機関（署、出張所等）までの距離を記入する。

　　ただし、出火場所が非常備の市町村の区域内の場合は、記入を要しないものとする。（距離は100mを単位とし、100m未満の端数がある時は、これを四捨五入する。）常備、非常備市町村は次表により記入する。

常備・非常備 市町村区分	常備・非常備市 町村区分番号
常備市町村	1
非常備市町村	2

㊸　用途地域

　　用途地域は、出火した場所を都市計画法（昭和43年法律第100号）第8条第1項第

1号により定められた地域を次表により記入する。

用 途 地 域 区 分	用途地域番号
第1種低層住居専用地域	1
第2種低層住居専用地域	2
第1種中高層住居専用地域	3
第2種中高層住居専用地域	4
第1種住居地域	5
第2種住居地域	6
準住居地域	7
近隣商業地域	8
商業地域	9
準工業地域	10
工業地域	11
工業専用地域	12
指定のない地域	13

⑷4　防火地域

防火地域（区分）は、出火場所を都市計画法第8条第1項第5号により定められた地域を次表により記入する。

地 域 区 分	地域番号
防火地域	1
準防火地域	2
その他の地域	3

⑷5　特別防災区域（石油コンビナート等特別防災区域）

石油コンビナート等災害防止法（昭和50年法律第84号）第2条第2号に該当する区域内の火災については「1」を記入し、それ以外については「2」を記入する。

特 別 防 災 区 域 区 分	特別防災区域番号
石油コンビナート等特別防災区域内	1
上 記 外	2

⑷6　市街地等

消防力の整備指針（平成12年消防庁告示第1号）第2条に定める市街地、準市街地について記入する。

地 域 区 分	区分番号
市 街 地	1
準 市 街 地	2
そ の 他	3

> 解説
>
> **【消防力の整備指針】**
>
> **【市街地】** 建築物の密集した地域のうち、平均建ぺい率（街区（幅員 4 m 以上の道路、河川、公園等で囲まれた宅地のうち最小の一団地をいう。以下同じ。）における建築物の建築面積の合計のその街区の面積に対する割合をいう。以下同じ。）がおおむね10％以上の街区の連続した区域又は 2 以上の準市街地が相互に近接している区域であって、その区域内の人口が 1 万以上のものをいう。
>
> **【準市街地】** 建築物の密集した地域のうち、平均建ぺい率がおおむね10％以上の街区の連続した区域であって、その区域内の人口が1,000以上 1 万未満のものをいう。

⑷⑺ 少量危険物等

少量危険物貯蔵取扱施設、指定可燃物について、火元建物に市町村条例で貯蔵取扱の届出義務が課せられる規模の施設がある場合、次表により記入する。

ただし、該当しない場合は空欄とする。

施 設 区 分	施設番号
少量危険物貯蔵取扱所	1
指 定 可 燃 物	2
そ の 他	3

⑷⑻ 業態（火元の業態）

火元が事業所である場合のほか、火元が事業の用に供する車両、船舶、航空機その他の物件である場合に記入する。記入は、別表第 2 により分類し、細分類番号を記入する。

（注） 必ず 4 桁（頭の 0 も記入）とする。

〔例示〕 0111

⑷⑼ 用途（火元の用途）

火元が建物である場合に、別表第 1 により小分類番号を記入する。なお、別表第 1 にいう「建築物」とは、第 1 の 6 の⑴に定める建物と同意義である。

（注） 必ず 3 桁（頭の 0 も記入）とする。

〔例示〕 011

> 解説
>
> **【OKエラー─04】** オンラインシステムにおいて、第 1 表の「⑷⑻業態」と「⑷⑼用途」の組み合わせが社会通念上「良し」とされる場合チェックを入れる。（突合番号087に対応）

⑸⑴ 防火対象物等の区分

ア 消防法施行令（昭和36年政令第37号）別表第 1 に掲げる対象物を次の区分番号により記入する。

防火対象物の区分	防火対象物の指定区分番号
(1)　　イ	11
(1)　　ロ	12
(2)　　イ	13
(2)　　ロ	14
(2)　　ハ	49
(2)　　ニ	50
(3)　　イ	15
(3)　　ロ	16
(4)	17
(5)　　イ	18
(5)　　ロ	19
(6)　　イ	21
(6)　　ロ	51
(6)　　ハ	22
(6)　　ニ	23
(7)	24
(8)	25
(9)　　イ	26
(9)　　ロ	27
(10)	28
(11)	29
(12)　　イ	31
(12)　　ロ	32
(13)　　イ	33
(13)　　ロ	34
(14)	35
(15)　官　公　署	36
(15)　事　務　所	37
(15)　そ　の　他	38
(16)　　イ	39
(16)　　ロ	41
（16の2）指定地下街	42
（16の2）その他の地下街	43
（16の3）	44
(17)	45
(18)	46
(19)	47
(20)	48

（注）（ア）　15項の防火対象物が官公署、事務所等に分かれている場合は、その主たる部分の番号を記入する。

　　　（イ）　16の2項の「指定地下街」とは、消防長若しくは消防署長又は市町村長が消防法第8条の2の規定により指定したものをいう。

イ　車両火災の区分

車両火災の場合、次のとおり区分し、次表により記入する。

(ｱ)　鉄道車両

〔例示〕　普通鉄道、地下鉄、モノレール、案内軌条式鉄道、ケーブルカー、ロープウェー、トロリーバス

(ｲ)　貨物車

自動車登録規則及び道路運送車両法施行規則に定める自動車登録番号の分類番号の頭文字が1・4・6のものをいう。

(ｳ)　乗用車

自動車登録規則及び道路運送車両法施行規則に定める自動車登録番号の分類番号の頭文字が2・3・5・7のものをいう。

(ｴ)　特殊車

自動車登録規則及び道路運送車両法施行規則に定める自動車登録番号の分類番号の頭文字が0・8・9のものをいう。

(ｵ)　二輪車

道路運送車両法に定める原動機付自転車及び同法施行規則に定める二輪自動車に該当するものをいう。

(ｶ)　その他

(ｱ)～(ｵ)に該当しないものをいう。

車両火災の区分	区分番号
鉄道車両	62
貨物車	63
乗用車	64
特殊車	65
二輪車	66
その他	67

ウ　船舶火災

船舶火災を次のとおり区分し、次表により記入する。

(ｱ)　客船

客船（13人以上の旅客定員を有する船舶）、貨客船（13人以上の旅客定員を有し、かつ貨物の運送をあわせてする船舶）及び自動車航送船（船舶により自動車並びに人及び物を合わせて運送する船舶）をいう。

(ｲ)　貨物船

貨物船（貨物の運送に従事する船舶）、専用船（特定の種類の貨物の運送に適

した構造を有する船舶）及び油送船（油類の運送に従事する船舶）をいう。

(ウ)　漁船

漁船法に定める船舶をいう。

(エ)　プレジャーボート

専らスポーツ又はレクリエーションに用いられるヨット、モーターボート等の船舶をいう。

(オ)　その他

(ア)～(エ)に分類されないものをいう。

船舶火災の区分	区分番号
客船	80
貨物船	81
漁船	82
プレジャーボート	83
その他	84

(51)　出火箇所

出火箇所は火災の発生した箇所（推定できる場合も含む。）を別表第７により分類番号を記入する。

(52)(53)(54)　出火原因

出火原因は次のとおり区分し、それぞれについて別表第３により分類番号を記入する。

別表第３　１表　発火源

別表第３　２表　経　過

別表第３　３表　着火物

〔例示〕　都市ガスこんろで煮物をしていたが、来客のためその場を離れていた間に、掛けてあった「ふきん」が落ちてこんろの火に触れて着火し、さらに付近のカーテンに燃え広がった。

(52)	(53)	(54)
出　火　原　因		
発　火　源 54	経　過 58	着火物 60
2　1　0　1	4　2	2　5　4

なお、出火原因が「不明（調査中を含む。）」の場合は「９」を１桁記入する。

(52) 発火源 54	(53) 経過 58	(54) 着火物 60
出　火　原　因		
9	9	9

(55)　天気

天気は次表により記入し、気象庁風力階級表等（昭和28年運輸省告示第58号）気象庁天気種類表を参考にする。

天気区分	区分番号
快　　　晴	11
晴	12
曇	13
煙　　　霧	14
砂じんあらし	15
地 ふ ぶ き	16
霧	17
霧　　　雨	18
雨	19
み ぞ れ	21
雪	22
あ ら れ	23
ひ ょ う	24
雷　　　雨	25
不　　　明	99

（参考）

快　　晴	雲量が１以下の状態 〔雲量は雲がないときを０、全天が雲におおわれ たときを10として雲が空を占める割合で表す。〕
晴	雲量が２以上８以下の状態
曇	雲量が９以上の状態
煙　霧	煙霧、ちり煙霧、黄砂、煙若しくは降灰があって、そのため視程が１キロメートル未満になっている状態又は視程が１キロメートル以上であって全天がおおわれている状態

砂じんあらし	砂じんあらしがあって、そのため視程が1キロメートル未満になっている状態
地ふぶき	高い地ふぶきがあって、そのため視程が1キロメートル未満になっている状態
霧	霧又は氷霧があって、そのため視程が1キロメートル未満になっている状態
霧　雨	霧雨が降っている状態
雨	雨が降っている状態
み　ぞ　れ	みぞれが降っている状態
雪	雪、霧雪又は細氷が降っている状態
あ　ら　れ	雪あられ、氷あられ又は凍雨が降っている状態
ひ　ょ　う	ひょうが降っている状態
雷　雨	雷光や雷鳴を伴う風雨

(56)　風向

　　風向は、次表により記入する。

風　向　区　分	風向番号
無　風　状　態	11
北	12
北　北　東	13
北　　　　東	14
東　北　東	15
東	16
東　南　東	17
南　　　　東	18
南　南　東	19
南	21
南　南　西	22
南　　　　西	23
西　南　西	24
西	25
西　北　西	26
北　　　　西	27
北　北　西	28
風　向　不　明	99

(57)　風速

　　風速は、10分間の平均風速を「メートル毎秒」で記入する。風速が0メートルの場合、風向欄は11（無風）、風速欄は00と記入する。風速が不明の場合、風向欄は11（無風）以外を記入し、風速欄は99と記入する。（メートル未満に端数があるときは、これを四捨五入する。）

> **解説**
> 　**【OKエラー07】**　オンラインシステムにおいて、「⒄風速が四捨五入により0
> となる場合にチェックを入れる。（突合番号102に対応）

⒅⒆　気温

　　気温は、零度以上、零度以下の該当する欄に記入する。「0℃」の場合には、どちらかの欄に0と記入する。不明の場合には、零度以下の欄に99と記入する。（小数点以下の端数があるときは、これを四捨五入する。）

⒇　相対湿度

　　湿度は、相対湿度を記入する。また、不明の場合には999を記入する。（小数点以下の端数があるときは、これを四捨五入する。）

(61)　積雪

　　火災現場付近の道路上の積雪の深さによる。（センチメートル未満の端数があるときは、これを四捨五入する。）

　　ただし、不明の場合は999を記入する。

(62)　火災警報

　火災警報発令中の火災であるか、それ以外か次表により記入する。

火災警報区分	警報番号
発　令　無	1
発　令　中	2

(63)〜(92)　火元建物のり災前の状況

　　火元が建物の場合に記入し、建物以外の場合は空欄とする。

(63)　工事の状況

　　火元建物が新築工事、改修工事、補修工事等の工事期間中であるときに発生した火災（工事に起因した火災）の場合、次表により記入する。

　　ただし、該当なしの場合は空欄とする。

　（注）　工事に起因した火災とは、工事を行っていることにより当該火災が発生若しくは拡大し、又は避難等に支障をきたしたと考えられるもの。

工　事　場　所　の　区　分	区分番号
出火場所	1
出火場所を含む防火区画内	2
出火区画以外	3

(64)　構造

　　建物は、次のとおり区分し次表により記入する。

ア 木造建築物

　柱及びはりが主として木造のものをいい、防火構造のものを除く。

イ 防火構造建築物

　屋根、外壁及び軒裏が建築基準法（昭和25年法律第201号）第2条第8号に定める構造のものをいう。

ウ 準耐火建築物（木造）

　建築基準法第2条第9号の3に定めるもののうち、柱及びはりが主として木造のものをいう。ただし、同号ロに定めるもののうち柱及びはりの一部が木造のものを除く。

エ 準耐火建築物（非木造）

　建築基準法第2条第9号の3に定めるもののうち、上記ウ以外のものをいう。

オ 耐火建築物

　建築基準法第2条第9号の2に定めるものをいう。

カ その他の建築物

　アからオまでに掲げる建築物以外のものをいう。

構 造 区 分	構造番号
木 造 建 築 物	1
防 火 構 造 建 築 物	2
準 耐 火 建 築 物（木造）	3
準 耐 火 建 築 物（非木造）	4
耐 火 建 築 物	5
そ の 他 の 建 築 物	6

⑥⑥ 階数

ア 階数の算定は、建築基準法施行令（昭和25年政令第338号）第2条第1項第8号に定めるところによる。

イ 建物の階数は、地下階数と地上階数をそれぞれ記入する。

⑥ 建築面積

　建築面積の算定は、建築基準法施行令第2条第1項第2号に定めるところによる。

　なお、平方メートル未満の端数があるときは、これを四捨五入する。

⑥ 延べ面積

ア 「延べ面積」とは、建物の各階の床面積の合計をいう。

イ 「床面積」とは、建物の各階又はその一部で壁その他区画の中心線で囲まれた部分の水平投影面積をいう。

ウ 延べ面積は、平方メートルを単位とし、平方メートル未満の端数があるときは、

これを四捨五入する。

> **解説**
> 　**【OKエラー-02】**　オンラインシステムにおいて、第2表の「(4)火元建物の焼損床面積」と第1表「⑱火元建物の延べ面積」が屋根、ひさし等の面積によって必ずしも第1表「⑱火元建物の延べ面積」が大きくならない場合にチェックを入れる。（突合番号009に対応）
> 　**【OKエラー-08】**　オンラインシステムにおいて、第1表の「⑰火元建物の建築面積」と第1表「⑱火元建物の延べ面積」が屋根、ひさし等の面積によって必ずしも第1表「⑱火元建物の延べ面積」が大きくならない場合にチェックを入れる。（突合番号116に対応）

⑲⑳　防火管理者、消防計画

消防法第8条及び第8条の2に該当する場合に記入する。

ただし、該当しない場合は「防火管理者」欄及び「消防計画」欄は空欄とする。

> **参考　消防法**
> （防火管理者）
> **第8条第1項**　学校、病院、工場、事業場、興行場、百貨店（これに準ずるものとして政令で定める大規模な小売り店舗を含む。以下同じ。）、複合用途防火対象物（防火対象物で政令で定める2以上の用途に供されるものをいう。以下同じ。）その他多数の者が出入りし、勤務し、又は居住する防火対象物で政令で定めるものの管理について権原を有する者は、政令で定める資格を有する者のうちから防火管理者を定め、政令で定めるところにより、当該防火対象物について消防計画の作成、当該消防計画に基づく消火、通報及び避難の訓練の実施、消防の用に供する設備、消防用水又は消火活動上必要な施設の点検及び整備、火気の使用又は取扱いに関する監督、避難又は防火上必要な構造及び設備の維持管理並びに収容人員の管理その他防火管理上必要な業務を行わせなければならない。
> （統括防火管理者）
> **第8条の2第1項**　高層建築物（高さ31メートルを超える建築物をいう。第8条の3第1項において同じ。）その他政令で定める防火対象物で、その管理について権原が分かれているもの又は地下街（地下の工作物内に設けられた店舗、事務所その他これらに類する施設で、連続して地下道に面して設けられたものと当該地下道とを合わせたものをいう。以下同じ。）でその管理について権原が分かれているもののうち消防長若しくは消防署長が指定するものの管理について権原を有する者は、政令で定める資格を有する者のうちからこれらの防火対象物の全体について防火管理上必要な業務を統括する防火管理者（以下この条において「統括防火管理者」という。）を協議して定め、政令で定めるところにより、当該防火対象物の全体についての消防計画の作成、当該消防計画に基づく消火、通報及び避難の訓練の実施、当該防火対象物の廊下、階段、避難口その他の避難上必要な施設の管理その他当該防火対象物の全体についての防火管理上必要な業務を行わせなければならない。

⑲　防火管理者

消防法第8条第1項に規定する防火管理者が選任されており、消防長又は消防署長への届出がなされていた場合は「1」、選任されていたが届出がなされていない場合は「2」、選任義務があるにもかかわらず未選任の場合は「3」を記入する。この場合1の防火対象物で管理権原が複数に分かれているものにあっては、その全ての権原

ごとに防火管理者が選任されている場合（全ての権原者が同一人を防火管理者として共同選任している場合を含む。）のみ選任ととらえるとともに一部の権原者のみ選任している場合にあっては「4」を記入する。

防火管理者区分	区分番号
選任（届出済）	1
選任（未届出）	2
未選任	3
一部未選任	4

(70) 消防計画

防火管理者が選任され、消防法第8条第1項に規定する消防計画が法令規定のとおり適正な内容で作成されており、かつ、消防長又は消防署長に届出がなされている場合は「1」、適正な内容で作成されているが未届出の場合は「2」、作成され届出されているが、計画の内容に不適当な部分がある場合には「3」、作成されているが、未届けで内容に不適当な部分がある場合には「4」と記入する。この場合は1の防火対象物で管理権原が複数あるものについては、その全ての権原ごとに作成されているもの（全ての権原者が共同して作成しているものを含む。）のみ作成済ととらえるものとする。管理権原が複数となっている防火対象物で当該防火対象物のいずれかの管理権原に属する部分について消防計画が作成されていない場合は「5」、防火管理者は選任されているが、消防計画が未作成の場合は「6」を記入する。

消防計画区分	区分番号
作成（選任、内容適正、届出済）	1
作成（選任、内容適正、未届出）	2
作成（選任、内容不適正、届出済）	3
作成（選任、内容不適正、未届出）	4
未作成（権原複数、一部未作成）	5
未作成（選任済）	6

（注） 防火管理者未選任で消防計画未作成の場合は防火管理者「3」、消防計画「0」と記入する。

(71)(72) 避難誘導、消火訓練

消防法第8条及び第8条の2に該当する防火対象物の場合に記入する。

ただし、該当しない場合は「避難誘導」欄及び「消火訓練」欄は空欄とする。

(71) 避難誘導

消防法第8条第1項により防火管理者を選任しなければならないもので、火災発生日以前の1年以内に避難誘導訓練を2回以上行った場合は「1」、1回のみ実施している場合は「2」と記入する。管理権原が分割されている防火対象物の場合には、全

ての管理権原に属する部分を含む訓練を火災発生日以前の1年以内に2回以上行った
場合は「3」、1回のみ行っている場合は「4」、一部が含まれない形態で訓練を2回
以上行った場合は「5」、一部が含まれない形態で訓練を1回のみ行った場合は「6」、
いずれの形態でも訓練を全く行っていない場合は「7」を記入する。

訓　練　回　数　区　分	区分番号
実　施（2回以上）	1
実　施（1回のみ）	2
実　施（管理権原複数）	3
実　施（権原複数、1回のみ）	4
実　施（権原複数、一部含まない）	5
実　施（1回のみ、権原複数、一部含まない）	6
全く実施していない	7

(72)　消火訓練

　　消防法第8条第1項により防火管理者を選任しなければならないもので、火災発生
日以前の1年以内に消火訓練を2回以上行った場合は「1」、1回のみ実施している
場合は「2」と記入する。管理権原が分割されている防火対象物の場合には、全ての
管理権原に属する部分を含む訓練を火災発生日以前の1年以内に2回以上行った場合
は「3」、1回のみ行っている場合は「4」、一部が含まれない形態で訓練を2回以上
行った場合は「5」、一部が含まれない形態で訓練を1回のみ行った場合は「6」、い
ずれの形態でも訓練を全く行っていない場合は「7」を記入する。

訓　練　回　数　区　分	区分番号
実　施（2回以上）	1
実　施（1回のみ）	2
実　施（管理権原複数）	3
実　施（権原複数、1回のみ）	4
実　施（権原複数、一部含まない）	5
実　施（1回のみ、権原複数、一部含まない）	6
全く実施していない	7

(73)　統括防火管理

　　消防法第8条の2第1項に規定する統括防火管理者が選任され、消防長又は消防署
長への届出がなされており、防火対象物の全体についての消防計画（以下「全体の消
防計画」という。）が、消防長又は消防署長に届出がなされており、かつ、法令規定
のとおり適正な内容で作成されている場合は「1」、全体の消防計画の届出がなされ
ており、かつ、不適当な部分がある場合には「2」、統括防火管理者が選任され、消
防長又は消防署長への届出がなされているが、全体の消防計画の届出がなされていな

い場合には「3」、統括防火管理者は選任されているが、届出がなされていない、かつ、全体の消防計画の届出がなされていない場合には「4」、統括防火管理者が選任されていない場合は「5」、消防法第8条の2第1項の規定が適用されない防火対象物にあっては空欄とする。

統括防火管理区分	区分番号
統括防火管理者（選任、届出済）全体の消防計画（届出済、内容適正）	1
統括防火管理者（選任、届出済）全体の消防計画（届出済、内容不適正）	2
統括防火管理者（選任、届出済）全体の消防計画（未届出）	3
統括防火管理者（選任、未届出）全体の消防計画（未届出）	4
統括防火管理者（未選任）	5

⑺⑷　防火対象物定期点検報告制度

防火対象物定期点検報告制度の対象となる防火対象物について、次表により該当数字を記入する。

防火対象物定期点検報告対象物区分	区分番号
点検報告対象	1
点検報告対象外	2

⑺⑸　防炎物品

防炎物品の使用について（出火室について）次表のうち該当する番号を記入する。ただし、該当しない場合は空欄とする。

防炎物品の使用区分		区分番号
義務あり	未使用	1
	一部使用	2
	全部使用	3
	不明	4
義務なし	一部使用	5
	全部使用	6

> **解説**
>
> **【防炎対象物品】**　カーテン、布製ブラインド、暗幕、じゅうたん等、展示用合板、どん帳その他、舞台において使用する幕及び舞台において使用する大道具用の合板並びに工事用シートをいう。
>
> **【防炎性能を有する防炎対象物品を使用しなければならない防火対象物】**　①高層建築物　②地下街　③政令別表第1に掲げる⑴項から⑷項、⑸項イ、⑹項、⑼項イ、⑿項ロ、（16の3）項　④⒃項のうち前③の用途に供される部分　⑤工事中の建築物その他の工作物

⑺⑹～⑼⑵　消防用設備等の設置状況・住宅防火対策

ア　消防用設備等の設置状況

⑺⑹　消火器具

⑺⑺　屋内消火栓設備

⒄　スプリンクラー設備

⒅　水噴霧・泡・二酸化炭素・ハロゲン化物・粉末消火設備

⒆　屋外消火栓設備

⒇　動力消防ポンプ設備

㉑　自動火災報知設備

㉒　漏電火災警報器

㉓　非常警報器具・非常警報設備

㉔　避難器具

㉕　誘導灯・誘導標識

㉖　消防用水

㉗　連結送水管

㉘　排煙設備

㉙　連結散水設備

㉚　非常コンセント設備

㉛　無線通信補助設備

※⒅ここでいう「二酸化炭素」とは、「二酸化炭素消火設備」以外の「不活性ガス消火設備」を含むものをいう。

　以上の各設備については、防火対象物が消防法第17条第1項に該当する場合、各消防設備の設置状況について、次表により記入すること。

　ただし、該当しない場合は空欄とする。

	設置状況	使用の状況	区分番号
政令による設置対象（10条〜29条の3）	有	有	1
		無	2
	無		3
政令による設置対象外	有	有	4
		無	5
特殊消防設備等（設備等設置維持計画による設置）	有	有	6
		無	7
必要とされる防火安全性能を有する消防の用に供する設備等	有	有	8
		無	9

イ　住宅防火対策

⒃　住宅用消火器

⒅　住宅用スプリンクラー設備

⒆　簡易消火具

⒇　住宅用自動消火装置

⑻　住宅用火災警報器

⑻　住宅用自動火災報知設備

⑻　寝具類

⑼　衣服類

⑼　カーテン・布製ブラインド

⑼　じゅうたん等

　上記の住宅用防災機器の設置状況は、専用住宅、共同住宅の住戸部分及び併用住宅の住宅部分から出火した火災について、次表により記入すること。

　ただし、該当しない場合は空欄とする。なお、⑻〜⑼の防炎物品の場合は出火室について記入する。

⑻住宅用火災警報器		
設置状況	作動の状況	区分番号
有	有	1
	無（維持管理不適・故障）	2
	無（その他）・不明	3
無		4
不明	（設置の有無が判明しないもの）	5

（注）　1　法令基準どおり設置されていたが、未設置場所からの出火であったため作動しなかった場合においては、設置状況は「有」とし、作動の状況は「無（その他）・不明」とすること。

　　　　2　住警器の電池が抜かれている等維持管理が不適の状態であっても、住警器が感知できる区域の外で火災が発生している場合の作動の状況は「無（その他）・不明」とすること。

　　　　3　住警器が法令どおりでなく、一部にだけ設置されている場合の設置状況（例：寝室A設置有り・寝室B設置無し等）については、設置状況は「無」とすること。

⑺〜⑻、⑻〜⑼の住宅防火対策		区分番号
設置区分	使用の区分	
有	有	6
	無	7

参考
・住宅防火対策の推進について（平成3年消防予第46号消防庁長官）

4 02表

(1)(2) 出火階数

火元が建物である場合に、当該火災の出火した部分の階数を該当する欄に記入する。ただし、不明の場合は空欄とする。

(3) 焼損程度（火元建物の損害状況）

焼損の程度は、次のとおり区分し、次表により記入する。なお、01表(3)「爆発」欄が「1」の場合は空欄とする。

ア 全焼

建物の焼き損害額が火災前の建物の評価額の70パーセント以上のもの又はこれ未満であっても残存部分に補修を加えて再使用できないものをいう。

イ 半焼

建物の焼き損害額が火災前の建物の評価額の20パーセント以上のもので全焼に該当しないものをいう。

ウ 部分焼

建物の焼き損害額が火災前の建物の評価額の20パーセント未満のものでぼやに該当しないものをいう。

エ ぼや

建物の焼き損害額が火災前の建物の評価額の10パーセント未満であり焼損床面積が1平方メートル未満のもの、建物の焼き損害額が火災前の建物の評価額の10パーセント未満であり焼損表面積が1平方メートル未満のもの、又は収容物のみ焼損したものをいう。

焼 損 区 分	焼損番号
全　　　　焼	1
半　　　　焼	2
部　分　焼	3
ぼ　　　　や	4

(4) 火元建物の焼損床面積

建物の焼損が立体的に及んだ場合は、焼損したことによって機能が失われた部分の床面積を算出し、平方メートルで記入する。ただし、01表(3)「爆発」欄が「1」の場合空欄とする。

（注） 機能が失われた部分の床面積とは、その空間の床又は天井とその空間を構成している表面との2面以上の焼損があった表面で囲まれる部分の床面積をいう。

(5) 火元建物の焼損表面積

建物の焼損が部分的である場合（立体的に焼損が及ばなかった場合）、例えば内壁、

天井、床板等部分的なものを内壁何平方メートルと算出し、平方メートルで記入する。ただし、01表(3)「爆発」欄が「１」の場合空欄とする。

(6)〜(10)　延焼による焼損棟数

次により記入する。ただし、01表(3)「爆発」欄が「１」の場合空欄とする。

（焼損棟数の算定方法）

ア　「焼損棟数」とは、焼損した建物の棟数をいう。

イ　「棟」とは、一つの独立した建物をいう。ただし、渡り廊下の類で２以上の棟に接続しているものは、その部分を折半してそれぞれの棟と同一の棟とする。焼損の程度の区分については、(3)と同じである。

(11)　区画

防火区画等を貫通して延焼した場合に、区画の種類を次表により記入する。ただし、該当しない場合又は01表(3)「爆発」欄が「１」の場合空欄とする。

区　　画　　区　　分	区分番号
防火区画（建築基準法施行令第112条）	1
防火壁（建築基準法施行令第113条）	2
共同住宅の特例区画	3
消防法施行規則第13条の区画	4
界壁等（建築基準法施行令第114条）	5

(12)〜(15)　り災世帯数

（り災世帯数の算定方法）

ア　一般世帯又は施設等の世帯については、国勢調査の例に準じてり災世帯数を算出する。

イ　共同住宅の共用部分のみり災した場合には、り災世帯数を計上しない。

（り災程度）

世帯のり災程度は、次のとおり区分する。

ア　全損

建物（収容物を含む。以下半損、小損において同じ。）の火災損害額がり災前の建物の評価額の70パーセント以上のものをいう。

イ　半損

建物の火災損害額がり災前の建物の評価額の20パーセント以上で全損に該当しないものをいう。

ウ　小損

建物の火災損害額がり災前の建物の評価額の20パーセント未満のものをいう。

(16)　り災人員

　ア　一般世帯がり災した場合には、当該世帯の全ての人員をり災人員とする。

　　　ただし、共同住宅の共用部分のみり災した場合には、り災人員を計上しない。

　イ　施設等の世帯がり災した場合には、被害を受けた「へや」に居住する人員又は実際に火災損害を受けた人員のみをり災人員とする。

(17)〜(22)、(23)〜(36)　死者数及び負傷者数

　　死者及び負傷者の範囲は、次のとおりである。

　ア　「死者」又は「負傷者」とは、火災現場において火災に直接起因して、死亡した者（病死者を除く。）又は負傷した者をいう。この場合消防吏員及び消防団員については、火災を覚知した時より現場を引き揚げる時までの間に死亡した者又は負傷した者をそれぞれ死者又は負傷者とする。

　イ　火災により負傷した後48時間以内に死亡したものは、火災による死者とする。

　ウ　死者数及び負傷者数は、次のとおり区分する。なお、負傷者数のうちで火災に起因する原因により48時間を経過して30日以内に死亡した者の数を「30日死者」として記入する。

　　・消防吏員

　　・消防団員

　　・応急消火義務者

　　・消防協力者

　　・その他の者（自損を含む。）

(37)〜(53)　損害額

　（火災損害の意義）

　ア　「火災損害」とは、火災によって受けた直接的な損害をいい、消火のために要した経費、焼跡整理費、り災のための休業による損失等の間接的な損害を除く。

　イ　火災損害は、焼き損害、消火損害又は爆発損害に区分する。

　　(ア)　「焼き損害」とは、火災によって焼けた物及び熱によって破損した物等の損害をいう。

　　(イ)　「消火損害」とは、消火活動によって受けた水損、破損、汚損等の損害をいう。

　　(ウ)　「爆発損害」とは、爆発現象の破壊作用により受けた前記(ア)(イ)以外の損害をいう。

　（損害額の算出方法）

　　　損害額は、り災時における時価による。

　ア　損害額の算出基準は、別表第4のとおりとする。

　イ　損害額は千円単位とし、千円未満の端数金額がある時は、これを四捨五入する。

(43)　焼損面積（林野の損害状況）

　ア　林野の焼損面積は、林野の焼損した部分の水平投影面積による。

　イ　林野の焼損面積は、アールを単位とし、1アール未満の端数があるときは、これを四捨五入する。

⑷⑸⑺⑼　車両、船舶、航空機の焼損数

　　焼損を受けた車両、船舶、航空機の台（隻、機等）数を記入する。

　（注）　積載物の焼損の場合も記入する。

⑸⑴～⑸⑶　爆発の損害状況

　　爆発現象の破壊作用により受けた破損等の損害を記入する。

⑸⑵　損害棟数

　　爆発現象の破壊作用により破損等の損害のあった建物棟数を記入する。

⑸⑶　車両等数

　　爆発現象の破壊作用により破損等の損害のあった自動車車両、鉄道車両、船舶、航空機の台（隻、機等）数を記入する。

⑸⑷～⑹⑴　延焼区分等

　ア　他市区町村へ延焼させた市区町村の記入方法

　⑸⑷　「延焼区分番号」は「1」を記入する。

　⑸⑸　出火、都道府県、市区町村コードには、01表⑴出火場所、都道府県、市区町村コードと同一のコードを記入する。

　⑸⑹⑸⑻⑹⑽　延焼、都道府県、市区町村コードには、延焼を受けた市区町村の都道府県、市区町村のコードを記入する。

　⑸⑺⑸⑼⑹⑴　火災番号は、延焼を受けた市区町村で作成される火災報告の火災番号を記入する。

　　　なお、4市区町村以上延焼させた場合には、火災報告の空欄に延焼、都道府県、市区町村コード及び火災番号を記入し、附せんをはる。

　イ　他市区町村から延焼させられた市区町村の記入方法

　⑸⑷　「延焼区分番号」は「2」を記入する。

　⑸⑸　出火、都道府県、市区町村コードには、延焼させた市区町村の都道府県、市区町村コードを記入し、⑸⑹～⑹⑴は空欄とする。

延　焼　区　分	延焼区分番号
延焼させた市区町村	1
延焼された市区町村	2

5　03表　負傷者の負傷程度

(1)〜(7)　負傷者の区分及び負傷程度

ア　負傷者の区分は次のとおりとする。この場合その他の者（自損）とは、放火自殺（心中を含む。）行為により負傷した者を記入する。

・消防吏員
・消防団員
・応急消火義務者
・消防協力者
・その他の者（自損を含む。）

イ　負傷程度は次のとおり区分する。

・「重症」とは、傷病の程度が3週間の入院加療を必要とするもの以上のものをいう。
・「中等症」とは、傷病の程度が重症又は軽症以外のものをいう。
・「軽症」とは、傷病の程度が入院加療を必要としないものをいう。

6　04表　負傷者の避難方法

(1)〜(7)　負傷者の避難方法を次のとおり区分し、年齢層（0〜5歳、6〜64歳、65歳〜）別にその数を記入する。

ア　自力避難

・「施設」とは、器具以外の施設により避難をした負傷者の数を記入する。
・「器具」とは、消防法施行令第25条第2項に掲げる避難器具により避難をした負傷者の数を記入する。
・「その他」とは、施設、器具以外により避難した負傷者の数を記入する。

イ　消防隊による救助
ウ　避難の必要なし
エ　その他

7　05表　負傷者の性別区分

(1)〜(18)　負傷者の性別年齢区分

負傷者を5歳区分の年齢層で男女の性別に記入する。

8　06表　負傷者の受傷原因

(1)～(16)　負傷者の受傷原因

　　負傷者の受傷原因を、受傷時の状況、年齢層（ 0 ～ 5 歳、 6 ～64歳、65歳～）別に
その数を記入する。

　ア　受傷原因の区分を次のとおりとする。

　　・火炎にあおられる、高温の物質に接触

　　・煙を吸う

　　・飛散物、擦過

　　・放射熱

　　・飛び降り

　　・その他

　イ　受傷時の状況を次のとおり区分する。

　　・消火中

　　・避難中

　　・就寝中

　　・作業中

　　・その他

> **解説**
> ・受傷原因等は、最初に負傷したものとする。

第3　07表　死者の調査表

　　この調査表は死者の発生した火災について死者 1 名ごとに記入し、「第 1 　総則　 8
火災報告の報告要領」に従って報告する。

1　死者番号、本部固有火災番号及び本部固有死者番号

　(1)　死者番号は、オンラインシステム登録時に自動的に付与される番号である。

　(2)　この本部固有火災番号は、当該死者が発生した火災の第 2 火災報告で付した本部固
　　有番号をいう。

　(3)　この本部固有死者番号は、報告を作成する市区町村が死者 1 名ごとに識別するため、
　　一意の番号を記入する。

2　列番号別記入要領

　　第 2 火災報告に基づくほか、次に定めるところによる。

　(3)　都道府県名、市区町村名

　　　調査表を作成する市区町村が記入する。この場合、都道府県名も必ず記入する。

⑷　火災報告の火災番号

　　第2火災報告で記入した火災番号を記入する。

⑸⑹　調査表枚数

　　当該火災による死者が2名以上の場合、調査表の総枚数と、各調査表の順番号を記入する。

　　〔例示〕　死者3人の場合　　　調査表3枚

　　　1枚目

(5)	(6)
調　査　表　枚　数	
枚	枚のうち
26	29
1	3

　　　2枚目

(5)	(6)
調　査　表　枚　数	
枚	枚のうち
26	29
2	3

　　　3枚目

(5)	(6)
調　査　表　枚　数	
枚	枚のうち
26	29
3	3

　　なお、死者1名の場合は、

(5)	(6)
調　査　表　枚　数	
枚	枚のうち
26	29
1	1

⑺　死者の区分

　　死者について、第2火災報告⒄〜⒇死者数に該当する場合「1」、㉔、㉖、㉘、㉚、㉜、㉞、㊱負傷者数（30日死者）に該当する場合「2」を記入する。

⑻　死者の発生した火災の種別

　　死者の発生した火災の種別は、第2火災報告3⑵により分類して記入する。なお、種別が2以上複合する場合には損害額の多少にかかわらず死者の発生した方の火災の種別を記入する。

⑼　出火者

　　当該火災の出火の行為者について、次表のうち該当する番号を記入する。

出　火　者　区　分	区分番号
本　　　　　　　人	1
他　　　　　　　人	2
不　　　　　　　明	9

> **解説**
> 　【出火者】　出火原因が天災の場合、空欄とすること。
> 　【死者OKエラー01】　オンラインシステムにおいて、死者の調査表の「⑼出火者」を、「出火原因が天災の場合」で空欄とするときにチェックを入れる。（突合番号209に対応）

「死者の発生した建物等」

⑽　火元・類焼

　　死者の発生した建物が当該火災の火元であるか、類焼によるものであるかにより、次表により該当する番号を記入する。

区　　　　　分	区分番号
火　　　　　元	1
類　　　　　焼	2
建　物　　外	3

> **解説**
> 　・爆発により死者の発生した建物が、火元建物以外の場合は「類焼」とすること。
> 　・建物外とは、建物火災以外の場合をいう。

⑾〜㊺　死者の発生した建物等

　　死者の発生した建物等について、第2火災報告の記載要領に基づき記入する。

> **解説**
> 　【死者OKエラー02】　オンラインシステムにおいて、死者の調査表の「⑰建築面積」と「⑱延面積」が屋根、ひさし等の面積によって必ずしも「延べ面積」が大きくならない場合にチェックを入れる。（突合番号220に対応）
> 　【死者OKエラー03】　オンラインシステムにおいて、「出火時死者のいた階が不明の場合にチェックを入れる。（突合番号255に対応）

㊻　死者の年齢、㊼　性別

　　死者の年齢を記入する。性別については、次表のうち該当する番号を記入する。な

お、年齢が不明の場合は999を記入する。

性　別　区　分	区分番号
男	1
女	2
不　　　　明	9

> **解説**
> 【死者の年齢】　死者の年齢が1歳未満の場合は「0」と記入すること。

⑷⑻　死者の職業

　職業については、次表のうち該当する番号を記入する。なお、職業が重複する場合は、出火時の状況により判断し記入する。

〔例示〕　パートタイムで会社員として働いている主婦が家にいて、家事をしている時に火災により死亡した場合は主婦で「5」を記入する。

職　業　区　分	区分番号
会　社　員　・　公　務　員	1
作　業　員　・　技　術　者	2
農　林　業　・　漁　業	3
サ　ー　ビ　ス　・　販　売　・　自　由　業	4
主　　　　　　　　　婦	5
児　童　・　生　徒　・　学　生	6
乳　　　幼　　　児	7
そ　　　の　　　他	8
不　　　　　　　　明	9
無　　　　　　　職	0

⑷⑼　作業中の死亡

　出火時の死者の行動を次により区分し、次表のうち、該当する番号を記入する。

ア　仕事中

　消火作業中の消防職員、炊事中の主婦等、死者が仕事中に火災により死亡した場合。

イ　仕事外

　通勤途上に火災により死亡した場合も含み、職場にいても勤務時間外など業務遂行に直接関係のないときに火災により死亡した場合。

ウ　在校中

　児童・生徒・学生が学校（小・中・高・大学・その他）にいる間に火災により死亡した場合。

エ　在校外

　通学途中、帰宅途中に火災により死亡した場合も含み、児童・生徒・学生が「在

校中」以外に火災により死亡した場合。

オ　その他

上記アからエまでに掲げる場合以外。

作　業　中　等　区　分	区分番号
仕　　　　事　　　　中	1
仕　　　　事　　　　外	2
在　　　　校　　　　中	3
在　　　　校　　　　外	4
そ　　　　の　　　　他	5

(50)　火気取扱中

死者が火気を取り扱っており、それが原因で出火した場合、次表のうち該当する番号を記入する。ただし、該当しない場合は空欄とする。

火　気　取　扱　区　分	区分番号
喫煙中（喫煙後の不始末を含む）	1
暖房器具取扱中（準備中を含む）	2
炊　事　中　（準　備　中　を　含　む）	3
その他取扱中（後の不始末を含む）	4
不　　　　　　　　　　　　　　　明	9

> **解説**
> ・放火自殺、火遊び及びたき火の場合は、その他取扱中「4」と記入する。

(51)　死因

次表のうち該当する死因の番号を記入する。

（注）　「その他」に該当する場合には「特記事項」欄に具体的な死因を記入すること。

死　　因　　区　　分	区分番号
一　酸　化　炭　素　中　毒　・　窒　息	1
火　　　　　　　　　　　　　　　　傷	2
打　　撲　　・　　骨　　折　　等	3
自　　　　　　　　　　　　　　　殺	4
そ　　　　　の　　　　　他	5
不　　　　　　　　　　　　　　　明	9

(52)　起床

出火時死者が就寝していたか、起床していたかにより、次表のうち該当する番号を記入する。

区　　　　　　　　分	区分番号
就　　　寝　　　中	1
起　　　床　　　中	2

| 不 | 明 | 9 |

(53) 飲酒

死者が飲酒していたか否かにより、次表のうち該当する番号を記入する。また、死者が飲酒していた場合にその程度が泥酔の状態であった場合は、次表のうち該当する番号を記入する。

飲　酒　区　分	区分番号
飲　　酒　　無	1
飲　　酒　　有	2
泥　　　　酔	3
不　　　　明	9

(54) 傷病

出火時死者が病気であったか否か（負傷していたか否か）により、次表のうち該当する番号を記入する。

傷　病　区　分	区分番号
傷　　病　　無	1
傷　　病　　有	2
不　　　　明	9

(55) 寝たきり

機能障害の程度が重く、ほとんど寝たきりの状態であるか否かにより、次表のうち該当する番号を記入する。ただし、該当しない場合は空欄とする。

区　　　　分	区分番号
寝　た　き　り	1
不　　　　明	9

(56) 身体不自由者

死者が身体不自由者であったか否かにより、次表のうち該当する番号を記入する。ただし、該当しない場合は空欄とする。

身体不自由者の区分	区分番号
身体障害者（障害区分不明）	1
その他の身体不自由者	2
身体障害者（移動障害）	3
身体障害者（視覚障害）	4
身体障害者（聴覚障害）	5
身体障害者（盲聾二重障害）	6
身体障害者（その他の障害）	7
不明	9

　（注）　区分番号１、３～７の身体障害者とは、身体障害者福祉法（昭和24年法律第283号）第15条に定める、身体障害者手帳の交付を受けた者をいう。

　　　　　また、障害の区分が複数あるときは、主に避難に支障を来したと推測される障害に区分すること。

⒄　死者の発生した経過

　　　死者の発生した経過及び理由等について、次表のうち該当する項目の番号を記入する。

　（注）１　死者の発生が放火殺人、放火自殺による場合（自殺の巻添え、心中の道づれを含む。）以外は、「経過別」欄のＡからＨまでの例示項目のうち該当する番号を記入する。

　　　　２　放火殺人、放火自殺（心中を含む。）、放火自殺の巻添えによる死者は、「経過別」欄のＩ、Ｊ及びＫの例示項目から該当する番号を記入する。

死 者 の 発 生 し た 経 過			
区分	経　過　別	理　由　等	記入番号
殺人・自損行為に	Ａ　発見が遅れ、気づいた時は、火煙が回り、すでに逃げ道がなかったものと思われるもの。（全く気づかなかった場合を含む）	〈発見が遅れた理由〉	
		熟　　睡	11
		泥　　酔	12
		病気・身体不自由	13
		そ　の　他	14
	Ｂ　判断力に欠け、あるいは体力的条件が悪く、ほとんど避難できなかったと思われるもの。	〈判断力・体力的条件の要素〉 乳幼児（５歳まで）	15
		泥　　酔	16
		病気・身体不自由	17
		老　　衰	18
		そ　の　他	19
	Ｃ　延焼拡大が早かった等のため、ほとんど避難できなかったと思われるもの。	〈逃げる暇がなかった理由〉	
		ガス爆発のため	21
		危険物燃焼のため	22
		そ　の　他	23
	Ｄ　逃げれば逃げられたが、逃げる機会を失ったと思われるもの。	〈逃げる機会を失った理由〉	
		狼狽して	24

よる死者（心中の道づれ、巻添を含む）以外の死者			持出品・服装に気をとられ	25
			火災をふれまわっているうちに	26
			消火しようとして	27
			人を救助しようとしていて	28
			そ の 他	29
	E　避難行動を起こしているが、逃げ切れなかったと思われるもの。（一応自力避難したが、避難中火傷、ガス吸引し病院等で死亡した場合を含む）		〈逃げきれなかった理由〉 身体不自由のため	31
			延焼拡大が早く	32
			逃げ道を間違えて	33
			出入口施錠のため	34
			そ の 他	35
	F　一旦屋外避難後、再進入したと思われるもの。 G　出火時屋外にいて、出火後進入したと思われるもの。		〈進入した理由〉 救助・物品搬出のため	36
			消火のため	37
			そ の 他	38
	H　着衣着火し、火傷（熱傷）あるいはガス中毒により死亡したと思われるもの。		〈着衣着火時の状況〉 喫 煙 中	39
			炊 事 中	41
			採暖中（除くたき火）	42
			たき火中	43
			火遊び中	44
			その他の火気取扱中	45
			そ の 他	46
殺人・自損	I　放火自殺（心中の道づれを含む）			47
	J　放火自殺者の巻添者（心中の道づれを除く）			48
	K　放火殺人の犠牲者			49
その他	L　A～K以外の経過等			51
	M　不　　明			99
	N　調 査 中			99

「出火時死者のいた場所」

⑹　屋内外の別

　　出火時死者のいた場所で、次表のうち該当する項目の番号を記入する。

屋　内　外　の　区　分	区分番号
屋　　　　　内（自　　宅）	1
屋　　　　　内（自宅以外）	2
屋　　　　　外	3
車　　　　　両	4
船　　　　　舶	5
航　空　機	6
不　　　　　明	9

　　（注）　「自宅」とは、主たる生活の本拠としている場所をいう。

⑿〜⒁までは、出火時死者のいた場所が建物内である場合に記入する。

⑿⒀　階数

　　出火時死者がいた場所の存する階数を記入する。

> **解説**
> ・階数が不明の場合は、地上「0」階、地下「0」階と記入する。

⒁　同別

　　⑿⒀により記入された階が⑸⑼「火元建物の出火階」に記入された階と同一であるか別であるかにより、次表のうち該当する項目の番号を記入する。

区　　　　　　　分	区分番号
同	1
別	2
不　　　　明	9

⒂　箇所・室等

　　出火時死者のいた箇所・室等（推定できる場合も含む。）は、別表第7の分類によりその分類番号を記入する。

⒃　同別

　　上記により記入された箇所・室等が、⑹出火箇所で記入された箇所・室等と同一であるか別であるかにより、次表のうち該当する番号を記入する。

区　　　　　　　分	区分番号
同	1
別	2
不　　　　明	9

「死者の発生した場所」

「建物内」

(67)～(69)は、死者の発生した場所が建物内である場合に記入する。

(67)(68)　階

　　死者の発生した場所の存する階数を記入する。

(69)　同別

　　上記により記入した「階数」が、「出火時死者のいた場所」の「階数」と同一であるか別であるかにより、次表のうち該当する番号を記入する。

区　　　　　　　　　分	区分番号
同	1
別	2
不　　　　　　　明	9

(70)　箇所・室等

　　死者の発生した箇所・室等は別表第7の分類により、その分類番号を記入する。

(71)　同別

　　上記により記入した箇所が「出火時死者のいた場所」の「箇所・室等」に記入された箇所と同一であるか別であるかにより、次表のうち該当する番号を記入する。

区　　　　　　　　　分	区分番号
同	1
別	2
不　　　　　　　明	9

「出火時死者のいた建物等と同一の建物等にいた者の数」

「建物内」

(72)～(76)は、出火時死者のいた場所が建物内である場合に記入する。

(72)　同棟（共同住宅の場合は同住宅）、(73)同室等、(74)死者1人「同室等」の室等とは居間、寝室、風呂場等の室又は廊下、階段等の区画部分をいう。「同住戸」の住戸とはアパート、マンション等共同住宅の場合の各入居者の専用部分（住戸）をいう。「同棟」の棟とは屋根、柱、壁等の主要構造部分が独立した建築物をいう。棟単位（共同住宅の場合は住戸単位）で死者1人の場合には「死者1人」について、次表のうち該当する番号を記入する。

区　　　　　　　　分	区分番号
死　　者　　1　　人	1
該　　当　　し　　な　　い	2

(75)　自宅１人

　　出火時死者１人であり、いた場所が自宅の場合に、次表のうち該当する番号を記入する。

　　（注）　「家族別棟」の別棟とは原則として同一敷地内の別棟をいうが、同一敷地外の別棟でも隣接している場合にはこれを含めること。また、共同住宅の場合には、「家族別棟」を「家族別住戸」と読みかえるものとする。

自　　宅　　１　　人　　区　　分	区分番号
１　　　人　　　暮　　　し	1
家　　　族　　　別　　　棟	2
家　　　族　　　留　　　守	3

(76)　施錠

　　死者がいた建物が施錠してあったか否かにより、次表のうち該当する番号を記入する。

施　　錠　　の　　区　　分	区分番号
施　　　錠　　　無	1
施　　　錠　　　有	2
不　　　　　　明	9

(77)　車両、船舶、航空機

　　出火時死者のいた場所が、車両、船舶、航空機内である場合に、同車両等内にいた者の人数を記入する。

(78)～(83)　同一建物等内での死傷者数（本人を除く。）

　　出火時に、死者とともに同一の建物内（共同住宅の場合は同一住戸内）、車両、船舶、航空機若しくは場所（屋外）にいた者のうちで死亡した者、又は負傷した者の人数を性別に記入する。

(84)～(93)　出火時死者と一緒にいた者の年齢層

　　出火時死者のいた建物等と同一の建物等（共同住宅の場合は同一の住戸）にいた者の数を年齢層別に記入する。

　　「特記事項」

　　各コード番号中「その他」に該当する場合に具体的に記入する。なお、この場合どの項目について記入したものかを必ず列番号で付記する。

　　（注）　コード番号中「不明・9」は調査中も含むものとする。

第4　火災詳報

一　火災詳報を提出すべき火災

　　火災詳報は、火災による損害が相当な規模にのぼる火災、特殊な出火原因による火災又は特殊な態様による火災で、消防庁長官が必要に応じて報告を求めたものについて提出するものとする。

二　火災詳報の記載要領

　　火災詳報（第2号様式（その1）の記載要領は、第2火災報告によるほか、次に定めるところによる。

　1　日時

　　　火勢鎮圧時分は、火勢が消防隊の制ぎょ下に入り、拡大の危険がなくなったと現場の最高指揮者が認定した時分による。

　2　覚知方法

　　　第2の2に定める分類番号と覚知方法（「その他」のときは、具体的覚知方法）を記入する。

　　　〔例示〕　(1)火災報知機　(3)加入電話

　3　出火原因

　(1)　発火源、経過及び着火物

　　　　別表第3により、分類番号と出火原因を記入する。

　　　　〔例示〕　第2の3の⑤②⑤③⑤④の例示の場合には、「2101都市ガスのガスこんろ42可燃物が火に触れる254ふきん」と記入する。

　(2)　原因の概要

　　　　できるだけ図面、写真等を別に添付して具体的に記入し、欄内に記述できないときは別紙を用いる。

　4　損害程度

　　　建物焼損区域面積は、建物焼損区域内の街路、小空地等を含めた焼け跡全体の土地の面積による。ただし、面積が0.1平方キロメートル（10万平方メートル）を超える公園、城跡、空地等及び幅員100メートルを超える河川を除外する。

　5　気象状況

　(1)　実効湿度

　　　　木材の乾燥程度を表わすために用いられる湿度による。

　(2)　積雪

　　　　出火時分における火災現場付近の道路上の積雪の深さによる。

　(3)　その他気象上の参考事項

　　　　各欄の記載事項のほか、気象状況で参考となる事項を記入する。

　　　　〔例示〕　異常乾燥　強風注意報発令中　台風第〇号

6　火元建物及び周囲の状況

⑴　周囲の状況

ア　街区（ブロック）No.及び面積

　　　火元建物が市街地内にあった場合に限り、その属する街区（ブロック）番号（都市等級の調査又はその予備調査の際、市街地の街区に付した番号。この番号が付されていない場合には記入しない。）及びその街区の面積を記入する。

　　　なお、「市街地」とは、次に定めるところによって選定した市街地のうち、人口が1万人以上の地域をいう。

　　㋐　建ぺい率（建築面積の敷地面積に対する割合）が10パーセント以上の街区（幅員4メートル以上の道路、河川、鉄道用地等で囲まれた最小の区域）の連続したものとする。

　　㋑　市街地内に、幅員100メートル以上の河川、面積0.1平方キロメートル（10万平方メートル）以上の公園、城跡、空地等がある場合には、市街地区域から除外する。

　　㋒　建物の連続の切れ目が500メートル以上に及ぶ場合には、そこで市街地を区切る。

　　㋓　市街地の境界線は、原則として幅員4メートル以上の道路、河川等によるが、道路、河川等による境界線が定められない場合には、建物の外壁より20メートル離れた線による。

イ　地域及び地区

　　　建築基準法又は都市計画法（昭和43年法律第100号）による地域の指定（近く指定される予定のものも含む。）に基づき記入する。

ウ　建築疎密度又は建ぺい率

　　　火元建物があった街区内の建物の密集程度について、該当の文字を〇で囲み、その街区の建ぺい率が算出できる場合には、その値も記入するとともに繁華街等で木造建物又は高層建物が特に密集している街区については、その旨を記入する。

エ　周囲の道路、空地又は進入路の状況

　　　消防的見地からみて要点を記入する。

　　　〔例示〕　敷地の三方は道路に面しているが、周囲に堅固な壁があり進入困難。

オ　付近の水利状況

　　　火元建物を中心として半径約140メートルの円を描いた範囲内にある水利を記入する。なお、この範囲内に水利がない場合には、使用した水利のうち、火元建物に最も近い水利から2個以上を選び、その直線距離を付して記入する。

(2)　火元建物

　ア　名称

　　火元建物に名称がある場合に記入する。

　　〔例示〕　○○小学校　○○銀行　○○会館　○○市役所　○○ビル

　イ　予防査察の状況

　　最近に実施した予防査察の年月日と実施結果の特記事項について記入する。

　ウ　消火設備等の使用の詳細

　　設けられていた消火設備、水利、警報設備及び避難設備を使用した場合には、その使用状況を、これらを使用しなかった場合にはその理由をそれぞれ記入する。

7　延焼拡大の理由及び延焼阻止の理由。

　　該当するものの記号を○で囲み、（　）内に所要事項を記入する。

8　死者及び負傷者の生じた理由

　　該当するものの記号を○で囲み、「ケ　その他」のときは（　）内に具体的理由を記入するとともに、特記事項があるときは余白に記入する。

三　消防活動状況の記載要領

　　火災詳報付表1消防活動状況（第2号様式（その2））の記載要領は、次に定めるところによる。ただし、消防本部及び消防署又は消防団常備部を設置していない市町村においては、最初に活動した出場機械についてのみ全欄記入し、その他の出場機械については一括して「出場機械（種別及び台数を記入する。）」、「使用水利」、「隊員数」、「特殊作業」及び「事故その他の参考事項」欄にのみ記入しても差し支えない。

1　出場区分

　　第1出場、第2出場というように出場計画のある場合のみ出場区分を記入し、応援の場合には「応」と記入する。

2　出場機械

(1)　種別

　　普通ポンプ自動車、水そう付ポンプ自動車、化学車等の種別を記入する。

(2)　所属及び番号

　　○○消防署、○○出張所、○○分団という機械の所属区分と、第○号車という所属番号を記入する。

3　走行時間

　　実際に要した時間（単位は分とする。）を記入するものとし、事故のため特に長時間を要した場合又は現場に到着しなかった場合には、その旨を最右端の「事故その他の参考事項」の欄に記入する。

4　使用ノズル口径、ポンプ圧力、使用ホース本数及び放水時間

　　これらの事項は、それぞれ延長した筒先ごとに別欄として、次により記入する。

　⑴　ポンプ圧力

　　　車体に付属したメーターにより、最も長時間使用した圧力の値をメガパスカル（MPa）の単位で記入する。

　⑵　使用ホース本数

　　　最も長時間使用したホースの本数を記入する。

　5　使用水利

　　　防ぎょのために使用した水利について、次の事項を記入する。

　　　なお、それぞれの番号は、第2号様式（その3）の付近見取図の図上に記入した各水利点の番号と一致するようにする。

　⑴　消火栓の場合には、消火栓番号、水道配管の管径（ミリメートル（mm））、平常時の平均水圧（メガパスカル（MPa））等

　⑵　その他の水利の場合には、整理番号、水量（立方メートル）又は流量（毎分当り立方メートル）等

　6　隊員数

　　　出場機械を用いて消防活動に従事した隊員数を記入する。

　7　特殊作業

　　　普通の注水作業以外の作業について記入する。

　　　〔例示〕　人命救助作業　破壊作業　電気切断作業　照明作業

　8　転戦部署

　　　転戦又は部署の変更、移動等を行なった場合には、その要点を第2号様式（その3）の付近見取図に示す番号及び記号を用いて記入する。

　9　事故その他の参考事項

　　　人的、物的事故、消防活動上特に有効であった事項その他の参考となる事項を記入する。

四　付近見取図及び出火箇所の略図の記載要領

　　火災詳報付表2付近見取図及び出火箇所の略図（第2号様式（その3））の記載要領は、次に定めるところによる。

　1　付近見取図

　　　出火した建物及び類焼した建物の位置、大きさ、形及び番号、道路、空地、河川、進入路等のほか、水利点の位置及び番号、消防隊の位置（記号）、ホースライン等を記入するとともに、風向、方位及び縮尺を記入する。

　　　なお、番号及び記号は、第2号様式（その2）の番号及び記号と一致するようにする。

2　出火箇所の略図

　　出火した箇所が推定できる場合には、出火した室又は細部の場所の状況を略図で表
　示し、写真があればこれを添付する。

別表第1　建築物の用途別分類表

建築物の用途別分類表の適用に関する通則

1　「建築物の用途」とは、建築物が占用されている目的をいう。

2　この表における用語の意義は、それぞれ次に定めるところによる。

⑴　「住宅」とは、一般世帯が入居するものをいう。

⑵　「共同住宅」とは、一般世帯が2世帯以上それぞれ独立して生活を営むことができるように隔壁で区画されており、かつ、共用部分のあるものをいう。

⑶　「寄宿舎」とは、1人で独立して家計を維持する者の集まりが居住する建築物で、個々の炊事施設を有しないものをいう。

⑷　「事務所」とは、机上事務又はこれに類する事務が行われているものをいい、会議室、受付室、タイプ室、守衛室、小使室、銀行の窓口部分その他これらに類するものを含む。

⑸　「店舗」とは、卸売、小売その他商品を直接取り扱って取引が行われているものをいう。

⑹　「工場」とは、機械又は設備により物の製造、改造、加工、修理、洗浄、選別、包装等の作業が行われているもので、比較的規模が大きく機械化の程度の高いものをいう。

⑺　「作業場」とは、機械又は器具等を使用して物の製造、改造、加工、修理、洗浄、選別、包装等の作業が行われているもので、比較的規模が小さく機械化の程度の低いものをいう。

⑻　「倉庫」とは、商品、製品、原料、材料その他事業に関係のある物品を保管又は貯蔵するものをいう。

⑼　「納屋」とは、農器具、肥料、農産物その他農業に関係のある物品を収納するものをいう。

⑽　「物置」とは、家庭生活に関係のある物品を収納するものをいう。

⑾　「置場」とは、物品を置くだけのもので、通常壁面が開放となっているものをいう。

⑿　「車庫」とは、車両又はこれに類するものを格納するものをいい、飛行機格納庫、艇庫その他これらに類するものを含む。

⒀　「養畜舎」とは、家畜、その他の鳥類、獣類若しくは（爬）虫類を飼育し、又はこれらを入れておくものをいう。

3　建築物の用途を分類する単位は、1棟ごととする。

4　建築物の用途を分類するに当たっては、原則として、まず、居住専用、居住産業併

用、産業用の大分類を判定し、次いで中分類については、その棟が属する構の用途によって判定し、小分類については、その用途によって判定する。ただし、居住専用建築物又は病院、診療所若しくは学校の類については、他の産業用の建築物と同一の構内にあっても、それぞれ居住専用建築物又は産業用建築物の特殊対象建築物へ分類する。

建 築 物 用 途 別 分 類

第1号様式の記入に当たっては，小分類の記号を記入すること。

大分類	内　　容	中分類	内　　容	小分類	用　途　名　目
1	居住専用建築物（専ら居住の用に供せられる建築物をいう。）	11	専用住宅（一般世帯が居住する建築物をいう。）	111	住宅
				112	共同住宅
				118	物置，炊事場，ふろ場，洗たく場，洗面所，便所，鶏小屋，きん舎（愛がん用鳥類），畜舎
				119	その他の建築物の名目
				110	小分類8を除く用途名目が複合するもの
		12	準住宅（施設等の世帯が居住する建築物をいう。）	121	寄宿舎
				122	合宿所
				128	物置，炊事場，ふろ場，洗たく場，洗面所，便所，鶏小屋，きん舎（愛がん用鳥類），畜舎
				129	その他の建築物の名目
				120	小分類8を除く用途名目が複合するもの
		10	複合用途建築物	100	住宅兼寄宿舎，共同住宅兼寄宿舎
2	居住産業併用建築物（産業の用に供せられる部分と居住の用に供せられる部分とが結合した建築物で，居住の用に供せられる部分の床面積が延べ面積の20パーセント以上を占める建築物をいう。）	21	居住農林水産業併用建築物	211	事務所，守衛所
				213	作業場，工場，乾燥場，変電所（配電場を含む。），汽缶場，ポンプ場
				214	倉庫，納屋，林場，置場
				215	車庫
				216	研究所，試験所，実験所
				217	養畜舎，養鶏舎，温室，むろ
				218	炊事場，ふろ場，洗たく場，洗面所，便所など
				219	詰所，休憩所，酪農場，蚕室等用途番号211〜218までに該当しないもの
				210	小分類8を除く用途名目が複合するもの
		22	居住鉱工業併用建築物	221	事務所，守衛所
				223	工場，作業場，乾燥場，変電所（配電場を含む。），汽缶場，ポンプ場

					224	倉庫，置場，林場
					225	車庫
					226	研究所，試験所，実験所
					228	炊事場，ふろ場，洗たく場，洗面所，便所など
					229	詰所，休憩所等用途番号221〜228までに該当しないもの
					220	小分類8を除く用途名目が複合するもの
			23	居住商業併用建築物	231	事務所，守衛所，質店
					232	店舗，待合
					233	工場，作業場，乾燥場，変電所（配電場を含む。），汽缶場，ポンプ場
					234	倉庫，林場，置場
					235	車庫，パーキングビル
					236	研究所，試験所，実験所
					237	むろ
					238	炊事場，ふろ場，洗たく場，洗面所，便所など
					239	詰所，休憩所等用途番号231〜238までに該当しないもの
					230	小分類8を除く用途名目が複合するもの
			24	居住サービス業併用建築物	241	事務所，守衛所
					242	貸本店，理容所，美容所，遊技場，球戯場，クリーニング店，洗い張店，ダンスホール（ダンス教習所を含む。），物品賃貸店，射的場，矢場，道場，写真館
					243	作業場，変電所（配電場を含む。），汽缶場，ポンプ場
					244	倉庫，置場
					245	車庫，艇庫，格納庫，パーキングビル，駐車場
					246	研究所，試験所，実験所
					247	旅館，ホテル，宿泊所，下宿屋，集会場，浴場，きう舎，病院，診療所，治療所，産院，助産所，歯科技工所，療養所，演芸場
					248	炊事場，ふろ場，洗たく場，洗面所，便所など
					249	詰所，休憩所等用途番号241〜248までに該当しないもの

				240	小分類8を除く用途名目が複合するもの
		29	その他の居住産業併用建築物及び中分類の複合する建築物	291	事務所, 守衛所
				293	工場, 作業場, 変電所（配電場を含む。）, 乾燥場, 焼却場, 汽缶場, ポンプ場
				294	倉庫, 置場
				295	車庫, 格納庫
				296	研究所, 試験所, 実験所, 送信所
				297	社務所, 寺院, 教会, 塾, 教授所, 仮眠所
				298	炊事場, ふろ場, 洗たく場, 洗面所, 便所など
				299	詰所, 休憩所等用途番号291〜298までに該当しないもの
				290	小分類8を除く用途名目が複合するもの
0	産業用建築物（居住の用に供せられる部分の床面積が延べ面積の20パーセント未満のものを含む。）	01	事務所の性格を有するもの及びその付属別むね建築物	011	事務所
				012	守衛所
				013	質店
				018	炊事場, ふろ場, 洗たく場, 洗面所, 便所など
				019	その他の建築物の名目
				010	小分類8を除く用途名目が複合するもの
		02	店舗の性格を有するもの及びその付属別むね建築物	021	店舗（卸, 小売の店舗）
				022	店舗（飲食店舗）, 待合
				023	洗たく店
				024	理容所
				025	美容所
				026	貸衣しよう店, 貸本店, 貸ふとん店等（物品の賃貸の店）
				028	炊事場, ふろ場, 洗たく場など
				029	その他の建築物の名目
				020	小分類8を除く用途名目が複合するもの
		03	工場, 作業場の性格を有するもの及びその付属別むね建築物	031	工場
				032	作業場
				033	乾燥場
				034	汽缶場
				035	変電所, 配電場
				036	ポンプ場
				038	炊事場, ふろ場, 洗たく場, 洗

						面所，便所など
					039	その他の建築物の名目
					030	小分類8を除く用途名目が複合するもの
			04	倉庫の性格を有するもの及びその付属別むね建築物	041	倉庫
					042	置場
					043	納屋
					044	林場
					045	貯蔵庫（危険物）
					046	冷凍庫
					048	炊事場，洗面所，便所など
					049	その他の建築物の名目
					040	小分類8を除く用途名目が複合するもの
			05	車庫の性格を有するもの及びその付属別むね建築物	051	車庫
					052	パーキングビル
					053	格納庫
					054	艇庫
					058	洗面所，便所など
					059	その他の建築物の名目
					050	小分類8を除く用途名目が複合するもの
			06	研究所の性格を有するもの及びその付属別むね建築物	061	研究所
					062	試験所
					063	実験所
					068	洗面所，便所など
					069	その他の建築物の名目
					060	小分類8を除く用途名目が複合するもの
			07	養畜舎の性格を有するもの及びその付属別むね建築物	071	養畜舎
					072	養鶏舎
					073	きゅう舎
					074	温室
					075	むろ
					076	酪農場
					077	蚕室
					078	洗面所，便所など
					079	その他の建築物の名目
					070	小分類8を除く用途名目が複合するもの
			08	特殊対象建築物	081	劇場，映画館，演芸場
					082	旅館，ホテル，宿泊所，下宿屋
					083	校舎，体育館，給食場，塾，教場

					084	病院，病とう，診療所，保健所，産院，治療所，助産所
					085	遊技場，球戯場，道場，射撃場
					086	浴場
					087	神殿，拝殿，神楽殿，宝物殿，社務所，氷屋，教会，本堂，庫裡，鐘楼，山門
					088	炊事場，ふろ場，洗面所，洗たく場，便所など
					089	その他の建築物の名目
					080	小分類8を除く用途名目が複合するもの
			09	前各項に該当しない建築物	091	建築物の名目
					098	付属建築物の名目
			00	中分類の複合する複合建築物	000	複合建築物の各名目

別表第 2 　業態別分類表

　　業態別分類表の適用に関する通則

1 　「業態」とは、原則として、事業所において業として行われている事業の態様をいい、教育、宗教、公務、非営利団体等の諸活動を含む。ただし、家庭内における主婦の家事労働は含まない。

2 　「事業所」とは、工場、店舗、病院、事業所等、1 区画を占めて物の生産、販売、又はサービスの提供が業として行われている個々の場所をいう。

3 　業態別分類は、1 事業所ごとに適用する。ただし、事業の用に供する車両、船舶、航空機その他の物件については、事業所に準じて業態別分類を適用する。

4 　業態が複合する場合の業態の分類方法は、P 複合サービス事業の他、次に定めるところによる。

　⑴　1 つの事業所において 2 種以上の異なった事業を兼ねて行っている場合には、出火した場所の業態による。ただし、出火した場所が業態別に区画されていないときは、過去 1 年の総収入又は総販売額の多い方の業態による。

　⑵　季節によって定期的に事業を転換する場合には、火災発生時の業態による。

　⑶　販売に伴う軽度の加工、修理等のように主たる事業に付随して行われる事業は、主たる事業に含まれる。

5 　業態を分類するに当たっては、まず、大分類（19 項目）を判定し、次いで中分類、小分類、細分類（業務例示）の順位で判定する。この場合において、「公務」とは、官公署の行う本来の行政事務をいい、国又は地方公共団体がもっぱら社会公共のために自ら経営する非権力的な事業は公務以外の業態に分類する。

　　なお、業務例示に該当するものがないときは、類似している事業の業務例示と同じ要領で業務例示をあらたにつける。

業　態　別　分　類

第 1 号様式の記入に当たっては，細分類欄の番号及び業務例示欄の業務名を記入する。

大分類　　A一農業

中分類番号	小分類番号	細分類番号	業　務　例　示
01　農業	011　耕種農業	0111　米作農業	水稲作農業；陸稲作農業
		0112　米作以外の穀作農業	麦作農業；雑穀作農業
		0113　野菜作農業（きのこ類の栽培を含む）	野菜作農業；すいか・メロン・トマト作農業；水耕等の養液栽培による野菜作農業；たけのこ栽培農業；しいたけ栽培農業；しめじ栽培農業；もやし栽培農業
		0114　果樹作農業	みかん作農業；りんご作農業；ぶどう作農業；かき作農業；くり作農業
		0115　花き作農業	切り花類栽培業；球根類栽培業；鉢物類栽培業；芝類栽培業；植木（緑化木，庭公園樹等）栽培業；盆栽業
		0116　工芸農作物農業	たばこ作農業；さとうきび作農業；茶作農業；てんさい作農業
		0117　ばれいしょ・かんしょ作農業	ばれいしょ作農業；かんしょ作農業
		0119　その他の耕種農業	飼肥料作物栽培業；採種用作物栽培業；果樹苗木栽培業；桑苗栽培業
	012　畜産農業	0121　酪農業	酪農業
		0122　肉用牛生産業	肉用牛肥育業；肉用子牛生産業
		0123　養豚業	養豚業
		0124　養鶏業	養鶏業
		0125　畜産類似業	実験用動物飼育業（マウス，ラット，モルモット，うさぎなど）；愛がん用動物飼育業（カナリヤ，文鳥，犬など）；いたち飼育業；きじ飼育業；昆虫類飼育業（かぶと虫，すず虫など）；へび飼育業
		0126　養蚕農業	養蚕農業；蚕種製造業
		0129　その他の畜産農業	養ほう（蜂）業；毛皮獣養殖業（たぬき，きつね，ミンクなど）
	013　農業サービス業（園芸	0131　穀作サービス業	育苗センター；各種米作作業請負業；ライスセンター；カントリーエ

	サービス業を除く）		レベーター；脱穀業（農家と請負契約によって脱穀を行うもの）；農業用施設維持管理業；土地改良区共同選果場；野菜共同選別場
		0132　野菜作・果樹作サービス業	
		0133　穀作，野菜作・果樹作以外の耕種サービス業	さとうきび作作業請負業；花き共同選別場
		0134　畜産サービス業（獣医業を除く）	人工授精業；種鶏業；ふ卵業；装てい（蹄）業；稚蚕共同飼育場
	014　園芸サービス業	0141　園芸サービス業	造園業；植木業（主として庭園作り，又は手入れなどを行うもの）

大 分 類　　B―林 業

中分類番号	小分類番号	細 分 類 番 号	業　務　例　示
02　林業	021　育林業	0211　育林業	私有林経営業；地方公共団体（財産区を含む）の経営する山林の事業所；森林管理局；森林管理署；森林事務所；生産森林組合等の育林を主とする協業体；漆樹栽培業；竹林業（たけのこ栽培を除く）；薪炭林経営業；桐栽培業；油桐栽培業；パルプ材育林業
	022　素材生産業	0221　素材生産業	一般材生産業；パルプ材生産業；坑木生産業；くい丸太生産業；電柱用材生産業；足場丸太生産業
	023　特用林産物生産業（きのこ類の栽培を除く）	0231　製薪炭業	薪伐出製造業；炭焼業（焼子を除く）；製炭会社；木炭製造業；黒炭製造業；枝炭製造業；白炭製造業
		0239　その他の特用林産物生産業（きのこ類の栽培を除く）	松やに採取業；うるし採取業；うるしかき業；松根油採取業（森林内で行う松根油蒸留を含む）；樹脂精油採取業（抽出・蒸留を含む）；杉皮採取業；しゅろ皮はぎ業；天然きのこ採取業；とうづる採取業；あけびつる採取業；樹皮採取業；松たけ採取業；林内種実採取業；粗製しょうのう採取業；コルク皮採取業；野草採取業（薬草，山菜など）；ささ採取業；そだ採取業；竹皮採取業；かや採取業；ふし（五倍子）採取業；松葉採取業
	024　林業サービス業	0241　育林サービス業	育林請負業；植林請負業
		0242　素材生産サービス業	素材生産請負業；木材伐出請負業；伐木運材請負業；共同貯木場（森林組合，同連合会の経営によるもの）
		0243　山林種苗生産サービス業	山林用種苗生産請負業
		0249　その他の林業サービス業	薪請負製造業；炭焼請負業；炭賃焼業；山番業
	029　その他の林業	0299　その他の林業	狩猟業；わなかけ業；猟師業；昆虫類採捕業；へび採捕業；山林用種苗業

大 分 類　　C―漁　業

中分類番号	小分類番号	細 分 類 番 号	業　　務　　例　　示
03　漁業	031　海面漁業	0311　底びき網漁業	遠洋底びき網漁業；以西底びき網漁業；沖合底びき網漁業；小型機船底びき網漁業；手繰網漁業；うたせ網漁業；けた網漁業；浮びき網漁業；母船式底びき網漁業
		0312　まき網漁業	大中型まき網漁業；中型まき網漁業；いわし揚繰（巾着）網漁業；あじ・さば揚繰（巾着）網漁業；いわし縫切網漁業；揚繰網漁業；巾着網操業；まき網漁業
		0313　刺網漁業	いわし刺（流）網漁業；にしん刺（流）網漁業；たら刺（流）網漁業；かに刺（流）網漁業；いか刺（流）網漁業；かじき等刺（流）網漁業；さけ・ます刺（流）網漁業
		0314　釣・はえ縄漁業	かつお一本釣漁業；いかつり漁業；あじ・さば一本釣漁業；一本釣漁業；手釣漁業；文鎮こぎ漁業；まぐろはえ縄漁業；たらはえ縄漁業；たいはえ縄漁業；母船式かつお・まぐろ漁業；ひき縄漁業；はえ縄漁業
		0315　定置網漁業	にしん定置網漁業；ぶり・まぐろ落網漁業；台網漁業；落網漁業；ます網漁業
		0316　地びき網・船びき網漁業	地びき網漁業，船びき網漁業
		0317　採貝・採藻業	真珠採取業；あさり採取業；はまぐり採取業；かき採取業；あわび採取業；さざえ採取業；採貝業；こんぶ採取業；わかめ採取業；天草採取業；のり採取業；採藻業；海女による採貝・採藻業
		0318　捕鯨業	母船式捕鯨業；近海捕鯨業
		0319　その他の海面漁業	たこつぼ漁業；うに採取業；なまこ採取業；さんご採取業；海綿採取業；潜水器漁業；つぼ漁業；かご漁業；筒漁業；やす漁業；突棒漁業；さんま棒受網漁業；あじ・さば棒受網漁業；四そう張漁業；敷網漁業
	032　内水面漁業	0321　内水面漁業	河川漁業；湖沼漁業；う飼漁業；肥料用藻類採取業；ため池漁業；やな

				漁業；えり漁業；ひき網漁業（内水面漁業のもの）；まき網漁業（内水面漁業のもの）；敷網漁業（内水面漁業のもの）；かぶせ網漁業（内水面漁業のもの）；投網漁業（内水面漁業のもの）；魚釣業（内水面漁業のもの）；はえ網漁業（内水面漁業のもの）
04　水産養殖業	041　海面養殖業	0411	魚類養殖業	ぎんざけ養殖業；まあじ養殖業；しまあじ養殖業；ぶり養殖業；ひらまさ養殖業；かんぱち養殖業；まだい養殖業；ちだい養殖業；くろだい養殖業；ひらめ養殖業；ふぐ類養殖業
		0412	貝類養殖業	ほたてがい養殖業；かき類養殖業；あわび類養殖業；もがい養殖業；あかがい養殖業；いたやがい養殖業；ひおうぎ養殖業；あさり養殖業
		0413	藻類養殖業	こんぶ類養殖業；わかめ類養殖業；のり類養殖業；もずく養殖業
		0414	真珠養殖業	真珠養殖業
		0415	種苗養殖業	ぶり類種苗養殖業；たい類種苗養殖業；くるまえび種苗養殖業；真珠母貝養殖業；ほたてがい種苗養殖業；かき類種苗養殖業；わかめ種苗養殖業
		0419	その他の海面養殖業	くるまえび養殖業；ほや類養殖業；がざみ養殖業；うに養殖業
	042　内水面養殖業	0421	内水面養殖業	こい養殖業；ふな養殖業；うなぎ養殖業；さけ・ます類養殖業；あゆ養殖業；錦鯉養殖業；ティラピア養殖業；金魚養殖業；すっぽん養殖業；水田養魚業；どじょう養殖業；ぼら養殖業；淡水真珠養殖業；淡水真珠母貝養殖業

大 分 類　　D—鉱　業

中分類番号	小分類番号	細 分 類 番 号	業　務　例　示
05　鉱業	051　金属鉱業	0511　金・銀鉱業	金鉱業；銀鉱業；金銀鉱業；砂金鉱業
		0512　鉛・亜鉛鉱業	鉛鉱業；亜鉛鉱業；鉛亜鉛鉱業
		0513　鉄鉱業	鉄鉱業
		0519　その他の金属鉱業	白金鉱業；砂白金鉱業；イリジウム鉱業；オスミウム鉱業；銅鉱業；硫化鉄鉱業；黄鉄鉱業；磁硫鉄鉱業；すず鉱業；砂すず鉱業；アンチモン鉱業；水銀鉱業；そう（蒼）鉛鉱業；ひ（砒）鉱鉱業；砂鉄鉱業；タングステン鉱業；マンガン鉱業；金属マンガン鉱業；二酸化マンガン鉱業；クロム鉱業；砂クロム鉱業；モリブデン鉱業；ニッケル鉱業；コバルト鉱業；鉄マンガン鉱業；ウラン鉱業；砂ウラン鉱業；トリウム鉱業
	052　石炭・亜炭鉱業	0521　石炭鉱業（石炭選別業を含む）	石炭鉱業；炭鉱業；石炭水洗業；廃石選別業；石炭回収業
		0522　亜炭鉱業	亜炭鉱業
	053　原油・天然ガス鉱業	0531　原油鉱業	原油鉱業；石油鉱業；天然アスファルト鉱業；土れき（瀝）青鉱業；油田さく井請負業；油田試掘請負業
		0532　天然ガス鉱業	天然ガス鉱業；炭酸ガス鉱業；ガス採取業（天然のもの）；天然ガソリン生産業
	054　採石業，砂・砂利・玉石採取業	0541　花こう岩・同類似岩石採石業	花こう岩採石業；せん緑岩採石業；はんれい（斑糲）岩採石業；片麻岩採石業
		0542　石英粗面岩・同類似岩石採石業	石英粗面岩採石業
		0543　安山岩・同類似岩石採石業	安山岩採石業
		0544　大理石採石業	大理石採石業
		0545　ぎょう灰岩採石業	ぎょう灰岩採石業
		0546　砂岩採石業	砂岩採石業
		0547　粘板岩採石業	粘板岩採石業
		0548　砂・砂利・玉石採取業	砂採取業；砂利採取業；玉石採取業；壁砂採取業；川砂採取業；玉砂利採取業；バラスト採取業（粉砕した岩石でないもの）

		0549　その他の採石業，砂・砂利・玉石採取業	かんらん岩採石業；蛇紋岩採石業；玄武岩採石業；黒よう石採石業；真珠岩採石業；火山灰採掘業；軽石採掘業；庭石採取業
	055　窯業原料用鉱物鉱業（耐火物・陶磁器・ガラス・セメント原料用に限る）	0551　耐火粘土鉱業	耐火粘土鉱業（けつ岩粘土・木節粘土・がいろ目粘土鉱業を含む）
		0552　ろう石鉱業	ろう石鉱業；ろう石クレー製造業
		0553　ドロマイト鉱業	ドロマイト鉱業
		0554　長石鉱業	長石鉱業；半花こう岩鉱業；風化花こう岩鉱業
		0555　けい石鉱業	白けい石鉱業；軟けい石鉱業；炉材けい石鉱業
		0556　天然けい砂鉱業	天然けい砂鉱業；けい砂鉱業
		0557　石灰石鉱業	石灰石鉱業
		0559　その他の窯業原料用鉱物鉱業	陶石鉱業；陶石クレー製造業；カオリン鉱業；磁土鉱業；石こう鉱業；らん晶石鉱業；けい線石鉱業；紅柱石鉱業；陶土鉱業
	059　その他の鉱業	0591　酸性白土鉱業	酸性白土鉱業
		0592　ベントナイト鉱業	ベントナイト鉱業
		0593　けいそう土鉱業	けいそう土鉱業
		0594　滑石鉱業	滑石鉱業
		0599　他に分類されない鉱業	粘土鉱業；普通粘土鉱業；絹雲母鉱業；緑泥石鉱業；ふっ（沸）鉱業；ひる石鉱業；重晶石鉱業；重晶石粉砕業；ざくろ石鉱業；エメリー鉱業；トリポリー鉱業；めのう鉱業；こはく鉱業；工芸用水晶鉱業；宝石鉱業；飾石鉱業；電気石鉱業；石けん石鉱業；溶岩鉱業；方解石鉱業；天然氷採取業；硫黄鉱業；硫黄製錬業；ほたる石鉱業；明ばん石鉱業；りん鉱石鉱業；黒鉛鉱業；石綿鉱業

大 分 類　　E—建設業

中分類番号	小分類番号	細 分 類 番 号	業　　務　　例　　示
06　総合工事業	061　一般土木建築工事業	0611　一般土木建築工事業	一般土木建築工事業
	062　土木工事業（舗装工事業を除く）	0621　土木工事業（別掲を除く）	土木工事業
		0622　造園工事業	造園工事業；ゴルフ場工事業
		0623　しゅんせつ工事業	しゅんせつ工事業
	063　舗装工事業	0631　舗装工事業	道路舗装工事業
	064　建築工事業（木造建築工事業を除く）	0641　建築工事業（木造建築工事業を除く）	建築工事請負業；鉄骨造建築工事請負業；組立鉄筋コンクリート造建築工事業；コンクリートブロック造建築工事業；プレハブリケーション建築工事業
	065　木造建築工事業	0651　木造建築工事業	木造建築工事業；木造住宅建築工事業
	066　建築リフォーム工事業	0661　建築リフォーム工事業	建築リフォーム工事業；住宅リフォーム工事業；木造建築リフォーム工事業
07　職別工事業（設備工事業を除く）	071　大工工事業	0711　大工工事業（型枠大工工事業を除く）	大工工事業；造作大工業；堂宮大工業（総合請負をしないもの）；木造りゅう骨工事請負業
		0712　型枠大工工事業	型枠大工工事業；仮枠大工工事業
	072　とび・土工・コンクリート工事業	0721　とび工事業	とび工事業；足場組立業；建方業（とび工事を主とするもの）；ひき屋工事業；メタルフォーム組立業；組立鉄筋コンクリート組立業；くい打工事業；仕事師業（とび工事を主とするもの）
		0722　土工・コンクリート工事業	土工工事業；機械土工工事業；コンクリート工事業；コンクリート圧送工事業；コンクリート打設工事業；仕事師業（土工工事を主とするもの）；地盤改良工事業；ウエルポイント工事業；薬液注入工事業
		0723　特殊コンクリート工事業	特殊コンクリート基礎工事業；場所打ちコンクリートぐい工事業；独立コンクリート煙突工事業；プレストレストコンクリート工事業；特殊コンクリート工事業
	073　鉄骨・鉄	0731　鉄骨工事業	鉄骨工事業；橋りょう工事業

	筋工事業	0732　鉄筋工事業	鉄筋工事業
	074　石工・れんが・タイル・ブロック工事業	0741　石工工事業	石工業（建設工事を行うもの）；石工工事業；石垣築造業；道路石工事業；軌道石工事業
		0742　れんが工事業	れんが工事業
		0743　タイル工事業	タイル工事業
		0744　コンクリートブロック工事業	コンクリートブロック工事業；歩道用コンクリートブロック工事業
	075　左官工事業	0751　左官工事業	左官業；木舞業；漆くい工事業；磨き出し工事業；吹付工事業
	076　板金・金物工事業	0761　金属製屋根工事業	鉄板屋根ふき業；銅板屋根ふき業；アルミニウム屋根ふき業
		0762　板金工事業	板金工事業
		0763　建築金物工事業	建築金物工事業
	077　塗装工事業	0771　塗装工事業（道路標示・区画線工事業を除く）	塗装工事業；鋼橋塗装工事業；建築装飾工事業（塗装工事を主とするもの）；船舶塗装業
		0772　道路標示・区画線工事業	道路標示・区画線工事業
	078　床・内装工事業	0781　床工事業	床張工事業；フリーリング工事業；船舶床張請負業
		0782　内装工事業	テックス工事業；練付工事業；壁紙工事業；室内装飾工事業
	079　その他の職別工事業	0791　ガラス工事業	ガラス工事業
		0792　金属製建具工事業	金属製建具取付業
		0793　木製建具工事業	つりこみ業（木製建具工事業）
		0794　屋根工事業（金属製屋根工事業を除く）	屋根ふき業（板金を除く）；かわら屋根ふき業；木羽屋根ふき業；とんとんぶき業；スレート屋根ふき業；かや屋根ふき業
		0795　防水工事業	防水工事業；アスファルト防水工事業；モルタル防水工事業
		0796　はつり・解体工事業	はつり工事業・解体工事業
		0799　他に分類されない職別工事業	サンドブラスト業；潜水工事業；建設揚重業；炉解体業；カーテンウォール工事業；電気防蝕工事業
08　設備工事業	081　電気工事業	0811　一般電気工事業	送配電電線路工事業；電気設備工事業
		0812　電気配線工事業	電気配線工事業；ネオン装置工事業；船内配線業
	082　電気通信・信号装置	0821　電気通信工事業（有線テレビジョン	電気通信工事業；電話線路工事業；通信土木工事業；有線・無線電話機

	工事業	放送設備設置工事業を除く）	械設備設置工事業；電信機械設備設置工事業；無線テレビジョン放送設備設置工事業；有線・無線ラジオ放送設備設置工事業
		0822　有線テレビジョン放送設備設置工事業	有線テレビジョン放送設備設置工事業
		0823　信号装置工事業	信号装置工事業；火災報知器工事業
	083　管工事業（さく井工事業を除く）	0831　一般管工事業	一般管工事業
		0832　冷暖房設備工事業	冷暖房設備工事業；温湿度調節装置・乾燥装置工事業；冷凍冷蔵・製氷装置工事業
		0833　給排水・衛生設備工事業	給排水設備工事業；給水設備工事業；排水設備工事業；消火設備工事業；衛生設備工事業；井戸ポンプ工事業
		0839　その他の管工事業	ガス配管工事業；配管工事業
	084　機械器具設置工事業	0841　機械器具設置工事業（昇降設備工事業を除く）	機械器具設置工事業；収じん（塵）装置工事業；索道架設工事業；計装工事業；自動ドア設置工事業
		0842　昇降設備工事業	昇降設備工事業
	089　その他の設備工事業	0891　築炉工事業	築炉工事業
		0892　熱絶縁工事業	保温保冷工事業；熱絶縁工事業；ボイラ熱絶縁工事業
		0893　道路標識設置工事業	道路標識設置工事業
		0894　さく井工事業	さく井工事業；さく泉工事業；井戸掘業

大 分 類　　F—製造業

中分類番号	小分類番号	細 分 類 番 号	業 務 例 示
09　食料品製造業	091　畜産食料品製造業	0911　肉製品製造業	食肉加工業；肉缶詰製造業；ソーセージ製造業；ハム製造業；ベーコン製造業；冷凍食肉製造業
		0912　乳製品製造業	市乳製造業；乳製品製造業；粉乳製造業；練乳製造業；バター製造業；チーズ製造業；アイスクリーム製造業；乳酸菌飲料製造業；発酵乳製造業；カゼイン製造業
		0919　その他の畜産食料品製造業	加工卵製造業；乾燥卵製造業；液卵製造業；はちみつ処理加工業；食鳥処理加工業
	092　水産食料品製造業	0921　水産缶詰・瓶詰製造業	水産缶詰・瓶詰製造業；魚缶詰・瓶詰製造業；かに缶詰製造業；海藻缶詰・瓶詰製造業；水産つくだ煮瓶詰製造業
		0922　海藻加工業	こんぶ製造業；とろろこんぶ製造業；酢こんぶ製造業；焼のり製造業；味付けのり製造業；わかめ製造業；あらめ製造業；ふのり製造業；ひじき製造業；海草類つぼ詰製造業；天屋（寒天を製造するもの）；寒天製造業
		0923　水産練製品製造業	かまぼこ製造業；焼きちくわ製造業；揚げかまぼこ製造業；はんぺん製造業；水産練製品製造業；魚肉ハム・ソーセージ製造業
		0924　塩干・塩蔵品製造業	塩蔵魚介類製造業；塩魚製造業
		0925　冷凍水産物製造業	冷凍魚介類製造業
		0926　冷凍水産食品製造業	冷凍水産食品製造業；冷凍すり身製造業
		0929　その他の水産食料品製造業	鰹節製造業；水産くん製品製造業；生すり身製造業；つくだ煮製造業（水産物のもの）；するめ製造業；いりこ製造業；干魚製造業；干アワビ製造業；味りん干製造業；身欠きにしん製造業；切するめ製造業；のりつくだ煮製造業；削節製造業；塩辛製造業；水産漬物製造業；水産珍味加工品製造業；海藻つくだ煮製造

			業；魚介類つぼ詰製造業；鯨ベーコン製造業
	093 野菜缶詰・果実缶詰・農産保存食料品製造業	0931 野菜缶詰・果実缶詰・農産保存食料品製造業（野菜漬物を除く）	野菜缶詰製造業（瓶詰，つぼ詰を含む）；野菜漬物缶詰製造業（瓶詰，つぼ詰を含む）；果実缶詰製造業（瓶詰，つぼ詰を含む）；乾燥野菜製造業；乾燥果物製造業；乾燥きのこ製造業；冷凍野菜製造業；冷凍果物製造業；ジャム・マーマレード製造業；ジュース原液製造業；ゼリー製造業；ピーナッツバター製造業；乾燥芋製造業；干しがき製造業；かんぴょう製造業；マッシュポテト製造業
		0932 野菜漬物製造業（缶詰，瓶詰，つぼ詰を除く）	野菜漬物製造業；果実漬物製造業
	094 調味料製造業	0941 味そ製造業	味そ製造業；醸造業（主として味そを製造するもの）；粉味そ製造業
		0942 しょう油・食用アミノ酸製造業	しょう油製造業；醸造業（主としてしょう油を製造するもの）；粉しょう油製造業；固形しょう油製造業；食用アミノ酸製造業
		0943 うま味調味料製造業	グルタミン酸ナトリウム製造業；核酸系調味料製造業（イノシン酸ナトリウム又はグアニル酸ナトリウムを製造するもの）；複合うま味調味料製造業（グルタミン酸ナトリウムと核酸系調味料との複合調味料を製造するもの）
		0944 ソース製造業	ソース製造業；トマトソース製造業；トマトケチャップ（トマトピューレ）製造業；ウスターソース製造業；マヨネーズ製造業
		0945 食酢製造業	食酢製造業；醸造業（主として食酢を製造するもの）
		0949 その他の調味料製造業	香辛料製造業；カレー粉製造業；固形カレー製造業；とうがらし粉製造業；七味とうがらし製造業；にっけい粉製造業；わさび粉製造業；こしょう製造業；濃縮そば汁製造業；にんにく粉製造業
	095 糖類製造業	0951 砂糖製造業（砂糖精製業を除く）	甘しゃ（蔗）糖製造業（粗糖，含みつ糖又は耕地白糖を製造するもの）

			；てん菜糖製造業（てん菜糖又はてん菜粗糖を製造するもの）
	0952	砂糖精製業	砂糖精製業；氷砂糖製造業；角砂糖製造業；糖みつ製造業
	0953	ぶどう糖・水あめ・異性化糖製造業	ぶどう糖製造業；グルコース製造業；水あめ製造業；麦芽糖製造業；異性化糖製造業
096　精穀・製粉業	0961	精米業	精米業
	0962	精麦業	精麦業
	0963	小麦粉製造業	小麦粉製造業
	0969	その他の精穀・製粉業	穀粉製造業；米粉製造業；そば粉製造業；とうもろこし粉製造業；豆粉製造業；きな粉製造業；みじん粉製造業；はったい粉製造業；香せん（煎）製造業
097　パン・菓子製造業	0971	パン製造業	食パン製造業；菓子パン製造業
	0972	生菓子製造業	洋生菓子製造業；和生菓子製造業；ゼラチン菓子製造業；カステラ製造業；蒸しパン製造業；ドーナッツ製造業
	0973	ビスケット類・干菓子製造業	ビスケット製造業；干菓子製造業；クラッカー製造業；乾パン製造業；せんべい製造業（小麦粉，でんぷんなどを原料とするもの）
	0974	米菓製造業	米菓製造業；あられ製造業；うるちせんべい製造業
	0979	その他のパン・菓子製造業	キャンデー・チョコレート製造業；油菓製造業（かりんとうなど）；砂糖漬け製造業（甘納豆，ざぼん漬けなど）；ウェハース製造業；氷菓製造業（アイスキャンデーなど）；チューインガム製造業；砂糖菓子製造業
098　動植物油脂製造業	0981	植物油脂製造業	植物油製造業；大豆油製造業；菜種油製造業；ごま油製造業；落花生油製造業；あまに油製造業；えごま油製造業；米油製造業；つばき油製造業；ひまし油製造業；きり油製造業；オリーブ油製造業；やし油製造業；カポック油製造業；パーム油製造業；綿実油製造業；食用油製造業；サラダオイル製造業；食用精製油製造業
	0982	動物油脂製造業	牛脂製造業；豚脂製造業；さなぎ油

				製造業；鯨油製造業；魚油製造業（いわし・たら・にしん・さめ油など）；内臓油製造業
		0983	食用油脂加工業	食用精製油脂製造業；マーガリン製造業；ショートニング製造業；精製ラード製造業；精製ヘット製造業
	099　その他の食料品製造業	0991	でんぷん製造業	でんぷん製造業；かんしょでんぷん製造業；ばれいしょでんぷん製造業；コーンスターチ製造業
		0992	めん類製造業	製めん業；うどん製造業；そうめん製造業；そば製造業；マカロニ製造業；手打めん製造業；即席めん類製造業；中華めん製造業
		0993	豆腐・油揚製造業	豆腐製造業；油揚げ製造業；しみ豆腐製造業
		0994	あん類製造業	生あん製造業；練あん製造業；乾燥あん製造業
		0995	冷凍調理食品製造業	冷凍調理食品製造業
		0996	そう（惣）菜製造業	そう（惣）菜製造業；和風そう（惣）菜製造業；洋風そう（惣）菜製造業；中華そう（惣）菜製造業
		0999	他に分類されない食料品製造業	パン種製造業；ふくらし粉製造業；イースト製造業；きのこ種菌製造業；酵母剤製造業；クロレラ製造（養殖）業；しいたけ種駒製造業；こうじ製造業；種こうじ製造業；麦芽製造業；いり豆製造業；こんにゃく製造業；ふ・焼ふ製造業；ゆば製造業；玄米乳製造業；甘酒製造業；納豆製造業；即席ココア製造業；春さめ（豆素めん）製造業；麦茶製造業；はま茶製造業；こぶ茶製造業；プレミックス食品製造業；最中かわ製造業；バナナ熟成加工業；粉末ジュース製造業；せんべい生地製造業；野菜つくだ煮製造業；果糖製造業；レトルト食品製造業；もち製造業（あんもちを除く）；弁当製造業；サンドイッチ製造業；調理パン製造業；なめ味そ製造業；パン粉製造業；フラワーペースト製造業
10　飲料・たばこ・飼料	101　清涼飲料製造業	1011	清涼飲料製造業	清涼飲料製造業；し好飲料製造業；サイダー製造業；ラムネ製造業；炭

製造業			酸水製造業；ジュース製造業；シロップ製造業（糖みつ製造業でないもの）；ミネラルウォーター製造業；果実飲料製造業；茶系飲料製造業；コーヒー飲料製造業
	102　酒類製造業	1021　果実酒製造業	果実酒製造業；甘味果実酒製造業；りんご酒製造業；ぶどう酒製造業；いちご酒製造業；みかん酒製造業
		1022　ビール製造業	ビール製造業；醸造業（主としてビールを製造するもの）
		1023　清酒製造業	清酒製造業；濁酒製造業
		1024　蒸留酒・混成酒製造業	ウィスキー製造業；焼ちゅう製造業；洋酒製造業（主として混成酒を製造するもの）；ブランデー製造業；合成清酒製造業；味りん製造業（本みりんを含む）；薬用酒製造業；飲料用アルコール製造業；梅酒製造業
	103　茶・コーヒー製造業	1031　製茶業	荒茶製造業（緑茶，紅茶）；茶再製業（緑茶，紅茶，輸出茶）
		1032　コーヒー製造業	荒びきコーヒー製造業；インスタントコーヒー製造業；コーヒー豆ほうせん（焙煎）業
	104　製氷業	1041　製氷業	氷製造業（天然氷を除く）；人造氷製造業；冷凍業（主として氷の製造を行うもの）
	105　たばこ製造業	1051　たばこ製造業（葉たばこ処理業を除く）	たばこ製造業
		1052　葉たばこ処理業	葉たばこ処理業
	106　飼料・有機質肥料製造業	1061　配合飼料製造業	配合飼料製造業；動物性たん白質混合飼料製造業；植物性たん白質混合飼料製造業；フィッシュソリュブル吸着飼料製造業；観賞魚用飼料製造業；ドッグフード製造業
		1062　単体飼料製造業	酵母飼料製造業；魚粉飼料製造業；羽毛粉飼料製造業；貝殻粉飼料製造業
		1063　有機質肥料製造業	海産肥料製造業；骨粉肥料製造業；魚肥製造業；植物かす肥料製造業；腐葉土製造業；たい（堆）肥製造業；バークたい（堆）肥製造業
11　繊維工業（衣服，そ	111　製糸業	1111　製糸業	器械生糸製造業；座繰生糸製造業；玉糸製造業；野蚕糸製造業；副蚕糸

			製造業
の他の繊維製品を除く）	112　紡績業	1121　綿紡績業	綿紡績業；落綿紡績業；特紡紡績業
		1122　化学繊維紡績業	スフ紡績業；アセテート紡績業；合成繊維紡績業
		1123　毛紡績業	そ（梳）毛紡績業；紡毛紡績業；毛紡績業
		1129　その他の紡績業	絹紡績業；亜麻紡績業；ちょ麻紡績業；黄麻紡績業；手紡績業；和紡紡績業
	113　ねん糸製造業	1131　ねん糸製造業（かさ高加工糸製造業を除く）	絹ねん糸製造業；レーヨンねん糸製造業；綿ねん糸製造業；スフねん糸製造業；毛ねん糸製造業；麻ねん糸製造業；合成繊維ねん糸製造業；カタン糸製造業；刺しゅう糸製造業；意匠より糸製造業；縫糸製造業；金銀ねん糸製造業
		1132　かさ高加工糸製造業	かさ高加工糸製造業
	114　織物業	1141　綿・スフ織物業	綿織物業；スフ織物業；和紡織物業；タオル地織物業
		1142　絹・人絹織物業	絹織物業；絹紡織物業；人絹織物業
		1143　毛織物業	そ（梳）毛織物業；紡毛織物業；織フェルト製造業
		1144　麻織物業	亜麻織物業；ちょ麻織物業；黄麻織物業；ホース織物業
		1149　その他の織物業	抄繊紙織物業
	115　ニット生地製造業	1151　丸編ニット生地製造業	丸編ニット生地製造業；丸編ニット半製品製造業
		1152　たて編ニット生地製造業	たて編ニット生地製造業
		1153　横編ニット生地製造業	横編ニット生地製造業；横編ニット半製品製造業
	116　染色整理業	1161　綿・スフ・麻織物機械染色業	綿・スフ・麻織物，綿・スフ・麻風合成繊維織物機械無地染業；綿・スフ・麻織物，綿・スフ・麻風合成繊維織物機械整理仕上業（つや出し，つや消し，起毛，防縮，防しゅう（皺），防水，柔軟，防火，シルケット，硬化，擬麻，押型，防ばい（黴），のり付け等の処理を含む）
		1162　絹・人絹織物機械染色業	絹・レーヨン織物，絹・レーヨン風合成繊維織物機械漂白業；絹・レーヨン織物，絹・レーヨン風合成繊維織物機械無地染業；絹・レーヨン織

			物，絹・レーヨン風合成繊維織物機械なっ染業；絹・レーヨン織物，絹・レーヨン風合成繊維織物機械整理仕上業（つや出し，つや消し，起毛，防縮，防水，防火，防しゅう（皺），柔軟，押型，のり付け等の処理を含む）
		1163　毛織物機械染色整理業	毛織物・毛風合成繊維織物機械漂白業；毛織物・毛風合成繊維織物機械無地染業；毛織物・毛風合成繊維物機械なっ染業；毛織物・毛風合成繊維織物機械整理仕上業（固定，起毛，防虫，防ばい（黴）等の処理を含む）
		1164　織物整理業	織物幅出業；織物乾燥業
		1165　織物手加工染色整理業	手なっ染業（スクリーン又は板上げの方法による友禅柄，成人女子・少女服柄，スカーフ柄，マフラー柄，ネッカチーフ柄，さらさ柄，小紋柄，ふろしき柄などのなっ染を含む）；注染業（中形，手ぬぐい染を含む）；和ざらし（晒）業；紋染業；手描染業；引染業；印はんてん染業；旗染業；長板本染業；精錬・漂白業（白張を含む）；浸染業（あい染，紅染を含む）；手加工染色整理仕上業；織物手加工修整業
		1166　綿状繊維・糸染色整理業	綿状繊維・糸漂白業；綿状繊維・糸染色業；綿状繊維・糸整理仕上業
		1167　ニット・レース染色整理業	ニット・レース漂白業；ニット生地・同製品（靴下を含む）・編レース漂白業；ニット・レース染色業；ニット生地・同製品（靴下を含む）・編レース染色業；ニット・レース整理仕上業；ニット生地・同製品（靴下を含む）・編レース整理仕上業
		1168　繊維雑品染色整理業	タオル染色整理業；細幅織物染色整理業；組ひも染色整理業；綱網染色整理業
	117　綱・網製造業	1171　綱製造業	トワイン製造業；ロープ製造業；コード製造業
		1172　魚網製造業	魚網製造業；漁網地製造業
		1179　その他の網地製	網地製造業（漁網を除く）

			造業
	118　レース・繊維雑品製造業	1181　刺しゅうレース製造業	刺しゅうレース（エンブロイダリーレース）製造業；ケミカルレース製造業；ギュピヤーレース製造業
		1182　編レース製造業	編レース製造業
		1183　ボビンレース製造業	リバーレース製造業；ボビンカーテンレース製造業；トーションレース製造業；プレンネット製造業
		1184　組ひも製造業	組ひも製造業；さなだひも製造業；靴ひも製造業（繊維製のもの）
		1185　細幅織物業	光輝畳縁製造業；リボン製造業；織マーク製造業；テープ製造業；ゴム糸入織物製造業
		1189　その他のレース・繊維雑品製造業	巻ひも製造業；編ひも製造業；よりひも製造業；モール製造業；ふさ類製造業
	119　その他の繊維工業	1191　整毛業	整毛業；反毛業；洗毛化炭業；トップ製造業
		1192　製綿業	製綿業；中入綿製造業；布団綿製造業
		1193　フェルト・不織布製造業	プレスフェルト製造業；乾式不織布製造業
		1194　じゅうたん・その他の繊維製床敷物製造業	じゅうたん製造業；だん通製造業；繊維製床敷物製造業
		1195　上塗りした織物・防水した織物製造業	油布製造業；タイプライタリボン（ベースが布のもの）製造業；トレーシングクロス製造業；ブラインドクロス製造業；絶縁布製造業；ガムテープ（ベースが布のもの）製造業；擬革布製造業；アスファルトルーフィング（ベースが布のもの）製造業
		1196　繊維製衛生材料製造業	脱脂綿製造業；繊維製生理用品製造業；ガーゼ・ほう帯製造業；眼帯製造業；衛生マスク製造業
		1199　他に分類されない繊維工業	麻製繊業；べっちんせん（剪）毛業；コールテンせん（剪）毛業；真綿製造業；絹ラップ製造業；ペニー製造業；分繊糸製造業；金銀糸製造業（ねん糸を除く）；たて糸のり付（サイジング）業；整経業；おさ（筬）通し業；そうこう（綜絖）通し業；カバードヤーン製造業；ジャ

			カードカード（紋紙）製造業；模様形製造業；巻糸業；電着植毛業（ベースのいかんを問わない）
12　衣類・その他の繊維製品製造業	121　織物製（不織布製及びレース製を含む）外衣・シャツ製造業（和式を除く）	1211　成人男子・少年服製造業	織物製成人男子・少年服製造業；織物製制服製造業（学校服を除く）；織物製外とう製造業（なめし革・毛皮製及び成人女子・少女用を除く）；織物製成人男子・少年用ジャンパー製造業；織物製成人男子・少年用ズボン製造業
		1212　成人女子・少女服製造業	織物製成人女子・少女服製造業；織物製成人女子・少女用外とう製造業；ブラウス製造業
		1213　乳幼児服製造業	織物製乳幼児服製造業；織物製ロンパース製造業；織物製乳幼児用ズボン・スカート製造業
		1214　シャツ製造業（下着を除く）	織物製ワイシャツ製造業；織物製開襟シャツ製造業；織物製アロハシャツ製造業；織物製シャツ製造業（下着を除く）
		1215　事務用・作業用・衛生用・スポーツ用衣服製造業	織物製事務服製造業；織物製作業服製造業；織物製衛生衣製造業；織物製スポーツ用衣服製造業；織物製エプロン製造業；織物製割ぽう着製造業
		1216　学校服製造業	織物製学校服製造業
	122　ニット製外衣・シャツ製造業	1221　ニット製外衣（アウターシャツ類，セーター類などを除く）製造業	ニット製成人男子・少年服製造業；ニット製成人女子・少女服製造業；ニット製乳幼児服製造業；ニット製ジャケット製造業；ニット製ブレザー製造業；ニット製ジャンパー製造業
		1222　ニット製アウターシャツ類製造業	Tシャツ製造業；ニット製スポーツシャツ製造業；ニット製開襟シャツ製造業
		1223　セーター類製造業	セーター製造業；カーディガン製造業；ベスト製造業
		1229　その他のニット製外衣・シャツ製造業	ニット製事務服製造業；ニット製作業服製造業；ニット製スポーツ用（トレーニングウェア，スキー服，野球服，水着類など）衣服（アウターシャツ類を除く）製造業；ニット製学校服製造業
	123　下着類製	1231　織物製下着製造	織物製下着製造業；織物製アンダー

	造業		業	シャツ（ワイシャツ等を除く）製造業；織物製ズボン下製造業；織物製パンツ製造業；織物製ペチコート製造業；織物製スリップ製造業；織物製キャミソール製造業
		1232	ニット製下着製造業	ニット製下着製造業；ニット製アンダーシャツ（アウターシャツを除く）製造業；ニット製ズボン下製造業；ニット製パンツ製造業；ニット製スリップ製造業；ニット製ペチコート製造業
		1233	織物製寝着類製造業	織物製パジャマ製造業；織物製ナイトガウン製造業；織物製ネグリジェ製造業
		1234	ニット製寝着類製造業	ニット製パジャマ製造業；ニット製ナイトガウン製造業；ニット製ネグリジェ製造業
		1235	補整着製造業	ブラジャー製造業；ガードル製造業；ブラスリップ製造業
	124 和装製品・足袋製造業	1241	和装製品製造業	帯製造業；コート製造業；浴衣製造業；寝間着製造業；柔道着製造業；剣道着製造業；半てん製造業；ショール製造業；半えり製造業；帯揚げ製造業；帯締め製造業；羽織ひも製造業；ふろしき製造業；ふくさ製造業
		1242	足袋製造業	足袋製造業；足袋カバー製造業；はだし足袋製造業
	125 その他の衣服・繊維製身の回り品製造業	1251	ネクタイ製造業	ネクタイ製造業
		1252	スカーフ・マフラー製造業	スカーフ製造業；マフラー製造業；ネッカチーフ製造業
		1253	ハンカチーフ製造業	ハンカチーフ製造業
		1254	靴下製造業	靴下製造業；タイツ製造業；パンティストッキング製造業；ニット製靴下製造業
		1255	手袋製造業	布製手袋製造業；ニット製手袋製造業；繊維製手袋製造業
		1256	帽子製造業（帽体を含む）	フェルト帽子・帽体製造業；ニット製帽子製造業；織物製帽子製造業；レース製帽子製造業
		1257	毛皮製衣服・身の回り品製造業	毛皮製品製造業；毛皮コート製造業；毛皮ジャケット製造業；毛皮えり巻製造業；毛皮チョッキ製造業；

				毛皮マッフ製造業；毛皮装飾品製造業；毛皮製衣服製造業
		1259　他に分類されない衣服・繊維製身の回り品製造業		サスペンダー製造業；ガーター製造業；アームバンド製造業；ズボン吊製造業；靴下止め製造業；衣服用ベルト製造業（繊維製のもの）；繊維製靴製造業；繊維製スリッパ製造業；繊維製草履・同附属品製造業；よだれ掛製造業；おしめカバー製造業；衛生バンド製造業；なめし革製衣服製造業；布製甲被製造業
	129　その他の繊維製品製造業	1291　寝具製造業		フォームラバー製寝具製造業；布団製造業；寝台掛製造業；まくら製造業；寝具用カバー製造業；羽根ぶとん製造業；ポリウレタンフォーム製寝具製造業；寝袋製造業；シーツ製造業；マットレス製造業（和室用）；タオルケット製造業
		1292　毛布製造業		毛布製造業；敷毛布製造業；こたつ掛け毛布製造業；ひざ掛け毛布製造業
		1293　帆布製品製造業		テント製造業；シート製造業；日よけ製造業；ほろ製造業
		1294　繊維製袋製造業		麻袋製造業；ヘッシャンバッグ製造業；ガンニーバッグ製造業；綿袋製造業；スフ袋製造業；合成繊維袋製造業
		1295　刺しゅう業		手刺しゅう業；機械刺しゅう業；刺しゅう製品製造業
		1296　タオル製造業		タオル製造業；フェイスタオル製造業；バスタオル製造業
		1299　他に分類されない繊維製品製造業		どん帳製造業；テーブル掛製造業；テーブルセンター製造業；ドイリー製造業；ナプキン製造業；手ぬぐい製造業；布きん製造業；ぞうきん製造業；巻脚はん製造業；旗製造業；のぼり製造業；引幕製造業；ウエイスト手袋・防災用手袋製造業；カーテン製造業；蚊帳製造業
13　木材・木製品製造業（家具を除く）	131　製材業，木製品製造業	1311　一般製材業		製材業；製板業；ひき（挽）材業；仕組板製材業；木材小割業（薪製造を除く）；唐木製材業；まくら木製造業；支柱製造業；腕木製造業；賃びき業（家庭向けを除く）

		1312　単板（ベニヤ板）製造業	単板（ベニヤ板）製造業
		1313　床板製造業	床板製造業
		1314　木材チップ製造業	木材チップ製造業
		1319　他に分類されない特殊製材業	屋根板製造業；屋根まさ製造業；経木製造業；経木箱仕組材製造業；経木マット製造業；経木さなだ製造業；経木モール製造業；エキセルシャー製造業；木毛製造業；たる材製造業；おけ材製造業；木栓製造業；たが製造業；たる丸製造業；和たる用材製造業；洋たる用材製造業；げた材製造業；鉛筆軸板製造業；木管素地製造業；竹ひご製造業；さらし竹製造業；成形竹製造業；竹・とう・きりゅう・枝づる加工基礎資材製造業；野球用バット素材製造業
132　造作材・合板・建築用組立材料製造業		1321　造作材製造業（建具を除く）	サッシ製造業（木製のもの）；ドアフレーム製造業（木製のもの）；造作材製造業
		1322　合板製造業	合板製造業；竹合板製造業；単板積層材（ＬＶＬ）製造業；化粧ばり合板製造業
		1323　集成材製造業	集成材製造業；台形集成材製造業；積層材製造業；幅はぎ板製造業
		1324　建築用木製組立材料製造業	木製組立建築材料製造業
		1325　パーティクルボード製造業	パーティクルボード製造業
		1326　銘板・銘木製造業	銘板製造業；銘木製造業；床柱製造業；磨き丸太製造業
133　木製容器製造業（竹，とうを含む）		1331　竹・とう・きりゅう等容器製造業	竹製容器製造業；竹製品製造業（竹製容器の製造を主とするもの）；かご製造業；ざる製造業；こうり（行李）製造業；とう製品製造業（とう製容器の製造を主とするもの）；きりゅう製品製造業（きりゅう製容器の製造を主とするもの）；ベニヤかご製造業
		1332　折箱製造業	折箱製造業；経木折箱製造業；ささ折箱製造業；杉折箱製造業
		1333　木箱製造業（折箱を除く）	製かん（函）業；木箱製造業；ベニヤ箱製造業；輸送用木製ドラム製造

			業；包装木箱製造業；工具木箱製造業；取枠・巻枠製造業；梱包容器（木製）製造業
		1334　たる製造業	和たる製造業；酒たる製造業；味そたる製造業；しょう油たる製造業；洋たる製造業；ビールたる製造業；くぎたる製造業；薬品たる製造業；漬物たる製造業
		1335　おけ製造業	おけ製造業；水おけ製造業；化学用おけ製造業；肥料用おけ製造業；たらい製造業；ふろおけ製造業；飯びつ製造業（木製おけ形のもの）；醸造おけ製造業
	139　その他の木製品製造業（竹，とうを含む）	1391　木材薬品処理業	木材防腐処理業；木材注薬業；木材耐火処理業；木材乾燥業（天日乾燥を含む）；まくら木薬品処理業；電柱薬品処理業；木製履物台木いぶし業
		1392　靴型等製造業	靴型製造業（金属製，プラスチック製を含む）；靴しん（芯）製造業
		1393　コルク加工基礎資材・コルク製品製造業	コルク栓製造業；コルクタイル製造業；生圧搾コルク板製造業；炭化コルク板製造業；コルクカーペット製造業
		1399　他に分類されない木製品製造業(竹，とうを含む)	木製履物製造業；げた台製造業；塗りげた製造業（漆塗りを除く）；木製サンダル製造業；曲輪製造業；曲物製造業；せいろ製造業；ひつ（櫃）製造業；彫刻物製造業（木製のもの）；旗ざお製造業（木・竹製のもの）；柄製造業（とう，竹製のもの）；かい（櫂）製造業；洗濯板製造業；寄木細工製造業（家具，置物を除く）；つまようじ製造業；くり物製造業；漆器素地製造業（木製くり物）；竹製敷物製造業；とう製敷物製造業；はし製造業（木・竹製のもので漆塗りを除く）；割ばし製造業；竹ばし製造業；木ばし製造業；茶せん製造業；ふるい製造業；米びつ製造業；重箱製造業（漆器製を除く）；木管製造業（紡績用を除く）；洋服掛製造業；木製品塗装業（鉛筆軸を除く）；木ごて製造業；

14　家具・装備品製造業	141　家具製造業	1411　木製家具製造業（漆塗りを除く）	よしず製造業；角せいろ製造業和家具製造業；さし物製造業；たんす製造業；鏡台製造業；和机製造業；座卓製造業；座机製造業；水屋製造業；はえ帳製造業；さし物火鉢製造業；長持製造業；竹製家具製造業；とう製家具製造業；きりゅう製家具製造業；はり板製造業；へら台製造業；アイロン台製造業；洋家具製造業（木製のもの）；テーブル製造業（木製のもの）；いす製造業（木製のもの，折たたみ式を含む）；応接セット製造業（木製のもの）；船舶用木製家具製造業；学校用木製家具製造業；ベッド製造業（木製のもの）；ラジオ・テレビ・ステレオ用キャビネット製造業（木製のもの）；ミシンテーブル製造業（脚を除く）；戸棚製造業（木製のもの）；書棚製造業（木製のもの）；病院用木製家具製造業；薬品棚製造業（木製のもの）；家具塗装業（金属製，漆製を除く）
		1412　金属製家具製造業	金属製家具製造業；キャビネット製造業（金属製のもの）；ロッカー製造業（金属製のもの）；いす製造業（金属製のもの）；ベッド製造業（金属製のもの）；テーブル製造業（金属製のもの）；保管庫・戸棚類製造業（金属製のもの，ノックダウン方式を含む）
		1413　マットレス・組スプリング製造業	マットレス製造業（ベッド用）；組スプリング製造業（クッション用のもの）；スプリングクッション製造業
	142　宗教用具製造業	1421　宗教用具製造業	仏具製造業（位はい，仏具台，香盤，霊具ぜん，木魚，高つき）；神仏具製造業；お宮製造業；みこし製造業；仏壇製造業；三方製造業（ひな祭用を除く）；じゅず製造業
	143　建具製造業	1431　建具製造業	建具製造業（主として戸，障子を製造するもの）；戸・障子製造業；欄間製造業（銘板を除く）；ふすま製造業；ふすま骨製造業；ふすま縁製

			造業
	149　その他の家具・装備品製造業	1491　事務所用・店舗用装備品製造業	陳列ケース製造業（網棚，台を含む）；事務所用備品製造業（事務所用つい立など）；つい立製造業（事務所用仕組品）；間仕切り製造業
		1492　窓用・扉用日よけ製造業	日よけ製造業（部品・附属品製造を含む）；ブラインド製造業（部品・附属品製造を含む）；よろい戸製造業（金属製を除く）；カーテン部品製造業（カーテンロッド，カーテンの部品・附属品）
		1493　日本びょうぶ・衣こう・すだれ製造業	びょうぶ製造業；衣こう・つい立製造業（和式のもの）；すだれ製造業；掛軸製造業（業務用，広告用などの掛軸を製造するもの）
		1494　鏡縁・額縁製造業	鏡縁製造業；額縁製造業；画入れ額縁製造業；さお縁製造業；写真入れ額縁製造業
		1499　他に分類されない家具・装備品製造業	石製家具製造業；黒板製造業；プラスチック製家具・装備品製造業；強化プラスチック製家具製造業
15　パルプ・紙・紙加工品製造業	151　パルプ製造業	1511　パルプ製造業	溶解サルファイトパルプ製造業；溶解クラフトパルプ製造業；サルファイトパルプ製造業；ケミグランドパルプ製造業；クラフトパルプ製造業；セミケミカルパルプ製造業；砕木パルプ製造業；木材以外のパルプ製造業（ソーダパルプ，わらパルプなど）
	152　紙製造業	1521　洋紙製造業	新聞用紙製造業；印刷用紙製造業；筆記・図画用紙製造業；包装用紙製造業；薄葉洋紙製造業；雑種洋紙製造業；衛生用洋紙製造業；印画紙用原紙製造業；湿式不織布製造業
		1522　板紙製造業	黄板紙製造業；白板紙製造業；色板紙製造業；段ボール原紙製造業；チップボール製造業；建材原紙製造業
		1523　機械すき和紙製造業	障子紙製造業（機械すき）；せんか紙製造業；薄葉和紙製造業；雑種紙製造業；衛生用紙製造業（ちり紙を含む）；紙ひも原紙製造業；書道用紙製造業；家庭用薄葉紙製造業
		1524　手すき和紙製造業	障子紙製造業（手すき）；こうぞ紙製造業；改良紙製造業；温床紙製造

				業；傘紙製造業；工芸紙製造業；がんぴ紙製造業
153　加工紙製造業		1531　塗工紙製造業		ろう加工紙製造業；油脂加工紙製造業；プラスチック加工紙製造業；包装加工紙製造業；ターポリン紙製造業；防せい（錆）紙製造業；カーボン紙製造業；アスファルトルーフィング（ベースが紙のもの）製造業；絶縁紙・絶縁紙テープ製造業；ろう紙製造業；油紙製造業；人造竹皮製造業；ソリッドファイバー製造業；バルカナイズドファイバー製造業；ラミネート紙製造業（ベースが紙のもの）；プラスチック塗装紙製造業；紙製ブックバインディングクロス製造業；織物製ブックバインディングクロス製造業；プラスチック加工ブックバインディングクロス製造業
		1532　段ボール製造業		段ボール製造業
		1533　壁紙・ふすま紙製造業		壁紙製造業；ふすま紙製造業
154　紙製品製造業		1541　事務用紙製品製造業		帳簿類製造業；事務用書式類製造業；封筒・事務用紙袋製造業；事務用せん（箋）製造業；手帳製造業；表紙類製造業（ブックバインディングクロスを除く）；計算機用紙製品製造業；事務用角底紙袋製造業
		1542　学用紙製品製造業		ノート・学習帳製造業；図画用紙製造業；手工・工作用紙製造業；原稿用紙・方眼紙製造業；紙ばさみ（挟）製造業
		1543　日用紙製品製造業		便せん（箋）製造業；祝儀用紙製品製造業；写真用紙製品製造業（アルバム，コーナー，台紙など）；日記帳・卓上日記製造業
		1549　その他の紙製品製造業		正札製造業；名刺台紙製造業；私製はがき製造業；包装紙製造業；カード製造業；荷札製造業
155　紙製容器製造業		1551　重包装紙袋製造業		セメント袋製造業；小麦粉袋製造業；石灰袋製造業；肥料袋製造業；砂糖袋製造業；米麦用袋製造業；石炭袋製造業；重包装紙袋製造業
		1552　角底紙袋製造業		角底紙袋製造業；ショッピングバッグ製造業；手提紙袋製造業

		1553	段ボール箱製造業	段ボール箱製造業
		1554	紙器製造業	印刷箱製造業；貼箱製造業；簡易箱製造業；紙製コップ・皿製造業
	159　その他のパルプ・紙・紙加工品製造業	1591	セロファン製造業	セロファン製造業
		1592	繊維板製造業	硬質繊維板製造業；半硬質繊維板製造業；軟質繊維板製造業；吸音繊維板製造業
		1593	紙製衛生材料製造業	衛生用紙綿製造業；衛生用綿状パルプ製造業
		1599	他に分類されないパルプ・紙・紙加工品製造業	紙タオル・紙ナフキン製造業；紙ひも製造業；紙テープ製造業；紙切断整理業；セロファン袋製造業；紙製ストロー製造業；抄繊紙糸製造業；紙管製造業；巻取紙断裁加工業；小形紙袋製造業（重包装・角底紙袋を除く）；ガムテープ（ベースが紙のもの）製造業；紙おむつ製造業；紙製生理用品製造業；ソリッドファイバー（箱、管、筒）製造業；バルカナイズドファイバー（箱、管、筒）製造業；ソリッドファイバードラム製造業；バルカナイズドファイバー製ボビン・糸巻製造業；絶縁用バルカナイズドファイバー製品製造業
16　印刷・同関連業	161　印刷業	1611	印刷業	グラビア印刷業；スクリーン印刷業；軽印刷業（タイプオフセット印刷業）；シール印刷業；ビジネスフォーム印刷業；建築材印刷業；軟包装印刷業；金属印刷業；布地印刷業；印刷製本業
	162　製版業	1621	製版業	写真製版業；写真植字業（電算植字,手動植字を含む）；デジタル製版業；刷版焼付業；グラビア製版業；スクリーン製版業；フレキソ製版業；版下作成業；鉛版製造業；活字製造業；紙型鉛版製造業；銅版彫刻業；木版彫刻業；印刷用プラスチック版製造業
	163　製本業,印刷物加工業	1631	製本業	製本業
		1632	印刷物加工業	印刷物加工業；印刷物光沢加工業；印刷物裁断業；印刷物折り加工業；印刷物はく（箔）押し業

	169　印刷関連サービス業	1691　印刷関連サービス業	校正刷業；刷版研磨業；印刷物結束業；印刷校正業
17　化学工業	171　化学肥料製造業	1711　窒素質・リン酸質肥料製造業	アンモニア製造業；アンモニア・アンモニア誘導品製造業；硫酸アンモニウム製造業；尿素製造業；硝酸アンモニウム製造業；硝酸製造業；硝酸ナトリウム製造業；亜硝酸ナトリウム製造業；塩化アンモニウム製造業；石灰窒素製造業；過りん酸石灰製造業；溶成りん肥製造業；焼成りん肥製造業；重焼成りん肥製造業
		1712　複合肥料製造業	複合肥料製造業（化成・配合肥料など）
		1719　その他の化学肥料製造業	けい酸質肥料製造業；苦土質肥料製造業；マンガン質肥料製造業；ほう素質肥料製造業
	172　無機化学工業製品製造業	1721　ソーダ工業	ソーダ灰製造業；か性ソーダ製造業；液体塩素製造業；塩酸製造業；塩酸ガス製造業；さらし粉製造業；重炭酸ナトリウム製造業；塩化アンモニウム製造業（ソーダ灰と併産するもの）
		1722　無機顔料製造業	無機顔料製造業；酸化チタン製造業；カーボンブラック製造業；べんがら製造業；黄鉛製造業；窯業顔料製造業；炭酸カルシウム製造業（体質顔料用）
		1723　圧縮ガス・液化ガス製造業	圧縮酸素製造業；液体酸素製造業；圧縮水素製造業；ドライアイス製造業；溶解アセチレン製造業；ネオンガス製造業；アルゴン製造業；液体炭酸ガス製造業
		1724　塩製造業	塩製造業；製塩業；食卓塩製造業；精製塩製造業；かん水（濃縮塩水）製造業
		1729　その他の無機化学工業製品製造業	硫酸製造業；クロム塩製造業；バリウム塩製造業；りん化合物製造業（電炉処理によるりん酸を除く）；ほう酸製造業；ふっ化水素酸製造業；硫酸塩製造業；ひ酸塩製造業（殺虫剤を除く）；臭素製造業；臭化物製造業；金属カリウム製造業；カリウム塩製造業；金属カルシウム製造業；カルシウム塩製造業；マグ

			ネシウム塩製造業；海水マグネシア製造業；無機塩類製造業；硝酸銀製造業；明ばん製造業；二硫化炭素製造業；活性炭製造業；よう素製造業；ナトリウム塩製造業（他に分類されないもの）；触媒製造業；シアン化ナトリウム製造業；シアン化水素製造業；フェロシアン化ナトリウム製造業；プラスチック安定剤製造業（有機系並びに有機系及び無機系混成のものを除く）；カーバイド（カルシウムカーバイド）製造業；人造黒鉛製造業；りん酸製造業（電炉によるもの）
	173　有機化学工業製品製造業	1731　石油化学系基礎製品製造業（一貫して生産される誘導品を含む）	ナフサ分解によるエチレン・プロピレン及び連産品（ブタン，ブチレン，分解ガソリンなど）製造業及びこれら石油化学基礎製品からの一貫生産による誘導品製造業；石油を原料とするベンゼン（ベンゾール）・トルエン（トルオール）・キシレン（キシロール）等製造業；ナフサ直接酸化方式による酢酸製造業；ナフサ分解によるアセチレン・エチレン製造業及びこれら石油化学基礎製品からの一貫生産による誘導品製造業；原油分解によるアセチレン・エチレン及び連産品（タール，ピッチなど）製造業及びこれら石油化学基礎製品からの一貫生産による誘導品製造業
		1732　脂肪族系中間物製造業（脂肪族系溶剤を含む）	アセチレンを原料とするアセトアルデヒド・酢酸・酢酸エチル・トリクロルエチレン・テトラクロルエチレン（パークロルエチレン）・酢酸ビニル製造業；アセチレンを原料とする塩化ビニル（モノマー）・塩化ビニリデン（モノマー）製造業；他から受け入れたアセトアルデヒドを原料とする酢酸・酢酸エチル・酢酸ビニル製造業；他から受け入れたエチレン又は酸化エチレンを原料とする酸化エチレン誘導品製造業；他から受け入れたプロピレン又は酸化プロピレンを原料とする酸化プロピレン

			誘導品製造業；プロピレンを原料とする塩化アリル・プロピレンクロルヒドリン・合成グリセリン製造業；ドデシルベンゼン製造業；ノネン製造業；ドデセン製造業
		1733　発酵工業	エチルアルコール製造業（発酵法によるもの）；くえん酸製造業（発酵法によるもの）；乳酸製造業（発酵法によるもの）；石油たん白製造業（発酵法によるもの）
		1734　環式中間物・合成染料・有機顔料製造業	テレフタル酸（T.P.A）製造業；ジメチルテレフタレート（D.M.T）製造業；スチレン（モノマー）製造業；メタキシレンジアミン製造業；トルイレンジイソシアネート（T.D.I）製造業；ジフエニルメタンジイソシアネート（M.D.I）製造業；シクロヘキサン製造業；シクロヘキサノン製造業；カプロラクタム製造業；合成石炭酸製造業；合成染料製造業（食用染料を含む）；染料医薬中間物製造業；有機顔料製造業；ベンゼン系又はナフタリン系誘導品製造業（ニトロベンゼン，クロルベンゼン，トルイジン，サルチル酸，塩化ベンジル，ナフトール，ジメチルアニリン安息香酸など）；多環式中間物製造業（アントラセン，フェナントレン誘導品など）；複素環式中間物製造業（合成ピリジン，合成キノリン，チオフェン，フルフラール及びこれらの誘導品）；無水フタル酸製造業
		1735　プラスチック製造業	ポリエチレン製造業；ポリスチレン製造業；ポリプロピレン製造業；塩化ビニル樹脂製造業；ポリビニルアルコール製造業；ポリブタジェン（樹脂）製造業；エチレン―酢酸ビニル共重合樹脂製造業；ポリエチレンテレフタレート製造業；ポリイソブチレン（樹脂）製造業；けい素樹脂製造業；ユリア樹脂製造業；メラミン樹脂製造業；フェノール樹脂製造業；セルロイド生地製造業；たん

			白可塑物製造業；ホルマリン系プラスチック製造業；ふっ素樹脂製造業；写真フィルム用アセチルセルローズフィルム製造業；硝化綿製造業；塩化ビニリデン樹脂製造業；他から受け入れたエチレン又はプロピレンによるプラスチック製造業
		1736　合成ゴム製造業	合成ゴム製造業；合成ラテックス製造業
		1739　その他の有機化学工業製品製造業	メタノール製造業；ホルマリン製造業；フルオロカーボン製造業；塩化メチル製造業；塩化メチレン製造業；臭化メチル製造業；クレオソート油製造業；石炭化学系ナフタリン製造業；クレゾール類製造業；コールタール分留物製造業；アントラセン製造業；コールタールを原料とするベンゼン（ベンゾール）・トルエン（トルオール）・キシレン（キシロール）等製造業；有機酸製造業（他に分類されるものを除く）；有機酸塩製造業；可塑剤製造業；サッカリン製造業；ゴム加硫促進剤製造業；ゴム老化防止剤製造業；合成なめし剤製造業；合成タンニン製造業；天然物を原料とする高級アルコール製造業；繊維素グリコール酸ナトリウム製造業；プラスチック安定剤製造業（無機系並びに無機系及び有機系混成のものを除く）
174　化学繊維製造業	1741　レーヨン・アセテート製造業		レーヨンフィラメント製造業；スフ（ビスコース短繊維）製造業；アセテート長繊維製造業；アセテート短繊維製造業
	1742　合成繊維製造業		ナイロン繊維製造業；ビニロン繊維製造業；ポリ塩化ビニリデン繊維製造業；ポリ塩化ビニル繊維製造業；ポリエステル繊維製造業；ポリエチレン繊維製造業；アクリル繊維製造業；ポリプロピレン繊維製造業；スパンデックス（弾性繊維）製造業
175　油脂加工製品・石けん・合成洗	1751　脂肪酸・硬化油・グリセリン製造業		脂肪酸製造業；硬化油製造業（工業用，食用）；グリセリン製造業
	1752　石けん・合成洗		石けん製造業；浴用石けん製造業；

剤・界面活性剤・塗料製造業		剤製造業	洗濯石けん製造業；工業用石けん製造業；カリ石けん製造業；家庭用合成洗剤製造業；工業用合成洗剤製造業
		1753　界面活性剤製造業（石けん，合成洗剤を除く）	界面活性剤製造業（石けん，合成洗剤を除く）；繊維用油剤製造業
		1754　塗料製造業	エナメル製造業；ワニス製造業；ペイント製造業；水系塗料製造業；船底塗料製造業；漆製造業；合成樹脂塗料製造業
		1755　印刷インキ製造業	印刷インキ製造業；新聞インキ製造業
		1756　洗浄剤・磨用剤製造業	クレンザー製造業；つや出し剤製造業；洗浄剤（石けん，合成洗剤でないもの）製造業；磨粉製造業；金属磨用剤製造業；革つや出し製造業；靴クリーム製造業；塗装ワックス製造業
		1757　ろうそく製造業	ろうそく製造業
	176　医薬品製造業	1761　医薬品原薬製造業	医薬品原末製造業；医薬品原液製造業
		1762　医薬品製剤製造業	内服薬製造業；注射剤製造業；外用薬製造業；殺虫・殺そ（鼠）剤製造業（農薬を除く）；蚊取り線香製造業；殺菌・消毒剤製造業（農薬を除く）；診断用試薬製造業；医療用植物油脂製造業；医療用動物油脂製造業；薬用酵母剤製造業
		1763　生物学的製剤製造業	ワクチン製造業；血液製剤製造業
		1764　生薬・漢方製剤製造業	生薬製造業；漢方製剤製造業；生薬小分け業
		1765　動物用医薬品製造業	繁殖用薬製造業；飼料添加剤製造業（成長促進剤など）
	177　化粧品・歯磨・その他の化粧用調整品製造業	1771　仕上用・皮膚用化粧品製造業（香水，オーデコロンを含む）	仕上用化粧品製造業；皮膚用化粧品製造業；香水製造業；オーデコロン製造業
		1772　頭髪用化粧品製造業	頭髪料製造業；染毛料製造業
		1779　その他の化粧品・歯磨・化粧用調整品製造業	日焼け止め・日焼け用化粧品製造業；脱毛料製造業；ひげそり用化粧品製造業；歯磨製造業；ひげそりク

				リーム製造業
179　その他の化学工業		1791	火薬類製造業	黒色火薬製造業；産業用・武器用無煙火薬製造業；硝安爆薬製造業；ダイナマイト製造業；カーリット製造業；導火線製造業；導爆線製造業；工業雷管製造業；電気雷管製造業；信号雷管製造業；猟用火工品製造業；銃用雷管製造業；猟銃用実包・空包製造業；建設用空包製造業；捕鯨用信管・火管・雷管製造業；トリニトロ化合物製造業（火薬類に限る）；硝酸エステル製造業（火薬類に限る）；硝安油剤爆薬製造業；産業用信管・火管・雷管製造業
		1792	農薬製造業	殺虫剤製造業（農薬に限る）；殺菌剤製造業（農薬に限る）；ニコチン製剤製造業；硫酸銅製剤製造業（殺菌用のもの）；ひ酸鉛・同製剤製造業；ひ酸カルシウム・同製剤製造業；除虫菊乳剤製造業；除草剤製造業；植物成長調整剤製造業
		1793	香料製造業	天然香料製造業；くろもじ油製造業；みかん油製造業；苦へん桃油製造業；バルサム精製業；薄荷油精製業；合成香料製造業；調合香料製造業
		1794	ゼラチン・接着剤製造業	にかわ製造業；ゼラチン製造業；大豆グルー製造業；ミルクカゼイングルー製造業；合成樹脂系接着剤製造業；プラスチック系接着剤製造業
		1795	写真感光材料製造業	写真フィルム製造業（X線フィルムを含む）；印画紙製造業；乾板製造業；青写真感光紙製造業；複写感光紙製造業；製版用感光性樹脂製造業；感光紙用化学薬品製造業；写真用化学薬品製造業（メトール，ハイドロキノン，調合剤などを包装したもの）；写真感光紙製造業；映画フィルム製造業
		1796	天然樹脂製品・木材化学製品製造業	木材乾留業；松根油製造業；木タール製造業（木材乾留によるもの）；木酢酸製造業（木材乾留によるもの）；漆液精製業；木ろう（蠟）製造業；テレピン油製造業；なめし剤

				製造業（天然のもの）；タンニン抽出業（天然のもの）；タンニンエキス製造業；天然染料製造業；あい（藍）染料製造業；あかね染料製造業；しょう脳製造業；しょう脳油製造業；ダンマルガム精製業；コーパルガム精製業；セラック製造業
			1797　試薬製造業	試薬製造業（診断用試薬を除く）
			1799　他に分類されない化学工業製品製造業	デキストリン製造業；浄水剤製造業；イオン交換樹脂製造業；防臭剤製造業；筆記用インキ製造業；スタンプ用インキ製造業；プラスチック安定剤製造業（無機系及び有機系混成のもの）；めっき薬品製造業
18　石油製品・石炭製品製造業	181　石油精製業	1811　石油精製業		石油精製業；ガソリン製造業（原油から製造するもの）；パラフィン精製業；潤滑油・グリース製造業（石油精製業によるもの）
	182　潤滑油・グリース製造業（石油精製業によらないもの）	1821　潤滑油製造業		潤滑油製造業（購入原料によるもの）；機械油製造業（購入原料によるもの）；工作油剤製造業（購入原料によるもの）（切削油剤，塑性加工油剤，熱処理油剤，さび止め油剤）
		1822　グリース製造業		グリース製造業（購入原料によるもの）
	183　コークス製造業	1831　コークス製造業		コークス製造業（成型コークスを含む）；半成コークス製造業
	184　舗装材料製造業	1841　舗装材料製造業		舗装材料製造業；舗装用混合物製造業；れき青乳剤製造業；舗装用ブロック製造業；タールブロック製造業；アスファルトブロック製造業
	189　その他の石油製品・石炭製品製造業	1891　練炭・豆炭製造業		練炭製造業；豆炭製造業；ピッチ練炭製造業；成型炭製造業
		1899　他に分類されない石油製品・石炭製品製造業		石油コークス製造業；再生燃料油製造業；廃油再生業（潤滑油，グリース以外のもの）；膨潤炭製造業；微粉炭製造業；ガラ焼業；カルサインコークス製造業
19　プラスチック製品製造業（別掲を除く）	191　プラスチック板・棒・管・継手・異形押出製品製造業	1911　プラスチック板・棒製造業		プラスチック平板製造業；プラスチック積層板製造業；プラスチック化粧板製造業；プラスチック棒製造業；プラスチック波板製造業
		1912　プラスチック管		プラスチック硬質管製造業；プラス

		製造業	チックホース製造業；プラスチック積層管製造業
		1913　プラスチック継手製造業	プラスチック継手製造業
		1914　プラスチック異形押出製品製造業	プラスチック異形押出製品製造業；プラスチック雨どい・同附属品製造業
		1915　プラスチック板・棒・管・継手・異形押出製品加工業	プラスチック板・棒加工業；プラスチック管加工業；プラスチック継手加工業；プラスチック異形押出製品加工業
	192　プラスチックフィルム・シート・床材・合成皮革製造業	1921　プラスチックフィルム製造業	プラスチックフィルム製造業；プラスチック積層フィルム製造業；プラスチックインフレーションチューブ製造業；プラスチック製袋製造業
		1922　プラスチックシート製造業	プラスチックシート製造業
		1923　プラスチック床材製造業	プラスチックタイル製造業；プラスチック床材製造業；塩化ビニルタイル製造業
		1924　合成皮革製造業	合成皮革製造業
		1925　プラスチックフィルム・シート・床材・合成皮革加工業	プラスチックフィルム加工業；プラスチックシート加工業；プラスチック床材加工業；合成皮革加工業；プラスチック製袋製造業（購入フィルムによるもの）
	193　工業用プラスチック製品製造業	1931　工業用プラスチック製品製造業（加工業を除く）	プラスチック製電話機きょう（筐）体製造業；プラスチック冷蔵庫内装用品製造業；プラスチック製電気掃除機器体製造業；プラスチック製扇風機羽根製造業；プラスチック製テレビジョン・ラジオキャビネット製造業；プラスチック製自動車バンパー製造業；プラスチック製カメラボデー製造業；プラスチック製複写機キャビネット製造業；プラスチック系光ファイバ素線製造業
		1932　工業用プラスチック製品加工業	工業用プラスチック製品加工業
	194　発泡・強化プラスチック製品製造業	1941　軟質プラスチック発泡製品製造業（半硬質性を含む）	軟質ポリウレタンフォーム製造業；ポリエチレンフォーム（軟質）製造業；軟質塩化ビニルフォーム製造業
		1942　硬質プラスチック発泡製品製造業	硬質ポリウレタンフォーム製造業；ポリスチレンフォーム製造業；硬質

			塩化ビニルフォーム製造業；ポリスチレンペーパー製造業；板状発泡製品製造業；棒状発泡製品製造業；管状発泡製品製造業
		1943　強化プラスチック製板・棒・管・継手製造業	強化プラスチック製板・棒・管・継手製造業；強化プラスチック製波板製造業
		1944　強化プラスチック製容器・浴槽等製造業	強化プラスチック製容器製造業；強化プラスチック製浴槽製造業；強化プラスチック製浄化槽製造業；強化プラスチック製保安帽製造業；強化プラスチック製がい子製造業；強化プラスチック製橋脚製造業；強化プラスチック製コンテナ製造業
		1945　発泡・強化プラスチック製品加工業	軟質プラスチック発泡製品加工業（半硬質性を含む）；硬質プラスチック発泡製品加工業；強化プラスチック製板・棒・管・継手加工業；強化プラスチック製容器加工業
	195　プラスチック成形材料製造業（廃プラスチックを含む）	1951　プラスチック成形材料製造業	プラスチック配合成形材料製造業；再生プラスチック製造業；塩化ビニルコンパウンド製造業
		1952　廃プラスチック製品製造業	廃プラスチック製品製造業
	199　その他のプラスチック製品製造業	1991　プラスチック製日用雑貨・食卓用品製造業	プラスチック製台所用品（まな板，ボウル，コーナー，しゃもじ，洗い桶など）製造業；プラスチック製食卓用品（食器，盆，調味料入れなど）製造業；プラスチック漆器下地製造業；プラスチック製浴室用品（洗面器，石けん箱，腰掛けなど）製造業；プラスチック製バケツ製造業
		1992　プラスチック製容器製造業	プラスチック製容器製造業；プラスチック製ボトル製造業；プラスチック製コンテナ製造業；プラスチック製ごみ容器製造業
		1997　他に分類されないプラスチック製品製造業	プラスチック結束テープ製造業；塩化ビニル止水板製造業；人工芝製造業（合成樹脂製のもの）；プラスチック製絶縁材料製造業；ビニル製外衣製造業（一貫作業によるもの）；プラスチック製つり（吊）革製造業
		1998　他に分類されな	プラスチック製品加工業（他に分類

			いプラスチック製品加工業	されないもの）
20　ゴム製品製造業	201　タイヤ・チューブ製造業	2011　自動車タイヤ・チューブ製造業		自動車タイヤ製造業；自動車チューブ製造業
		2012　自転車タイヤ・チューブ製造業		自転車タイヤ・チューブ製造業；リヤカータイヤ・チューブ製造業；一輪車タイヤ・チューブ製造業
	202　ゴム製・プラスチック製履物・同附属品製造業	2021　ゴム製履物・同附属品製造業		地下足袋製造業；ゴム底布靴製造業；ゴム靴製造業；ゴム草履製造業；ゴム製履物用部分品・附属品製造業
		2022　プラスチック製履物・同附属品製造業		プラスチック製靴製造業；合成皮革製靴製造業；プラスチック成形靴製造業；ヘップサンダル製造業；バックレスサンダル製造業；プラスチック製射出成形サンダル製造業；プラスチック製草履製造業；プラスチック製スリッパ製造業；プラスチック製履物用部分品・附属品製造業
	203　ゴムベルト・ゴムホース・工業用ゴム製品製造業	2031　ゴムベルト製造業		ゴムベルト製造業
		2032　ゴムホース製造業		ゴムホース製造業
		2033　工業用ゴム製品製造業		防振ゴム製造業；工業用エボナイト製品製造業；工業用ゴムロール製造業；工業用ゴム管製造業；工業用ゴム板製造業；工業用スポンジゴム製品製造業；フラップ・リムバンド製造業；ゴム系接着剤製造業；ゴムライニング加工業
	209　その他のゴム製品製造業	2091　ゴム引布・同製品製造業		ゴム引布製造業；ゴム引布製品製造業（ゴム引布から同製品まで一貫生産するもの）
		2092　医療・衛生用ゴム製品製造業		ゴム製医療用品製造業（ゴム手袋など）；コンドーム製造業；ゴム製乳首製造業
		2093　ゴム練生地製造業		更正タイヤ練生地製造業
		2094　更正タイヤ製造業		更正タイヤ製造業
		2095　再生ゴム製造業		再生ゴム製造業
		2099　他に分類されないゴム製品製造業		フォームラバー製造業；糸ゴム製造業；ゴムバンド製造業；ゴム手袋製造業（医療用を除く）；ゴムタイル

			製造業；ウェットスーツ製造業
21　なめし革・同製品・毛皮製造業	211　なめし革製造業	2111　なめし革製造業	皮なめし業；なめし革製造業；タンニンなめし革製造業；クロムなめし革製造業；水産革製造業；は虫類革製造業；皮さらし業；染革業
	212　工業用革製品製造業（手袋を除く）	2121　工業用革製品製造業（手袋を除く）	革ベルト製造業；パッキン製造業（なめし革製）；ガスケット製造業（なめし革製）；紡績用エプロンバンド製造業；工業用革ベルト製造業；ローハイドピニオン製造業；自転車用サドル革製造業；チューブホース製造業（なめし革製）；オイルシール製造業（革製）；工業用ピッカー製造業
	213　革製履物用材料・同附属品製造業	2131　革製履物用材料・同附属品製造業	製靴材料製造業（革製）；靴底製造業（革製）；靴革ひも製造業（完成したもの）；革製履物材料製造業；靴中敷物製造業（革製）
	214　革製履物製造業	2141　革製履物製造業	革靴製造業；サンダル製造業（革製）スリッパ製造業（革製）；草履製造業（革製）
	215　革製手袋製造業	2151　革製手袋製造業	革製手袋製造業；手袋製造業（合成皮革製のもの）；工業用革手袋製造業；スポーツ用革手袋製造業
	216　かばん製造業	2161　かばん製造業	革製かばん製造業；繊維製かばん製造業；金属製トランク製造業；プラスチック製かばん製造業（合成皮革を含む）；バルカナイズドファイバー製トランク製造業；ゴム引布製かばん製造業
	217　袋物製造業	2171　袋物製造業（ハンドバッグを除く）	革製袋物製造業；プラスチック製袋物製造業（合成皮革を含む）；繊維製袋物製造業；紙・ストロー製袋物製造業；金属製袋物製造業；ビーズ・人造真珠製袋物製造業；携帯用袋物製造業；ゴム引布製袋物製造業；財布製造業；たばこ入れ製造業
		2172　ハンドバッグ製造業	革製ハンドバッグ製造業；プラスチック製ハンドバッグ製造業；繊維製ハンドバッグ製造業；セカンドバッグ製造業
	218　毛皮製造業	2181　毛皮製造業	毛皮製造業；毛皮縫製業；毛皮染色・仕上業
	219　その他の	2199　その他のなめし	室内用革製品製造業；つり（吊）革

	なめし革製品製造業	革製品製造業	製造業；腕時計用革バンド製造業；首輪製造業（革製）；服装用革ベルト製造業；革製肩帯製造業；帽子つば革製造業；革と製造業；カットガット製造業；ケン（すじ）製造業；革クッション製造業；革まくら製造業；馬具製造業（革及び類似品のもの）；ばん（鞍）具製造業（革及び類似品のもの）；むち製造業（革製のもの）
22　窯業・土石製品製造業	221　ガラス・同製品製造業	2211　板ガラス製造業	板ガラス製造業
		2212　板ガラス加工業	すりガラス製造業；合わせガラス製造業；強化ガラス製造業；曲げガラス製造業；複層ガラス製造業；自動車用ガラス製造業；石英ガラス製造業
		2213　ガラス製加工素材製造業	光学ガラス素地製造業；電球類用ガラスバルブ製造業；電子管用ガラスバルブ製造業；アンプル用ガラス管製造業；ガラス繊維原料用ガラス製造業；電子機器用基盤ガラス製造業
		2214　ガラス容器製造業	ビール瓶製造業；酒瓶製造業；牛乳瓶製造業；サイダー瓶製造業；しょう油瓶製造業；化粧瓶製造業
		2215　理化学用・医療用ガラス器具製造業	フラスコ製造業；ビーカー製造業；標本瓶製造業；耐酸瓶製造業；アルコール瓶製造業；試薬瓶製造業；試験管製造業；注射筒製造業（目盛りのないもの）；アンプル製造業；耐熱ガラス製理化学用・医療用器具製造業；寒暖計・体温計用ガラス製造業
		2216　卓上用・ちゅう房用ガラス器具製造業	コップ製造業；皿製造業；しょう油差し製造業；耐熱ガラス製ちゅう房用器具製造業；インキスタンド製造業；金魚鉢製造業；花瓶製造業；灰皿製造業（ガラス製）
		2217　ガラス繊維・同製品製造業	ガラス繊維製造業；ガラス繊維製品製造業；石英系光ファイバ素線製造業
		2219　その他のガラス・同製品製造業	照明器具用ガラス製造業；時計用ガラス製造業；シャンデリアガラス製造業；石英ガラス製品製造業；ガラスブロック製造業；多泡ガラス製造

			業；電灯かさ製造業（ガラス製のもの）；眼鏡用ガラス製造業；漁業用ガラス浮玉製造業；魔法瓶用ガラス製中瓶製造業；ガラス製絶縁材料製造業
222　セメント・同製品製造業	2221　セメント製造業		ポルトランドセメント製造業；高炉セメント製造業
	2222　生コンクリート製造業		生コンクリート製造業
	2223　コンクリート製品製造業		コンクリートパイル製造業；コンクリートポール製造業；コンクリート管製造業；空洞コンクリートブロック製造業；土木用コンクリートブロック製造業；道路用コンクリート製品製造業；テラゾー製造業；プレストレストコンクリート製品製造業（まくら木，はり，けた，矢板など）；建築用プレキャストコンクリートパネル製造業
	2229　その他のセメント製品製造業		石綿スレート製造業；石綿管製造業木毛セメント板製造業；木片セメント板製造業；パルプセメント板製造業；厚形スレート製造業；気泡コンクリート製品製造業；スラグせっこう板製造業；窯業外装材製造業
223　建設用粘土製品製造業（陶磁器製を除く）	2231　粘土かわら製造業		粘土かわら製造業
	2232　普通れんが製造業		普通れんが製造業；建築用れんが製造業；築炉外張りれんが製造業；舗装用れんが製造業
	2233　陶管製造業		陶管製造業；土管製造業
	2239　その他の建設用粘土製品製造業		テラコッタ製造業；ストーブライニング用品製造業；粘土がわら白生地製造業
224　陶磁器・同関連製品製造業	2241　衛生陶器製造業		衛生陶器製造業（硬質，半硬質のもの）；衛生陶器用配管用品製造業
	2242　食卓用・ちゅう房用陶磁器製造業		陶磁器製食器製造業；陶磁器製ちゅう房器具製造業；陶磁器製こんろ製造業；土なべ製造業
	2243　陶磁器製置物製造業		陶磁器製置物製造業；陶磁器製花瓶製造業；陶磁器製ランプ台製造業
	2244　電気用陶磁器製造業		陶磁器製絶縁材料製造業；がい（碍）子・がい（碍）管製造業；電気用特殊陶磁器製造業；電気用セラ

			ミック製品製造業
		2245　理化学用・工業用陶磁器製造業	理化学用陶磁器製造業；工業用陶磁器製造業；熱電対保護管製造業；温度計用陶磁器製造業；理化学用・工業用セラミック製品製造業
		2246　陶磁器製タイル製造業	陶磁器製タイル製造業；うわ（釉）薬タイル製造業；モザイクタイル加工業（紙はり，網はりなど）
		2247　陶磁器絵付業	陶磁器絵付業；陶磁器製がん具絵付業；陶磁器加工業（陶磁器に装飾加工を行うもの）
		2248　陶磁器用はい（坏）土製造業	陶土精製業；陶磁器用粘土製造業；陶磁器用はい（坏）土製造業
		2249　その他の陶磁器・同関連製品製造業	植木鉢製造業；セラミックブロック製造業；陶瓶製造業；陶磁器製神仏具製造業；陶磁器素（生）地製造業；陶磁器関連製品素（生）地製造業
	225　耐火物製造業	2251　耐火れんが製造業	耐火れんが製造業；耐火断熱れんが製造業
		2252　不定形耐火物製造業	不定形耐火物製造業；耐火モルタル製造業
		2259　その他の耐火物製造業	マグネシアクリンカー製造業；合成ムライト製造業；高炉用ブロック製造業；粘土質るつぼ製造業
	226　炭素・黒鉛製品製造業	2261　炭素質電極製造業	炭素電極製造業；黒鉛電極製造業
		2262　炭素繊維製造業	炭素繊維製造業
		2269　その他の炭素・黒鉛製品製造業	電ブラシ（刷子）製造業；炭素棒製造業；特殊炭素製品製造業；黒鉛るつぼ製造業；精製黒鉛製造業；炭素れんが製造業；黒鉛れんが製造業
	227　研磨材・同製品製造業	2271　研磨材製造業	研削用ガーネット製造業；研削用けい砂フリント製造業；溶融アルミナ研削材製造業；炭化けい素研削材製造業；炭化ほう素，窒素，ほう素などの炭化物・窒化物研磨材製造業；シリコンカーバイト製造業
		2272　研削と石製造業	ビトリファイド法と石製造業；レジノイド法と石製造業；ゴム法と石製造業；マグネシア法と石製造業
		2273　研磨布紙製造業	研磨布製造業；耐水研磨布製造業；研磨紙製造業；耐水研磨紙製造業；研磨ファイバ製造業

		2279 その他の研磨材・同製品製造業	再生研磨材製造業；研削と石加工業；天然と石製造業
	228 骨材・石工品等製造業	2281 砕石製造業	玉石砕石製造業；岩石砕石製造業
		2282 人工骨材製造業	人工骨材製造業；焼成真珠岩（パーライト）製造業；焼成ひる石製造業
		2283 石工品製造業	石材製造業；石細工業；石材切断・切削業；石磨き業；大理石加工品製造業；大理石磨き業；石材彫刻品製造業；石うす製造業；石とうろう製造業；石碑製造業；建築用石材製造業；すずり製造業；石工業（石工品を製造するもの）；敷石製造業；石タイル製造業；舗装タイル製造業（石タイル製のもの）
		2284 けいそう土・同製品製造業	けいそう土精製業；けいそう土製品製造業；けいそう土製耐火物製造業；けい酸カルシウム保温材製造業；けい酸カルシウム板製造業
		2285 鉱物・土石粉砕等処理業	石粉製造業；つき（搗）粉製造業；クレー製造業（陶石クレー，ろう石クレーを除く）；化学用粘土製造業；雲母精製業；シャモット製造業；ベントナイト精製業；重質炭酸カルシウム製造業
	229 その他の窯業・土石製品製造業	2291 ほうろう鉄器製造業	ほうろう鉄器製造業；ほうろう引き食器製造業；ほうろう引き浴槽製造業；ほうろう酒造タンク製造業；ほうろう引き製バット製造業；家庭電機用ほうろう鉄器製造業；燃焼器具用ほうろう鉄器製造業；看板・標識用ほうろう鉄器製造業；ほうろう製看板・標識製造業；ほうろうパネル製造業
		2292 七宝製品製造業	七宝製品製造業
		2293 人造宝石製造業	模造宝石製造業；人造宝石製造業；模造真珠製造業
		2294 ロックウール・同製品製造業	ロックウール（岩綿，鉱さい綿）製造業；ロックウール製品製造業（板，帯，筒，ブランケット，フェルト，マット，化粧板，吸音板，シージング板，吹付用ロックウールなど）
		2295 石綿製品製造業	石綿製品製造業；石綿布糸製造業；石綿パッキン製造業；石綿ブレーキライニング製造業；石綿ジョイント

			シート製造業；石綿紙製造業；石綿板製造業；石綿絶縁製品製造業
		2296　石こう（膏）製品製造業	焼石こう製造業；石こうプラスタ製造業；石こうボード製造業；建築用装飾石こう製品製造業；石こう細工製造業（美術品，置物など）；医療用石こう製造業
		2297　石灰製造業	生石灰製造業；消石灰製造業；焼成ドロマイト製造業；苦土石灰製造業；ドロマイトプラスタ製造業；貝灰製造業；軽質炭酸カルシウム製造業
		2298　鋳型製造業（中子を含む）	鋳型製造業；中子製造業
		2299　他に分類されない窯業・土石製品製造業	石筆製造業；白墨製造業；雲母板製造業；気硬性セメント製造業；うわ（釉）薬製造業
23　鉄鋼業	231　製鉄業	2311　高炉による製鉄業	高炉銑製造業；圧延鋼材製造業（高炉が稼働しているもの）；普通鋼製造業（高炉が稼働しているもの）；特殊鋼製造業（高炉が稼働しているもの）鋼管製造業（高炉が稼働しているもの）
		2312　高炉によらない製鉄業	電気炉銑製造業；小形高炉銑製造業；再生炉銑製造業；純鉄製造業；原鉄製造業；ベースメタル製造業
		2313　フェロアロイ製造業	合金鉄製造業
	232　製鋼・製鋼圧延業	2321　製鋼・製鋼圧延業（転炉，電気炉を含む）	製鋼業（転炉，電気炉が稼働しているもの）；圧延鋼材製造業（転炉，電気炉が稼働しているもの）；特殊鋼製造業（転炉，電気炉が稼働しているもの）；鋼管製造業（転炉，電気炉が稼働しているもの）
	233　製鋼を行わない鋼材製造業（表面処理鋼材を除く）	2331　熱間圧延業（鋼管，伸鉄を除く）	熱間圧延業（製鋼を行わないもの）
		2332　冷間圧延業（鋼管，伸鉄を除く）	冷延鋼板製造業；磨帯鋼製造業
		2333　冷間ロール成型形鋼製造業	軽量形鋼製造業
		2334　鋼管製造業	継目無鋼管製造業；電縫鋼管製造業；ガス溶接鋼管製造業；鍛接鋼管製造業
		2335　伸鉄業	伸鉄製造業；再生仕上鋼板製造業

			2336　磨棒鋼製造業	磨棒鋼製造業
			2337　引抜鋼管製造業	引抜鋼管製造業；再生引抜鋼管製造業
			2338　伸線業	鉄線製造業；硬鋼線製造業；ピアノ線製造業；くぎ製造業（線材から一貫作業によるもの）；針金製造業（線材から一貫作業によるもの）；金網製造業（線材から一貫作業によるもの）鋼索製造業（線材から一貫作業によるもの）；PC鋼より線製造業（線材から一貫作業によるもの）
			2339　その他の製鋼を行わない鋼材製造業（表面処理鋼材を除く）	溶接形鋼製造業
		234　表面処理鋼材製造業	2341　亜鉛鉄板製造業	亜鉛鉄板製造業；着色亜鉛鉄板製造業
			2342　めっき鋼管製造業	亜鉛めっき鋼管製造業
			2349　その他の表面処理鋼材製造業	ブリキ製造業；針金製造業（線材から一貫作業によらないもの）；亜鉛めっき硬鋼線製造業；ビニル鋼板製造業；ティンフリースチール製造業
		235　鉄素形材製造業	2351　銑鉄鋳物製造業（鋳鉄管，可鍛鋳鉄を除く）	機械用銑鉄鋳物製造業；日用品用銑鉄鋳物製造業
			2352　可鍛鋳鉄製造業	可鍛鋳鉄製造業；合金可鍛鋳鉄製造業；靴底金製造業；パイプ継手製造業
			2353　鋳鋼製造業	鋳鋼製造業
			2354　鍛工品製造業	鍛工品製造業
			2355　鍛鋼製造業	鍛鋼製造業
		239　その他の鉄鋼業	2391　鉄鋼シャースリット業	鉄鋼シャーリング業；鉄鋼スリット業
			2392　鉄スクラップ加工処理業	鉄スクラップ加工処理業；製鋼原料用鉄スクラッププレス・シャーリング業；製鋼原料用鉄スクラップシュレッダー業；製鋼原料用鉄スクラップ化学処理業
			2393　鋳鉄管製造業	鋳鉄管製造業
			2399　他に分類されない鉄鋼業	鉄粉製造業；純鉄粉製造業；純鉄圧延業；ペレット製造業
24　非鉄金属	241　非鉄金属		2411　銅第1次製錬・	銅製錬・精製業；銅製造業（主とし

製造業	第1次製錬・精製業	精製業	て鉱石から製造するもの）；電気銅精製業（主として鉱石から製造するもの）
		2412　亜鉛第1次製錬・精製業	亜鉛製錬・精製業（主として鉱石から製造するもの）；電気亜鉛精製業
		2413　アルミニウム第1次製錬・精製業	アルミニウム製錬・精製業（主として鉱石又はアルミナから製造するもの）；アルミナ製錬業
		2419　その他の非鉄金属第1次製錬・精製業	鉛精錬・精製業（主として鉱石から製造するもの）；金，銀，白金製錬・精製業；貴金属製錬・精製業；ニッケル製錬・精製業（主として鉱石又はニッケルマットから製造するもの）；ニッケル地金製造業；チタン製錬・精製業（主として鉱石から製造するもの）；ウラン製錬・精製業；トリウム製錬・精製業；すず製錬業；アンチモン製錬業；水銀製錬業；マンガン製錬業；クロム製錬業；タングステン製錬業；モリブデン製錬業；マグネシウム製錬業；ゲルマニウム製錬業；シリコン製錬業；タンタル製錬業
	242　非鉄金属第2次製錬・精製業（非鉄金属合金製造業を含む）	2421　鉛第2次製錬・精製業（鉛合金製造業を含む）	鉛再生業；はんだ・減摩合金製造業；活字合金製造業
		2422　亜鉛第2次製錬・精製業（亜鉛合金製造業を含む）	亜鉛再生業；亜鉛合金製造業
		2423　アルミニウム第2次製錬・精製業（アルミニウム合金製造業を含む）	アルミニウム再生業；アルミニウム合金製造業
		2429　その他の非鉄金属第2次製錬・精製業（非鉄金属合金製造業を含む）	貴金属再生業；すず再生業；水銀再生業；ニッケル再生業；貴金属合金製造業；銅合金製造業；ニッケル合金製造業；チタン合金製造業；すず合金製造業
	243　非鉄金属・同合金圧延業（抽伸，押出しを含む）	2431　伸銅品製造業	銅圧延業；銅合金圧延業；銅線・銅合金線製造業（裸電線を除く）；銅管製造業；黄銅棒製造業；銅くぎ製造業（線材から一貫作業によるもの）
		2432　アルミニウム・	アルミニウム・同合金圧延業；アル

			同合金圧延業（抽伸，押出しを含む）	ミニウム線製造業（裸電線を除く）；アルミニウム管製造業；アルミニウム圧延はく製造業
		2439　その他の非鉄金属・同合金圧延業（抽伸，押出しを含む）	鉛・同合金圧延業；鉛・同合金伸線業；鉛管・鉛板製造業；貴金属・同合金圧延業；亜鉛・同合金圧延業；ニッケル・同合金圧延業；チタン・同合金圧延業；すず・同合金圧延業；マグネシウム・同合金圧延業
	244　電線・ケーブル製造業	2441　電線・ケーブル製造業（光ファイバケーブルを除く）	裸電線製造業；絶縁電線製造業；ケーブル製造業
		2442　光ファイバケーブル製造業（通信複合ケーブルを含む）	光ファイバケーブル製造業；光複合ケーブル製造業；光ファイバ通信ケーブル製造業（通信複合ケーブルを含む）；光架空地線製造業；光ファイバコード製造業；光ファイバ心線製造業
	245　非鉄金属素形材製造業	2451　銅・同合金鋳物製造業（ダイカストを除く）	銅・同合金鋳物製造業（ダイカストを除く）
		2452　非鉄金属鋳物製造業（銅・同合金鋳物及びダイカストを除く）	非鉄金属鋳物製造業（銅・同合金を除く）；アルミニウム・同合金鋳物製造業（ダイカストを除く）；マグネシウム・同合金鋳物製造業（ダイカストを除く）
		2453　アルミニウム・同合金ダイカスト製造業	アルミニウム・同合金ダイカスト製造業
		2454　非鉄金属ダイカスト製造業（アルミニウム・同合金ダイカストを除く）	非鉄金属ダイカスト製造業（アルミニウム・同合金ダイカストを除く）；亜鉛・同合金ダイカスト製造業；銅・同合金ダイカスト製造業；マグネシウム・同合金ダイカスト製造業
		2455　非鉄金属鍛造品製造業	非鉄金属鍛造業；銅・同合金鍛造品製造業；アルミニウム・同合金鍛造品製造業
	249　その他の非鉄金属製造業	2491　核燃料製造業	核燃料成形加工業；核燃料濃縮業；使用済核燃料再処理業
		2499　他に分類されない非鉄金属製造業	非鉄金属粉末製造業（粉末や金を除く）；非鉄金属シャーリング業
25　金属製品製造業	251　ブリキ缶・その他のめ	2511　ブリキ缶・その他のめっき板等製品	缶詰用缶製造業；18リットル缶製造業；ブリキ缶製造業；ブリキ製容

	っき板等製品製造業	製造業	器製造業；バケツ製造業；エアゾール缶製造業
	252　洋食器・刃物・手道具・金物類製造業	2521　洋食器製造業	食卓用ナイフ・フォーク・スプーン製造業；盆製造業
		2522　機械刃物製造業	機械刃物製造業；木材加工機械刃物製造業；製紙機械刃物製造業；製本機械刃物製造業；たばこ製造機械刃物製造業
		2523　利器工匠具・手道具製造業（やすり，のこぎり，食卓用刃物を除く）	おの製造業；かんな製造業；のみ製造業；きり製造業；刃物製造業（包丁，はさみ，肉切用・製靴用・彫刻用刃物など）；缶切製造業；ポケットナイフ製造業；バリカン製造業；安全かみそり製造業（替刃を含む）；かみそり製造業；土工用具製造業；ショベル製造業；つるはし製造業；ハンマ製造業；石工用手道具製造業；宝石加工手道具製造業
		2524　作業工具製造業（やすりを除く）	レンチ製造業；スパナ製造業；ペンチ製造業；ドライバ製造業
		2525　やすり製造業	やすり製造業；やすり目立業
		2526　手引のこぎり・のこ刃製造業	のこぎり製造業（手引のもの）；のこ刃製造業（丸・帯のこぎりのもの）
		2527　農業用器具製造業（農業用機械を除く）	耕作用具製造業；養蚕用機器製造業（金属製のもの）；養きん用機器製造業（金属製のもの）；養ほう機器製造業（金属製のもの）；農業用刃物製造業
		2529　その他の金物類製造業	建築用金物製造業；架線金物製造業；袋物用金具製造業；家具用金具製造業；建具用金具製造業；自動車用金物製造業；車両用金具製造業；船舶用金具製造業；かばん金具製造業；錠前製造業；かぎ製造業；金庫錠製造業；戸車製造業（金属製）；ドアクローザ・ヒンジ製造業
	253　暖房装置・配管工事用附属品製造業	2531　配管工事用附属品製造業（バルブ，コックを除く）	配管工事用附属品製造業；金属製衛生器具製造業；ノズル製造業；止め栓製造業
		2532　ガス機器・石油機器製造業	ガス機器製造業；石油機器製造業；ふろバーナ製造業
		2533　温風・温水暖房装置製造業	温風暖房機製造業（熱交換式のもの）；温水ボイラ製造業；放熱器製

			造業；ユニットヒータ製造業
		2539　その他の暖房・調理装置製造業（電気機械器具，ガス機器，石油機器を除く）	調理用機器・同装置製造業（電気式を除く）；太陽熱利用温水装置製造業；焼却器製造業；焼却炉製造業（産業用を除く）
	254　建設用・建築用金属製品製造業（製缶板金業を含む）	2541　建設用金属製品製造業	鉄骨製造業；鉄塔製造業；鋼橋製造業；貯蔵槽製造業；金属柵製造業；鋼板煙突製造業
		2542　建築用金属製品製造業（建築用金物を除く）	シャッタ製造業；建築用板金製品製造業；建築用ラス製品製造業；金属扉製造業；組立家屋（プレハブ）用金属製品製造業；金属製日よけ製造業；金属製ブラインド製造業；サッシ製造業（金属製のもの）；金属製よろい戸製造業；建築装飾用金属製品製造業；金属屋根製品製造業
		2543　製缶板金業	製缶業；温水缶製造業；蒸気缶製造業；鉄鋼板加工業（溶接，折曲げ，ろう付けなど）；ガス容器（ボンベ）製造業；板金製タンク製造業；板金製煙突製造業；ドラム缶製造業；コンテナ製造業（金属製のもの）；アッパータンク製造業；梱包容器（スチール）製造業
	255　金属素形材製品製造業	2551　アルミニウム・同合金プレス製品製造業	自動車車体部分品製造業（アルミニウム・同合金）（スタンプ・プレス製品）；機械部分品製造業（アルミニウム・同合金）（スタンプ・プレス製品）；金属プレス業（アルミニウム・同合金）（自動車部分品，機械部分品，口金，その他の器具を製造するもの）；王冠製造業（アルミニウムのもの）；台所用品製造業（アルミニウム・同合金）（スタンプ・プレス製品）；医療器具製造業（アルミニウム・同合金）（スタンプ・プレス製品）；打抜プレス加工製品製造業（アルミニウム・同合金）
		2552　金属プレス製品製造業（アルミニウム・同合金を除く）	自動車車体部分品製造業（アルミニウム・同合金以外のスタンプ・プレス製品）；機械部分品製造業（アルミニウム・同合金以外のスタンプ・

			プレス製品）；金属プレス業（アルミニウム・同合金以外のスタンプ・プレス製品）；王冠製造業（アルミニウム・同合金を除く）；台所用品製造業（アルミニウム・同合金以外のスタンプ・プレス製品）；医療器具製造業（アルミニウム・同合金以外のスタンプ・プレス製品）；打抜プレス加工製品製造業（アルミニウム・同合金以外のスタンプ・プレス製品）
		2553　粉末や金製品製造業	機械部分品製造業（粉末や金によるもの）；超硬チップ製造業
256　金属被覆・彫刻業，熱処理業（ほうろう鉄器を除く）	2561　金属製品塗装業	エナメル塗装業（金属製品にエナメルを塗装するもの）；ラッカー塗装業（金属製品にラッカーを塗装するもの）	
	2562　溶融めっき業（表面処理鋼材製造業を除く）	亜鉛めっき業（主として成形品に行うもの）；すずめっき業（主として成形品に行うもの）	
	2563　金属彫刻業	金属彫刻品製造業；なっ染ロール彫刻業	
	2564　電気めっき業（表面処理鋼材製造業を除く）	電気めっき業	
	2565　金属熱処理業	機械部分品熱処理業；鋼材熱処理業；非鉄金属熱処理業	
	2569　その他の金属表面処理業	電解研磨業；金属張り業；陽極酸化処理業；研磨業；メタリコン業（修理業を除く）；金属防せい（錆）処理加工業；シリコン研磨業；シリコン加工業	
257　金属線製品製造業（ねじ類を除く）	2571　くぎ製造業	鉄くぎ製造業（受け入れた鉄線によるもの）；銅くぎ製造業（受け入れた銅線によるもの）；くぎ・靴くぎ製造業	
	2579　その他の金属線製品製造業	ざる製造業（受け入れた線によるもの）；ワイヤチェーン製造業（受け入れた線によるもの）；ビニル被覆鉄線製造業；溶接棒製造業；金網製造業（線材から一貫作業によらないもの）；鋼索製造業（線材から一貫作業によらないもの）	
258　ボルト・	2581　ボルト・ナット	ボルト・ナット製造業；ビス製造	

	ナット・リベット・小ねじ・木ねじ等製造業	・リベット・小ねじ・木ねじ等製造業	業；木ねじ製造業；リベット製造業；犬くぎ製造業；割ピン製造業；座金製造業；かすがい製造業
	259　その他の金属製品製造業	2591　金属製造業	金庫製造業（手提金庫を含む）
		2592　金属製スプリング製造業	板ばね製造業；火造りばね製造業；火ばね製造業；ワイヤスプリング製造業
		2599　他に分類されない金属製品製造業	ヘルメット製造業（金属製のもの）；ドラム缶更生業；18リットル缶更生業；金属製ネームプレート製造業（腐しょく製のもの以外のものも含む）；フレキシブルチューブ製造業；金属製押出しチューブ製造業；金属製パッキング製造業；ガスケット製造業；ガス灯製造業；カーバイト灯製造業；反射鏡製造業（金属製のもの）；打ちはく製造業；石油灯製造業；金属製はしご（可搬式のもの），脚立製造業
26　一般機械器具製造業	261　ボイラ・原動機製造業	2611　ボイラ製造業	工業用ボイラ製造業；原動機用ボイラ製造業；発電用ボイラ製造業
		2612　蒸気機関・タービン・水力タービン製造業（舶用を除く）	蒸気機関製造業；蒸気タービン製造業；水力タービン製造業
		2613　はん用内燃機関製造業	はん用ガソリン機関製造業；はん用石油機関製造業；はん用ディーゼル機関製造業；はん用ガス機関製造業
		2619　その他の原動機製造業	風力機関製造業；圧縮空気機関製造業；水車製造業（水力タービンを除く）；特殊車両エンジン製造業
	262　農業用機械製造業（農業用器具を除く）	2621　農業用機械製造業（農業用器具を除く）	農業用機械製造業；動力耕うん機製造業；は種機械製造業；刈取機械製造業；砕土機製造業；噴霧機・散粉機製造業；脱穀機製造業；除草機製造業；わら加工用機械製造業；飼料・穀物乾燥機製造業；ふ卵装置製造業；育すう装置製造業；ガーデントラクタ製造業；電気ふ卵器製造業；農業用トラクタ製造業
	263　建設機械・鉱山機械製造業	2631　建設機械・鉱山機械製造業	建設機械・同装置・部分品・附属品製造業；鉱山機械・同装置・部分品・附属品製造業（ビット，スペー

			ド，スチールなど）；さく井機械製造業；エキスカベータ製造業；タンバーカ製造業；油田用機械器具製造業；ロードローラ製造業；コンクリートミキサ製造業；ふるい分機製造業；破砕機製造業；選別機製造業；選鉱装置製造業；建設用トラクタ製造業；建設用クレーン製造業；建設用ショベルトラック製造業
264　金属加工機械製造業	2641　金属工作機械製造業		金属工作機械製造業；旋盤製造業；ボール盤製造業；フライス盤製造業；研削盤製造業；歯切盤製造業；歯切盤及び歯車仕上機械製造業；マシニングセンタ製造業；放電加工機械製造業
	2642　金属加工機械製造業（金属工作機械を除く）		圧延機械製造業；線引機製造業；製管機製造業；プレス機械製造業；せん断機製造業；鍛造機製造業；ガス溶接機製造業；巻線機（コイルワインディングマシン）製造業；空気ハンマ製造業
	2643　金属工作機械用・金属加工機械用部分品・附属品製造業（機械工具，金型を除く）		金属工作機械部分品製造業；金属加工機械部分品製造業；金属圧延用ロール製造業
	2644　機械工具製造業（粉末や金業を除く）		特殊鋼工具製造業；治具製造業；ダイヤモンド工具製造業；超硬工具製造業；切削工具製造業；動力付手持工具製造業（ドリル，びょう打ハンマ，グラインダなど）；タップ・ダイス製造業；機械工具製造業；空気動工具製造業
265　繊維機械製造業	2651　化学繊維機械・紡績機械製造業		綿・スフ紡績機械製造業；毛紡績機械製造業；麻紡績機械製造業；絹紡績機械製造業；ねん糸機械製造業；蚕糸機械製造業；化学繊維機械製造業
	2652　製織機械・編組機械製造業		綿織機製造業；絹・人絹織機製造業；麻・毛織機製造業；特殊織機製造業（リボン，ビロード，じゅうたんなど）；製織用準備機械製造業；製ちゅう（紐）機製造業；ニット機械製造業；製網機械製造業；製綱機

			械製造業；レース機械製造業；刺しゅう機械製造業
		2653 染色整理仕上機械製造業	繊維精錬・漂白機械製造業；染色機械製造業；なっ染機械製造業；繊維仕上機械製造業；織物仕上機械製造業；織物乾燥機械製造業
		2654 繊維機械部分品・取付具・附属品製造業	化学繊維機械部分品製造業；紡績機械部分品製造業；製織機械部分品製造業；染色・整理・仕上機械部分品製造業；スピンドル製造業；針布製造業；シャットル製造業；ドビー製造業；ジャカード製造業；おさ製造業；木管製造業（紡績用のもの）；メリヤス針製造業；ノズル（紡糸用のもの）製造業；プラスチック製ボビン製造業（繊維機械用）
		2655 縫製機械製造業	工業用ミシン製造業；家庭用ミシン製造業；毛糸手編機械製造業（同附属品製造業を含む）；ミシン部分品及び附属品製造業（テーブルを除く）；縫製準備工程機械（縫製用裁断機，目打機，柄合機，延反機，解反機）製造業
	266 特殊産業用機械製造業	2661 食品機械・同装置製造業	精米機械・同装置製造業；精麦機械・同装置製造業；製粉機械・同装置製造業；製めん（麺）機械・同装置製造業；製パン機械・同装置製造業；製菓機械・同装置製造業；醸造用機械・同装置製造業；牛乳加工機械・同装置製造業；飲料加工機械・同装置製造業；肉類加工機械・同装置製造業；水産加工機械・同装置製造業；製茶用機械・同装置製造業；豆腐製造機械・同装置製造業；調理食品加工機械・同装置製造業；食料品加工機械・同部分品・附属品製造業
		2662 木材加工機械製造業	製材機械製造業；木工旋盤製造業；ベニヤ機械製造業；自動かんな製造業；繊維板機械製造業；のこ盤製造業
		2663 パルプ装置・製紙機械製造業	パルプ製造機械・同装置製造業；製紙機械・同装置製造業
		2664 印刷・製本・紙	印刷機械・同装置製造業（事務用を

		工機械製造業	除く）；石版印刷機械・同装置製造業；亜鉛版印刷機械製造業；製本機械・同装置製造業；植字機・同装置製造業；活字鋳造機製造業；電気版機械製造業；印刷用ローラ製造業；紙工機械製造業
	2665	鋳造装置製造業	鋳造装置製造業；造型装置製造業；注湯装置製造業；製品処理装置製造業；砂処理装置製造業；ダイカストマシン・同附属装置製造業
	2666	プラスチック加工機械・同附属装置製造業	圧縮成形機製造業；射出成形機製造業；押出成形機製造業；中空成形機製造業；カレンダ製造業（プラスチック加工用）；真空成形機製造業；合成樹脂用溶接機・同応用装置製造業；タブレットマシン製造業；ペレット装置製造業；グラニュレータ製造業；コーティング機製造業；プラスチック成形加工機械製造業
	2667	半導体製造装置製造業	ウェーハ加工（スライシング，研削，ラッピング）装置製造業；ウェーハ・液晶パネル熱処理（酸化，拡散）装置製造業；ウェーハ・液晶パネル露光装置製造業；マスク・液晶パネル露光装置製造業；ウェーハ・液晶パネルレジスト処理装置製造業；マスク・レチクル製造装置製造業；ウェーハ・液晶パネル洗浄・乾燥装置製造業；ウェーハ・液晶パネルエッチング装置製造業；ウェーハ・液晶パネルイオン加工装置製造業；ウェーハ・液晶パネル薄膜形成装置（CVD，スパッタリング，エピタキシャル成長）製造業；ウェーハ・液晶パネル真空蒸着装置製造業；ウェーハダイシング装置製造業；チップボンディング装置製造業；チップモールディング装置製造業；液晶パネルガラス加工装置製造業；液晶パネル陽極酸化装置製造業；液晶パネルラビング装置製造業；液晶パネル基板貼合わせ装置製造業；液晶パネル用塗布装置製造業；液晶パネルエージング装置製造業；液晶パネル用剝離

			装置製造業；液晶パネルレーザーリベア装置製造業；液晶パネル真空注入装置製造業；液晶パネルトリミング装置製造業
		2668 真空装置・真空機器製造業	真空冶金装置，真空化学装置，真空蒸着装置，スパッタリング装置，ドライエッチング装置，CVD装置，イオン注入装置等真空装置製造業；真空ポンプ製造業；真空装置用部品製造業；真空装置用附属機器製造業
		2669 その他の特殊産業用機械製造業	繰綿機械製造業；帽子製造機械製造業；皮革処理機械製造業；ゴム製品製造機械製造業；たばこ製造機械製造業；製靴機械製造業；石工機械製造業；製瓶機械製造業；鉛筆製造機械製造業；産業用銃製造業；捕鯨砲製造業；集材機械製造業；金網製造機械製造業；自動選瓶機械製造業；のり刈取機械製造業；目立機械製造業；金属織物用機械製造業
	267 一般産業用機械・装置製造業	2671 ポンプ・同装置製造業	手動ポンプ製造業；動力ポンプ製造業；家庭用ポンプ製造業；消防用ポンプ製造業；舶用ポンプ製造業
		2672 空気圧縮機・ガス圧縮機・送風機製造業	圧縮機製造業；吹付機械製造業；ふいご製造業；送風機製造業；排風機製造業
		2673 エレベータ・エスカレータ製造業	エレベータ製造業（旅客又は貨物用のもの）；エスカレータ製造業
		2674 荷役運搬設備製造業	コンベヤ製造業；ローラーコンベヤ製造業；クレーン製造業（建設用を除く）；貨物取扱装置製造業；巻上機製造業；自動立体倉庫装置製造業；索道製造業；スキーリフト製造業
		2675 動力伝導装置製造業（玉軸受・ごろ軸受けを除く）	歯車製造業（プラスチック製を含む）；軸・軸けい（頸）類製造業；平軸受・同部分品製造業；ベルト調車製造業；軸受製造業（玉・ころ軸受以外のもの）；動力伝導用鎖製造業（機械用，自転車用，オートバイ用）；滑車製造業
		2676 工業窯炉製造業	窯炉製造業（工業用のもの）
		2677 油圧・空圧機器製造業	油圧ポンプ製造業；油圧モータ製造業；油圧バルブ製造業；油圧シリン

			ダ製造業；油圧アキュムレータ製造業；油圧フィルタ製造業；油圧ユニット機器製造業；空気圧フィルタ製造業；空気圧バルブ製造業；空気圧シリンダ製造業；空気圧ユニット機器製造業；空気圧ルブリケータ製造業；流体素子製造業
		2678　化学機械・同装置製造業	化学機械・同装置製造業；ろ過機器・同装置製造業；分離機器・同装置製造業；集じん機器・同装置製造業；圧搾機器・同装置製造業；熱交換機・同装置製造業；混合機・かくはん機・粉砕機・同装置製造業；反応用機器・同装置製造業；蒸煮機器・同装置製造業；化学装置用タンク・同装置製造業；乾燥機器・同装置製造業；焼成機器・同装置製造業；造水機器・同装置製造業；大気汚染防止機器・同装置製造業；水質汚濁防止機器・同装置製造業；廃棄物処理機器・同装置製造業；純水製造装置製造業；廃液処理装置製造業；クリーンルーム装置製造業；遠心分離機製造業；インテングミキサ製造業；ニーダ製造業；ブレンダ製造業
		2679　その他の一般産業用機械・装置製造業	潜水装置製造業；潤滑装置製造業；自動車用代燃装置製造業；駐車装置製造業；焼却炉製造業
	268　事務用・サービス用・民生用機械器具製造業	2681　事務用機械器具製造業	事務用機械器具製造業；事務用印刷機械製造業；電子式卓上計算機製造業；電子会計機製造業（プログラム内蔵方式でないもの）；複写機製造業；分類機，検孔機などのカード式関係機器製造業；エアシュータ（気送管）製造業；事務用シュレッダ製造業；製図機械器具製造業
		2682　冷凍機・温湿調整装置製造業	冷凍機製造業；製氷装置製造業；冷蔵装置製造業；工業用温湿調整装置製造業；業務用エアコンディショナ製造業；冷却塔製造業；温度・湿度調整装置製造業；空気調節装置製造業
		2683　娯楽機械製造業	アミューズメント機器製造業；遊園

			施設機械製造業；遊技機械製造業
		2684　自動販売機製造業	自動販売機・同部分品製造業；自動サービス機・同部分品製造業
		2689　その他の事務用・サービス用・民生用機械器具製造業	営業用洗濯機製造業；家庭用浄水器製造業；自動車整備・サービス機器製造業（自動車電装試験機器，自動車整備リフト，自動車洗浄機，自動車ジャッキ，自動車車輪機器，自動車車体機器，自動車車検機器，自動車給油機器等）；自動ドア製造業
	269　その他の機械・同部分品製造業	2691　消火器具・消火装置製造業	消火器製造業；消火装置製造業；消防自動車ぎ装業
		2692　弁・同附属品製造業	一般バルブ・コック製造業；自動調整バルブ製造業；高温・高圧バルブ製造業；給排水栓製造業；蛇口製造業；バルブ・同附属品製造業
		2693　パイプ加工・パイプ附属品加工業	異形管製造業（購入管によるもの）；パイプ加工業（購入パイプによるもの）
		2694　玉軸受・ころ軸受製造業	ころ軸受・同部分品製造業；玉軸受・同部分品製造業；プラスチック製軸受製造業；ボールベアリング製造業
		2695　ピストンリング製造業	ピストンリング製造業
		2696　金型・同部分品・附属品製造業	金属製品用金型製造業；非金属製品用金型製造業；金型部分品・附属品製造業
		2697　包装・荷造機械製造業	充てん機製造業；袋詰め機製造業；容器成形てん機製造業；缶詰機械製造業；瓶詰機械製造業；シール機製造業；結さつ機製造業；ラベル貼り機製造業；小箱詰機製造業；上包み機製造業（折畳み式，ひねり形式，かぶせ形式，真空吸着式，収縮式，ストレッチ式を含む）；真空包装機及びガス封入包装機製造業；ケーサー製造業；ケースのり付機製造業；テープ貼り機製造業；パレット包装機製造業；バンド掛け機製造業；ひも掛け機製造業；ステープラー製造業
		2698　産業用ロボット製造業	産業用ロボット製造業

		2699　各種機械・同部分品製造修理業（注文製造・修理）	機械・部分品製造修理業（主な製品が定まらないもの）；取付具製造請負業（主な製品が定まらないもの）；各種機械製造修理業（各種機械の製造と修理を行うもの）
27　電気機械器具製造業	271　発電用・送電用・配電用・産業用電気機械器具製造業	2711　発電機・電動機・その他の回転電気機械製造業	発電機製造業；電動発電機製造業；回転変流機製造業；ターボゼネレータ製造業
		2712　変圧器類製造業（電子機器用を除く）	変圧器製造業（送配電用，機器用，シグナル用）；ネオン変圧器製造業；計器用変成器製造業；リアクトル製造業；電圧調整器製造業
		2713　開閉装置・配電盤・電力制御装置製造業	配電盤製造業；開閉器製造業（電力用のもの）；遮断器製造業；制御装置製造業（車両用を含む）；起動器製造業；抵抗器製造業（電力用のもの）；継電器製造業（電力用のもの）
		2714　配線器具・配線附属品製造業	小形開閉器製造業；点滅器製造業；接続器製造業；電球保持器製造業；鉄道用配線器具製造業；パネルボード製造業；小形配線ばこ製造業；ヒューズ製造業；電線管接続附属品製造業；ベル用変圧器製造業；プラスチック製差込プラグ製造業；スイッチ製造業
		2715　電位溶接機製造業	電弧溶接機製造業；抵抗溶接機製造業；電極保持具製造業（溶接用）
		2716　内燃機関電装品製造業	スターターモータ製造業（自動車・航空機用）；航空機用電装品製造業；点火せん・点火装置製造業（内燃機関用）；電動機・発電機製造業（内燃機関用）；電気式始動機製造業；セルモータ製造業
		2719　その他の産業用電気機械器具製造業（車両用，船舶用を含む）	蓄電器製造業（電子機器用を除く）；電熱装置製造業（窯炉用）；はんだごて製造業（電気式）；電磁石製造業；車両用集電装置製造業；整流器製造業；電気炉製造業；赤外線乾燥装置製造業
	272　民生用電気機械器具製造業	2721　ちゅう房機器製造業	電気こんろ製造業；電子レンジ製造業；クッキングヒーター製造業（電気式のもの）；電気がま製造業；トースタ製造業；ホットプレート製造

			業；ジューサミキサ製造業；ジャーポット製造業；食器乾燥機製造業；食器洗い機製造業；電気冷蔵庫製造業；家庭用フリーザ製造業
		2722　空調・住宅関連機器製造業	扇風機製造業；換気扇製造業；電気温水器製造業；除湿器製造業；家庭用エアコンディショナ製造業；空気清浄機製造業
		2723　衣料衛生関連機器製造業	家庭用電気洗濯機製造業；衣類乾燥機製造業；電気アイロン製造業；電気掃除機製造業
		2729　その他の民生用電気機械器具製造業	電気ストーブ製造業；電気こたつ製造業；電気毛布製造業；電気カーペット製造業；電気かみそり製造業；家庭用高周波及び低周波治療器製造業；ヘアードライヤ製造業；家庭用生ごみ処理機製造業；温水洗浄便座製造業
	273　電球・電気照明器具製造業	2731　電球製造業	映写機用ランプ製造業；ネオンランプ製造業；蛍光灯製造業；白熱電球製造業；自動車用電球製造業；フラッシュランプ製造業；赤外線ランプ製造業；殺菌灯製造業；水銀放電灯製造業
		2732　電気照明器具製造業	天井灯照明器具製造業；電気スタンド製造業；集魚灯器具製造業；坑内安全灯製造業（蓄電池を除く）；投光器製造業；乗物用照明器具製造業；発電ランプ製造業；携帯電灯製造業；放電灯器具製造業；プラスチック製携帯電灯器具製造業；照明器具用安定器（スリムライン）製造業；ヘッドライト製造業
	274　電子応用装置製造業	2741　X線装置製造業	医療用・歯科用X線装置製造業；X線深傷機製造業
		2742　ビデオ機器製造業	磁気録画装置（V.T.R）製造業；画像再生装置（E.V.R）製造業；DVDプレーヤ製造業；ビデオカメラ製造業；防犯カメラ製造業
		2743　医療用電子応用装置製造業	医療用粒子加速装置製造業；医療用放射線物質応用装置製造業；超音波画像診断装置製造業（循環器用，腹部用を含む）；超音波ドプラ診断装置製造業；磁気共震画像診断装置製

			造業；高周波及び低周波治療器製造業（家庭用を除く）；エミッションCT装置製造業；レーザ応用治療装置製造業；レーザ手術用機器製造業；結石破砕装置製造業
		2749　その他の電子応用装置製造業	水中聴音装置製造業；魚群探知機製造業；磁気探知機製造業；高周波ミシン製造業；電子顕微鏡製造業；電子応用測定装置製造業（医療用を除く）；サイクロトロン製造業；放射線応用計測器製造業；レーザ装置製造業（医療用を除く）；高周波加熱装置製造業；産業用電子応用装置製造業
275　電気計測器製造業	2751　電気計測器製造業（別掲を除く）		電流計製造業；電圧計製造業；積算電力計製造業；位相計製造業；周波数計製造業；検電計製造業；音量計製造業；電気動力計製造業；電気測定器製造業；検査・評価装置製造業
	2752　工業計器製造業		温度自動調節装置製造業；圧力自動調節装置製造業；流体自動調節装置製造業；流体組成自動調節装置製造業；液面調節装置製造業；自動燃焼調節装置製造業；ガス制御装置製造業；制御機器製造業
	2753　医療用計測器製造業		生体物理現象検査用機器製造業（体温・血圧等検査用モニタ，生体磁気計測装置）；生体電気現象検査用機器製造業（心電・脳波・筋電等検査用モニタ）；生体現象監視用機器製造業（集中患者監視装置，新生児モニタ，多現象モニタ，分娩監視装置）；生体検査用機器製造業（呼吸機能検査機器，視覚機能検査機器）；医療用検体検査機器製造業（臨床化学検査機器，血液検査機器）；診断用機械器具製造業；心電計製造業
279　その他の電気機械器具製造業	2791　蓄電池製造業		蓄電池製造業
	2792　一次電池（乾電池，湿電池）製造業		乾電池製造業；湿電池製造業；水銀電池製造業；アルカリ電池製造業
	2793　磁気テープ・磁気ディスク製造業		オーディオ用テープ製造業；ビデオ用テープ製造業；コンピューター用テープ製造業；フレキシブルディス

			ク製造業；ディスク製造業
		2799　他に分類されない電気機械器具製造業	電球口金製造業；導入線製造業；接点製造業；ジュメット線製造業；永久磁石製造業；太陽電池製造業
28　情報通信機械器具製造業	281　通信機械器具・同関連機械器具製造業	2811　有線通信機械器具製造業	電話機製造業；交換装置製造業；印刷電信機製造業；ファクシミリ製造業；模写電送装置製造業；搬送装置製造業；有線テレビジョン放送装置製造業；有線ラジオ放送装置製造業
		2812　無線通信機械器具製造業	ラジオ送信装置製造業；無線送信機製造業；無線受信機製造業；ロラン装置製造業；レーダ製造業；着陸誘導装置製造業；距離方位測定装置製造業；気象観測装置製造業；遠隔制御装置製造業；無線応用航法装置製造業；放送用テレビカメラ製造業；テレビジョン放送装置製造業
		2813　ラジオ受信機・テレビジョン受信機製造業	ラジオ受信機製造業；テレビジョン受信機製造業
		2814　電気音響機械器具製造業	録音装置製造業；テープレコーダ製造業；ステレオ製造業；拡声装置製造業；スピーカシステム製造業；マイクロホン製造業；ヘッドホン製造業；補聴器製造業
		2815　交通信号保安装置製造業	電気信号装置製造業；鉄道信号機製造業；自動転てつ器製造業；分岐器製造業
		2819　その他の通信機械器具・同関連機械器具製造業	火災警報装置製造業；盗難警報装置製造業；発光信号装置製造業；通報信号装置製造業
	282　電子計算機・同附属装置製造業	2821　電子計算機製造業（パーソナルコンピュータ製造業を除く）	デジタル形電子計算機製造業；ハイブリッド形電子計算機製造業；電子会計機製造業；半導体設計用装置製造業
		2822　パーソナルコンピュータ製造業	パーソナルコンピュータ製造業
		2823　記憶装置製造業	記憶装置製造業
		2824　印刷装置製造業	プロッタ（作図装置）製造業
		2829　その他の附属装置製造業	
29　電子部品・デバイス製造業	291　電子部品・デバイス製造業	2911　電子管製造業	真空管製造業（通信用のもの）；X線管製造業；水銀整流管製造業；光電管製造業；バラスト管製造業

		2912　半導体素子製造業	ダイオード製造業；トランジスタ製造業
		2913　集積回路製造業	半導体集積回路製造業；薄膜集積回路製造業；混成集積回路製造業；超小形構造製造業
		2914　抵抗器・コンデンサ・変成器・複合部品製造業	抵抗器製造業（電力用を除く）；コンデンサ製造業（電力用を除く）；変成器製造業（細分類2712のものを除く）；複合部品製造業；電子機器用小形電源変圧器製造業；電子機器用蓄電器製造業
		2915　音響部品・磁気ヘッド・小型モータ製造業	スピーカ部品製造業；マイクロホン部品製造業；イヤホン部品製造業；ヘッドホン部品製造業；磁気ヘッド製造業；小型モータ製造業（入力電力3ワット未満）
		2916　コネクタ・スイッチ・リレー製造業	コネクタ製造業（配線器具を除く）；スイッチ製造業（配線器具及び電力用開閉器を除く）；リレー製造業（継電器及び遮断器を除く）
		2917　スイッチング電源・高周波組立部品・コントロールユニット製造業	スイッチング電源製造業；放送（通信）受信チューナ製造業；分配・分岐・混合・分波・整合器製造業；ブースタユニット製造業；コンバータユニット製造業；エアコンユニット製造業；選局ユニット製造業；タイマユニット製造業；モジュレータユニット製造業
		2918　プリント回路製造業	片面・両面・多層プリント配線板製造業；フレキシブルプリント配線板製造業；フレクスリジッドプリント配線板製造業；片面・両面・多層プリント回路板製造業；フレキシブルプリント回路板製造業；フレクスリジッドプリント回路板製造業；印刷回路板製造業
		2919　その他の電子部品製造業	整流器製造業（電力用を除く）；ダイヤル製造業；プラグ・ジャック製造業（電力用を除く）；磁性材部分品製造業（粉末や金によるもの）；雑音防止器製造業；テレビ画面安定器製造業；共振子・発振子製造業；フィルタ製造業；ソケット製造業（電球用を除く）；電子部品組立製

			造業；センサ製造業；液晶素子製造業
30　輸送用機械器具製造業	301　自動車・同附属品製造業	3011　自動車製造業（二輪自動車を含む）	自動車製造業（二輪自動車を製造するものを含む）；バス完成車製造業（主として車体架装を行うものを除く）；電気自動車製造業；ダンプトラック製造業；自動車シャシー製造業；モータスクータ製造業；消防自動車製造業；自動車製造組立業
		3012　自動車車体・附随車製造業	自動車車体製造業；ボデー製造業（自動車用）；トレーラ製造業；消防自動車製造業（主として自動車シャシーに架装を行うもの）
		3013　自動車部分品・附属品製造業	自動車エンジン・同部分品製造業；二輪自動車用内燃機関製造業；ブレーキ・同部分品製造業（自動車用）；クラッチ製造業（自動車用）；車軸製造業（自動車用）；ラジエータ製造業（自動車用）；変速機製造業（自動車用）；デファレンシャルギヤ製造業（自動車用）；トランスミッション製造業（自動車用）；車輪製造業（自動車用）；窓ふき製造業（自動車用）；オイルフィルタ製造業（自動車用）；オイルストレーナ製造業（自動車用）；方向指示器製造業（自動車用）；二輪自動車部分品製造業；自動車バルブ製造業；カークーラー製造業；カーヒーター製造業；ワイパー製造業；クラクション製造業；カーライター製造業；ステアリング（自動車用）製造業；自動車内燃機関製造業；原動機付自転車内燃機関製造業
	302　鉄道車両・同部分品製造業	3021　鉄道車両製造業	機関車製造業；客車製造業；電車製造業；気動車製造業；貨車製造業；特殊車両製造業
		3022　鉄道車両用部分品製造業	ブレーキ装置製造業；ジャンパ連結器製造業；戸閉装置製造業
	303　船舶製造・修理業，舶用機関製造業	3031　船舶製造・修理業	鋼船製造・修理業；木造船製造・修理業；木製漁船製造・修理業
		3032　船体ブロック製造業	船体ブロック製造業
		3033　舟艇製造・修理	舟艇製造業；ヨット製造・修理業；

				業	ボート製造・修理業；強化プラスチック製舟艇製造業
			3034	舶用機関製造業	舶用機関製造業；舶用内燃機関製造業
		304　航空機・同附属品製造業	3041	航空機製造業	飛行機製造業；滑空機製造業；飛行船製造業；気球製造業
			3042	航空機用原動機製造業	航空機ピストンエンジン製造業；航空原動機用ポンプ製造業；航空機用内燃機関製造業
			3049	その他の航空機部分品・補助装置製造業	主翼製造業；プロペラ製造業；胴体製造業；尾部製造業；降着装置製造業；パラシュート製造業；航空機用バルブ製造業
		305　産業用運搬車両・同部分品・附属品製造業	3051	フォークリフトトラック・同部分品・同附属品製造業	フォークリフトトラック・同部分品・同附属品製造業
			3059	その他の産業用運搬車両・同部分品・附属品製造業	動力付運搬車製造業；構内トレーラ製造業；構内運搬車製造業；ショベルトラック製造業（建設用を除く）；ハンドトラック製造業
		309　その他の輸送業機械器具製造業	3091	自転車同部分品製造業	自転車製造組立業；車いす製造組立業；自転車部分品製造業（玉軸受を除く）；自転車フレーム製造業；空気入ポンプ製造業；自転車用バルブ製造業
			3099	他に分類されない輸送用機械器具製造業	荷牛馬車製造業；人力車製造業；荷車製造業；そり製造業；畜力車部分品製造業；人力車部分品製造業；リヤカー製造業；ロケット製造業（武器用を除く）；ブースター製造業；人工衛星製造業；宇宙船製造業；気象観測用バルン製造業；キャスター製造業
31　精密機械器具製造業	311　計量器・測定器・分析機器・試験機製造業		3111	一般長さ計製造業	直尺製造業；曲尺製造業；巻尺製造業；畳尺製造業；物差製造業
			3112	体積計製造業	ます製造業；メスフラスコ製造業；ピペット製造業；血沈計製造業；ガスメータ製造業；水量メータ製造業；オイルメータ製造業（積算式ガソリン量器を含む）製造業
			3113	はかり製造業	天びん製造業；棒はかり製造業；振子式指示はかり製造業；ばねはかり製造業；懸垂自動はかり製造業；皿自動はかり製造業；台自動はかり製

			造業；分銅製造業
		3114　圧力計・流量計・液面計等製造	アネロイド形指示圧力計製造業；航空用指示圧力計製造業（高度計，燃圧計など）；血圧計製造業；差圧流量計製造業；面積式流量計製造業；容積式流量計製造業；液面計製造業；膨張式温度計製造業；バイメタル式温度計製造業；電子血圧計製造業；金属温度計製造業
		3115　精密測定器製造業	のぎす製造業；ダイヤルゲージ製造業；マイクロメータ製造業；面測定機器製造業；自動精密測定製造業；工業用長さ計製造業
		3116　分析機器製造業	電気化学分析装置製造業；光分析装置製造業；電磁分析装置製造業；クロマト装置製造業；蒸留・分離装置製造業；熱分析装置製造業；ガス分析機器装置製造業
		3117　試験機製造業	金属材料試験機製造業；繊維材料試験機製造業；ゴム試験機製造業；プラスチック試験機製造業；木材試験機製造業；木炭材料試験機製造業；動つり合試験機製造業；制動試験機製造業；振動試験機製造業；動力試験機製造業
		3119　その他の計量器・測定器・分析機器・試験機製造	体温計製造業；寒暖計製造業；水銀温度計製造業；電子体温計製造業；回転計製造業；速さ計製造業；光度計製造業；照度計製造業；粘度計製造業；騒音計製造業；密度計製造業
	312　測量機械器具製造業	3121　測量機械器具製造業	測角測量機製造業；水準測量機製造業；写真測量機製造業；磁気コンパス製造業
	313　医療用機械器具・医療用品製造業	3131　医療用機械器具製造業	医科用鋼製器具製造業；医科用内視鏡製造業；手術用機械器具製造業；血液体外循環機器製造業（人工腎臓装置，透析器，人工心肺装置）；人工呼吸器製造業；麻酔器具製造業；注射器具製造業；整形用機械器具製造業；消毒滅菌器製造業；医療用針製造業；手術台製造業；光線治療器製造業（レーザ応用治療装置製造業を除く）；医療用刃物製造業
		3132　歯科用機械器具	歯科用治療台製造業；歯科用ユニッ

		製造業	ト製造業；歯科用鋼製小物製造業；歯科用バー製造業；歯科技工所用器具製造業；歯科用エンジン製造業
		3133　動物用医療機械器具製造業	家畜人工授精器具製造業；動物専用標識器具製造業；動物専用保定器具製造業
		3134　医療用品製造業	医療用縫合糸製造業；人工血管製造業；人工心臓弁製造業；義肢・義足製造業；検眼用品製造業；医療用接着剤製造業
		3135　歯科材料製造業	歯科用合金製造業；歯冠材料製造業；義歯床材料製造業；歯科用接着充てん材料製造業；歯科用印象材料及びワックス製造業；歯科用研削研磨材料製造業
	314　理化学機械器具製造業	3141　理化学機械器具製造業	研究用化学機械器具製造業；教育用理化学機械器具製造業
	315　光学機械器具・レンズ製造業	3151　顕微鏡・望遠鏡等製造業	顕微鏡製造業；望遠鏡製造業；双眼鏡製造業；拡大鏡製造業；オペラグラス製造業
		3152　写真機・同附属品製造業	写真機製造業；写真複写機製造業；引伸機製造業；マガジン製造業；現像タンク製造業；三脚製造業（写真機用）；露出計製造業
		3153　映画用機械・同附属品製造業	映画撮影機製造業；映写機製造業；幻灯機製造業；映画現像機械製造業；映写幕製造業
		3154　光学機械用レンズ・プリズム製造業	光学レンズ製造業；写真機用レンズ製造業；プリズム製造業
	316　眼鏡製造業（枠を含む）	3161　眼鏡製造業（枠を含む）	眼鏡レンズ製造業（個人の注文によるものを除く）；眼鏡枠製造業；眼鏡製造業；サングラス製造業
	317　時計・同部分品製造業	3171　時計・同部分品製造業（時計側を除く）	時計製造業；電気時計製造業；時計部分品製造業（文字板，ぜんまい，歯車，ねじなど）
		3172　時計側製造業	時計側製造業
32　その他の製造業	321　貴金属・宝石製品製造業	3211　貴金属・宝石製装身具（ジュエリー）製品製造業	装身具製造業（貴金属・宝石製のもの）；装飾品具製造業（貴金属・宝石製のもの）
		3212　貴金属・宝石装身具（ジュエリー）附属品・同材料加工業	宝石附属品加工業；宝石切断・研磨業；真珠穴あけ業
		3219　その他の貴金属	貴金属製ナイフ・フォーク・スプー

		製品製造業	ン製造業；洋食器製造業（貴金属製品）；貴金属製仏具製造業；賞杯製造業（貴金属製品）
	322　楽器製造業	3221　ピアノ製造業	ピアノ製造業
		3222　ギター製造業	ギター製造業；電気ギター製造業
		3229　その他の楽器・楽器部品・同材料製造業	楽器製造業（ピアノ，ギターを除く）；楽器部品製造業；和楽器製造業；管楽器製造業；打楽器製造業；弦楽器製造業；ハーモニカ製造業；オルゴール製造業；オルガン製造業；電子ピアノ製造業
	323　がん具・運動用具製造業	3231　娯楽用具・がん具製造業（人形，児童乗物を除く）	家庭用テレビゲーム機製造業；携帯用電子ゲーム機製造業；ラジオコントロールカー製造業；娯楽用具製造業；がん具製造業（人形，児童乗物を除く）；囲碁用品製造業；将棋用品製造業；マージャンパイ製造業；かるた製造業；トランプ製造業；ゲーム盤製造業；教材がん具製造業；風船製造業；折紙製造業；積木製造業；羽子板製造業；押絵羽子板製造業；パーティ用品製造業；モデルシップ製造業；がん具用変圧器製造業；塗り絵製造業；プラモデル製造業
		3232　人形製造業	人形製造業（材料を問わず）；人形マスク製造業；人形附属品製造業（人形髪を除く）；ひな祭用三方製造業
		3233　児童乗物製造業	乳母車製造業；子供用自転車製造業（径12インチ未満）；三・四輪車製造業（児童用）
		3234　運動用具製造業	スポーツ用具製造業（衣類，靴を除く）；運動用具製造業（衣類，靴を除く）；ゴルフクラブ製造業；なめし革製運動用具製造業；玉突台・玉突用品製造業；体育設備製造業（飛台，ろく木など）；釣ざお製造業；釣針製造業；空気銃製造業；猟銃製造業；猟銃実包用薬きょう製造業；ゴムボール製造業；びく製造業；釣り用リール製造業；スキー用具製造業；ウインドサーフィン用具製造業；スケート（アイス，ローラ）製造業

324　ペン・鉛筆・絵画用品・その他の事務用品製造業	3241　万年筆・シャープペンシル・ペン先製造業	ペン先・ペン軸製造業；シャープペンシル製造業；万年筆製造業；ガラスペン製造業；鉄筆製造業；万年筆ペン先製造業
	3242　ボールペン・マーキングペン製造業	ボールペン製造業；マーキングペン（マーカーペン）製造業
	3243　鉛筆製造業	鉛筆製造業；鉛筆しん製造業；色鉛筆しん製造業；鉛筆軸製造業；鉛筆塗装業
	3244　毛筆・絵画用品製造業（鉛筆を除く）	油絵具製造業；絵画用筆製造業；パレット製造業（絵画用のもの）；スケッチボックス製造業；カンバス製造業（絵画用のもの）；水彩絵具製造業；毛筆製造業；画筆製造業；画布製造業；画絹製造業；アーチストワックス製造業；美術用木炭製造業；画架製造業；画板製造業；クレヨン製造業；パステル製造業
	3249　他に分類されない事務用品製造業	手押スタンプ製造業；焼印製造業；形板製造業；そろばん製造業；鉛筆箱（筆入れ）製造業；ステープラ製造業（ホッチキス）；穴あけ器製造業；鉛筆削器製造業；墨製造業；墨汁製造業；朱肉製造業；事務用のり製造業；謄写版製造業；計算尺製造業；製図用器具製造業（三角・Ｔ定規，コンパス，烏口など）；印章製造業
325　装身具・装飾品・ボタン・同関連品製造業（貴金属・宝石製を除く）	3251　装身具・装飾品製造業（貴金属・宝石製を除く）	装身具製造業（貴金属・宝石製を除く）；プラスチック製装身具製造業；宝石箱製造業（貴金属・宝石製を除く）；小物箱製造業；くし製造業（貴金属・宝石製を除く）；人造宝石装身具製造業；身辺細貨品製造業（貴金属製を除く）
	3252　造花・装飾用羽毛製造業	造花製造業；羽根製造業；羽毛染色業；羽毛製品製造業
	3253　ボタン製造業	ボタン製造業（貴金属・宝石製を除く）
	3254　針・ピン・ホック・スナップ・同関連品製造業	針製造業；ミシン針製造業；刺しゅう針製造業；編針製造業；レコード針（スタイラス）製造業；宝石針（レコード用）製造業；ピン製造業；安全ピン製造業；ヘアーピン製

				造業；画びょう製造業；クリップ製造業；ホック製造業；はとめ製造業；スナップボタン製造業（糸付けスナップを含む）；かしめ製造業；ファスナー製造業；こはぜ製造業
		3255	かつら製造業	かもじ製造業；かつら製造業；人形髪製造業
326	漆器製造業	3261	漆器製造業	家具（漆塗り）製造業；漆器製造業（ぜん・わん・はしなど）；小物箱（漆塗り）製造業；金属漆器製造業；漆工芸品製造業；漆器研ぎ出し業；漆器製宗教用具製造業；漆塗装業；重箱（漆塗り）製造業；漆塗り建具製造業；鏡縁・額縁製造業（漆塗り）
327	畳・傘等生活雑貨製品製造業	3271	麦わら・パナマ類帽子・わら工品製造業	麦わら帽子製造業；パナマ帽子製造業；経木帽子製造業；紙糸帽子製造業；さなだ帽子製造業；わら工品製造業（畳を除く）；わら縄製造業；かます製造業（わら製のもの）；俵製造業（わら製のもの）；わら草履製造業
		3272	畳製造業	畳製造業；畳床製造業（プラスチック発泡製品とわら製品との合成品を含む）；畳表製造業；い草畳表製造業；プラスチック製畳表製造業；むしろ製造業；花むしろ製造業：ござ製造業；薄べり製造業；青むしろ製造業；七島むしろ製造業；合成繊維製畳表製造業
		3273	うちわ・扇子・ちょうちん製造業	扇子・扇子骨製造業；羽根扇子製造業；ちょうちん・同部品製造業；うちわ・うちわ骨製造業
		3274	ほうき・ブラシ製造業	ブラシ類製造業；竹ぼうき製造業；草ぼうき製造業；くまで製造業；ささら製造業；モップ製造業；はけ製造業；はたき製造業；たわし製造業；毛はたき製造業
		3275	傘・同部分品製造業	洋傘・同部分品製造業；洋傘骨製造業；洋傘手元製造業；和傘骨製造業；蛇の目傘製造業；日傘製造業；和傘製造業
		3276	マッチ製造業	マッチ製造業；マッチ箱製造業；マッチ軸製造業

		3277　喫煙用具製造業（貴金属・宝石製を除く）	喫煙用具製造業；たばこ用ライター製造業；たばこ用ケース製造業；たばこフィルター製造業（カートリッジ式のもの）；喫煙パイプ製造業；きせる製造業
		3278　魔法瓶製造業	魔法瓶製造業；保温用ジャー製造業（電子式を除く）
	328　武器製造業	3281　武器製造業	けん銃製造業；小銃製造業；機関銃製造業；機関砲製造業；高射砲製造業；迫撃砲製造業；バズーカ砲製造業；銃弾製造業；迫撃砲弾弾体製造業；機関砲弾弾体製造業；ロケット弾弾体製造業；高射砲弾用薬きょう製造業；無反動砲弾用薬きょう製造業；銃弾用薬きょう製造業；火薬類の入っていない武器用信管製造業；武器用信管の金属部品製造業；武器時計信管の金属部品製造業；武器用信管・火管・雷管装てん組立業；爆雷弾体製造業；爆雷外殻製造業；魚雷の機関部製造業；魚雷の操だ装置製造業；機雷のけい器製造業；迫撃砲弾装てん組立業；特殊装甲車両製造業；自走砲製造業（無限軌道のもの）；ハーフトラック製造業；銃剣製造業；火えん発射機製造業；照準器製造業；射撃指揮装置製造業
	329　他に分類されない製造業	3291　煙火製造業	煙火製造業；花火製造業；信号炎管製造業；信号火せん製造業；信号弾・えい光弾・せん光弾製造業
		3292　看板・標識機製造業	広告装置製造業；展示装置製造業；標識機製造業；ネオンサイン製造業；看板製造業（看板書き業を除く）；宣伝用気球（アドバルン）製造業
		3293　パレット製造業	パレット製造業
		3294　モデル・模型製造業（紙製を除く）	模型製造業；人台製造業；マネキン人形製造業；人体模型製造業；食品模型製造業；果物模型製造業
		3295　工業用模型製造業	鋳造模型製造業；金型加工用倣いモデル製造業；デザインモデル製造業；試作品モデル製造業；木型製造業
		3296　情報記録物製造	オーディオディスクレコード製造

| | | 業（新聞，書籍等の印刷物を除く） | 業；ビデオディスクレコード製造業；オーディオテープレコード製造業；ビデオテープレコード製造業；磁気カード製造業（入力まで行っている事業所）；電子応用がん具用カセット製造業 |
| | | 3299　他に分類されないその他の製造業 | 押絵製造業；靴中敷物製造業（革製を除く）；つえ製造業；幻灯スライド製造業；懐炉製造業；救命具製造業；獣毛整理業（羊毛，羊毛類似の毛を除く）；パールエッセンス製造業；人体保護具製造業（ヘルメット，顔面保護具など）；懐炉灰製造業；鳥獣魚類はく製製造業；たどん製造業；真珠核製造業；リノリウム・同製品製造業；靴ふきマット製造業；線香製造業；葬具製造業；繊維壁材製造業；建築用吹付材製造業；ルームユニット製造業；種子帯製造業；におい袋製造業；はえ取紙製造業；オガライト製造業；オガタン製造業 |

大　分　類　　　G—電気・ガス・熱供給・水道業

中分類番号	小分類番号	細分類番号	業　務　例　示
33　電気業	331　電気業	3311　発電所	水力発電所；火力発電所；原子力発電所；ガスタービン発電所；地熱発電所
		3312　変電所	変電所
		3313　電気事業所（本社，営業所等）	電気事業会社本社・同支店・同支社・同営業所・同派出所・同サービスステーション・給電司令所；公営企業電気局（部）
34　ガス業	341　ガス業	3411　ガス製造工場	ガス製造工場；天然ガス業（導管により一般の需要に応じ供給するもの）
		3412　ガス供給所	ガス供給所（ガスタンク）；ガス整圧所
		3413　ガス事業所（本社，営業所等）	ガス会社本社・同支社・同営業所；公営企業ガス局（部）
35　熱供給業	351　熱供給業	3511　熱供給業	地域暖冷房業；地域暖房業；蒸気供給業
36　水道業	361　上水道業	3611　上水道業	上水道業；水道用水供給事業；簡易水道業；上水道組合；上水道会社；水道局（部）・水道事務所・浄水場・配水場・ポンプ場・貯水池管理事務所・漏水管理事務所；船舶給水業
	362　工業用水道業	3621　工業用水道業	工業用水道局（部）；工業用水道組合；工業用水道事務所；工業用水浄水場；工業用水配水場；工業用水ポンプ場
	363　下水道業	3631　下水道処理施設維持管理業	下水道処理施設維持管理業；下水処理場（維持管理の作業を行うもの）；下水ポンプ場（維持管理の作業を行うもの）
		3632　下水道管路施設維持管理業	下水道管路施設維持管理業；下水出張所（維持管理の作業を行うもの）
		3633　下水道事務所	下水道局（部）・下水処理場（維持管理の作業を行うものを除く）・下水出張所（維持管理の作業を行うものを除く）・下水ポンプ場（維持管理の作業を行うものを除く）

大 分 類　　Ｈ－情報通信業

中分類番号	小分類番号	細 分 類 番 号	業　務　例　示
37　通信業	371　信書送達業	3711　信書送達業	郵便局（主として信書を送達する地域区分局）
	372　固定電気通信局	3721　地域電気通信局（有線放送電話業を除く）	東日本電信電話株式会社及び西日本電信電話株式会社の本社・支社・営業所・ネットワークセンター；固定通信により地域内における電気通信役務を提供している事業者の本社・支社・支店・営業所・ネットワークセンター
		3722　長距離電気通信業	固定通信により長距離（県間・国際間等）の電気通信役務を提供している事業者の本社・支店・国際通信センター・サブセンター・海底線中継所・衛星通信所
		3723　有線放送電話業	有線放送電話農業協同組合；有線放送電話共同施設協会；有線放送電話協会（有線放送電話事業を営むもの）
		3729　その他の固定電気通信業	音声蓄積サービス業；ファックス蓄積サービス業
	373　移動電気通信業	3731　移動電気通信業	携帯電話業；PHS業；衛星携帯電話業；無線呼び出し業；船舶電話業
	374　電気通信に付帯するサービス業	3741　電気通信に付帯するサービス業	電気通信業務受託会社；船舶電話業務受託会社；空港無線電話業務受託会社；移動無線センター
38　放送業	381　公共放送業（有線放送業を除く）	3811　公共放送業	日本放送協会本部・同地方放送局・同放送局支局
	382　民間放送業（有線放送業を除く）	3821　テレビジョン放送業（衛星放送業を除く）	テレビジョン放送事業者（ラジオ放送事業所を兼営するものを含む）・本社・同放送局・同放送センター
		3822　ラジオ放送業（衛星放送業を除く）	中波ラジオ放送事業者本社・同放送局；超音波（FM）放送事業者本社・同放送局；コミュニティFM放送事業者本社・同放送局；短波放送事業者本社・同放送局
		3823　衛星放送業	衛星放送事業者本社・同放送局・同放送センター；委託放送事業者本社・同放送局・同放送センター；受託放送事業者本社・同放送局・同放送センター；顧客管理代行事業者本社（放送設備を有するもの）

		3829　その他の民間放送	文字単営放送事業者本社・同放送局
	383　有線放送業	3831　有線テレビジョン放送業	有線テレビジョン放送業；CATV業；ケーブルテレビ業；共同聴視業
		3832　有線ラジオ放送業	有線ラジオ放送業；有線音楽放送業；街頭放送業；告知放送業
39　情報サービス業	391　ソフトウェア業	3911　受託開発ソフトウェア業	受託開発ソフトウェア業；プログラム作成業；情報システム開発業；ソフトウェア作成コンサルタント業
		3912　パッケージソフトウェア業	パッケージソフトウェア業；ゲーム用ソフトウェア作成業
	392　情報処理・提供サービス業	3921　情報処理サービス業	受託計算サービス業；計算センター；タイムシェアリングサービス業；マシンタイムサービス業；データエントリー業；パンチサービス業
		3922　情報提供サービス業	データベースサービス業（不動産情報，交通運輸情報，気象情報，科学技術情報などの提供サービス）
		3929　その他の情報処理・提供サービス業	市場調査業；世論調査業
40　インターネット附随サービス業	401　インターネット附随サービス業	4011　インターネット附随サービス業	サーバ・ハウジング業；ASP（アプリケーション・サービス・プロバイダ）；電子認証業；情報ネットワーク・セキュリティ・サービス業；ポータルサイト運営業
41　映像・音声・文字情報制作業	411　映像情報制作・配給業	4111　映画・ビデオ制作業（テレビ番組制作業を除く）	映画撮影所；小型映画制作業；映画制作業；ビデオ制作業
		4112　テレビ番組制作業	テレビ番組制作業；テレビコマーシャル制作業
		4113　映画・ビデオ・テレビ番組配給業	映画フィルム配給部（映画制作業から独立しているもの）；映画配給業；ケーブルテレビ番組配給業；有線テレビジョン放送番組配給業
	412　音声情報制作業	4121　レコード制作業	レコード会社；音楽出版会社
		4122　ラジオ番組制作業	ラジオ番組制作業
	413　新聞業	4131　新聞業	新聞社；新聞発行業；新聞印刷発行業
	414　出版業	4141　出版業	書籍出版・印刷出版業；教科書出版・印刷出版業；辞典出版・印刷出版業；パンフレット出版・印刷出版業；雑誌・定期刊行物出版・印刷出版業

	415　映像・音声・文字情報制作に附帯するサービス業	4151　ニュース供給業	ニュース供給業・新聞社支局（印刷発行を行わないもの）；民間放送局支局（放送設備のないもの）
		4159　その他映像・音声・文字情報制作に附帯するサービス業	映画出演者・あっせん業；映画フィルム現像業；タイトル書き業；ポストプロダクション業；貸スタジオ業（映画撮影・録音用）；レコーディングスタジオ；レコーディングエンジニア

大 分 類　　Ⅰ－運輸業

中分類番号	小分類番号	細 分 類 番 号	業 務 例 示
42　鉄道業	421　鉄道業	4211　普通鉄道業	鉄道事業者の本社；支社；支店；営業本部；営業支店；営業所；運行本部；運転指令所；駅；修理工場；建築区；保線区；車掌区；電力区；信号通信区；電務区；電車区；機関区；客貨車区；CTCセンター
		4212　軌道業	軌道業
		4213　地下鉄道業	地下鉄道業
		4214　モノレール鉄道業（地下鉄道業を除く）	モノレール鉄道業
		4215　案内軌条式鉄道業（地下鉄道業を除く）	案内軌条式鉄道業
		4216　鋼索鉄道業	ケーブルカー業
		4217　索道業	ロープウェイ業；リフト業
		4219　その他の鉄道業	無軌条電車業（トロリーバス業）
43　道路旅客運送業	431　一般乗合旅客自動車運送業	4311　一般乗合旅客自動車運送業	乗合バス業
	432　一般乗用旅客自動車運送業	4321　一般乗用旅客自動車運送業	ハイヤー業；タクシー業
	433　一般貸切旅客自動車運送業	4331　一般貸切旅客自動車運送業	貸切バス業
	439　その他の道路旅客運送業	4391　特定旅客自動車運送業	特定旅客自動車運送業
		4399　その他に分類されない道路旅客運送業	無償旅客自動車運送業；人力車業；輪タク業；乗合馬車業；そり運送業；かご運送業
44　道路貨物運送業	441　一般貨物自動車運送業	4411　一般貨物自動車運送業（特別積合せ貨物運送業を除く）	一般貨物自動車運送業
		4412　特別積合せ貨物運送業	特別積合せ貨物運送業
	442　特定貨物自動車運送業	4421　特定貨物自動車運送業	特定貨物自動車運送業
	443　貨物軽自動車運送業	4431　貨物軽自動車運送業	貨物軽自動車運送業
	444　集配利用	4441　集配利用運送業	集配利用運送業（第二種利用運送

	運送業		業）
	449　その他の道路貨物運送業	4499　その他の道路貨物運送業	無償貨物自動車運送業；自動車貨物運送業；リヤカー貨物運送業
45　水運業	451　外航海運業	4511　外航旅客海運業	外航旅客定期航路業；外航旅客不定期航路業
		4512　外航貨物海運業	外航貨物定期航路業；外国貨物不定期航路業
	452　沿海海運業	4521　沿海旅客海運業	国内旅客定期航路業；国内旅客不定期航路業（旅客定員12人以下の船舶によるものも含む）；自動車航送業（旅客定員13人以上の旅客船によるもの）
		4522　沿海貨物海運業	内航貨物定期航路業；内航貨物不定期航路業；自動車航送業（旅客定員13人以上の船舶によるものを除く）
	453　内陸水運業	4531　港湾旅客海運業	通船業；港湾内遊覧船業
		4532　河川水運業	河川水運業；河川渡船業；河川遊覧船業
		4533　湖沼水運業	湖沼水運業；湖沼渡船業；湖沼遊覧船業
	454　船舶貸渡業	4541　船舶貸渡業（内航船舶貸渡業を除く）	船舶貸渡業（内航船舶貸渡業を除く）
		4542　内航船舶貸渡業	内航船舶貸渡業
46　航空運輸業	461　航空運送業	4611　航空運送業	航空運送業
	462　航空機使用業（航空運送業を除く）	4621　航空機使用業（航空運送業を除く）	航空機使用業
47　倉庫業	471　倉庫業（冷蔵倉庫業を除く）	4711　倉庫業（冷蔵倉庫業を除く）	普通倉庫業（野積倉庫，サイロ倉庫，タンク倉庫，水面木材倉庫，トランクルームを含む）
	472　冷蔵倉庫業	4721　冷蔵倉庫業	冷蔵倉庫業
48　運輸に附帯するサービス業	481　港湾運送業	4811　港湾運送業	一般港湾運送業；港湾荷役業；はしけ運送業；いかだ運送業
	482　貨物運送取扱業（集配利用運送業を除く）	4821　利用運送業（集配利用運送業を除く）	利用運送業（第一種利用運送業）
		4822　運送取次業	運送取次業
	483　運送代理店	4831　運送代理店	海運代理店；航空運送代理店
	484　こん包業	4841　こん包業（組立	荷造業；貨物こん包業

			こん包業を除く）
		4842　組立こん包業	組立こん包業；工業製品組立こん包業；輸出こん包業
	485　運輸施設提供業	4851　鉄道施設提供業	鉄道施設提供業（第三種鉄道事業者）
		4852　道路運送固定施設業	自動車道業；有料道路・有料橋経営業
		4853　自動車ターミナル業	バスターミナル業；トラックターミナル業
		4854　貨物荷扱固定施設業	荷さばき施設提供業
		4855　桟橋泊きょ業	ふ頭業
		4856　飛行場業	国際空港；地方空港；ヘリポート
	489　その他の運輸に附帯するサービス業	4891　海運仲立業	海運仲立業
		4899　他に分類されない運輸に附帯するサービス業	検数業；検量業；船積貨物鑑定業；水先業；サルベージ業；海難救助業；航路標識事務所（灯台）；航空無線標識所（航空灯台）；通運計算業；綱取業；曳船業；港湾運送関連業（他に分類されないもの）；観光協会；道路パトロール業；鉄道線路補修業；水路測量業；海上交通センター；通関業

大 分 類 J-卸売・小売業

中分類番号	小分類番号	細分類番号	業 務 例 示
49 各種商品卸売業	491 各種商品卸売業	4911 各種商品卸売業（従業者が常時100人以上のもの）	総合商社（従業者が常時100人以上のもの）；各種商品卸売業（従業者が常時100人以上のもの）；貿易商社（各種商品を取り扱う事業所で従業者が常時100人以上のもの）
		4919 その他の各種商品卸売業	総合商社（従業者が常時100人未満のもの）；各種商品卸売業（従業者が常時100人未満のもの）；貿易商社（各種商品を取り扱う事業所で従業者が常時100人未満のもの）
50 繊維・衣服等卸売業	501 繊維品卸売業（衣服，身の回り品を除く）	5011 生糸・繭卸売業	生糸卸売業；生糸問屋；生糸輸出商；野蚕糸卸売業（天蚕糸，さく蚕糸など）；副蚕糸卸売業；繭卸売業；野繭卸売業（天蚕，さく蚕など）
		5012 繊維原料卸売業（生糸・繭を除く）	綿花卸売業；麻類卸売業；原毛卸売業；獣毛卸売業；化学繊維卸売業；レーヨンパルプ卸売業；羊毛卸売業
		5013 糸卸売業	綿糸卸売業（織物用）；人絹糸卸売業（織物用）；スフ糸卸売業（織物用）；合成繊維糸卸売業（織物用）；毛糸卸売業（織物用）；絹糸卸売業（織物用）；麻糸卸売業（織物用）；特和紡糸卸売業（織物用）
		5014 織物卸売業（室内装飾繊維品を除く）	綿・スフ織物卸売業；絹・人絹織物卸売業；毛織物卸売業；合成繊維織物卸売業；化繊布卸売業；和紡織物卸売業；フェルト地卸売業；ニット生地卸売業；反物卸売業；麻織物卸売業；ふとん地卸売業
	502 衣服・身の回り品卸売業	5021 男子服卸売業	洋服卸売業（婦人・子供用を除く）；オーバーコート卸売業（婦人・子供用を除く）；レインコート卸売業（婦人・子供用を除く）；学生服卸売業（婦人・子供用を除く）；作業服卸売業（婦人用を除く）；白衣卸売業（婦人用を除く）；ズボン卸売業（婦人・子供用を除く）
		5022 婦人・子供服卸売業	婦人服卸売業；子供服卸売業；レインコート卸売業（婦人・子供用）；婦人用事務服卸売業；毛皮コート卸売業（婦人・子供用）；スカート卸

				売業；白衣卸売業（婦人用）；ベビー服卸売業
			5023　下着類卸売業	下着類卸売業（パンツ，ズボン下，スリップ，ショーツなどを含む）；シャツ卸売業；ニットシャツ卸売業；ワイシャツ卸売業；ブラジャー卸売業
			5024　寝具類卸売業	パジャマ卸売業；毛布卸売業；ふとん卸売業；蚊帳卸売業；敷布卸売業；ふとん綿卸売業；丹前卸売業；座ぶとん卸売業；マットレス卸売業；ナイトガウン卸売業
			5025　靴卸売業	靴卸売業；革靴卸売業；ゴム靴卸売業；合成皮革靴卸売業；プラスチック成形靴卸売業；布製靴卸売業；靴ひも卸売業；靴附属品卸売業；靴修理材料卸売業；地下足袋卸売業
			5026　履物卸売業（靴を除く）	履物卸売業（靴を除く）；鼻緒卸売業；げた卸売業；草履卸売業；せった卸売業；スリッパ卸売業；サンダル卸売業
			5027　かばん・袋物卸売業	かばん類卸売業；袋物卸売業；ランドセル卸売業；ハンドバッグ卸売業；小物入れ類卸売業（さいふ，札入れ，定期券入れなど）；トランク卸売業
			5029　その他の衣服・身の回り品卸売業	和服卸売業；和装用下着卸売業；印半てん卸売業；半てん卸売業；タオル卸売業；手ぬぐい卸売業；ハンカチーフ卸売業；ふろしき卸売業；足袋卸売業；手袋卸売業（繊維・革製）；おむつカバー卸売業；和傘卸売業；洋傘卸売業；小間物卸売業（ヘアーネット，くし，かんざし，歯ブラシ，ヘアーブラシ，衣服ブラシ，おしろいはけ，たばこケースを含む）；うちわ卸売業；扇子卸売業；ボタン卸売業；ライター卸売業；きせる卸売業；縫糸卸売業；刺しゅう糸卸売業；組ひも卸売業；リボン卸売業；指輪卸売業（貴金属製を除く）；装身具卸売業（貴金属製を除く）；水引卸売業（元結を含む）；洋品雑貨卸売業（靴下，マフラー，ネクタイ，カ

			ラー，ガーター，サスペンダー，ステッキ，ベルトを含む）；帽子卸売業；婦人帽子卸売業；かつら卸売業；手編毛糸卸売業；化粧道具卸売業
51　飲食料品卸売業	511　農畜産物・水産物卸売業	5111　米麦卸売業	米穀卸売業；麦類卸売業
		5112　雑穀・豆類卸売業	雑穀卸売業；大豆卸売業；落花生卸売業；豆類（乾燥）卸売業；小麦粉卸売業；穀粉卸売業；でん粉卸売業
		5113　野菜卸売業	青物卸売業；野菜卸売業；青物市場仲買業
		5114　果物卸売業	果実卸売業；木の実卸売業；果物市場仲買業
		5115　食肉卸売業	精肉卸売業；牛肉卸売業；豚肉卸売業；馬肉卸売業；獣肉卸売業；冷凍肉卸売業；鳥肉卸売業；畜産副生物卸売業（臓器，舌など）
		5116　生鮮魚介卸売業	鮮魚卸売業；貝類卸売業；川魚卸売業；冷凍魚卸売業
		5119　その他の農畜産物・水産物卸売業	原皮卸売業；原毛皮卸売業；原羽毛卸売業；種実卸売業（製油用）；家畜卸売業；家きん卸売業（愛がん用を除く）；卵卸売業；はちみつ卸売業；わら類卸売業（加工品を除く）；生のり卸売業；海藻卸売業
	512　食料・飲料卸売業	5121　砂糖卸売業	砂糖問屋；砂糖卸売業；角砂糖卸売業；粉糖卸売業；氷砂糖卸売業；異性化糖卸売業
		5122　味そ・しょう油卸売業	味そ卸売業；しょう油卸売業；たまり（溜）卸売業
		5123　酒類卸売業	酒卸売業；酒問屋；日本酒卸売業；洋酒問屋；洋酒卸売業；果実酒卸売業；味りん卸売業
		5124　乾物卸売業	乾物問屋；乾物卸売業；塩干魚卸売業；乾燥卵卸売業；くん（燻）煙卵卸売業；冷凍液卵卸売業；粉卵卸売業；干しのり卸売業；干し海藻卸売業；こんぶ卸売業；干しきのこ卸売業；こんにゃく粉卸売業；乾燥野菜卸売業；干ぴょう卸売業；香辛料卸売業（からし，七味とうがらし，カレー粉などを含む）；こうや（高野）豆腐卸売業；ふ（麩）卸売業；寒天卸売業
		5125　缶詰・瓶詰食品	缶詰食品卸売業；瓶詰食品卸売業；

		卸売業（気密容器入りのもの）	つぼ詰食品卸売業
		5126　菓子・パン類卸売業	菓子卸売業；和菓子卸売業；洋菓子卸売業；干菓子卸売業；だ菓子卸売業；甘納豆卸売業；パン類卸売業；ビスケット卸売業；あめ卸売業；あん卸売業；水あめ卸売業；キャンデー卸売業；塩豆卸売業；ピーナッツ菓子卸売業
		5127　飲料卸売業（別掲を除く）	清涼飲料卸売業；シロップ卸売業；果汁卸売業；ミネラルウォータ卸売業；炭酸水卸売業；コーヒー飲料卸売業；果汁飲料卸売業；茶類飲料卸売業；乳酸菌飲料卸売業
		5128　茶類卸売業	茶卸売業；はま茶卸売業；こぶ茶卸売業；紅茶卸売業；はぶ茶卸売業；麦茶卸売業；コーヒー卸売業；ココア卸売業；中国茶卸売業
		5129　その他の食料・飲料卸売業	酪農製品卸売業（牛乳，バター，チーズ，練乳，粉乳など）；水産練製品卸売業（かまぼこ，はんぺん，ちくわなど）；おでん材料卸売業；うどん・そば・中華そば卸売業；乾めん類卸売業（干しうどん，そうめん，干しそばなど）；納豆卸売業；氷卸売業；アイスキャンデー卸売業；アイスクリーム卸売業；酢卸売業；ソース卸売業；醸造調味料卸売業（味そ，しょう油を除く）；イースト菌卸売業；ベーキングパウダー卸売業；食塩元売さばき所；塩蔵肉卸売業；塩蔵魚卸売業；くん製品卸売業；ハム・ベーコン・ソーセージ卸売業；食用油卸売業；液卵卸売業；冷凍調理食品卸売業；レトルト食品卸売業；食用油脂卸売業；豆腐卸売業；塩卸売業；なめ味そ卸売業；加工豆卸売業（煮豆，納豆など）
52　建築材料，鉱物・金属材料等卸売業	521　建築材料卸売業	5211　木材・竹材卸売業	木材卸売業；材木卸売業；銘木卸売業；竹材卸売業；ベニア板卸売業；パルプ材卸売業；坑木卸売業；まくら木卸売業；おけ材卸売業；たる材卸売業；合板卸売業；げた材卸売業；杉皮卸売業

		5212　セメント卸売業	セメント卸売業
		5213　板ガラス卸売業	板ガラス卸売業
		5219　その他の建築材料卸売業	れんが卸売業；かわら卸売業；タイル卸売業；スレート卸売業；ヒューム管・セメントポール卸売業；石材卸売業；人造石卸売業；大理石卸売業；大谷石卸売業；コンクリートブロック卸売業；砂利卸売業；砕石卸売業；土・砂卸売業；壁土卸売業；漆くい卸売業；石灰卸売業；繊維板卸売業；陶管卸売業；衛生用陶磁器卸売業；サッシ卸売業；パネル等建築部材卸売業；プラスチック板・管卸売業（建築用）
	522　化学製品卸売業	5221　塗料卸売業	塗料卸売業；エナメル卸売業；ラッカー卸売業；ワニス卸売業；ペンキ卸売業；ペイント類卸売業；漆卸売業；しぶ（渋）卸売業；印刷インキ卸売業；パテ卸売業
		5222　染料・顔料卸売業	染料卸売業；顔料卸売業；あい（藍）卸売業；着色剤卸売業；食品染料卸売業
		5223　油脂・ろう卸売業	粗製ひまし油卸売業；動植物油脂卸売業（食用油を除く）；ろう卸売業；木ろう卸売業；油脂製品卸売業（ボイル油，ステアリン酸，オレイン酸，グリセリンなど）；はぜろう卸売業
		5229　その他の化学製品卸売業	工業製品卸売業（硫酸，硝酸，塩酸，乳酸，防腐剤，溶剤，にがりなど）；硫黄卸売業；ソーダ卸売業；なめし革剤卸売業；接着剤卸売業；現像薬卸売業；農薬卸売業；コールタール卸売業；コールタール製品卸売業；カーバイド卸売業；プラスチック卸売業；工業用アルコール卸売業；圧縮ガス卸売業；液体ガス卸売業；油煙卸売業；カーボンブラック卸売業；工業塩卸売業；筆記用インキ卸売業；靴墨卸売業；界面活性剤卸売業；仕上剤卸売業；火薬卸売業；爆薬卸売業；火工品卸売業；花火（煙火）卸売業
	523　鉱物・金	5231　石油卸売業	石油卸売業；揮発油卸売業；潤滑油

	属材料卸売業		卸売業；灯油卸売業；軽油卸売業；重油卸売業；機械油卸売業；液化石油ガス（LPG）卸売業；プロパンガス卸売業；天然ガス卸売業
		5232　鉱物卸売業（石油を除く）	石炭卸売業；コークス卸売業；鉄鉱卸売業；銅鉱卸売業；マンガン鉱卸売業；タングステン鉱卸売業；ボーキサイト卸売業；砂鉄卸売業；モリブデン鉱卸売業；石灰石卸売業；石綿卸売業；雲母卸売業；けい石卸売業；ほたる（蛍）石卸売業；明ばん石卸売業；粘土卸売業；陶磁器用原料卸売業
		5233　鉄鋼卸売業	鉄鋼問屋；鋼材卸売業；鉄卸売業；鋼管卸売業；帯鉄鋼卸売業；鉄板卸売業；鉄線卸売業；薄鉄板卸売業；発条卸売業；鋼索卸売業；ドラム缶卸売業；ブリキ卸売業；亜鉛鉄板卸売業；鉄管卸売業；連鎖卸売業；トタン卸売業；鋳・鍛鋼品卸売業；溶接棒卸売業
		5234　非鉄金属卸売業	銅地金卸売業；銅板卸売業；銅管卸売業；銅棒卸売業；金地金卸売業；銀地金卸売業；白金地金卸売業；アルミニウム地金卸売業；アルミニウム板卸売業；アルミニウム管卸売業；アルミニウム棒卸売業；真ちゅう（鍮）卸売業；鉛地金卸売業；鉛板卸売業；鉛管卸売業；はんだ卸売業；すず（錫）地金卸売業；すず（錫）管卸売業；金属はく（箔）卸売業；銅・アルミニウム線卸売業（電線を除く）
524　再生資源卸売業		5241　空瓶・空缶等空容器卸売業	空缶問屋；空缶集荷業；空瓶問屋；空瓶集荷業；古瓶卸売業；空袋問屋（麻，綿など布製のもの）；空袋集荷業（麻，綿など布製のもの）；空紙袋問屋；空紙袋集荷業；空箱問屋；空箱集荷業
		5242　鉄スクラップ卸売業	鉄スクラップ（鉄くず）問屋；鉄スクラップ（鉄くず）集荷業；廃車処理業（解体を主とするもの）
		5243　非鉄金属スクラップ卸売業	非鉄金属スクラップ卸売業；非鉄金属スクラップ回収業；故銅問屋；銅

			くず問屋；銅くず集荷業；銅合金く ず問屋；銅合金くず集荷業；亜鉛・ 鉛・すずくず問屋；亜鉛・鉛・すず くず集荷業；合金くず問屋：合金く ず集荷業；アルミニウム・軽合金く ず問屋；アルミニウム・軽合金くず 集荷業
		5244　古紙卸売業	製紙原料古紙問屋；製紙原料古紙集 荷業；古紙問屋；紙くず卸売業
		5249　その他の再生資 　　　源卸売業	繊維ウエィスト問屋；くず繊維卸売 業；ぼろ（繊維くず）卸売業；カレ ット（ガラスくず）卸売業；カレット （ガラスくず）集荷業；古ゴム問 屋；古ゴム卸売業；古ゴム集荷業； くずゴム集荷業；建場業；仕切場； くず物回収業；プラスチック再生資 源卸売業
53　機械器具 　　卸売業	531　一般機械 　　　器具卸売業	5311　農業用機械器具 　　　卸売業	農業用機械器具卸売業；噴霧機・散 粉機卸売業；動力耕うん機卸売業； トラクタ卸売業（農業用）；コンバ イン卸売業；田植機卸売業
		5312　建設機械・鉱山 　　　機械卸売業	トラクタ卸売業（建設用）；掘削機械 卸売業；くい打機卸売業；整地機械 卸売業；コンクリート機械卸売業； せん孔機卸売業；さく井機卸売業； 破砕機卸売業；摩砕機卸売業；選別 機卸売業；建設用クレーン卸売業
		5313　金属加工機械卸 　　　売業	旋盤卸売業；ボール盤卸売業；フラ イス盤卸売業；研削盤卸売業；プレ ス機械卸売業；せん断機卸売業；鍛 造機械卸売業；製管機械卸売業
		5314　事務用機械器具 　　　卸売業	事務用機械器具卸売業；電子式卓上 計算機卸売業；複写機卸売業；ワー ドプロセッサ卸売業；事務用印刷機 卸売業
		5319　その他の一般機 　　　械器具卸売業	繊維機械卸売業（紡績機，織機，紡 績機械附属品，おさ枠，製綿機，製 糸機械，製糸用小道具，なっ染用機 械，ニット機械など）；製材機械卸 売業；醸造機械卸売業；製じょう （縄）機卸売業；ミシン卸売業；製 めん（麺）機械器具卸売業；缶詰製 造機械卸売業；乾燥機卸売業；理髪 理容機械卸売業（電気式を除く）；

			自動販売機卸売業；ドライクリーニング用機械器具卸売業；ポンプ卸売業；製氷機械器具卸売業；製本機械器具卸売業；製紙機械器具卸売業；造船機械器具卸売業；治具・工具類卸売業；製菓機械器具卸売業；船具卸売業；配管・暖房工事用品卸売業（ボイラ, ラジエータ, 油燃器, 配管工事用真ちゅう製品, 送風器, 排気用品など）；建築用配管・暖房装置卸売業（スチーム装置, ガス使用装置,配管装置,空気調節装置など）；娯楽用機械器具卸売業；煙突卸売業；クレーン卸売業（荷役運搬用）
532　自動車卸売業	5321　自動車卸売業（二輪自動車を含む）		自動車卸売業；トラック卸売業；トレーラ卸売業；二輪自動車卸売業；スクータ卸売業；中古自動車卸売業
	5322　自動車部分品・附属品卸売業（中古品を除く）		自動車部分品・附属品卸売業；オートバイ部分品・附属品卸売業；自動車電装品卸売業；自動車タイヤ卸売業；カーアクセサリー卸売業；カーエアコン卸売業；カーステレオ卸売業
	5323　自動車中古部品卸売業		自動車中古部品卸売業；自動車解体業（部品取りを主とするもの）
533　電気機械器具卸売業	5331　家庭用電気機械器具卸売業		家庭用電気機械器具卸売業；テレビジョン受信機卸売業；ラジオ受信機卸売業；電気音響機械器具卸売業（ステレオ, テープレコーダなど）；電気冷蔵庫卸売業；電気掃除機卸売業；電気洗濯機卸売業（家庭用）；電気ストーブ卸売業；電気カミソリ卸売業；照明器具卸売業；ルームエアコン卸売業；扇風機卸売業；電気医療機械器具卸売業（家庭用）；ビデオテープレコーダ卸売業；電子レンジ卸売業；電球卸売業；録音・録画テープ卸売業（記録されていないもの）；電気毛布卸売業
	5332　電気機械器具卸売業（家庭用電気機械器具を除く）		無線通信機械器具卸売業；テレビジョン発信機卸売業；拡声装置卸売業；有線通信機械器具卸売業；電話機卸売業；交換機卸売業；電信機卸売業；警報機卸売業；発電機卸売

			業；電動機卸売業；変圧器卸売業；整流器卸売業；充電機卸売業；電線卸売業；電らん卸売業；ヘアドライヤ卸売業（業務用）；電気洗濯機卸売業（業務用）；電気炉卸売業；蓄電池卸売業；ネオンサイン装置卸売業；配線器具卸売業（ソケット，スイッチ，がい（碍）子，パイプなど）；架線金物卸売業；コンピュータ・パーソナルコンピュータ卸売業
	539　その他の機械器具卸売業	5391　輸送用機械器具卸売業（自動車を除く）	輸送用機械器具卸売業（自動車を除く）；自転車卸売業；自転車部分品卸売業；自転車タイヤ・チューブ卸売業；荷車卸売業；リヤカー卸売業；運搬車卸売業（電気式を除く）；手押車卸売業；運搬用トラクタ卸売業；船舶卸売業；航空機卸売業；ヨット卸売業；モーターボート卸売業
		5392　精密機械器具卸売業	精密機械器具卸売業；学術用機械器具卸売業；理化学機械器具卸売業；実験用機械器具卸売業；測定用機械器具卸売業；測量用機械器具卸売業；度量衡器卸売業；計量器卸売業；はかり（秤）卸売業；尺器卸売業；写真機械器具卸売業（撮影機，映写機を含む）；光学機械器具卸売業（望遠鏡，双眼鏡，顕微鏡，拡大鏡など）；光学レンズ卸売業；時計卸売業；眼鏡卸売業（枠を含む）；体温計卸売業；寒暖計卸売業；サングラス卸売業
		5393　医療用機械器具卸売業（歯科用機械器具を含む）	医療用機械器具卸売業；電気医療機械器具卸売業（業務用）；レントゲン装置卸売業；歯科医療機械器具卸売業；吸入器卸売業（医療用）
54　その他の卸売業	541　家具・建具・じゅう器等卸売業	5411　家具・建具卸売業	家具卸売業；事務用家具卸売業；木製家具卸売業；金属製家具卸売業；洋家具卸売業；和家具卸売業；ベッド卸売業；たんす卸売業；長持卸売業；机卸売業；いす卸売業；戸棚卸売業；本棚卸売業；浴槽卸売業；立流し卸売業；木製火鉢卸売業；金火鉢卸売業；指物卸売業；戸障子卸売業；ふすま卸売業；びょうぶ卸売

				業；金属製建具卸売業；つい立卸売業；衣こう（桁）卸売業；冷蔵庫卸売業（電気式を除く）；日おい（覆）卸売業；鏡卸売業；額縁卸売業
			5412　荒物卸売業	荒物問屋；荒物雑貨卸売業（たわし，掃除用ブラシ，ざる，しゃくし（杓子），子楊子，七輪，あんか（行火），ひしゃくなど）；ほうき（箒）卸売業；しゅろほうき卸売業；はし卸売業；竹細工卸売業；かご卸売業；わら工品卸売業；こうり卸売業；バスケット卸売業；しの竹製品卸売業（敷物・家具用を除く）；つる細工卸売業；荷造ひも卸売業；線香問屋；マッチ卸売業；ろうそく卸売業；バケツ卸売業（プラスチックのもの）
			5413　畳卸売業	畳卸売業；畳表卸売業；畳床卸売業；い表卸売業；花むしろ卸売業；ござ卸売業；上敷卸売業；七島表卸売業；とま卸売業；とう敷物卸売業；竹敷物卸売業
			5414　室内装飾繊維品卸売業	じゅうたん卸売業；カーペット卸売業；カーテン卸売業
			5415　陶磁器・ガラス器卸売業	家庭用陶磁器卸売業；瀬戸物問屋；焼物卸売業；七宝焼卸売業；土器卸売業；素焼物卸売業；かめ卸売業；つぼ卸売業；ガラス器卸売業
			5419　その他のじゅう器卸売業	魔法瓶卸売業；プラスチック製容器卸売業；プラスチック製食器卸売業；漆器卸売業；金属製食器卸売業（貴金属製を含む）（ナイフ，フォーク，スプーン，皿など）
		542　医薬品・化粧品等卸売業	5421　医薬品卸売業	医薬品卸売業；薬種問屋；漢方薬問屋；朝鮮人参卸売業；生薬卸売業
			5422　医療用品卸売業	医療材料卸売業；歯科材料卸売業；衛生材料卸売業；紙おむつ卸売業；聴診器用ゴム管卸売業；衛生用ゴム製品卸売業；コルセット卸売業（医療用）
			5423　化粧品卸売業	化粧品卸売業；香水卸売業；おしろい卸売業；整髪料卸売業；香油卸売業；化粧水卸売業；クリーム卸売業；石けん卸売業（化粧，洗顔，薬用のもの）；シャンプー卸売業；歯

			磨卸売業；白髪染卸売業
		5424　合成洗剤卸売業	合成洗剤卸売業；石けん卸売業（化粧，洗顔，薬用を除く）
	549　他に分類されない卸売業	5491　紙・紙製品卸売業	紙問屋；洋紙卸売業；和紙卸売業；板紙卸売業；加工紙卸売業；段ボール卸売業；紙器卸売業；紙製品卸売業（事務用品，学用品，日用品，名刺台紙，私製はがきなど）；トイレットペーパー卸売業；ティッシュペーパー卸売業；アルバム卸売業；カレンダー卸売業；包装紙卸売業；障子紙・襖紙卸売業
		5492　金物卸売業	金物問屋；刃物問屋；利器工匠具卸売業；錠前卸売業；金具類卸売業；ちょうつがい卸売業；ボルト卸売業；ナット卸売業；リベット卸売業；くぎ卸売業；やすり卸売業；18リットル缶卸売業；バケツ卸売業；なべ卸売業；フライパン卸売業；やかん卸売業；鉄瓶卸売業；五徳卸売業；金火ばし卸売業；アルミニウム台所用品卸売業；すき・くわ・かま卸売業；金物卸売業
		5493　肥料・飼料卸売業	肥料問屋；化学肥料卸売業（硫安，石灰窒素，過りん酸石灰，カリ肥料，化成肥料など）；有機質肥料卸売業（油かす類，魚肥，骨粉など）；飼料卸売業；ペットフード卸売業
		5494　スポーツ用品・娯楽用品・がん具卸売業	スポーツ用品卸売業（靴を含む）（野球用品，ゴルフ用品，ボウリング用品，スキー・スケート用品，登山用品，釣道具など）；運動衣卸売業（野球ユニホーム，剣道着，柔道着など）；娯楽用品卸売業（囲碁，将棋，マージャン，トランプ，花札，かるたなど）；がん具卸売業；人形卸売業；サーフボード卸売業；幼児用乗り物卸売業；スポーツ用手袋卸売業
		5495　たばこ卸売業	
		5496　ジュエリー製品卸売業	宝石卸売業；金製品卸売業；銀製品卸売業；白金製品卸売業；装身具卸売業（貴金属製のもの）；さんご卸売業；真珠卸売業
		5497　代理商，仲立業	ブローカー；仲立業；代理；船宿

			（仲立のもの，遠隔の根拠地からその附近の漁場に出漁し仮泊する漁船に対して，船主の委託を受けて漁業資材，航海中の食糧などの仕込，生産物の販売について，一切の仲介・あっせんを行う事業所）；馬くろう業；農産物集荷業（手数料をとることを主たる業とするもの）
		5499　他に分類されないその他の卸売業	種苗卸売業；種実卸売業（製油用を除く）；植木卸売業；花卸売業；愛がん用動物卸売業；愛がん用家きん卸売業；観賞用魚卸売業；文房具卸売業（万年筆，ペン，ペン軸，鉛筆，筆，すずり，そろばん，クレヨン，インキスタンドなど）；教育標本卸売業；印章・印判卸売業；朱肉卸売業；香類卸売業；書籍卸売業；雑誌卸売業；古本・古雑誌卸売業；写真フィルム卸売業；印画紙卸売業；美術品・骨とう品卸売業（書画，刀剣など）；き章・バッジ卸売業；楽器類卸売業（バイオリン，アコーデオン，ギターなど）；と（砥）石卸売業；金剛砂卸売業；なめし革製品卸売業（革ベルト，パッキン，馬具など）；生ゴム卸売業；ラテックス卸売業；ゴムホース卸売業；ゴムベルト卸売業；ゴム手袋卸売業；きわ（際）物卸売業；土産物細工卸売業；製紙用パルプ卸売業；ミュージックテープ卸売業（録音済のもの）；コンパクトディスク卸売業（録音済のもの）；ビデオテープ卸売業（録画済のもの）；ガラス繊維卸売業；仮設トイレ卸売業；絵具卸売業（油絵・水彩用）；時計バンド卸売業；木炭卸売業；まき（薪）卸売業；練炭卸売業；豆炭卸売業；オガライト卸売業（オガタンを含む）；成型木炭卸売業；たどん卸売業
55　各種商品小売業	551　百貨店，総合スーパー	5511　百貨店，総合スーパー	百貨店・デパートメントストア（従業者が常時50人以上のもの）；総合スーパー（従業者が常時50人以上のもの）

	559 その他の各種商品小売業（従業者が常時50人未満のもの）	5599 その他の各種商品小売業（従業者が常時50人未満のもの）	百貨店・デパートメントストア（従業者が常時50人未満のもの）；ミニスーパー（衣，食，住にわたって小売するもの）；よろず屋（衣，食，住にわたって小売するもの）
56 織物・衣服・身の回り品小売業	561 呉服・服地・寝具小売業	5611 呉服・服地小売業	呉服店；和服小売業；反物小売業；帯小売業；服地小売業；小ぎれ小売業；裏地小売業；らしゃ小売業
		5612 寝具小売業	ふとん小売業；毛布小売業；ふとん地小売業；敷布小売業；蚊帳小売業；ふとん綿小売業；丹前小売業；ナイトガウン小売業；まくら小売業；マットレス小売業；パジャマ小売業
	562 男子服小売業	5621 男子服小売業	洋服店；注文服店（材料店持ちのもの）；テーラーショップ；学生服小売業；オーバーコート小売業；レインコート小売業；ジャンパー小売業；作業服小売業；ズボン小売業
	563 婦人・子供服小売業	5631 婦人服小売業	婦人服小売業；婦人服仕立業；婦人用事務服小売業；洋裁店；レインコート小売業；毛皮コート小売業；ブティック（婦人服）
		5632 子供服小売業	子供服小売業；子供服仕立業；ベビー服小売業
	564 靴・履物小売業	5641 靴小売業	靴小売業；ゴム靴小売業；合成皮革靴小売業；プラスチック成形靴小売業；布製靴小売業；地下足袋小売業；靴附属品小売業；注文靴小売業；靴ひも小売業；靴墨小売業
		5642 履物小売業（靴を除く）	履物小売業；げた屋；草履小売業；スリッパ小売業；サンダル小売業
	569 その他の織物・衣服・身の回り品小売業	5691 かばん・袋物小売業	かばん小売業；トランク小売業；ハンドバッグ小売業；袋物小売業
		5692 洋品雑貨・小間物小売業	洋品店；装身具小売業（貴金属製を除く）；化粧道具小売業；シャツ小売業；ワイシャツ小売業；帽子小売業；ネクタイ小売業；ハンカチーフ小売業；ふろしき小売業；手ぬぐい小売業；タオル小売業；足袋小売業；靴下小売業；扇子・うちわ小売業；紋章小売業；ベルト小売業；バックル小売業；裁縫用品小売業；補整着小売業；下着小売業；Ｔシャツ

			小売業
		5699　他に分類されない織物・衣服・身の回り品小売業	洋傘小売業；和傘小売業；ステッキ小売業；白衣小売業
57　飲食料品小売業	571　各種食料品小売業	5711　各種食料品小売業	各種食料品店；食料雑貨店
	572　酒小売業	5721　酒小売業	酒屋
	573　食肉小売業	5731　食肉小売業（卵,鳥肉を除く）	肉屋；獣肉小売業；塩蔵肉小売業；冷凍肉小売業；肉製品小売業；魚肉ハム・ソーセージ小売業
		5732　卵・鳥肉小売業	卵小売業；鳥肉小売業
	574　鮮魚小売業	5741　鮮魚小売業	魚屋；鮮魚小売業；貝類小売業；かき小売業；川魚小売業；食用かえる小売業；冷凍魚小売業；海藻小売業（生のもの）
	575　野菜・果実小売業	5751　野菜小売業	野菜小売業；八百屋
		5752　果実小売業	果実小売業；果物屋
	576　菓子・パン小売業	5761　菓子小売業（製造小売）	洋菓子小売業（製造小売）；和菓子小売業（製造小売）；干菓子小売業（製造小売）；だ菓子小売業（製造小売）；せんべい小売業（製造小売）；あめ小売業（製造小売）；ケーキ小売業（製造小売）；まんじゅう小売業（製造小売）；もち小売業（製造小売）；焼いも屋；甘ぐり小売業；アイスクリーム・アイスキャンデー小売業（製造小売）；ドーナッツ小売業（製造小売）
		5762　菓子小売業（製造小売でないもの）	洋菓子小売業（製造小売でないもの）；和菓子小売業（製造小売でないもの）；干菓子小売業（製造小売でないもの）；だ菓子小売業（製造小売でないもの）；せんべい小売業（製造小売でないもの）；あめ小売業（製造小売でないもの）；ケーキ小売業（製造小売でないもの）；まんじゅう小売業（製造小売でないもの）；もち小売業（製造小売でないもの）；アイスクリーム・アイスキャンデー小売業（製造小売でないもの）；ドーナッツ小売業（製造小売でないもの）
		5763　パン小売業（製造小売）	パン小売業（製造小売）

		5764　パン小売業（製造小売でないもの）	パン小売業（製造小売でないもの）
	577　米穀類小売業	5771　米穀類小売業	米麦小売業；雑穀小売業；豆類小売業
	579　その他の飲食料品小売業	5791　コンビニエンスストア（飲食料品を中心とするものに限る）	コンビニエンスストア
		5792　牛乳小売業	牛乳小売業；牛乳スタンド
		5793　飲料小売業（別掲を除く）	清涼飲料小売業；果実飲料小売業；ミネラルウォータ小売業；乳酸菌飲料小売業；茶類飲料小売業
		5794　茶小売業	茶小売業；こぶ茶小売業；コーヒー小売業；ココア小売業；豆茶小売業；麦茶小売業；紅茶小売業
		5795　料理品小売業	そう（惣）菜屋；折詰小売業；揚物小売業；仕出弁当屋；駅弁売店；給食センター；調理パン小売業（サンドイッチ，ハンバーガーなど）；おにぎり小売業；すし小売業；煮豆小売業；ハンバーガー店（持ち帰りのもの）；持ち帰り弁当屋；ピザ小売業（宅配・持ち帰り用）
		5796　豆腐・かまぼこ等加工食品小売業	豆腐小売業；こんにゃく小売業；納豆小売業；つくだ煮小売業；漬物小売業；たい味そ小売業；ちくわ小売業；おでん材料小売業
		5797　乾物小売業	乾物屋；干魚小売業；干ぴょう小売業；ふ（麩）小売業；乾燥野菜小売業；乾燥果物小売業；こうや（高野）豆腐小売業；干しのり小売業；くん製品小売業；海藻小売業（乾燥したもの）
		5799　他に分類されない飲食料品小売業	氷小売業；乾めん類小売業；インスタントラーメン小売業；缶詰小売業；夕食材料宅配業；乳製品小売業（ヨーグルト，バター，チーズなど）；調味料小売業（塩，味そ，しょう油，食酢，ソース，砂糖，食用油脂，香辛料，七味とうがらしなど）
58　自動車・自転車小売業	581　自動車小売業	5811　自動車（新車）小売業	自動車（新車）小売業
		5812　中古自動車小売	中古自動車小売業

			業	
			5813　自動車部分品・附属品小売業	自動車部分品・附属品小売業；自動車タイヤ小売業；カーアクセサリー小売業；カーエアコン小売業；カーステレオ小売業
			5814　二輪自動車小売業（原動機付自転車を含む）	二輪自動車小売業；スクータ小売業；原動機付自転車小売業；二輪自動車部分品・付属品小売業
	582　自転車小売業	5821　自転車小売業		自転車店；リヤカー小売業；自転車・同部分品・附属品小売業；自転車タイヤ・チューブ小売業；中古自転車小売業
59　家具・じゅう器・機械器具小売業	591　家具・建具・畳小売業	5911　家具小売業		家具小売業；洋家具小売業；和家具小売業；いす小売業；机小売業；卓子小売業；ベッド小売業；つい立小売業；びょうぶ小売業；浴槽小売業；額縁小売業；本箱小売業；鏡台小売業；じゅうたん小売業；カーテン小売業
		5912　建具小売業		建具小売業；木製建具小売業；金属製建具小売業；建具屋
		5913　畳小売業		畳小売業；ござ小売業；花むしろ小売業
		5914　宗教用具小売業		仏具小売業；神具小売業
	592　機械器具小売業	5921　電気機械器具小売業		電気機械器具小売業；テレビジョン受信機小売業；電気洗濯機小売業；電気ストーブ小売業；電気アイロン小売業；電気冷蔵庫小売業；電気掃除機小売業；電球小売業；電気音響機械器具小売業（ステレオ，テープレコーダーなど）；扇風機小売業；電気医療機械器具小売業；電気井戸ポンプ小売業；CDプレーヤ小売業；ビデオテープレコーダ小売業；ビデオカメラ小売業；録音・録画テープ小売業（記録されていないもの）；電話機小売業；電気毛布小売業；ホットカーペット小売業
		5922　電気事務機械器具小売業		ワードプロセッサ小売業；パーソナルコンピュータ小売業；フレキシブルディスク小売業；パソコンソフト小売業（ゲーム用ソフトを除く）
		5929　その他の機械器具小売業		ガス器具小売業；ミシン・編機・同部分品小売業；石油ストーブ小売

	599　その他のじゅう器小売業	5991　金物小売業	業；度量衡器小売業；タイプライタ小売業；金庫小売業；浄水器小売業金物店，刃物小売業；そり刃小売業；くぎ小売業；ほうろう鉄器小売業；鉄器小売業；アルミニウム製品小売業；錠前小売業；魔法瓶小売業
		5992　荒物小売業	荒物屋；日用雑貨小売業（荒物を主とするもの）；ほうき小売業；ざる小売業；はし小売業；ふるい小売業；たわし小売業；竹かご小売業；バスケット小売業；竹細工小売業；わら製品小売業；縄小売業；しゅろ細工小売業；ろうそく小売業；マッチ小売業；こうり（行李）小売業；ポリバケツ小売業；ガムテープ・荷造ひも小売業；農業用ビニルシート小売業
		5993　陶磁器・ガラス器小売業	瀬戸物小売業；焼物小売業；土器小売業；陶器小売業；磁器小売業；ガラス器小売業；食器小売業（陶磁器製，ガラス製のもの）；花器小売業（陶磁器製，ガラス製のもの）
		5999　他に分類されないじゅう器小売業	漆器小売業；茶道具小売業；花器小売業（陶磁器製，ガラス製のものを除く）；プラスチック製食器小売業；華道具小売業；貴金属性食器小売業
60　その他の小売業	601　医薬品・化粧品小売業	6011　医薬品小売業（調剤薬局を除く）	薬局（一般用医薬品の小売を主とするもの）；薬店；漢方薬小売業；生薬小売業；薬種小売業；医薬品配置小売業；紙おむつ小売業；アルコール小売業（医療用）
		6012　調剤薬局	薬局（調剤を主とするもの）；調剤薬局；ファーマシイ（調剤を主とするもの）
		6013　化粧品小売業	化粧品店；香水小売業；香油小売業；おしろい小売業；整髪料小売業；石けん小売業（化粧，洗顔，薬用のもの）；歯磨小売業；シャンプー小売業；白髪染小売業
	602　農耕用品小売業	6021　農業用機械器具小売業	農業用機械器具小売業；すき・くわ・かま小売業；鳥獣害防除器具小売業；畜産用機器小売業；養蚕用機器小売業；耕うん機小売業；ハンド

			トラクタ小売業；コンバイン小売業
	6022	苗・種子小売業	種苗小売業；苗木小売業；種子小売業
	6023	肥料・飼料小売業	肥料小売業（化学肥料，有機質肥料，複合肥料など）；飼料小売業；農薬小売業；園芸用土小売業
603　燃料小売業	6031	ガソリンスタンド	ガソリンスタンド；給油所；液化石油ガス（LPG）スタンド
	6032	燃料小売業（ガソリンスタンドを除く）	薪炭小売業；練炭小売業；豆炭小売業；石炭小売業；プロパンガス小売業；灯油小売業
604　書籍・文房具小売業	6041	書籍・雑誌小売業	書店；洋書取次店；古本屋；楽譜小売業
	6042	新聞小売業	新聞販売店；新聞取次店
	6043	紙・文房具小売業	洋紙小売業；板紙小売業；和紙小売業；ふすま紙小売業；障子紙小売業；帳簿類小売業；ノート小売業；万年筆小売業；鉛筆小売業；ペン小売業；インキ小売業；すずり小売業；筆小売業；朱肉小売業；製図用具小売業；そろばん小売業；手工材料小売業；絵画用品小売業（水彩絵具，毛筆，パレット，画架など）
605　スポーツ用品・がん具・娯楽用品・楽器小売業	6051	スポーツ用品小売業	運動具小売業；スポーツ用品小売業；ゴルフ用品小売業；釣具小売業；狩猟用具小売業；スポーツ用靴小売業（スキー靴，スケート靴，登山靴，スパイクシューズなど）；運動衣小売業（野球用ユニホーム，剣道着，柔道着など）；ジェットスキー小売業；サーフボード小売業；登山用品小売業（登山ザック，登山用テントなど）
	6052	がん具・娯楽用品小売業	おもちゃ屋；人形小売業；模型がん具小売業；教育がん具小売業；羽子板小売業；娯楽用品小売業（囲碁，将棋，マージャン，トランプ，花札，かるたなど）；テレビゲーム機小売業；ゲーム用ソフト小売業
	6053	楽器小売業	洋楽器小売業；ピアノ小売業；和楽器小売業；三味線小売業；レコード・ミュージックテープ小売業；コンパクトディスク小売業（音楽用のもの）

606　写真機・写真材料小売業	6061　写真機・写真材料小売業	写真機小売業；撮影機小売業；映写機小売業；写真感光材料小売業；写真フィルム小売業
607　時計・眼鏡・光学機械小売業	6071　時計・眼鏡・光学機械小売業	時計屋；眼鏡小売業；コンタクトレンズ小売業；双眼鏡小売業；望遠鏡小売業
609　他に分類されない小売業	6091　たばこ・喫煙具専門小売業	たばこ・喫煙具専門小売店
	6092　花・植木小売業	花屋；切花小売業；フローリスト；植木小売業；盆栽小売業
	6093　建築材料小売業	木材小売業；セメント小売業；板ガラス小売業；ブロック小売業；プラスチック建材小売業
	6094　ジュエリー製品小売業	宝石小売業；金製品小売業；銀製品小売業；白金製品小売業；装身具小売業（貴金属製のもの）
	6095　ペット・ペット用品小売業	ペットショップ；愛がん用動物小売業；観賞用魚小売業；ペットフード小売業
	6096　骨とう品小売業	骨とう品小売業
	6097　中古品小売業（骨董品を除く）	中古衣服小売業；古道具小売業；中古家具小売業；古建具小売業；古楽器小売業；古写真機小売業；古運動具小売業；中古靴小売業；古レコード小売業；中古電気機械器具小売業；中古CD小売業；中古電気事務機械器具小売業；中古ゲーム用ソフト小売業；リサイクルショップ
	6099　他に分類されないその他の小売業	美術品小売業（骨とう品を除く）；名刺小売業；印章小売業；印判小売業；帆布小売業；造花小売業；標本小売業；旗ざお・物干しざお小売業；碑石・墓石小売業；石工業（個人の注文によって彫刻，仕上げを行い販売するもの）；荷車小売業（中古品を含む）；古切手小売業；郵趣品（記念切手類・同収集品）小売業；古銭小売業；教育用磁気テープ小売業；合成洗剤小売業；石けん小売業（化粧，洗顔，薬用以外のもの）；コンパクトディスク小売業（音楽用以外のもの）；絵画小売業；金・銀・白金地金小売業；録画テープ小売業（記録済みのもの）

大 分 類　　K─金融・保険業

中分類番号	小分類番号	細 分 類 番 号	業　　務　　例　　示
61　銀行業	611　中央銀行	6111　中央銀行	日本銀行
	612　銀行（中央銀行を除く）	6121　普通銀行	都市銀行；地方銀行；第二地方銀行協会加盟の地方銀行
		6122　信託銀行	信託銀行
		6123　長期信用銀行	長期信用銀行
		6124　在日外国銀行	外国銀行支店・出張所・代理店・駐在員事務所
62　協同組織金融業	621　中小企業金融機関	6211　信用金庫・同連合会	信用金庫；信用金庫連合会；信金中央金庫
		6212　信用協同組合・同連合会	信用協同組合；信用組合；信用協同組合連合会
		6213　商工組合中央金庫	商工組合中央金庫
		6214　労働金庫・同連合会	労働金庫；労働金庫連合会
	622　農林水産金融業	6221　農林中央金庫	農林中央金庫
		6222　信用農業協同組合連合会	信用農業協同組合連合会
		6223　信用漁業協同組合連合会，信用水産加工業協同組合連合会	信用漁業協同組合連合会；信用水産加工業協同組合連合会
		6224　農業協同組合	農業協同組合
		6225　漁業協同組合，水産加工業協同組合	漁業協同組合；水産加工業協同組合
63　郵便貯金取扱機関，政府関係金融機関	631　郵便貯金・為替・振替業務取扱機関	6311　郵便貯金・為替・振替業務取扱機関	郵政事業庁貯金事務センター
	632　政府関係金融機関	6321　海外投融資関係金融機関	国際協力銀行
		6322　開発関係金融機関	日本政策投資銀行；沖縄振興開発金融公庫
		6323　公営企業関係金融機関	公営企業金融公庫
		6324　中小企業関係金融機関	中小企業金融公庫
		6325　国民生活関係金融機関	国民生活金融公庫
		6326　農林水産関係金融機関	農林漁業金融公庫
		6327　住宅関係金融機	住宅金融公庫

		関	
		6329　その他の政府関係金融機関	石油公団；中小企業総合事業団；運輸施設整備事業団；社会福祉・医療事業団
64　貸金業，投資業等非預金信用機関	641　貸金業	6411　消費者向け貸金業	消費者向け無担保貸金業；消費者向け有担保貸金業
		6412　事業者向け貸金業	事業者向け貸金業；手形割引業；日賦貸金業
	642　質屋	6421　質屋	質屋
	643　クレジットカード業，割賦金融業	6431　クレジットカード業	クレジットカード会社；信販会社（クレジットカード業のもの）；各種チケット団体（クレジットカード業のもの）
		6432　割賦金融業	割賦金融業
	649　その他の貸金業，投資業等非預金信用機関	6491　投資業	中小企業投資育成会社；ベンチャーキャピタル（投資業のもの）；投資事業組合
		6492　住宅専門金融業	住宅金融業；住宅無尽会社
		6493　証券金融業	証券金融会社
		6499　他に分類されない貸金業，投資業等非預金信用機関	ファクタリング業（売掛債権買取業のもの）；無尽又は頼母子講（有志が集まって相互扶助的に庶民金融を行うもの）；特定目的会社
65　証券業，商品先物取引業	651　証券業	6511　証券業（証券取引所会員等のもの）	証券会社（証券取引所正会員及び特別会員並びに正取引参加者）
		6512　証券業（証券取引所非会員等のもの）	証券会社（証券取引所会員又は取引参加者でないもの）
		6513　投資信託委託業	投資信託委託業
		6514　補助的証券業	証券保管振替業；証券代行業
	652　証券業類似業	6521　抵当証券業	抵当証券業
		6522　証券投資顧問業	証券投資顧問業
	653　商品先物取引業，商品投資業	6531　国内市場商品先物取引業	商品取引員
		6532　商品投資業	商品投資販売業；商品投資顧問業
		6539　その他の商品先物取引業，商品投資業	海外市場商品先物取引業；金融先物取引業
66　補助的金融業，金融附帯業	661　補助的金融業，金融附帯業	6611　短資業	短資会社
		6612　手形交換所	手形交換所
		6613　両替業	両替屋；外国貨幣両替業
		6614　信用保証機関	信用保証協会；農業信用基金協会；漁業信用基金協会；農林漁業信用基金（林業部門）；県農協保証センタ

				ー；信用保証会社
		6615　信用保証再保険機関	農林漁業信用基金（農業・漁業部門）；全国農協保証センター	
		6616　預・貯金等保険機関	預金保険機構；農水産業協同組合貯金保険機構；投資者保護基金；保険契約者保護機構	
		6617　証券取引所	証券取引所	
		6618　商品取引所	商品取引所	
		6619　その他の補助的金融業，金融附帯業	公共工事前払金保証会社；前払式証票発行業（発行・決済業のもの）；債権管理回収業；金融先物取引所	
67　保険業（保険媒介代理業，保険サービス業を含む）	671　生命保険業	6711　生命保険業（株式組織のもの）	生命保険株式会社	
		6712　生命保険業（相互組織のもの）	生命保険相互会社	
		6713　生命保険再保険業	生命保険再保険会社	
		6714　簡易保険取扱機関	郵政事業庁簡易保険事務センター	
		6719　その他の生命保険業	外国生命保険事業者	
	672　損害保険業	6721　損害保険業（株式組織のもの）	火災海上保険株式会社；海上火災保険株式会社	
		6722　損害保険業（相互組織のもの）	火災海上保険相互会社	
		6723　損害保険業（組合組織のもの）	船主責任相互保険組合；日本小型船相互保険組合；漁船保険組合；漁船保険中央会	
		6724　損害保険再保険業	火災海上再保険会社；地震再保険会社	
		6729　その他の損害保険業	外国火災海上保険事業者	
	673　共済事業	6731　共済事業（各種災害補償法によるもの）	農業共済組合；農業共済組合連合会；漁業共済組合；漁業共済組合連合会	
		6732　共済事業（各種協同組合法等によるもの）	共済農業協同組合連合会；各種生活協同組合共済；火災共済協同組合；共済水産業協同組合連合会	
	674　保険媒介代理業	6741　生命保険媒介業	生命保険代理店	
		6742　損害保険代理業	火災保険代理店；海上保険代理店；自動車保険代理店	
		6743　共済事業媒介代理業	火災共済協同組合代理所	
	675　保険サー	6751　保険料率算出団	損害保険料率算定会；自動車保険料	

	ビス業	体	率算定会
		6752　損害査定業	損害査定事務所
		6759　その他の保険サ 　　　ービス業	生命保険相談所

大 分 類　　L―不動産業

中分類番号	小分類番号	細 分 類 番 号	業　務　例　示
68　不動産取引業	681　建物売買業，土地売買業	6811　建物売買業	建売業（自ら建築施行しないもの）；事務所売買業；マンション分譲業；中古住宅売買業
		6812　土地売買業	土地売買業；土地分譲業
	682　不動産代理業・仲介業	6821　不動産代理業・仲介業	土地ブローカー；建物仲介業；不動産代理業；不動産仲介業；貸家仲介業
69　不動産賃貸業・管理業	691　不動産賃貸業（貸家業，貸間業を除く）	6911　貸事務所業	貸事務所業（短期のものを除く）；貸店舗業（店舗併用住宅を除く）；貸倉庫業
		6912　土地賃貸業	土地賃貸業；地主（土地の賃貸を業とするもの）
		6919　その他の不動産賃貸業	貸事務所業（短期のもの）；貸会議室業
	692　貸家業，貸間業	6921　貸家業	貸家業；住宅賃貸業；アパート業；ウィークリーマンション賃貸業；貸別荘業；住宅協会；住宅公社；住宅供給公社；貸店舗業（店舗併用住宅のもの）
		6922　貸間業	貸間業
	693　駐車場業	6931　駐車場業	駐車場業；ガレージ業；自動車車庫業；モータープール業；駐車場管理業
	694　不動産管理業	6941　不動産管理業	不動産管理業；ビル管理業；マンション管理業；アパート管理業；土地管理業

大 分 類　　M—飲食店，宿泊業

中分類番号	小分類番号	細分類番号	業　務　例　示
70　一般飲食店	701　食堂，レストラン	7011　一般食堂	食堂；大衆食堂；お好み食堂；定食屋；めし屋；ファミリーレストラン（各種の料理を提供するもの）
		7012　日本料理店	てんぷら料理店；うなぎ料理店；川魚料理店；精進料理店；鳥料理店；釜めし屋；お茶漬屋；にぎりめし屋；沖縄料理店；とんかつ料理店；郷土料理店；かに料理店；牛丼店；ちゃんこ鍋店；しゃぶしゃぶ店；すき焼き店；懐石料理店
		7013　西洋料理店	フランス料理店；ロシア料理店；イタリア料理店；メキシコ料理店
		7014　中華料理店	中華料理店；上海料理店；北京料理店；広東料理店；四川料理店；台湾料理店；中華そば店；ぎょうざ（餃子）店；ラーメン店
		7019　その他の食堂，レストラン	朝鮮料理店；印度料理店；カレー料理店；焼肉店；エスニック料理店；無国籍料理店
	702　そば・うどん店	7021　そば・うどん店	そば屋；うどん店
	703　すし店	7031　すし店	すし屋
	704　喫茶店	7041　喫茶店	喫茶店；フルーツパーラー；音楽喫茶；珈琲店；カフェ
	709　その他の一般飲食店	7099　その他の一般飲食店	大福屋；今川焼屋；ところ天屋；氷水屋；甘酒屋；汁粉屋；お好み焼屋；ドライブイン（飲食店であって主たる飲食料品が不明なもの）；ハンバーガー店（その場所で飲食させるもの）；甘味処；たこ焼屋
71　遊興飲食店	711　料亭	7111　料亭	料亭；割ぽう店；待合
	712　バー，キャバレー，ナイトクラブ	7121　バー，キャバレー，ナイトクラブ	バー；スナックバー；キャバレー；ナイトクラブ
	713　酒場，ビヤホール	7131　酒場，ビヤホール	大衆酒場；居酒屋；焼鳥屋；おでん屋；もつ焼屋；ダイニングバー；ビヤホール
72　宿泊業	721　旅館，ホテル	7211　旅館，ホテル	旅館；ホテル；観光ホテル；宿屋；温泉旅館；割ぽう旅館；国民宿舎；民宿；モーテル；ビジネスホテル；国民旅館

	722　簡易宿所	7221　簡易宿所	簡易宿泊所；ベッドハウス；山小屋；カプセルホテル
	723　下宿業	7231　下宿業	下宿屋；下宿業
	729　その他の宿泊業	7291　会社・団体の宿泊所	会員宿泊所；共済組合宿泊所；共済組合会館（宿泊設備を有するもの）；保養所；ユースホステル；会社の宿泊所
		7292　リゾートクラブ	リゾートクラブ
		7299　他に分類されない宿泊業	合宿所；会社の寄宿舎；会社の独身寮；学生寮；キャンプ場

大 分 類　　N－医療，福祉

中分類番号	小分類番号	細分類番号	業　務　例　示
73　医療業	731　病院	7311　一般病院	病院（精神病床又は結核病床のみでないもの）；特定機能病院；地域医療支援病院；療養型病床群を有する病院
		7312　精神病院	精神病院
		7313　結核病院	結核病院；結核療養所
	732　一般診療所	7321　有床診療所	医院（有床のもの）；診療所（有床のもの）；療養型病床群を有する診療所
		7322　無床診療所	医院（無床のもの）；診療所（無床のもの）
	733　歯科診療所	7331　歯科診療所	歯科医院；歯科診療所
	734　助産・看護業	7341　助産所	助産所；助産師業
		7342　看護業	看護師業；派出看護師業；訪問看護ステーション
	735　療術業	7351　あん摩マッサージ指圧師・はり師・きゅう師・柔道整復師の施術所	あん摩業；マッサージ業；指圧業；はり業；きゅう業；柔道整復業
		7359　その他の療術業	太陽光線療法業；温泉療法業；催眠療法業；視力回復センター
	736　医療に附帯するサービス業	7361　歯科技工所	歯科技工業；歯科技工所
		7369　その他の医療に附帯するサービス業	アイバンク；腎バンク；骨髄バンク；衛生検査所；滅菌業（医療用器材）
74　保健衛生	741　保健所	7411　保健所	保健所
	742　健康相談施設	7421　結核健康相談施設	結核予防会健康相談所；結核集団検診業
		7422　精神保健相談施設	精神保健福祉センター；精神健康相談所
		7423　母子健康相談施設	母子健康相談所；母子健康センター
		7429　その他の健康相談施設	保健師駐在所；市町村保健センター；農村検診センター；健康科学センター
	749　その他の保健衛生	7491　検疫所（動物検疫所，植物防疫所を除く）	検疫所；検疫所支所；検疫所出張所
		7492　検査業	寄生虫卵検査業；水質検査業；食肉衛生検査所

		7493	消毒業	市町村消毒所；物品消毒業；電話機消毒業
		7499	他に分類されない保健衛生	犬管理所；犬管理事務所
75　社会保険・社会福祉・介護事業	751　社会保険事業団体	7511	社会保険事業団体	健康保険組合；国家（地方）公務員共済組合；診療報酬支払基金；国民年金基金；厚生年金基金；国民健康保険団体連合会；社会保険事務所；地方公務員災害補償基金；石炭鉱業年金基金；農業者年金基金
	752　福祉事務所	7521	福祉事務所	社会福祉事務所；福祉事務所
	753　児童福祉事業	7531	保育所	保育所；託児所
		7539	その他の児童福祉事業	児童相談所；乳児院；母子生活支援施設；児童厚生施設（児童館）；児童養護施設；知的障害児施設；盲ろうあ児施設；肢体不自由児施設；情緒障害児短期治療施設；児童家庭支援センター；母子福祉センター；母子休養ホーム
	754　老人福祉・介護事業（訪問介護事業を除く）	7541	特別養護老人ホーム	特別養護老人ホーム；介護老人福祉施設
		7542	介護老人保健施設	介護老人保健施設
		7543	通所・短期入所介護施設	老人デイサービスセンター；老人短期入所施設
		7544	痴呆性老人グループホーム	痴呆性老人グループホーム
		7545	有料老人ホーム	有料老人ホーム
		7549	その他の老人福祉・介護事業	養護老人ホーム；軽費老人ホーム（ケアハウスを含む）；老人福祉センター；高齢者生活福祉センター；老人憩いの家；老人介護支援センター
	755　障害者福祉事業	7551	身体障害者福祉事業	身体障害者更生施設；身体障害者療護施設；身体障害者授産施設；身体障害者福祉センター；身体障害者福祉ホーム
		7552	知的障害者福祉事業	知的障害者援護施設；知的障害者更生相談所
		7553	精神障害者福祉事業	精神障害者生活訓練施設；精神障害者福祉ホーム；精神障害者授産施設；精神障害者福祉工場；精神障害者地域生活支援センター；精神障害

			者グループホーム
759　その他の社会保険・社会福祉・介護事業	7591	更生保護事業	更生保護施設；更生保護協会
	7592	訪問介護事業	訪問介護事業所；訪問入浴介護事業所
	7599	他に分類されない社会保険・社会福祉・介護事業	社会福祉協議会；共同募金会；善意銀行；授産所；年金資金運用基金；心身障害者福祉協会；民生保護寮；医薬品副作用被害救済；研究振興調査機構；婦人相談所

大 分 類　　O—教育，学習支援業

中分類番号	小分類番号	細 分 類 番 号	業 務 例 示
76　学校教育	761　小学校	7611　小学校	小学校
	762　中学校	7621　中学校	中学校
	763　高等学校，中等教育学校	7631　高等学校	高等学校
		7632　中等教育学校	中等教育学校
	764　高等教育機関	7641　大学	大学
		7642　短期大学	短期大学
		7643　高等専門学校	高等専門学校
	765　特殊教育諸学校	7651　盲学校	盲学校
		7652　ろう（聾）学校	ろう（聾）学校
		7653　養護学校	養護学校
	766　幼稚園	7661　幼稚園	幼稚園
	767　専修学校，各種学校	7671　専修学校	専修学校；高等専修学校（高等課程を置く専修学校）；専門学校（専門課程を置く専修学校）
		7672　各種学校	各種学校；洋裁学校；タイピスト学校；写真学校；理容・美容学校；自動車教習所；学習塾（各種学校のもの）；進学塾（各種学校のもの）；予備校（各種学校のもの）
77　その他の教育，学習支援業	771　社会教育	7711　公民館	公民館
		7712　図書館	図書館；専門図書館；点字図書館
		7713　博物館，美術館	産業博物館；天文博物館；貿易博物館；逓信博物館；美術館；宝物館；歴史民俗資料館；郷土資料館；埋蔵文化財収蔵庫；民俗資料収蔵庫
		7714　動物園，植物園，水族館	動物園；植物園；水族館；へび専門園
		7715　青少年教育施設	青年の家；都市青年の家；児童文化センター；少年自然の家；青年館
		7716　社会通信教育	財団法人日本通信美術学園；財団法人日本書道教育学会；財団法人日本英語教育協会；財団法人実務教育研究所；財団法人中央工学校生涯学習センター
		7719　その他の社会教育	女性教育会館
	772　職業・教育支援施設	7721　職員教育施設・支援業	航空保安大学校；防衛大学校；警察大学校；海上保安大学校；郵政大学校；自治大学校；社会保険大学校；気象大学校；経済産業研修所；工業所有権研修所；消防学校；農林水産

			研修所；森林技術総合研修所；郵政研修所；社員教育受託業
		7722　職業訓練施設	職業能力開発大学校；職業能力開発短期大学校；職業能力開発校；職業能力開発促進センター；障害者職業能力開発校；婦人就業援助施設；航海訓練所；海員学校；海技大学校；航空大学校；農業者大学校；水産大学校
		7729　その他の職業・教育支援施設	少年院；児童自立支援施設
	773　学習塾	7731　学習塾	学習塾（各種学校でないもの）；進学塾（各種学校でないもの）；予備校（各種学校でないもの）
	774　教養・技能教授業	7741　音楽教授業	ピアノ教授所；バイオリン教授所；エレクトーン教授所；ギター教授所；三味線教授所；琴教授所；尺八教授所；声楽教授所；歌謡教室；カラオケ教室；長唄指南所
		7742　書道教授業	書道教授所；書道教室
		7743　生花・茶道教授業	生花教授所；華道教室；茶道教授所
		7744　そろばん教授業	そろばん教授所；そろばん塾（各種学校でないもの）
		7745　外国語会話教授業	英会話教授所；英会話教室（各種学校でないもの）；外国語会話教室（各種学校でないもの）
		7746　スポーツ・健康教授業（フィットネスクラブを除く）	スポーツ・健康教授所（フィットネスクラブを除く）；スイミングスクール；ヨガ教室；気功術教授所；テニス教室；バレーボール教室；エアロビクス教室；リズム教室；体操教室；ゴルフスクール；柔道場（教授しているもの）；剣道場（教授しているもの）；サーフィン教室；ダイビングスクール
		7747　フィットネスクラブ	フィットネスクラブ；フィットネスジム；アスレチッククラブ
		7749　その他の教養・技能教授業	囲碁教室；編物教室；着物着付教室；料理教室；美術教室；工芸教室（彫金，陶芸など）；教養講義；舞踏教授所（日本舞踊，タップダンス，フラダンスなど）；ダンス教室；ジャズダンス教室；フラワーダンス教

	779　他に分類されない教育，学習支援業	7799　他に分類されない教育，学習支援業	室；カルチャー教室（総合的なもの）；家庭教師 料理学校（専修学校，各種学校でないもの）；タイピスト学校（専修学校，各種学校でないもの）；洋裁学校（専修学校，各種学校でないもの）；歯科衛生士養成所（専修学校，各種学校でないもの）；自動車教習所（各種学校でないもの）

大 分 類　　P－複合サービス事業

中分類番号	小分類番号	細 分 類 番 号	業　務　例　示
78　郵便局（別掲を除く）	781　郵便局	7811　郵便局	郵便局（主として信書を送達する地域区分局を除く）
	782　郵便局受託業	7821　簡易郵便局	簡易郵便局
		7829　その他の郵便局受託業	郵便切手類販売所；印紙売りさばき所
79　協同組合（他に分類されないもの）	791　農林水産業協同組合（他に分類されないもの）	7911　農業協同組合（他に分類されないもの）	農業協同組合（各種の事業を行うもの）
		7912　漁業協同組合（他に分類されないもの）	漁業協同組合（各種の事業を行うもの）
		7913　水産加工業協同組合（他に分類されないもの）	水産加工業協同組合（各種の事業を行うもの）
		7914　森林組合（他に分類されないもの）	森林組合（各種の事業を行うもの）
	792　事業協同組合（他に分類されないもの）	7921　事業協同組合（他に分類されないもの）	織物協同組合（各種の事業を行うもの）；ニット工業協同組合（各種の事業を行うもの）；青果物商業協同組合（各種の事業を行うもの）

大 分 類　　Q―サービス業（他に分類されないもの）

中分類番号	小分類番号	細 分 類 番 号	業　　務　　例　　示
80　専門サービス業（他に分類されないもの）	801　法律事務所，特許事務所	8011　法律事務所	法律事務所；弁護士事務所；法律相談所
		8012　特許事務所	特許事務所；弁理士事務所；特許出願代理業
	802　公証人役場，司法書士事務所	8021　公証人役場，司法書士事務所	公証人役場；司法書士事務所
	803　公認会計士事務所，税理士事務所	8031　公認会計士事務所	公認会計士事務所；外国公認会計士事務所；会社設立決算事務引受業
		8032　税理士事務所	税理士事務所
	804　獣医業	8041　獣医業	獣医業；家畜診療所；犬猫病院
	805　土木建築サービス業	8051　建築設計業	設計監督業；建物設計製図業；建設コンサルタント業；国・地方公共団体工事事務所（直営工事を行わないもの）
		8052　測量業	測量業
		8059　その他の土木建築サービス業	地質調査業；試すい（錐）業（鉱山用を除く）
	806　デザイン・機械設計業	8061　デザイン業	工業デザイン事務所；クラフトデザイン業；インテリアデザイン事務所；商業デザイン事務所；服飾デザイン業；テキスタイルデザイン事務所；パッケージデザイン事務所
		8062　機械設計業	機械設計業；機械設計製図業
	807　著述・芸術家業	8071　著述家業	作家業；シナリオライター業；文芸批評家業；歌人業；評論家業
		8072　芸術家業	美術家業；彫刻家業；鋳金家業；作曲家業；声楽家業；ピアニスト業；映画監督業；演出家業；ポスター画家業；イラストレーター業；能楽師業
	808　写真業	8081　写真業（商業写真業を除く）	写真撮影業；写真館；街頭写真業
		8082　商業写真業	商業写真業；宣伝写真業；出版写真業；広告写真業；芸術写真業
	809　その他の専門サービス業	8091　興信所	興信所；信用調査所；商業興信所；秘密探偵社；私立探偵社
		8092　社会保険労務士事務所	社会保険労務士事務所
		8093　経営コンサルタント業	経営管理事務所；経営管理診断事務所；経営管理指導研究事務所；経営

			管理相談所
		8094　翻訳業（著述家業を除く）	翻訳業
		8095　通訳業，通訳案内業	通訳業；通訳案内業
		8096　広告制作業	広告制作業；広告制作プロダクション
		8097　不動産鑑定業	不動産鑑定業
		8098　行政書士事務所	行政書士事務所
		8099　他に分類されない専門サービス業	鑑定業；司会業；簿記業；計理士事務所；コピーライター業；土地家屋調査士業；海事代理士業；投資顧問業（証券・商品投資を除く）
81　学術・開発研究機関	811　自然科学研究所	8111　理学研究所	地震研究所；国立天文台；ふく射線研究所；触媒研究所；有機合成化学研究所；醗酵研究所；防虫化学研究所；地磁気研究所；気象研究所；通信総合研究所（支所）；日本放送協会放送技術研究所；電子航法研究所；高層気象台；地磁気観測所・出張所
		8112　工学研究所	工業技術研究所；工学研究所；染色試験所；窯業試験所；鋳物研究所；金属材料技術研究所；軸受研究所；建設技術研究所；産業安全研究所；海上技術安全研究所；港湾空港技術研究所；交通安全環境研究所；日本電信電話㈱通信網総合研究所；産業技術総合研究所；国土技術政策総合研究所；土木研究所・試験所；建設研究所；開発土木研究所
		8113　農学研究所	農業研究センター；農業生物資源研究所；農業環境技術研究所；畜産試験場；草地試験場；果樹試験場；野菜・茶業試験場；農業工学研究所；農業試験場；農業総合研究所；蚕糸・昆虫農業技術研究所；家畜衛生試験場；食品総合研究所；熱帯農業研究センター；水産研究所；養殖研究所；水産工学研究所；醸造試験場；森林総合研究所
		8114　医学・薬学研究所	結核研究所；腐敗研究所；体質医学研究所；微生物病研究所；薬化学研究所；義肢研究所；国立医薬品食品

				衛生研究所；国立健康・栄養研究所；国立感染症研究所；食品衛生研究施設；医科学研究所；放射線影響研究所；産業医学総合研究所
	812　人文・社会科学研究所	8121　人文・社会科学研究所		国立教育政策研究所；科学技術政策研究所；国立国語研究所；文化財研究所；東洋文化研究所；社会科学研究所；日本放送協会放送文化研究所；国立社会保障・人口問題研究所；通信総合研究所；郵政研究所；国土交通政策研究所
82　洗濯・理容・美容・浴場業	821　洗濯業	8211　普通洗濯業		洗濯業；クリーニング業；ランドリー業；クリーニング工場
		8212　洗濯物取次業		洗濯物取次所；クリーニング取次所
		8213　リネンサプライ業		リネンサプライ業；貸おむつ業；貸おしぼり業；貸ぞうきん業；貸モップ業
	822　理容業	8221　理容業		理髪店；床屋；理容院；理容所；バーバー
	823　美容業	8231　美容業		美容室；美容院；髪結業；ビューティーサロン
	824　公衆浴場業	8241　公衆浴場業		銭湯業；湯屋業；ふろ屋業
	825　特殊浴場業	8251　特殊浴場業		温泉浴場業；蒸しぶろ業；砂湯業；サウナぶろ業；鉱泉浴場業；ソープランド業
	829　その他の洗濯・理容・美容・浴場業	8291　洗張・染物業		洗張業；張物業；湯のし業；染抜（しみぬき）業；染物屋；京染屋；丸染屋；染直し業；色揚業；染物取次業
		8292　エステティック業		エステティックサロン
		8299　他に分類されない洗濯・理容・美容・浴場業		コインシャワー業；寝具消毒・乾燥業；コインランドリー業；マニキュア業；ペディキュア業；ネイルサロン
83　その他の生活関連サービス業	831　旅行業	8311　旅行業（旅行業者代理業を除く）		第 1 種旅行業；第 2 種旅行業；第 3 種旅行業
		8312　旅行業代理店業		旅行業代理店業
	832　家事サービス業	8321　家事サービス業（住込みのもの）		住込みのお手伝い（ハウスメイド）
		8322　家事サービス業（住込みでないもの）		家政婦；住込みでないお手伝い（ハウスメイド）
	833　衣服裁縫	8331　衣服裁縫修理業		衣服裁縫業（材料個人持ちのも

		修理業		の）；衣服修理業；更生仕立直し業；裏返し業；和・洋服裁縫業（材料個人持ちのもの）；かけはぎ業
	834　物品預り業	8341　物品預り業	手荷物預り業；荷物一時預り業；自転車預り業；コインロッカー業
	835　火葬・墓地管理業	8351　火葬業	火葬業；火葬場
		8352　墓地管理業	墓地管理業；霊園管理事務所；納骨堂
	836　冠婚葬祭業	8361　葬儀業	葬儀屋；斎場
		8362　結婚式場業	結婚式場業
		8363　冠婚葬祭互助会	冠婚葬祭互助会
	839　他に分類されない生活関連サービス業	8391　食品賃加工業	小麦粉賃加工業；菓子賃加工業；精米賃加工業
		8392　結婚相談業, 結婚式場紹介業	結婚相談所（営利的なもの）；結婚紹介業；結婚式場紹介業
		8393　写真現像・焼付業	写真現像・焼付業；写真修理業；ＤＰＥ取次業
		8399　他に分類されないその他の生活関連サービス業	易断所；観相業；観光案内業（ガイド）；靴磨き業；ドッグビューティサロン；犬猫霊園管理事務所；運転代行業；古綿打直し業；綿打直し仲介業；チケット類売買業；宝くじ売りさばき業
84　娯楽業	841　映画館	8411　映画館	映画館；映画劇場；野外映画劇場；映画館賃貸業；ミニ・シアター；ビデオ・シアター
	842　興行場（別掲を除く）, 興行団	8421　劇場	劇場；劇場附属の劇団；劇場附属のオーケストラ；劇場附属の歌劇団；劇場附属のダンシングチーム；劇場を持つ劇団；劇場賃貸業
		8422　興行場	寄席；演芸場；見世物興行場；曲芸・軽業興行場；相撲興行場；ボクシング場；野球場（プロ野球興行用）；サーキット場（プロのレース興行用）
		8423　劇団	劇団（独立のもの）；歌劇団（独立のもの）；俳優業（フリーのもの）；演劇興行請負業；芸能プロダクション；コンサート・ツアー業
		8424　楽団, 舞踊団	楽団（独立のもの）；バンド（独立のもの）；舞踊団（独立のもの）；歌謡歌手業（フリーのもの）
		8425　演芸・スポーツ等興行団	寄席出演業；見世物業；曲芸・軽業（かるわざ）団；相撲部屋；ボクシ

				ングジム；浪曲興行；プロ野球団；プロレス協会；落語家業；音曲業；漫才業；プロサッカー団
	843　競輪・競馬等の競走場,競技団	8431	競輪場	市営競輪場；民営競輪場；競輪場管理組合；競輪場施設賃貸業
		8432	競馬場	県営競馬場；競馬場（日本中央競馬会所属）；競馬場施設会社
		8433	自動車・モータボートの競走場	市営モータボート競走場；市営小型自動車競走場；競艇場施設会社；小型自動車競走施設会社
		8434	競輪競技団	市競輪事業部；全国競輪施行者協議会；日本自転車振興会；自転車競技会；競輪選手団
		8435	競馬競技団	市競馬事務局；日本中央競馬会；地方競馬全国協会；競馬きゅう舎
		8436	自動車・モータボートの競技団	日本小型自動車振興会；小型自動車競走会；小型自動車選手団；市競艇事業部（課）；全国モータボート競走会連合会；モータボート競走会；全国モータボート競走施行者協議会
	844　スポーツ施設提供業	8441	スポーツ施設提供業（別掲を除く）	陸上競技場；運動広場；バレーボール場；卓球場；クレー射撃場；スケートリンク；アイススケート場；ローラスケート場；サッカー場；プール；公営野球場；公営運動場管理事務所；乗馬クラブ；フィールドアスレチック場
		8442	体育館	体育館
		8443	ゴルフ場	ゴルフ場
		8444	ゴルフ練習場	ゴルフ練習場
		8445	ボウリング場	ボウリング場；ボウリングセンター
		8446	テニス場	テニス場
		8447	バッティング・テニス練習場	バッティングセンター；テニス練習場
	845　公園,遊園地	8451	公園	公園；庭園；公園管理事務所
		8452	遊園地（テーマパークを除く）	遊園地；遊園場
		8453	テーマパーク	テーマパーク
	846　遊戯場	8461	ビリヤード場	ビリヤード場
		8462	囲碁・将棋所	碁会所；囲碁センター；将棋集会所；将棋センター
		8463	マージャンクラブ	マージャンクラブ；マージャン荘
		8464	パチンコホール	パチンコホール；パチンコ店；アレ

			ンジボール店；じゃん球店；パチスロ店
	849　その他の娯楽業	8465　ゲームセンター	ゲームセンター；スロットマシン場
		8469　その他の遊戯場	ビンゴゲーム場；射的場
		8491　ダンスホール	ダンスホール；ダンスホール賃貸業
		8492　マリーナ業	マリーナ業；ヨットハーバー
		8493　遊漁船業	遊漁船業；釣船業；瀬渡船業；船宿（釣船業）
		8494　芸ぎ業	芸ぎ業；置屋；検番
		8495　カラオケボックス業	カラオケボックス
		8496　娯楽に附帯するサービス業	プレイガイド；場外馬券売場；場外車券売場；演劇俳優あっせん業；競輪・競馬等予想業；ゴルフ会員権買取販売業（売買あっせんを含む）
		8499　他に分類されない娯楽業	釣堀業；金魚すくい場；ヘルスセンター；ジュークボックス業
85　廃棄物処理業	851　一般廃棄物処理業	8511　し尿収集運搬業	し尿収集運搬業
		8512　し尿処分業	し尿処分業；し尿海洋投入業
		8513　浄化槽清掃業	浄化槽清掃業
		8514　浄化槽保守点検業	浄化槽保守点検業
		8515　ごみ収集運搬業	ごみ収集運搬業
		8516　ごみ処分業	ごみ焼却業；ごみ埋立業；粗大ごみ破砕・圧縮業；ごみ高速たい（堆）肥化業；一般廃棄物（し尿を除く）海洋投入業
		8517　清掃事務所	市区町村清掃事務所
	852　産業廃棄物処理業	8521　産業廃棄物収集運搬業	産業廃棄物収集運搬業；船舶廃油収集運搬業
		8522　産業廃棄物処分業	汚泥処理業；廃酸・廃アルカリ処理業；廃油処理業；廃プラスチック類処理業；産業廃棄物海洋投入業；船舶廃油処理業；産業廃棄物埋立業
		8523　特別管理産業廃棄物収集運搬業	特別管理産業廃棄物収集運搬業；特別管理汚泥収集運搬業；特別管理廃油収集運搬業；感染性産業廃棄物収集運搬業；廃石綿等収集運搬業
		8524　特別管理産業廃棄物処分業	特別管理産業廃棄物処分業；特別管理汚泥処分業；特別管理廃油処分業；感染性産業廃棄物処分業；廃石綿等処分業；特別管理産業廃棄物埋立業
	859　その他の	8591　死亡獣畜取扱業	死亡獣畜取扱所

	廃棄物処理業	8599　他に分類されない廃棄物処理業	放射性廃棄物収集運搬業；放射性廃棄物処理業
86　自動車整備業	861　自動車整備業	8611　自動車一般整備業	自動車整備業；自動車修理業；オートバイ整備修理業
		8619　その他の自動車整備業	自動車車体修理業；自動車車体整備業；自動車再塗装業；自動車溶接業（自動車修理のためのもの）；自動車電装品整備業；自動車蓄電池修理業；自動車タイヤ修理業；自動車タイヤ整備業；自動車ブレーキ修理業；自動車部品整備業；自動車エンジン修理業；自動車再生業；自動車エンジン再生業；自動車工場（自動車・自動車エンジンの再生を主とするもの）；自動車清掃業；自動車洗車業
87　機械等修理業（別掲を除く）	871　機械修理業（電気機械器具を除く）	8711　一般機械修理業（建設・鉱山機械を除く）	機械修理業；内燃機関修理業；航空機整備業；ミシン修理業；光学機械修理業；映写機修理業；農業用トラクタ修理業；ガーデントラクタ修理業；フォークリフト整備業
		8712　建設・鉱山機械整備業	建設用トラクタ整備業；掘削機械整備業；建設用クレーン整備業；整地機械整備業；基礎工事用機械整備業；鉱山機械整備業
	872　電気機械器具修理業	8721　電気機械器具修理業	ラジオ修理業；テレビ修理業；電気冷蔵庫修理業；変圧器修理業
	873　表具業	8731　表具業	表具業；表装業；経師業；びょうぶ張業；ふすま張業；障子張業
	879　その他の修理業	8791　家具修理業	家具修理業；いす修理業
		8792　時計修理業	時計修理業；電気時計修理業
		8793　履物修理業	靴修理業；革靴修理業；ゴム靴修理業；ズック靴修理業；げた修理業
		8794　かじ業	手工鍛造業；かじ業；農業用器具修理業（手工鍛造によるもの）
		8799　他に分類されない修理業	金物修理業；楽器修理業；ピアノ調律・修正業；オルガン調律・修正業；三味線修理業；三味線・太鼓張替業；くら・馬具修理業；かばん・袋物修理業；洋傘修理業；装身具修理業；のこぎり目立業；研ぎ屋；はさみ・包丁研ぎ業；たる・おけ修理業；ゴム製品修理業（自動車タイヤ，ゴム靴の修理を除く）；メタリ

			コン修理業；眼鏡修理業；計量器修理業；自転車修理業；自転車タイヤ修理業；畳裏返し業
88　物品賃貸業	881　各種物品賃貸業	8811　総合リース業	総合リース業
		8819　その他の各種物品賃貸業	各種物品レンタル業
	882　産業用機械器具賃貸業	8821　産業用機械器具賃貸業（建設機械器具を除く）	農業機械器具賃貸業；通信機械器具賃貸業；電話交換機賃貸業；医療機械器具賃貸業；鉱山機械器具賃貸業；金属工作機械賃貸業；金属加工機械賃貸業；プラスチック成形加工機械賃貸業；電動機賃貸業；計測器賃貸業；自動販売機（コインオペレータ）賃貸業；冷蔵陳列棚賃貸業；荷役運搬機械設備賃貸業；コンテナ賃貸業；パレット賃貸業；ボウリング機械設備賃貸業
		8822　建設機械器具賃貸業	掘削機械器具賃貸業；建設用クレーン賃貸業；整地機械賃貸業；基礎工事用機械賃貸業；架設資材賃貸業
	883　事務用機械器具賃貸業	8831　事務用機械器具賃貸業（電子計算機を除く）	事務用機械器具賃貸業；電子式複写機賃貸業；会計機械賃貸業；金銭登録機賃貸業；ファイリングシステム用器具賃貸業
		8832　電子計算機・同関連機器賃貸業	電子計算機賃貸業；電子計算機関連機器賃貸業
	884　自動車賃貸業	8841　自動車賃貸業	レンタカー業；自動車リース業
	885　スポーツ・娯楽用品賃貸業	8851　スポーツ・娯楽用品賃貸業	スポーツ用品賃貸業；スキー用品賃貸業；スケート靴賃貸業；貸自転車業；運動会用具賃貸業；貸テント業；貸ヨット業；貸モータボート業；貸馬業
	889　その他の物品賃貸業	8891　映画・演劇用品賃貸業	映画用諸道具賃貸業；演劇用諸道具賃貸業；映写機賃貸業；映画フィルム賃貸業；貸衣しょう業（映画・演劇用のもの）
		8892　音楽・映像記録物賃貸業（別掲を除く）	レンタルビデオ業；レコード賃貸業；ミュージックテープ・ＣＤ賃貸業
		8893　貸衣しょう業（別掲を除く）	貸衣しょう業（映画・演劇用を除く）；レンタルブティック
		8899　他に分類されない物品賃貸業	貸テレビ業；貸本屋；貸楽器業；貸美術品業；貸ふとん業；貸植木業；

				貸花環業；貸ピアノ業；医療・福祉用具賃貸業
89　広告業	891　広告代理業	8911	広告代理業	広告代理業；広告業（広告の代理業を主とするもの）；新聞広告代理業；車両内広告代理業；電柱広告代理業
	899　その他の広告業	8991	屋外広告業	屋外広告業；掲示案内業；アドバルーン業
		8999	他に分類されない広告業	広め屋；ちんどん屋；引札配布業；郵便広告業；サンプル配布業
90　その他の事業サービス業	901　速記・ワープロ入力・複写業	9011	速記・ワープロ入力業	速記業；ワープロ入力請負業；タイプライティング請負業；あて名書業；筆耕業；テープ起こし
		9012	複写業	複写業；複写加工業；青写真業；地図複製業；マイクロ写真業
	902　商品検査業	9021	商品検査業	商品検査業；計量検定所；肥飼料検査所
	903　計量証明業	9031	一般計量証明業	質量計量証明業；長さ・面積等計量証明業
		9032	環境計量証明業	環境測定分析業；作業環境測定分析業；土壌汚染測定分析業；水質汚濁測定分析業；浮遊粉じん測定業；放射能等測定分析業
		9039	その他の計量証明業	金属・鉱物分析業；貨物以外の質量証明業；環境以外の濃度計量証明業
	904　建物サービス業	9041	ビルメンテナンス業	ビルメンテナンス業；ビルサービス業
		9049	その他の建物サービス業	床磨き業；ガラスふき業；煙突掃除業；住宅消毒業；害虫駆除業；ビル清掃業；建築物飲料水管理業
	905　民営職業紹介業	9051	民営職業紹介業	民営職業紹介業；看護婦紹介所；家政婦紹介所；マネキン紹介所；配ぜん人紹介所；労働者供給業；労働者募集業；内職あっせん業
	906　警備業	9061	警備業	警備業；警備保障業
	909　他に分類されない事業サービス業	9091	ディスプレイ業	ディスプレイ業
		9092	産業用設備洗浄業	プラント洗浄業；産業用配管洗浄業；産業用タンク洗浄業；産業用上下水道管洗浄業
		9093	非破壊検査業	非破壊検査業
		9094	看板書き業	看板屋（看板書きを行うもので単純な加工を行うものを含む）；ペンキ屋（看板書きを主とするもの）
		9095	労働者派遣業	労働者派遣業

			9099　他に分類されないその他の事業サービス業	新聞切抜業；鉄くず破砕請負業；船舶解体請負業；集金業；取立業；陸送業；商品展示所；パーティ請負業；バンケットサービス業；レッカー車業；温泉供給業；はく（箔）押し業（印刷物以外のものに行うもの）；圧縮ガス充てん業；液化ガス充てん業；液化石油ガス（LPG）充てん業；プリペイドカード等カードシステム業；トレーディングスタンプ業；メーリングサービス業；電気保安協会；自家用自動車管理業
91　政治・経済・文化団体	911　経済団体	9111　実業団体		商工会議所；商工会；商工組合；経済団体連合会；日本経営者団体連盟；経済同友会；全国商工会連合会；全国中小企業団体中央会
		9112　同業団体		全国銀行協会連合会；日本証券業協会；証券団体協議会；生命保険協会；日本損害保険協会；日本乳製品協会；日本百貨店協会；石油鉱業連盟；日本製紙連合会；板硝子協会；日本造船工業会；日本プラスチック工業連盟；日本産業機械工業会；日本鉄鋼連盟；日本電機工業会；電子情報技術産業協会；日本自動車工業会；日本化学工業協会；石油化学工業協会；セメント協会；日本紡績協会；日本化学繊維協会；日本陶業連盟；日本鉱業協会；石油連盟；日本アルミニウム協会；電気事業連合会；日本ガス協会；日本水道協会；日本製薬団体連合会；日本医療機器関係団体協議会；日本医師会；日本歯科医師会；日本薬剤師会；日本看護協会；日本弁護士連合会
	912　労働団体	9121　労働団体		日本労働組合総連合会；全国労働組合総連合；全国労働組合連絡協議会；全日本金属産業労働組合協議会；全日本自動車産業労働組合総連合会；全日本自治体労働組合；労働組合；職員組合
	913　学術・文化団体	9131　学術団体		日本学術振興会；日本地理学会；日本学士院；日本医学会；日本薬学会
		9132　文化団体		日本芸術院；日本児童文学者協会；

				国際文化協会；国際交流基金
	914　政治団体	9141　政治団体	自由民主党；民主党；公明党；日本共産党；保守党；社会民主党；自由党
	919　他に分類されない非営利団体	9199　他に分類されない非営利団体	新聞クラブ；学士会；同好会；親交会；納税協会；日本体育協会；育英会；囲碁連盟；将棋連盟；YMCA；後援会事務所；交通安全協会；日本野鳥の会；ライオンズクラブ
92　宗教	921　神道系宗教	9211　神社，神道教会	神宮；神社；神道協会
		9212　教派事務所	神社本庁
	922　仏教系宗教	9221　寺院，仏教教会	寺院；仏教協会
		9222　宗派事務所	仏教宗務庁；仏教教庁
	923　キリスト教系宗教	9231　キリスト教教会，修道院	キリスト教教会；修道院；布教所
		9232　教団事務所	教団事務所；キリスト教系事務所；キリスト教系事務局
	929　その他の宗教	9291　その他の宗教の教会	教会（神道，仏教，キリスト教以外）
		9299　その他の宗教の教団事務所	本部（神道，仏教，キリスト教以外）；教庁（神道，仏教，キリスト教以外）；事務局（神道，仏教，キリスト教以外）
93　その他のサービス業	931　集会場	9311　集会場	県民会館；文化会館；公会堂；勤労会館；公会堂管理事務所；婦人会館
	932　と畜場	9321　と畜場	と殺業；と畜請負業；と畜場
	939　他に分類されないサービス業	9399　他に分類されないサービス業	中央卸売市場；地方卸売市場；動物検疫所；植物防疫所；家畜保健衛生所
94　外国公務	941　外国公館	9411　外国公館	大使館；総領事館；外国政府代表部
	949　その他の外国公務	9499　その他の外国公務	国際連合広報センター；国際連合開発計画東京連絡事務所；アジア生産性機構；国際労働事務局東京支局；在日米軍施設

大 分 類　　Ｒ―公務（他に分類されないもの）

中分類番号	小分類番号	細 分 類 番 号	業　　務　　例　　示
95　国家公務	951　立法機関	9511　立法機関	衆議院；参議院；裁判官弾劾裁判所；裁判官訴追委員会
	952　司法機関	9521　司法機関	最高裁判所；高等裁判所・支部・部；地方裁判所・支部・部；家庭裁判所・支部・部・出張所；簡易裁判所；検察審査会事務局
	953　行政機関	9531　行政機関	人事院　地方事務局；沖縄事務所 内閣府　迎賓館；北方対策本部；国際平和協力本部；沖縄総合事務局；陸運事務所；海運事務所 宮内庁　正倉院事務所；京都事務所 国家公安委員会　警察庁・管区警察局・警察通信部・皇宮警察本部（同護衛署） 防衛庁　陸上幕僚監部；陸上自衛隊の部隊及び機関；海上幕僚監部；海上自衛隊の部隊及び機関；航空幕僚監部；航空自衛隊の部隊及び機関；統合幕僚会議；契約本部 防衛施設庁　防衛施設局・支局・防衛施設事務所 金融庁　証券取引等監視委員会 総務省　管区行政評価局；支局・事務所；統計センター；日本学術会議事務局；地方総合通信局・出張所；沖縄総合通信事務所；中央選挙管理会事務局 公正取引委員会　公正取引委員会事務局・地方事務所 公害等調整委員会　公害等調整委員会事務局 郵政事業庁　地方郵政監察局・郵政監察室；地方郵政局 消防庁 法務省　刑務所；拘置所；少年鑑別所；婦人補導院；入国者収容所；法務局・地方法務局；支局・出張所；矯正管区；地方更生保護委員会；保護観察所；地方入局管理局・支局・出張所 検察庁　検察庁（支部を含む）；区

				検察庁；司法試験管理委員会
				公安審査委員会　公安審査委員会事務局
				公安調査庁　公安調査局；公安調査事務所
				外務省
				財務省　財務（支）局・財務事務所・出張所；税関・税関支署・出張所・監視署
				国税庁　国税不服審判所；国税局・税務署・支署；沖縄国税事務所
				文部科学省　日本ユネスコ国内委員会；水戸原子力事務所
				文化庁
				厚生労働省　地方厚生局・支局；地方麻薬取締支所；社会保険審査会；都道府県労働局・労働基準監督署；公共職業安定所・出張所
				社会保険庁　社会保険業務センター；地方社会保険事務局
				中央労働委員会　中央労働委員会・事務局・地方事務所
				農林水産省　農林水産技術会議；地方農政局；統計情報事務所・出張所
				食糧庁　食料事務所・支所
				林野庁
				水産庁　漁業調整事務所
				経済産業省　経済産業局・電気・ガス事業支局・通商事務所・アルコール事務所・石炭事務所
				資源エネルギー庁
				原子力安全・保安院　鉱山保安監督部；那覇鉱山保安監督事務所
				特許庁
				中小企業庁
				国土交通省　地方整備局；北海道開発局；ダム管理事務所；地方運輸局・海運監理部・海運支局・陸運支局（自動車検査登録事務所）；地方航空局（空港事務所・空港出張所）；小笠原総合事務所
				船員労働委員会　船員（中央・地方）労働委員会
				気象庁　管区気象台・地方気象台・

				測候所（出張所）；海洋気象台；気象衛星センター
				海上保安庁　管区海上保安本部；海上保安部；海上保安署；航空基地；特殊救難基地；統制通信事務所
				海難審判庁　高等海難審判庁；地方海難審判庁（支部）；海難審判理事所・地方海難理事所（支所）
				環境省
96　地方公務	961　都道府県機関	9611　都道府県機関		都道府県議会；議会事務局
				地方事務所；出納事務所；総務事務所；財務事務所；税務事務所；給与事務所；東京事務所；渉外労務管理事務所；水防（防災）連絡所；都市計画事務所；新産業都市建設連絡事務所；労政事務所；商工事務所；農林事務所；林業事務所（公有林の育林管理を行わないもの）；林務事務所・出張所；山林事務所；耕地事務所（土地改良工事の管理を行わないもの）；農業水利調査事務所；土地改良調査事務所；えん堤管理事務所；ダム管理事務所；水産事務所；県民生活センター；県民相談センター；旅券事務所（パスポートセンター）；地方振興事務所
				教育委員会；教育委員会事務局；教育庁（事務所，出張所）
				公安委員会；道府県警察本部（警視庁）；方面本部；警察署
				選挙管理委員会
				監査委員会；監査委員会事務局
				内水面漁場管理委員会
				海区漁業調整委員会
				収用委員会
				地方労働委員会；地方労働委員会事務局
				人事委員会；人事委員会事務局
	962　市町村機関	9621　市町村機関		市（区）町村議会；議会事務局
				市（区）役所・町村役場・支所・出張所・行政委員会
				東京事務所；税務事務所；青少年相談センター；労政事務所；農政事務所；消防本部（消防局）；消防署；

			消費生活センター；市民相談センター；市史編さん室；青少年補導センター 教育委員会；教育委員会事務局 選挙管理委員会 人事委員会；公平委員会 農業委員会；農業委員会事務局 役場事務組合・組合役場・消防組合・消防署

大 分 類　　S─分類不能の産業

中分類番号	小分類番号	細 分 類 番 号	業　　務　　例　　示
99　分類不能 　の産業	999　分類不能 　の産業	9999　分類不能の産業	

別表第3 出火原因分類表

1表 発 火 源

大分類	内　　容	中分類	内　　容	小分類	内　　容
0		00		0009	不明
1	電気による発熱体	11	移動可能な電熱器	1101	電気こんろ
				1102	電気ストーブ・火鉢（開放式）
				1103	電気ストーブ・火鉢（半密閉式）
				1104	電気ストーブ・火鉢（密閉式）
				1105	電気こたつ
				1106	電気アイロン・こて
				1107	電気ふとん・電気毛布
				1108	電気ポット
				1109	ヘアードライヤー
				1110	溶接器
				1111	電気ロースター
				1112	電気トースター
				1113	電気魚焼き器
				1114	電気がま
				1115	電気治療器
				1116	電子ジャー炊飯器
				1117	電気天火
				1118	ホットプレート
				1119	鑑賞魚用ヒータ
				1120	電気蚊取り器
				1121	電気点火器
				1122	カーペット類
				1123	パネルヒータ
				1124	電気滅菌器
				1125	電熱線
				1126	小型電気炉
				1127	電磁調理器
				1199	その他の移動可能な電熱器
		12	固定の電熱器	1201	電気恒温器・電気ふ卵器
				1202	電気焼き器
				1203	電気乾燥器
				1204	電気炉
				1205	育すう器
				1206	電磁調理器
				1207	電気温水機
				1208	電気レンジ
				1209	電気クッキングヒータ
				1210	サウナヒータ

						1211	電気プレス器
						1212	電気フライヤー
						1213	自動半田付け機
						1299	その他の固定の電熱器
			13	電気機器		1301	乾電池
						1302	充電式電池
						1303	蓄電池
						1304	ニッカド電池
						1305	リチウム電池
						1306	水銀電池
						1307	太陽電池
						1308	水素電池
						1309	テレビ
						1310	オーディオ機器
						1311	ブラケット
						1312	器具外付け安定器
						1313	電気冷蔵庫
						1314	電気洗濯機
						1315	電子レンジ
						1316	冷暖房機
						1317	扇風機
						1318	送（排）風機・ベンチレーター
						1319	換気扇
						1320	空気清浄機
						1321	掃除機
						1322	冷凍庫・冷凍冷蔵ケース
						1323	冷水機
						1324	製氷機
						1325	ジューサー・ミキサー
						1326	充電式電気剃刀・ライト
						1327	自動販売機
						1328	鉛筆削機
						1329	複写機
						1330	光線治療機
						1331	映写機・スライド映写機
						1332	電話機・ファクシミリ
						1333	直流電源装置（充電器）
						1334	電気ドリル
						1335	電気あんま器
						1336	集塵機
						1337	合成樹脂成型機・接着機
						1338	静電塗装機
						1339	製本用バインダー
						1340	印刷機

				1341	電気のり付け機	
				1342	放電加工機	
				1343	タイムスイッチ	
				1344	ガソリン計量機器	
				1345	鑑賞魚用ポンプモータ	
				1346	洗濯乾燥機	
				1347	製綿機	
				1348	洗浄機	
				1349	研磨機	
				1350	かくはん機	
				1351	電動遊技（戯）機器	
				1352	便所用温水温風機	
				1353	電気のこぎり	
				1354	電気表示板（盤）	
				1355	旋盤・スライス盤	
				1356	靴磨機	
				1357	裁断器	
				1358	無線通信用設備機器	
				1359	コンピューター（本体）	
				1360	コンピューター（ハードディスク）	
				1361	コンピューター（モニター）	
				1362	コンピューター（プリンター）	
				1363	計測器・分析装置	
				1364	電話交換機	
				1365	時限発火装置	
				1366	放送用設備機器	
				1367	シーリングライト	
				1368	ダウンライト	
				1369	スポットライト	
				1370	投光器	
				1371	点検灯	
				1372	水銀灯	
				1373	白熱灯スタンド	
				1374	蛍光灯スタンド	
				1375	看板灯	
				1376	サインポール	
				1377	蛍光灯	
				1378	ネオン灯	
				1379	テレビ（ブラウン管方式）	
				1380	テレビ（液晶モニタ式）	
				1381	テレビ（プラズマ式）	

					1382	テレビ（プロジェクション式）
					1399	その他の電気機器
		14	電気装置		1401	配電用変圧器
					1402	モーター
					1403	発電機
					1404	整流器・充電器
					1405	計器用変成器
					1406	断路器（ジスコン）
					1407	油入開閉器
					1408	その他の開閉器
					1409	その他の遮断機（高圧）
					1410	小型トランス
					1411	空気圧縮機
					1412	コンデンサー（低圧）
					1413	コンデンサー（高圧）
					1414	コンデンサーリアクトル
					1415	抵抗器
					1416	制御盤
					1417	燃料電池
					1499	その他の電気装置
		15	電灯電話等の配線		1501	送電線
					1502	配電線（低圧）
					1503	配電線（高圧）
					1504	引込線（低圧）
					1505	引込線（高圧）
					1506	屋内配線
					1507	コード
					1508	器具付きコード
					1509	配線接触部
					1510	屋外線
					1511	接地線
					1512	電話配線
					1513	有線放送配線
					1514	コンピューター配線
					1515	ＣＡＴＶ配線
					1516	その他の配線
					1517	変電設備内配線（高圧）
					1518	交通機関内配線（スパークプラグ）
					1519	交通機関内配線（デストリビュータ）
					1520	交通機関内配線（イグニッショ

						ンコイル）
				1521	交通機関内配線（コンタクトブレーカー）
				1522	交通機関内配線（その他）
				1599	その他の電灯電話等の配線
		16	配線器具	1601	スイッチ
				1602	ナイフスイッチ
				1603	自動開閉器
				1604	安全器
				1605	プラグ
				1606	テーブルタップ
				1607	ソケット
				1608	ローゼット
				1609	接続器（その他）
				1610	メーター
				1611	高圧カットアウト・柱上開閉器
				1612	ヒューズホルダー
				1613	ケーブルヘッド
				1699	その他の配線器具
		17	漏電により発熱しやすい部分	1701	モルタルラス
				1702	トタン板継ぎ目
				1703	壁に打ち込んだ釘
				1704	雨樋の支え釘
				1705	金属板やパイプの接合部
				1708	高圧線の接触した木材
				1709	異金属との接触部
				1799	その他の漏電により発熱し易い部分
		18	静電スパーク	1801	ゴム（レザー）引き機のスパーク
				1802	製紙用つや出し機のスパーク
				1803	その他のロールのスパーク
				1804	管中の流動液体によるスパーク
				1805	管より噴出する気体によるスパーク
				1806	粉体摩擦によるスパーク
				1807	静電塗装機のスパーク
				1808	帯電衣類のスパーク
				1809	容器内流動体のスパーク
				1899	その他の静電スパーク
		19	その他	1999	その他
2	ガス油類を燃料とする道具装置	21	都市ガスを用いる移動可能な道具	2101	ガスこんろ
				2102	ガステーブル
				2103	ガスストーブ（開放式）

					2104	ガスストーブ（半密閉式）
					2105	ガスストーブ（密閉式）
					2106	乾燥器
					2107	湯沸し
					2108	消毒器・滅菌器
					2109	可動かまど・風呂かまど
					2110	レンジ
					2111	溶接機・切断機
					2112	炊飯器
					2113	オーブン
					2114	ガスバーナー
					2115	ガスロースター
					2116	屋台用こんろ・バーナー
					2117	ガス関東煮器
					2118	ガス魚焼器
					2119	ガス焼肉器
					2120	ガスフライヤー
					2121	溶解がま・溶解炉
					2122	ガス茶煎器
					2123	ガス点火用火口棒
					2124	ガス酒かん用どうこ
					2125	ガス湯沸がま
					2126	ガスハンドトーチ
					2127	ガス火鉢
					2199	その他の都市ガスを用いる移動可能な道具
	22	液化石油ガスを用いる移動可能な道具			2201	ガスこんろ
					2202	ガステーブル
					2203	簡易型ガスこんろ（カセット型）
					2204	ガスストーブ（開放式）
					2205	ガスストーブ（半密閉式）
					2206	ガスストーブ（密閉式）
					2207	乾燥器
					2208	湯沸かし
					2209	消毒器・滅菌器
					2210	可動かまど・風呂かまど
					2211	レンジ
					2212	溶接機・切断機
					2213	炊飯器
					2214	オーブン
					2215	バーナー
					2216	ロースター
					2217	屋台用こんろ，バーナー
					2218	魚焼器

				2219	溶解がま・溶解炉	
				2220	点火用火口棒	
				2221	ハンドトーチ	
				2222	ペイント溶解用ケトル	
				2223	内燃機関	
				2224	溶射器	
				2299	その他の液化石油ガスを用いる移動可能な道具	
		23	都市ガスを用いる固定したガス設備	2301	乾燥室	
				2302	大型こんろ	
				2303	営業用炉	
				2304	工業用炉	
				2305	築造かまど	
				2306	風呂かまど	
				2307	大型レンジ	
				2308	瞬間湯沸器	
				2309	貯湯式湯沸器	
				2310	フライヤー	
				2311	乾燥機	
				2312	ガスコーヒー焙煎機	
				2313	溶解がま・溶解炉	
				2314	ボイラー	
				2315	焼き鳥炉	
				2316	かまど	
				2317	湯沸器ボイラー	
				2399	その他の都市ガスを用いる固定したガス設備	
		24	液化石油ガスを用いる固定したガス設備	2401	乾燥室	
				2402	大型こんろ	
				2403	営業用炉	
				2404	工業用炉	
				2405	築造かまど	
				2406	風呂かまど	
				2407	大型レンジ	
				2408	湯沸器（開放式）	
				2409	湯沸器（半密閉式）	
				2410	湯沸器（密閉式）	
				2411	フライヤー	
				2412	乾燥機	
				2413	ガスコーヒー焙煎機	
				2414	溶解がま・溶解炉	
				2415	ボイラー	
				2416	焼き鳥炉	
				2417	かまど	

					2418	湯沸器ボイラー
					2499	液化石油ガスを用いる固定したガス設備
		25	油を燃料とする移動可能な道具		2501	石油・ガソリンこんろ
					2502	石油・ガソリンストーブ（開放式）
					2503	石油・ガソリンストーブ（半密閉式）
					2504	石油・ガソリンストーブ（密閉式）
					2505	トーチランプ
					2506	アルコールランプ
					2507	湯沸し
					2508	風呂かまど
					2509	石油レンジ
					2510	内燃機関
					2511	アスファルト溶解炉・溶解庫
					2512	乾燥機・乾燥庫・乾燥室
					2513	溶接器用発電機
					2514	石油火鉢
					2515	ジーゼルコンプレッサー
					2516	エンジンカッター
					2517	農業用虫焼機
					2518	溶解がま
					2519	ボイラー
					2520	発電機
					2521	石油バーナー
					2522	点火棒
					2523	ジェットヒータ
					2524	白金かいろ
					2525	屋台こんろ・かまど
					2526	アルコールこんろ
					2599	その他の油を燃料とする移動可能な道具
		26	油を燃料とする固定設備		2601	乾燥機
					2602	ストーブ（開放式）
					2603	ストーブ（半密閉式）
					2604	ストーブ（密閉式）
					2605	営業用炉
					2606	工業用炉
					2607	ボイラー
					2608	風呂かまど
					2609	冷暖房機
					2610	乾燥庫

					2611	オイルバーナー
					2612	熱風炉
					2613	フライヤー
					2614	ごみ焼却炉
					2615	温風ヒータ
					2699	その他の油を燃料とする固定設備
			27	明り	2701	ローソク
					2702	ちょうちん・灯ろう
					2703	灯明
					2704	ガス灯
					2705	アセチレン灯
					2706	石油ランプ
					2707	カーバイトランプ
					2799	その他の明り
			29	その他	2901	アセチレンガス溶接機・切断機
					2902	ブタンガストーチバーナー
					2999	その他
3	まき，炭，石炭（コークス）を燃料とする道具装置	31	炭たどん（練炭）を燃料とするもの	3101	七輪こんろ
					3102	火鉢
					3103	せんべい焼き炉
					3104	かいろ
					3105	育すう器
					3106	こたつ
					3107	木炭ガス発生炉
					3108	いろり
					3109	魚焼き炉
					3110	焼肉炉
					3111	屋台こんろ，かまど
					3199	その他の炭たどん（練炭）を燃料とする物
			32	まき（かんな屑，わら紙）を燃料とするもの	3201	こんろ
					3202	ストーブ
					3203	営業用炉
					3204	工業用炉
					3205	かまど
					3206	風呂かまど
					3207	木炭ガス発生炉
					3208	いろり
					3209	ゴミ焼却炉・代用焼却炉
					3210	アスファルト溶解炉・溶解庫
					3211	焼きいも炉
					3212	マントルピース
					3213	屋台こんろ，かまど

					3299	その他のまき（かんな屑，わら紙）を燃料とする物
		33	石炭燃料の移動可能な装置		3301	こんろ
					3302	かまど
					3303	レンジ
					3304	乾燥器
					3399	その他の石炭燃料の移動可能な装置
		34	石炭燃料の固定装置		3401	乾燥室
					3402	ストーブ
					3403	営業用炉
					3404	工業用炉
					3405	築造かまど
					3406	風呂かまど
					3407	ボイラー
					3408	風呂ボイラー
					3409	火葬用かまど
					3499	その他の石炭燃料の固定装置
		35	火を消すための器		3501	火消しつぼ
					3599	その他の火を消すための器
		39	その他		3999	その他
4	火種（それ自身発火しているもの）	41	裸火（器に入っていないもの）		4101	炭火
					4102	線香
					4103	たき火
					4104	燃えさし（消えていない薪）
					4105	虫焼火
					4106	火なわ
					4107	たきつけ（他に火をつけるもの）
					4108	火のついた調理品
					4109	火のついた紙
					4110	火のついた布
					4111	火のついたゴミ
					4112	火のついた棒
					4113	火のついた油
					4114	薫煙殺虫剤
					4115	火炎びん
					4116	火のついたひも，なわ
					4117	枯れ草焼き
					4199	その他の裸火（器に入っていないもの）
		42	たばことマッチ		4201	たばこ
					4202	マッチ
					4203	ライター
					4299	その他のたばことマッチ

		43	火の粉	4301	固定煙突の火の粉
				4302	汽車の煙突の火の粉
				4303	たき火の火の粉
				4304	いろり又は火ばちの火の粉
				4305	かまどの火の粉
				4306	こんろの火の粉
				4307	炎上家屋の火の粉
				4308	火入れの火の粉
				4309	ごみ焼却炉の火の粉
				4310	ストーブの火の粉
				4311	風呂かまどの火の粉
				4312	焼入炉の火の粉
				4313	排気筒の火の粉
				4314	車両排気管の火の粉
				4315	プラスチックの成形機の火の粉
				4316	パン焼器（炉）の火の粉
				4399	その他の火の粉
		44	火花（固体の衝撃摩擦による）	4401	グラインダーの火花
				4402	製綿機の火花
				4403	粉砕機の火花
				4404	ブレーキの火花
				4405	車体等の衝撃火花
				4406	エンジンカッターの火花
				4407	ドリルの火花
				4408	金属と金属との衝撃火花
				4409	車両と路面との火花
				4410	研磨機の火花
				4411	掘削機とガス管の衝撃火花
				4412	金属とコンクリート床との衝撃火花
				4413	旋盤と金属の衝撃火花
				4414	金属とスクラッププレス機の衝撃火花
				4415	金属と切断機の衝撃火花
				4416	削石機とコンクリートの衝撃火花
				4499	その他の火花（固体の衝撃摩擦による）
		49	その他	4901	他県（町村）からの延焼火災
				4999	その他
5	高温の固体	51	高温気体で熱せられたもの	5101	煙突
				5102	煙道
				5103	スチームパイプ
				5104	乾燥室

					5105	排気管
					5106	排気ダクト
					5107	スチーム乾燥機
					5199	その他の高温で熱せられたもの
			52	摩擦により熱せられたもの	5201	軸受
					5202	切削工具
					5203	クラッチ
					5204	ベルト
					5205	プーリー
					5206	ブレーキライニング
					5207	プロペラシャフト
					5208	タイヤと路面との摩擦
					5209	車両と路面の間にはさまった紙
					5299	その他の摩擦により熱せられたもの
			53	高温の固体	5301	溶融金属
					5302	インゴット類（高温体）
					5303	こて
					5304	リベット
					5305	焼入金属
					5306	鋳物
					5307	溶融片
					5308	溶融ガラス
					5309	赤熱したスケール
					5310	赤熱した鉄パイプ
					5311	赤熱した切粉
					5312	のろ
					5313	切削くず
					5314	熱せられた金属製品
					5315	熱せられたアスファルト
					5399	その他の高温の固体
			59	その他	5999	その他
6	自然発火あるいは再燃を起こしやすい物		61	自己反応性物質（※1）	6101	有機過酸化物
					6102	硝酸エステル類
					6103	ニトロ化合物
					6104	ニトロソ化合物
					6105	アゾ化合物
					6106	ジアゾ化合物
					6107	ヒドラジンの誘導体
					6108	金属のアジ化物
					6109	硝酸グアニジン
					6199	その他の自己反応性物質
			62	自然発火性物質及び禁水性物質	6201	カリウム
					6202	ナトリウム

				（※1）	6203	アルキルアルミニウム
					6204	アルキルリチウム
					6205	黄りん
					6206	アルカリ金属（カリウム及びナトリウムを除く）及びアルカリ土類金属
					6207	有機金属化合物（アルキルアルミニウム及びアルキルリチウムを除く）
					6208	金属の水素化物
					6209	金属のりん化物
					6210	カルシウム又はアルミニウムの炭化物
					6211	塩素化けい素化合物
					6299	その他の自然発火性物質及び禁水性物質
			63	その他の自然発火しやすいもの	6301	油紙・油布
					6302	油紙・油布製品
					6303	油ぼろ
					6304	油かす
					6305	魚かす
					6306	塗料かす
					6307	揚げ玉
					6308	揚げかす
					6309	切削くず
					6310	金属粉
					6311	石炭類
					6399	その他の自然発火しやすい油類
			64	再燃により出火原因となりやすいもの	6401	かいろ灰
					6402	取灰
					6403	消し炭薪
					6404	石炭がら
					6405	綿・ふとん類
					6406	再生ゴム
					6407	すす
					6499	その他の再燃により出火原因となりやすいもの
			65	レンズ	6501	凸面鏡・凹面鏡
					6599	その他のレンズ
			69	その他	6901	野積みのごみ
					6999	その他
7	危険物品		71	火薬類	7101	火薬
					7102	爆薬
					7103	煙火

				7104	火工品（煙火を除く）
				7199	その他の火薬類
		72	酸化性気体	7201	酸素
				7202	塩素
				7203	オゾン
				7204	フッ素
				7299	その他の酸化性気体
		73	酸化性液体	7301	過塩素酸
			（※1）	7302	過酸化水素
				7303	硝酸
				7304	ハロゲン間化合物
				7399	その他の酸化性液体
		74	酸化性固体	7401	塩素酸塩類
			（※1）	7402	過塩素酸塩類
				7403	無機過酸化物
				7404	亜塩素酸塩類
				7405	臭素酸塩類
				7406	硝酸塩類
				7407	よう素酸塩類
				7408	過マンガン酸塩類
				7409	重クロム酸塩類
				7410	過よう素酸塩類
				7411	過よう素酸
				7412	クロム，鉛又はよう素の酸化物
				7413	亜硝酸塩類
				7414	次亜塩素酸塩類
				7415	塩素化イソシアヌル酸
				7416	ペルオキソ二硫酸塩類
				7417	ペルオキソほう酸塩類
				7499	その他の酸化性固体
		79	その他	7901	アセチレンボンベ
				7902	時限発火装置
				7999	その他
8	天災	81	雷	8101	直接雷
				8102	間接雷
				8199	その他
9	その他	99	その他	9999	その他

※1：列記する物品は含有物を含むものである。

2表　経　　　過

大分類	内　　容	中分類	内　　容	小分類	内　　容
		0		09	不明
		1	電気的の原因で発熱する	10	半断線により発熱する
				11	漏電（地絡）する
				12	電線が短絡する
				13	電線が混触する
				14	過多の電流を流す
				15	スパークする
				16	金属の接触部が過熱する
				17	静電スパークが飛ぶ
				18	絶縁劣化による発熱
				19	その他
		2	化学的の原因で発熱する	21	爆発する
				22	反応が急激に起こる
				23	異物が混入して発熱する
				24	ガス管などが噴出する
				25	スパークによる引火
				26	引火する
				27	自然発火する
				28	薬品類が互いに混触する
				29	その他
		3	熱的の原因で発火する	31	可燃物が沸騰したり溢れでる
				32	消したはずのものが再燃する
				33	余熱で発火する
				34	摩擦により発熱する
				35	輻射を受けて発火する
				36	高温物が触れる
				37	伝導過熱する（1）
				38	過熱する
				39	その他
		4	火源あるいは着火物が運動により接触する	41	可燃物が火源の上に転倒落下する
				42	可燃物が動いて火源に触れる
				43	容器から火種がこぼれる
				44	炭火がはねる高温の飛沫が飛ぶ
				45	火の粉が散る遠くへ飛火する
				46	火花が飛ぶ
				47	火源が転倒落下する
				48	火源が動いて接触する
				49	その他
		5	器具機械の材質や構造の不良に	51	火源が破損腐食する
				52	機械が故障を起こす

				基づく	53	構造不完全デザイン不良
					54	材質が不良である
					55	塗料が悪い
					56	火源が漏洩する
					57	着火物が漏洩する
					58	容器（着火物用）が破損腐食する
					59	その他
			6	使用方法が不良に基づく	60	意図なしにスイッチが入る
					61	機械の調整が適当でない
					62	かまど等の火を燃しすぎる
					63	考え違いにより使用を誤る
					64	不適当なところに捨て置く
					65	放置する，忘れる
					66	本来の用途以外の不適の用に用いる
					67	残り火の処置が不充分（2）
					68	器具を可燃物と共に可燃物の中にしまいこむ
					69	その他
			7	主に交通機関に起こる事故	71	衝突により発火
					72	墜落により発火
					73	逆火
					79	その他
			8	天災地変による	81	地震のために家が倒れる
					82	風のために家が倒れる
					83	水害で薬品に火がつき発火
					84	落雷する
					89	その他
			9	その他	91	放火
					92	放火の疑い
					93	火遊び
					94	放火，火遊び以外で無意識に火をつける
					99	その他

（注）
（1）煙突等で所定の熱遮断をしたものについて
（2）使用時のまま位置にあるもの

3表　着　火　物

大分類	内　　容	中分類	内　　容	小分類	内　　容
0	不明	00	不明	009	不明
1	建築物・建具（船体・車体を含む）	11	屋根ひさし	110	合成樹脂屋根材
				111	トントン
				112	板
				113	トタンぶき
				114	瓦
				115	ルーフィング
				116	草ぶき
				117	スレート
				118	杉皮
				119	その他
		12	壁軸組	120	合成樹脂壁
				121	木ずり
				122	板張ベニヤ
				123	モルタル
				124	しっくい
				125	テックス
				126	戸袋
				127	土台
				128	柱，けた，はり
				129	その他
		13	床	130	合成樹脂床材
				131	畳
				132	板張
				133	リノリューム
				134	上敷
				135	むしろ
				136	デッキ
				137	カーペット
				138	じゅうたん（固定）
				139	その他
		14	天井	141	小屋組材
				142	板張
				143	モルタル
				144	しっくい
				145	テックス
				149	その他
		15	付帯建築物	151	物干し
				152	屋外日除け
				153	看板
				154	門

					155	へい
					156	囲い
					157	支持木材
					159	その他
			16	建具	161	ドアー
					162	日除け
					163	唐紙，フスマ
					164	障子
					165	雨戸（板戸）
					166	アコーディオンカーテン
					169	その他
			17	家具調度	171	机
					172	椅子，ソファー
					173	戸棚，木箱
					174	すだれ，よしず
					175	室内装飾品
					176	カーテン
					179	その他
			18	造作	180	カウンター
					181	炊事台（コンロ台を含む）
					182	作業台
					183	実験台
					184	裁縫台
					185	棚
					186	仏壇，神棚
					187	敷板
					188	窓枠
					189	その他
			19	その他	191	舞台道具類
					192	電線被類
					193	積算電力計
				※12より	196※	断熱材
					197※	外装塗料
					199	その他
2	建築物（船舶車両）内収容物		21	爆発物類	211	花火
					212	火工品類
					213	火薬類
					214	爆発性化学薬品
					215	フイルム
					216	セルロイド及び製品
					219	その他
			22	ガス類	221	都市ガス
					222	水素
					223	アセチレン

				224	水と反応して発生したガス
				225	液化石油ガス
				226	ブタンガス
				227	ＬＰＧ（カセット用）
				228	ＬＰＧ（スプレー用）
				229	その他
		23	引火性液体類	231	特殊引火物
				232	第一石油類
				233	アルコール類
				234	第二石油類
				235	第三石油類
				236	第四石油類
				237	動植物油類
				238	可燃性液体類
		24	可燃性固体（Ⅰ）	241	硫化りん
				242	赤りん
				243	硫黄
				244	鉄粉
				245	金属粉
				246	マグネシウム
				247	引火性固体
				249	その他
		25	繊維類	251	繊維原料
				252	衣類
				253	ふとん，座ぶとん，寝具
				254	繊維製品
				255	袋及び紙製品
				256	わら及びわら製品
				257	乾燥草類（葉たばこを含む）
				259	その他
		26	木質物	261	木毛
				262	まき，たきつけ
				263	木材及び木製品（家具調度を除く）
				264	竹及び竹製品(家具調度を除く)
				269	その他
		27	可燃性固体（Ⅱ）	271	木炭・豆炭・練炭
				272	石炭・コークス
				273	ゴム及びゴム製品
				274	天然樹脂及び製品
				275	合成樹脂と成形品
				276	砂糖食粉
				277	可燃性固体類
				279	その他

		28	屑類	280	ごみ屑
				281	木屑，かんな屑，のこぎり屑
				282	紙屑，わら屑
				283	繊維屑
				284	ぼろ，油ぼろ
				285	セルロイド屑
				286	合成樹脂屑
				287	金属屑
				288	粉塵
				289	その他
		29	その他	299	その他
3	山林その他の火災による着火物	31	山林原野にあるもの	311	枯草（生えたまま枯れたもの）
				312	落葉
				313	立木
				314	芝草
				319	その他
		32	野積	321	石炭
				322	木材原木
				323	木切れ
				324	紙屑
				325	積わら
				329	その他
		39	その他	390	自動販売機
				391	橋
				392	電柱
				393	柱上トランス
				394	アスファルト
				395	枕木
				396	枯草
				397	ごみ類
				398	郵便，新聞受
				399	その他
4	車両	41	自動車	411	ボディ
				412	バンパー
				413	エンジン
				414	モーター
				415	タイヤ
				416	座席シート
				417	電気配線類
				418	車体塗装部
				419	その他
		42	電車等	421	ボディ
				423	エンジン
				424	モーター

				425	台車
				426	座席シート
				427	電気配線類
				428	車体塗装部
				429	その他
9	その他	99	その他	999	その他

別表第4　損害額の算出基準

第1　趣旨

　　この基準は、火災損害額の算出に関する基準を定めるものとする。

第2　用語の意義

　　この基準における用語の意義は、それぞれ次に定めるところによる。

1　「時価単価」とは、建物の経過年数に応じ減価償却方法により又は損耗の程度を考慮して算出したり災時現在における3.3平方メートル当たりの価格をいう。

2　「建築時単価」とは、建物を建築した時の3.3平方メートル当たりの価格をいう。

3　「再建築費単価」とは、り災時現在において、り災した建物を新築するために通常要すべき3.3平方メートル当たりの費用をいう。

4　「評点数」とは、昭和43年1月1日現在における1円を1点とした点数をいう。

5　「残存率」とは、減価償却の方法により、経過年数に応じて減価を控除した残存価格又は損耗度による残存価格の割合をいう。

6　「取得価格」とは、購入、交換等により建物以外の減価償却資産を取得した時の価格をいう。

7　「時価価額」とは、評価する物件の経過年数に応じて減価を控除し、算出したり災時の価額をいう。

第3　建物の評価及び損害額の算出

　　建物の評価及び損害額の算出は、次の方法により行う。ただし、算出した時価単価に100円未満の端数金額があるときは、これを切り捨てる。

1　建築時単価及び経過年数が判明している場合の木造建物の評価

　　木造建物の建築時単価及び経過年数が判明している場合には、1表その1に定める建築費指数のうち当該建物に該当する指数を求め、次の1式により当該建物の再建築費単価を算出する。次いで次の2式により当該建物の3.3平方メートル当たりの評点数を求め、さらに2表その1からその11までに定める残存率のうち当該建物の評点数により経過年数に応ずる残存率と、5表に定める補正係数のうち当該建物の所在する都道府県の補正係数を求め、次の3式を適用して時価単価を算出する。

1式

$$（建築時単価）\times\frac{（り災時の建築費指数）}{（建築時の建築費指数）}≒（再建築費単価）$$

2式

$$（建築時単価）\times\frac{893（昭和42年9月期の木造建築費指数）}{（建築時の建築費指数）}≒（3.3㎡当たり評点数）$$

３式

（再建築費単価）×（残存率）×（補正係数）≒（時価単価）

（例示１）

　東京において昭和35年３月に、3.3平方メートル当たり55,000円で建築した木骨ラスモルタル造（防火構造）共同住宅の昭和43年７月における時価単価は、次により算出する。

　まず１表その１の該当する建築費指数を用いて１式を適用すると

$$55,000円 \times \frac{937}{466} ≒ 110,590円（再建築費単価）$$

　２式を適用すると

$$55,000 \times \frac{893}{466} ≒ 105,397（3.3㎡当たり評点数）$$

この建物の経過年数は８年であるから、２表その３の該当する評点数により、モルタル塗りの行の８年経過の残存率を求めると「0.80」である。

　また５表により東京の補正係数は、「1.00」である。

　そこで３式を適用すれば

　　110,590×0.80×1.00＝88,472円（時価単価）

この88,472円が当該建物の時価単価であるが、事務処理を容易にするため時価単価の100円未満は切り捨てることになっているから、時価単価は88,400円となる。

（例示２）

　名古屋市において昭和36年９月に、3.3平方メートル当たり50,000円で建築した木造モルタル塗り（防火構造）の店舗併用住宅が昭和43年６月に火災となった。

　当該建物の時価単価は、次により算出する。

　まず１表その１の該当する建築費指数を用いて１式を適用すると

$$50,000円 \times \frac{937}{616} ≒ 76,055円（再建築費単価）$$

　２式を適用すると

$$50,000 \times \frac{893}{616} ≒ 72,484（3.3㎡当たり評点数）$$

当該建物は建築してから災するまでに６年を経過しているので、２表のその２の評点数の該当する行の６年経過によって、残存率を求めると「0.82」である。

　また５表により名古屋市の所在する愛知県の補正係数を求めると「1.00」である。

　そこで３式を適用すると

　　76,055円×0.82×1.00≒62,365円（時価単価）

　　100円未満は切り捨てるので、当該建物の時価単価は「62,300円」となる。

　2　建築時単価が不明の場合の木造建物の評価

　　木造建物の建築時単価が不明の場合には、3表に定める各部の構造及び仕上げによる評点数を積算して、次の1式により建物の3.3平方メートル当たりの評点数を求め、次いで次の2式により再建築費単価を算出し、さらに2表その1からその11までに定める残存率のうち該当する残存率と5表に定める補正係数を求め、次の3式を適用して時価単価を算出する。

　　1式

　　　（各構造部の評点数の合計）＋｛（各構造部の評点数の合計）×

　　　（建築設備としての割合0.15）｝≒（建物の3.3㎡当たり評点数）

　　2式

　　　（建物の3.3㎡当たり評点数）×$\dfrac{（り災時の建築費指数）}{893（昭和42年9月期の木造建築費指数）}$≒（再建築費単価）

　　3式

　　　（再建築費単価）×（残存率）×（補正係数）≒（時価単価）

（例示）

　　東京において昭和28年5月に建築した木造板張り平家建住宅が昭和43年6月の火災によって半焼した。この建物の建築時単価が不明の場合の時価単価は、次により算出する。

　　構造及び仕上程度から、3表によりまず部分別に評点を次のように積算する。

部 分 別	構　　　　造　　　　別	評 点 数
屋　　　根	日　本　瓦（並）	14,090
基　　　礎	布コンクリート（30×15㎝）	3,090
外　　　壁	羽　目　板（並）	4,300
柱	桧　10.6㎝（中）	7,230
造　　　作	床の間のある日本間の家 次の算式で算出する 　　　7,230（柱の評点）×0.65	4,700
内　　　壁	真　壁　漆　喰	7,230
天　　　井	竿縁二重（猿頬）廻縁中上	18,540
床	1　階　の　床	2,800
	畳　　　　　（中）	5,770
建　　　具	（中）	7,150

その他の工事		4,450
計		79,350

　　　次に１表を適用すると

　　　　79,350点＋（79,350×0.15）＝91,253点

　　　したがって当該建物の3.3平方メートル当たりの評点数は、91,253点である。

　　　さらに当該住宅の再建築費単価を２式によって算出すると

　　　　$91,253点 \times \dfrac{937}{893} ≒ 95,749円$

　　　そこで２表のその１により当該住宅の残存率を求めると、経過年数が15年であるから「0.77」である。

　　　時価単価を算出するため３式を適用して

　　　　95,749円×0.77×1.00≒73,727円

　　　ゆえに当該建物（住宅）の時価単価は73,700円である。

３　経過年数等が不明の場合の木造建物の評価

　　経過年数及び建築時単価が不明の場合又は改築、修繕等を施した場合の木造建物の評価については、２の１式及び２式を適用して再建築費単価を算出し、４表に定める残存率と５表に定める補正係数を求めて、次の算式により時価単価を算出する。

　　　（再建築費単価）×（残存率）×（補正係数）≒（時価単価）

４　木造建物の部分的損害額の算出

　　木造建物の屋根、天井、内壁、外壁等部分的に損害を受けた場合に、その部分の3.3平方メートル当たりの損害額を算出するに当たっては、６表により次の算式を用いる。

　　　（時価単価）×（該当する部分の構造割合）≒（該当する部分の3.3㎡当たりの損害額）

５　鉄骨鉄筋コンクリート造及び鉄筋コンクリート造の建物の評価及び損害額の算出

　(1)　鉄骨鉄筋コンクリート造及び鉄筋コンクリート造の建物の評価は、１表のその２の該当する建築費指数を用いて１の算式及び評価要領に準じて時価単価を算出する。この場合においては、補正係数を適用しない。

　(2)　鉄骨鉄筋コンクリート造及び鉄筋コンクリート造の建物が焼損した場合の損害額は、焼損した部分の損害額により算出する。

第４　車両等の評価

　　車両、船舶、器具、備品及び構築物の評価は、次の方法により行う。

１　車両、船舶、器具、備品及び構築物の評価は、７表から10表までに定める耐用年数のうち該当する年数を求め、11表に定める残存率を用いて、次の算式により時価

価額を算出する。

（取得価格）×（残存率）≒（時価価額）

2　1の評価に用いる耐用年数は、次の要領によって求める。

⑴　新品を取得した場合には、7表から10表までに定める耐用年数による。

⑵　中古品を取得した場合には、次のア、イにより算出した年数による。この場合において経過年数が不明のときは、その構造、型式、表示されている製作の時期等を勘案してその経過年数を適正に見積るものとする。

　ア　耐用年数の全部を経過したものについては、その耐用年数の20％に相当する年数

　イ　耐用年数の一部を経過したものについては、その耐用年数から経過年数を控除した年数に経過年数の20％に相当する年数を加算した年数

（例示1）

　某運送会社が、昭和40年6月に550,000円で運送事業用の大型乗用車（総排気量が3リットル以上）の新車を購入し、業務用として使用していたが、昭和43年7月1日に火災をおこして全焼した。

　この自動車の時価価額を算出するには、7表により当該自動車の耐用年数を求めると「5年」である。経過年数は「3年」であるので、11表により当該自動車の残存率は「0.251」である。

　そこで、1の算式を適用すると

　　550,000円×0.251≒138,050円

　この138,050円が当該自動車の時価価額である。

（例示2　新品を取得し、耐用年数を経過した場合）

　昭和35年4月に50,000円で購入したテレビジョンが、昭和41年6月に某住宅の火災で焼損した。

　このテレビジョンの時価価額を算出するには、9表により当該物件の耐用年数を求めると「5年」である。

　しかし、当該テレビジョンはり災するまでに6年を経過しているので、最終残存率（0.10）を適用して

　　50,000円×0.10＝5,000円

　したがって、当該テレビジョンの時価価額は5,000円である。

（例示3）

　耐用年数15年の金属製キャビネットで7年経過したものを50,000円で中古取得し、5年経過後火災により焼損した。このキャビネットの時価価額を算出するには、2の⑵のイを適用して耐用年数を求める。

$(15-7)+(7×0.2)＝9$ 年（1年未満の端数は切り捨てること。）

経過年数5年であるので11表によりキャビネットの残存率は「0.278」である。

そこで、1の算式を適用すると

50,000円×0.278＝13,900円

したがって、当該金属製キャビネットの時価価額は13,900円である。

第5　機械及び装置の評価

機械及び装置の評価は、減価償却資産の耐用年数等に関する省令（昭和40年大蔵省令第15号）別表第2に定める耐用年数の該当する年数を求め、第4に定める評価要領に準じて時価価額を算出する。

第6　商品、衣類等の評価

商品、衣類、ふとん、身廻り品、製品、半製品、書画、骨とう、美術工芸品及び宝石類の評価は、次の方法により行う

1　商品

り災直前の販売価格による。したがって、問屋、卸売業における商品は卸売価格、小売業における商品は小売価格による。

2　衣類、ふとん及び身廻り品

り災した物と同程度の古物の時価による

3　製品及び半製品

原料又は材料の価格に工賃を加算した原価による。

4　書画、骨とう、美術工芸品及び宝石類

社会通念上評価されている価格による。

第7　航空機の評価

航空機の評価は、減価償却資産の耐用年数等に関する省令（昭和40年大蔵省令第15号）別表第1に定める耐用年数の該当する年数を求め、第4に定める評価要領に準じて時価価額を算出する。

第8　動産の損害額の算出

動産の損害額は、当該動産の焼損、水損及び破損の区分に従い、全、半及び小の程度（当該動産の効用がほとんど失われた物を全とし、効用の半ば失われた物を半とし、効用上大した支障のない物を小とする。）により、12表に定める減損率を参考として次の算式により算出する。

（時価価額）×（減損率）≒（動産損害額）

第9　立木の評価及び損害額の算出

立木の評価及び損害額の算出は、立木の評価基準（昭和54年農林水産省告示第165号）を参考として行う。

目　次

1表　建物建築費指数表
その1　木造建物

(基準　昭和13年3月＝1.00)

年　別	期　別	指　数	年　別	期　別	指　数
昭和13年	3月	1.00	昭和45年	3月	1,172.00
〃 14年	3月	1.19		9月	1,239.00
〃 15年	3月	1.62	〃 46年	3月	1,295.00
〃 16年	3月	2.23		9月	1,338.00
〃 17年	3月	3.18	〃 47年	3月	1,385.00
〃 18年	3月	4.41		9月	1,442.00
〃 19年	3月	6.46	〃 48年	3月	1,789.00
〃 20年	3月	11.87		9月	2,009.00
〃 21年	3月	24.14	〃 49年	3月	2,291.00
〃 22年	3月	56.00		9月	2,382.00
	9月	78.00	〃 50年	3月	2,390.00
〃 23年	3月	106.00		9月	2,390.00
	9月	141.00	〃 51年	3月	2,404.00
〃 24年	3月	169.00		9月	2,454.00
	9月	160.00	〃 52年	3月	2,488.00
〃 25年	3月	142.00		9月	2,518.00
	9月	163.00	〃 53年	3月	2,545.00
〃 26年	3月	211.00		9月	2,585.00
	9月	246.00	〃 54年	3月	2,658.00
〃 27年	3月	273.00		9月	2,838.00
	9月	299.00	〃 55年	3月	3,039.00
〃 28年	3月	327.00		9月	3,166.00
	9月	377.00	〃 56年	3月	3,193.00
〃 29年	3月	400.00		9月	3,223.00
	9月	398.00	〃 57年	3月	3,241.00
〃 30年	3月	387.00		9月	3,255.00
	9月	384.00	〃 58年	3月	3,261.00
〃 31年	3月	387.00		9月	3,267.00
	9月	412.00	〃 59年	3月	3,273.00
〃 32年	3月	425.00		9月	3,277.00
	9月	430.00	〃 60年	3月	3,281.00
〃 33年	3月	431.00		9月	3,284.00
	9月	433.00	〃 61年	3月	3,289.00
〃 34年	3月	437.00		9月	3,291.00
	9月	447.00	〃 62年	3月	3,295.00
〃 35年	3月	466.00		9月	3,412.00
	9月	482.00	〃 63年	3月	3,473.00
〃 36年	3月	539.00		9月	3,522.00
	9月	616.00	平成元年	3月	3,605.00
〃 37年	3月	639.00		9月	3,716.00
	9月	659.00	〃 2年	3月	3,841.00
〃 38年	3月	678.00		9月	3,995.00
	9月	699.00	〃 3年	3月	4,121.00
〃 39年	3月	725.00		9月	4,204.00
	9月	742.00	〃 4年	3月	4,219.00
〃 40年	3月	744.00		9月	4,203.00
	9月	762.00	〃 5年	3月	4,192.00
〃 41年	3月	776.00		9月	4,182.00
	9月	805.00	〃 6年	3月	4,179.00
〃 42年	3月	849.00		9月	4,186.00
	9月	893.00	〃 7年	3月	4,183.00
〃 43年	3月	937.00		9月	4,183.00
	9月	983.00	〃 8年	3月	4,178.00
〃 44年	3月	1,024.00		9月	4,177.00
	9月	1,120.00	〃 9年	3月	4,167.00
				9月	4,163.00

年　別	期　別	指　数
平成10年	3月	4,150.00
	9月	4,120.00
〃 11年	3月	4,093.00
	9月	4,077.00
〃 12年	3月	4,058.00
	9月	4,040.00
〃 13年	3月	4,024.00
	9月	4,004.00
〃 14年	3月	3,982.00
	9月	3,959.00
〃 15年	3月	3,935.00
	9月	3,914.00
〃 16年	3月	3,893.00
	9月	3,880.00
〃 17年	3月	3,868.00
	9月	3,856.00
〃 18年	3月	3,851.00
	9月	3,850.00
〃 19年	3月	3,858.00
	9月	3,867.00
〃 20年	3月	3,873.00
	9月	3,904.00
〃 21年	3月	3,890.00
	9月	3,865.00
〃 22年	3月	3,832.00
	9月	3,815.00
〃 23年	3月	3,813.00
	9月	3,813.00
〃 24年	3月	3,814.00
	9月	3,817.00
〃 25年	3月	3,832.00
	9月	3,886.00
〃 26年	3月	3,969.00
	9月	4,041.00
〃 27年	3月	4,089.00
	9月	4,106.00
〃 28年	3月	4,110.00
	9月	4,124.00
〃 29年	3月	4,131.00
	9月	4,137.00
〃 30年	3月	4,147.00
	9月	4,159.00
〃 31年	3月	4,169.00
令和元年	9月	4,180.00
〃 2年	3月	4,185.00
	9月	4,187.00
〃 3年	3月	4,189.00
	9月	4,299.00
〃 4年	3月	4,406.00
	9月	4,533.00
〃 5年	3月	4,610.00
	9月	4,681.00

注(1)　「3月」とは、3月から8月まで(昭和13年から昭和21年までは、3月から翌年2月まで)の期間をいい、「9月」とは、9月から翌年2月までの期間をいう。

(2)　この資料は、日本不動産研究所の資料に基づいて作成したものである。

その2　鉄骨鉄筋・鉄筋コンクリート造建物　　　　　（基準　昭和25年6月＝100）

年　　別	期　　別	事　務　所 鉄骨鉄筋コ ンクリート	事　務　所 鉄筋コンク リート	学　　校 鉄筋コンク リート	共同住宅 鉄筋コンク リート
昭和25年	3月	103	105	104	104
	9月	116	113	115	115
〃 26年	3月	186	170	184	173
	9月	172	162	170	165
〃 27年	3月	173	165	173	165
	9月	167	162	167	166
〃 28年	3月	168	163	165	164
	9月	182	177	180	179
〃 29年	3月	186	179	179	180
	9月	168	167	164	168
〃 30年	3月	187	178	179	177
	9月	182	175	177	176
〃 31年	3月	187	179	182	179
	9月	264	228	244	220
〃 32年	3月	239	214	222	210
	9月	205	194	194	192
〃 33年	3月	193	185	181	183
	9月	186	179	173	176
〃 34年	3月	205	195	192	191
	9月	207	197	193	191
〃 35年	3月	207	201	194	197
	9月	216	214	202	210
〃 36年	3月	224	222	210	221
	9月	260	257	241	252
〃 37年	3月	248	249	232	245
	9月	243	245	226	240
〃 38年	3月	244	247	228	242
	9月	242	245	224	241
〃 39年	3月	292	305	271	291
	9月	299	308	276	293
〃 40年	3月	294	305	272	289
	9月	292	304	271	287
〃 41年	3月	292	303	270	288
	9月	308	313	281	297
〃 42年	3月	369	375	340	361
	9月	359	376	332	358
〃 43年	3月	355	374	327	358
	9月	357	375	327	359
〃 44年	3月	411	432	371	410
	9月	462	468	402	445
〃 45年	3月	492	498	428	477
	9月	482	503	432	481
〃 46年	3月	478	505	433	483
	9月	484	510	437	490
〃 47年	3月	487	516	441	494
	9月	496	525	449	503
〃 48年	3月	572	616	523	593
	9月	737	754	654	704
〃 49年	3月	861	908	776	850
	9月	907	976	819	893
〃 50年	3月	872	951	793	872
	9月	845	924	765	853
〃 51年	3月	858	938	780	865
	9月	869	950	789	881

年　別	期　別	事務所 鉄骨鉄筋コ ンクリート	事務所 鉄筋コンク リート	学　校 鉄筋コンク リート	共同住宅 鉄筋コンク リート
昭和52年	3 月	869	955	794	892
	9 月	881	968	807	908
〃 53年	3 月	911	1,001	835	939
	9 月	944	1,037	866	974
〃 54年	3 月	996	1,093	915	1,030
	9 月	1,055	1,161	973	1,097
〃 55年	3 月	1,153	1,263	1,058	1,187
	9 月	1,174	1,284	1,079	1,214
〃 56年	3 月	1,166	1,278	1,077	1,218
	9 月	1,174	1,288	1,087	1,229
〃 57年	3 月	1,174	1,283	1,083	1,227
	9 月	1,173	1,283	1,083	1,227
〃 58年	3 月	1,150	1,257	1,061	1,215
	9 月	1,150	1,258	1,062	1,215
〃 59年	3 月	1,156	1,262	1,065	1,216
	9 月	1,147	1,261	1,064	1,215
〃 60年	3 月	1,149	1,265	1,067	1,218
	9 月	1,139	1,254	1,057	1,209
〃 61年	3 月	1,127	1,244	1,048	1,202
	9 月	1,114	1,235	1,056	1,208
〃 62年	3 月	1,112	1,237	1,042	1,202
	9 月	1,155	1,296	1,095	1,258
〃 63年	3 月	1,191	1,334	1,129	1,308
	9 月	1,225	1,381	1,172	1,356
平成元年	3 月	1,258	1,424	1,209	1,403
	9 月	1,309	1,484	1,263	1,460
〃 2年	3 月	1,352	1,531	1,303	1,508
	9 月	1,401	1,585	1,349	1,560
〃 3年	3 月	1,452	1,645	1,400	1,617
	9 月	1,489	1,689	1,437	1,662
〃 4年	3 月	1,478	1,685	1,432	1,657
	9 月	1,452	1,658	1,407	1,632
〃 5年	3 月	1,423	1,624	1,374	1,602
	9 月	1,386	1,582	1,337	1,564
〃 6年	3 月	1,348	1,543	1,302	1,528
	9 月	1,329	1,522	1,280	1,508
〃 7年	3 月	1,316	1,510	1,271	1,498
	9 月	1,307	1,498	1,260	1,488
〃 8年	3 月	1,303	1,494	1,257	1,485
	9 月	1,297	1,487	1,251	1,478
〃 9年	3 月	1,293	1,482	1,248	1,475
	9 月	1,290	1,479	1,246	1,473
〃 10年	3 月	1,284	1,474	1,241	1,467
	9 月	1,274	1,461	1,230	1,456
〃 11年	3 月	1,261	1,444	1,218	1,442
	9 月	1,247	1,429	1,205	1,428
〃 12年	3 月	1,235	1,415	1,194	1,415
	9 月	1,228	1,405	1,185	1,406
〃 13年	3 月	1,228	1,402	1,183	1,404
	9 月	1,226	1,399	1,181	1,402
〃 14年	3 月	1,225	1,398	1,179	1,400
	9 月	1,225	1,400	1,179	1,400
〃 15年	3 月	1,226	1,402	1,179	1,400
	9 月	1,226	1,402	1,178	1,399

年　　別	期　　別	事　務　所 鉄骨鉄筋コンクリート	事　務　所 鉄筋コンクリート	学　　校 鉄筋コンクリート	共 同 住 宅 鉄筋コンクリート
平成16年	3月	1,235	1,415	1,182	1,405
	9月	1,240	1,421	1,184	1,408
〃 17年	3月	1,242	1,419	1,183	1,407
	9月	1,242	1,417	1,182	1,406
〃 18年	3月	1,242	1,417	1,182	1,406
	9月	1,243	1,419	1,183	1,408
〃 19年	3月	1,246	1,427	1,187	1,413
	9月	1,251	1,443	1,194	1,422
〃 20年	3月	1,274	1,461	1,209	1,445
	9月	1,323	1,500	1,243	1,489
〃 21年	3月	1,305	1,476	1,223	1,459
	9月	1,237	1,417	1,185	1,413
〃 22年	3月	1,181	1,343	1,124	1,345
	9月	1,181	1,338	1,124	1,346
〃 23年	3月	1,176	1,335	1,124	1,347
	9月	1,179	1,334	1,124	1,346
〃 24年	3月	1,186	1,349	1,140	1,362
	9月	1,190	1,354	1,147	1,369
〃 25年	3月	1,216	1,388	1,174	1,402
	9月	1,230	1,406	1,190	1,420
〃 26年	3月	1,309	1,481	1,251	1,494
	9月	1,330	1,501	1,273	1,517
〃 27年	3月	1,345	1,512	1,285	1,531
	9月	1,346	1,511	1,287	1,531
〃 28年	3月	1,338	1,494	1,273	1,507
	9月	1,341	1,501	1,278	1,516
〃 29年	3月	1,346	1,509	1,285	1,527
	9月	1,351	1,512	1,287	1,530
〃 30年	3月	1,371	1,536	1,306	1,561
	9月	1,377	1,543	1,312	1,569
〃 31年	3月	1,385	1,551	1,318	1,578
令和元年	9月	1,385	1,549	1,316	1,575
〃 2年	3月	1,376	1,539	1,309	1,562
	9月	1,369	1,534	1,305	1,556
〃 3年	3月	1,392	1,567	1,330	1,598
	9月	1,485	1,597	1,354	1,635
〃 4年	3月	1,528	1,631	1,383	1,677
〃 5年	3月	1,593	1,713	1,440	1,746
	9月	1,584	1,725	1,436	1,735

注(1)　「3月」とは、3月から8月まで（令和4年は3月から翌年2月まで）の期間をいい、
　　　「9月」とは、9月から翌年2月までの期間をいう。
　(2)　この資料は、昭和25年3月から令和4年3月までは建設工業経営研究会の資料、令和5年
　　　3月からは国土交通省の建設工事費デフレーターの資料に基づいて作成したものである。

2表　定額法による建物の経年残存率表
その1　木造　住宅

3.3m²当り評点数 / 経過年数	43,000点未満 板張り	モルタル	43,000点以上55,000点未満 板張り	モルタル	55,000点以上67,000点未満 板張り	モルタル	67,000点以上74,000点未満 板張り	モルタル	74,000点以上86,000点未満 板張り	モルタル	86,000点以上100,000点未満 板張り	モルタル	100,000点以上 板張り	モルタル
耐用年数	20	20	27	22	30	24	35	30	43	34	53	43	65	53
1	0.96	0.96	0.97	0.96	0.97	0.96	0.97	0.97	0.98	0.97	0.98	0.98	0.99	0.98
2	0.92	0.92	0.94	0.92	0.94	0.93	0.95	0.94	0.96	0.95	0.96	0.96	0.98	0.96
3	0.88	0.88	0.91	0.89	0.92	0.90	0.93	0.92	0.94	0.92	0.95	0.94	0.96	0.95
4	0.84	0.84	0.88	0.85	0.89	0.86	0.90	0.89	0.92	0.90	0.93	0.92	0.95	0.93
5	0.80	0.80	0.85	0.81	0.86	0.83	0.88	0.86	0.90	0.88	0.92	0.90	0.94	0.92
6	0.76	0.76	0.82	0.78	0.84	0.80	0.86	0.84	0.88	0.85	0.90	0.88	0.93	0.90
7	0.72	0.72	0.79	0.74	0.81	0.76	0.84	0.81	0.86	0.83	0.89	0.86	0.91	0.89
8	0.68	0.68	0.76	0.70	0.78	0.73	0.81	0.78	0.85	0.81	0.87	0.85	0.90	0.87
9	0.64	0.61	0.73	0.67	0.76	0.70	0.79	0.76	0.83	0.78	0.86	0.83	0.89	0.86
10	0.60	0.60	0.70	0.63	0.73	0.66	0.77	0.73	0.81	0.76	0.84	0.81	0.88	0.84
11	0.56	0.56	0.67	0.60	0.70	0.63	0.74	0.70	0.79	0.74	0.83	0.79	0.86	0.83
12	0.52	0.52	0.64	0.56	0.68	0.60	0.72	0.68	0.77	0.71	0.81	0.77	0.85	0.81
13	0.48	0.48	0.61	0.52	0.65	0.56	0.70	0.65	0.75	0.69	0.80	0.75	0.84	0.80
14	0.44	0.44	0.58	0.49	0.62	0.53	0.68	0.62	0.73	0.67	0.78	0.73	0.83	0.78
15	0.40	0.40	0.55	0.45	0.60	0.50	0.65	0.60	0.72	0.64	0.77	0.72	0.82	0.77
16	0.36	0.36	0.52	0.41	0.57	0.46	0.63	0.57	0.70	0.62	0.75	0.70	0.80	0.75
17	0.32	0.32	0.49	0.38	0.54	0.43	0.61	0.54	0.68	0.60	0.74	0.68	0.79	0.74
18	0.28	0.28	0.46	0.34	0.52	0.40	0.58	0.52	0.66	0.57	0.72	0.66	0.78	0.72
19	0.24	0.24	0.43	0.30	0.49	0.36	0.56	0.49	0.64	0.55	0.71	0.64	0.77	0.71
20	0.20	0.20	0.40	0.27	0.46	0.33	0.54	0.46	0.62	0.52	0.69	0.62	0.75	0.69
21			0.37	0.23	0.44	0.30	0.52	0.44	0.60	0.50	0.68	0.60	0.74	0.68
22			0.34	0.20	0.41	0.26	0.49	0.41	0.59	0.48	0.66	0.59	0.73	0.66
23			0.31		0.38	0.23	0.47	0.38	0.57	0.45	0.65	0.57	0.72	0.65
24			0.28		0.36	0.20	0.45	0.36	0.55	0.43	0.63	0.55	0.70	0.63
25			0.25		0.33		0.42	0.33	0.53	0.41	0.62	0.53	0.69	0.62
26			0.22		0.30		0.40	0.30	0.51	0.38	0.60	0.51	0.68	0.60
27			0.20		0.28		0.38	0.28	0.49	0.36	0.59	0.49	0.67	0.59
28					0.25		0.36	0.25	0.47	0.34	0.57	0.47	0.66	0.57
29					0.22		0.33	0.22	0.46	0.31	0.56	0.46	0.64	0.56
30					0.20		0.31	0.20	0.44	0.29	0.54	0.44	0.63	0.54
31							0.29		0.42	0.27	0.53	0.42	0.62	0.53
32							0.26		0.40	0.24	0.51	0.40	0.61	0.51
33							0.24		0.38	0.22	0.50	0.38	0.59	0.50
34							0.22		0.36	0.20	0.48	0.36	0.58	0.48
35							0.20		0.34		0.47	0.34	0.57	0.47
36									0.33		0.45	0.33	0.56	0.45
37									0.31		0.44	0.31	0.54	0.44
38									0.29		0.42	0.29	0.53	0.42
39									0.27		0.41	0.27	0.52	0.41
40									0.25		0.39	0.25	0.51	0.39
41									0.23		0.38	0.24	0.50	0.38
42									0.21		0.36	0.21	0.48	0.36
43									0.20		0.35	0.20	0.47	0.35
44											0.33		0.46	0.33
45											0.32		0.45	0.32
46											0.30		0.43	0.30
47											0.29		0.42	0.29
48											0.27		0.41	0.27
49											0.26		0.40	0.26
50											0.24		0.39	0.24
51											0.23		0.37	0.23
52											0.21		0.36	0.21
53											0.20		0.35	0.20
54													0.34	
55													0.32	
56													0.31	
57													0.30	
58													0.29	
59													0.27	
60													0.26	
61													0.25	
62													0.24	
63													0.23	
64													0.21	
65													0.20	

その2　木造　併用住宅

3.3㎡当り 評点数 / 区分 / 経過年数＼耐用年数	43,000点未満		43,000点以上 48,000点未満		48,000点以上 64,000点未満		64,000点以上 77,000点未満		77,000点以上 86,000点未満		86,000点以上 100,000点未満		100,000点以上	
	板張り	モルタル	板張り	モルタル	板張り	モルタル	板張り	モルタル	板張り	モルタル	板張り	モルタル	板張り	モルタル
耐用年数	20	17	24	20	26	22	32	26	40	32	50	40	65	50
1	0.96	0.95	0.96	0.96	0.97	0.96	0.97	0.97	0.98	0.97	0.98	0.98	0.99	0.98
2	0.92	0.91	0.93	0.92	0.94	0.92	0.95	0.94	0.96	0.95	0.97	0.96	0.98	0.97
3	0.88	0.86	0.90	0.88	0.91	0.89	0.92	0.91	0.94	0.92	0.95	0.94	0.96	0.95
4	0.84	0.81	0.86	0.84	0.88	0.85	0.90	0.88	0.92	0.90	0.94	0.92	0.95	0.94
5	0.80	0.77	0.83	0.80	0.85	0.81	0.87	0.85	0.90	0.87	0.92	0.90	0.94	0.92
6	0.76	0.72	0.80	0.76	0.82	0.78	0.85	0.82	0.88	0.85	0.90	0.88	0.93	0.90
7	0.72	0.67	0.76	0.72	0.78	0.74	0.82	0.78	0.86	0.82	0.89	0.86	0.91	0.89
8	0.68	0.62	0.73	0.68	0.75	0.70	0.80	0.75	0.84	0.80	0.87	0.84	0.90	0.87
9	0.64	0.58	0.70	0.64	0.72	0.67	0.77	0.72	0.82	0.77	0.86	0.82	0.89	0.86
10	0.60	0.53	0.66	0.60	0.69	0.63	0.75	0.69	0.80	0.75	0.84	0.80	0.88	0.84
11	0.56	0.48	0.63	0.56	0.66	0.60	0.72	0.66	0.78	0.72	0.82	0.78	0.86	0.82
12	0.52	0.44	0.60	0.52	0.63	0.56	0.70	0.63	0.76	0.70	0.81	0.76	0.85	0.81
13	0.48	0.39	0.56	0.48	0.60	0.52	0.67	0.60	0.74	0.67	0.79	0.74	0.84	0.79
14	0.44	0.34	0.53	0.44	0.57	0.49	0.65	0.57	0.72	0.65	0.78	0.72	0.83	0.78
15	0.40	0.30	0.50	0.40	0.54	0.45	0.62	0.54	0.70	0.62	0.76	0.70	0.82	0.76
16	0.36	0.25	0.46	0.36	0.51	0.41	0.60	0.51	0.68	0.60	0.74	0.68	0.80	0.74
17	0.32	0.20	0.43	0.32	0.48	0.38	0.57	0.48	0.66	0.57	0.73	0.66	0.79	0.73
18	0.28		0.40	0.28	0.45	0.34	0.55	0.45	0.64	0.55	0.71	0.64	0.78	0.71
19	0.24		0.36	0.24	0.42	0.30	0.52	0.42	0.62	0.52	0.70	0.62	0.77	0.70
20	0.20		0.33	0.20	0.38	0.27	0.50	0.38	0.60	0.50	0.68	0.60	0.75	0.68
21			0.30		0.35	0.23	0.47	0.35	0.58	0.47	0.66	0.58	0.74	0.66
22			0.26		0.32	0.20	0.45	0.32	0.56	0.45	0.65	0.56	0.73	0.65
23			0.23		0.29		0.42	0.29	0.54	0.42	0.63	0.54	0.72	0.63
24			0.20		0.26		0.40	0.26	0.52	0.40	0.62	0.52	0.70	0.62
25					0.23		0.37	0.23	0.50	0.37	0.60	0.50	0.69	0.60
26					0.20		0.35	0.20	0.48	0.35	0.58	0.48	0.68	0.58
27							0.32		0.46	0.32	0.57	0.46	0.67	0.57
28							0.30		0.44	0.30	0.55	0.44	0.66	0.55
29							0.27		0.42	0.27	0.54	0.42	0.64	0.54
30							0.25		0.40	0.25	0.52	0.40	0.63	0.52
31							0.22		0.38	0.22	0.50	0.38	0.62	0.50
32							0.20		0.36	0.20	0.49	0.36	0.61	0.49
33									0.34		0.47	0.34	0.59	0.47
34									0.32		0.46	0.32	0.58	0.46
35									0.30		0.44	0.30	0.57	0.44
36									0.28		0.42	0.28	0.56	0.42
37									0.26		0.41	0.26	0.54	0.41
38									0.24		0.39	0.24	0.53	0.39
39									0.22		0.38	0.22	0.52	0.38
40									0.20		0.36	0.20	0.51	0.36
41											0.34		0.50	0.34
42											0.33		0.48	0.33
43											0.31		0.47	0.31
44											0.30		0.46	0.30
45											0.28		0.45	0.28
46											0.26		0.43	0.26
47											0.25		0.42	0.25
48											0.23		0.41	0.23
49											0.22		0.40	0.22
50											0.20		0.39	0.20
51													0.37	
52													0.36	
53													0.35	
54													0.34	
55													0.32	
56													0.31	
57													0.30	
58													0.29	
59													0.27	
60													0.26	
61													0.25	
62													0.24	
63													0.23	
64													0.21	
65													0.20	

その3　木造　共同住宅

3.3㎡当り 評点数 → 経過年数↓	48,000点未満		48,000点以上 61,000点未満		61,000点以上 74,000点未満		74,000点以上 86,000点未満		86,000点以上 115,000点未満		115,000点以上 127,000点未満		127,000点以上	
区分	板張り	モルタル	板張り	モルタル	板張り	モルタル	板張り	モルタル	板張り	モルタル	板張り	モルタル	板張り	モルタル
耐用年数	20	16	22	20	27	22	31	25	35	31	40	35	45	40
1	0.96	0.95	0.96	0.96	0.97	0.96	0.97	0.97	0.98	0.97	0.98	0.98	0.98	0.98
2	0.92	0.90	0.92	0.92	0.94	0.92	0.95	0.94	0.95	0.95	0.96	0.95	0.96	0.96
3	0.88	0.85	0.89	0.88	0.91	0.89	0.92	0.90	0.93	0.92	0.94	0.93	0.95	0.94
4	0.84	0.80	0.85	0.84	0.88	0.85	0.90	0.87	0.91	0.90	0.92	0.91	0.93	0.92
5	0.80	0.75	0.81	0.80	0.85	0.81	0.87	0.84	0.89	0.87	0.90	0.89	0.91	0.90
6	0.76	0.70	0.78	0.76	0.82	0.78	0.85	0.81	0.86	0.85	0.88	0.86	0.89	0.88
7	0.72	0.65	0.74	0.72	0.79	0.74	0.82	0.77	0.84	0.82	0.86	0.84	0.88	0.86
8	0.68	0.60	0.70	0.68	0.76	0.70	0.80	0.74	0.82	0.80	0.84	0.82	0.86	0.84
9	0.64	0.55	0.67	0.64	0.73	0.67	0.77	0.71	0.79	0.77	0.82	0.79	0.84	0.82
10	0.60	0.50	0.63	0.60	0.70	0.63	0.74	0.68	0.77	0.74	0.80	0.77	0.82	0.80
11	0.56	0.45	0.60	0.56	0.67	0.60	0.72	0.65	0.75	0.72	0.78	0.75	0.80	0.78
12	0.52	0.40	0.56	0.52	0.64	0.56	0.69	0.62	0.73	0.69	0.76	0.73	0.79	0.76
13	0.48	0.35	0.52	0.48	0.61	0.52	0.66	0.58	0.70	0.66	0.74	0.70	0.77	0.74
14	0.44	0.30	0.49	0.44	0.58	0.49	0.64	0.55	0.68	0.64	0.72	0.68	0.75	0.72
15	0.40	0.25	0.45	0.40	0.55	0.45	0.61	0.52	0.65	0.61	0.70	0.66	0.73	0.70
16	0.36	0.20	0.41	0.36	0.52	0.41	0.59	0.49	0.63	0.59	0.68	0.63	0.72	0.68
17	0.32		0.38	0.32	0.49	0.38	0.56	0.46	0.61	0.56	0.66	0.61	0.70	0.66
18	0.28		0.34	0.28	0.46	0.34	0.54	0.42	0.59	0.54	0.64	0.59	0.68	0.64
19	0.24		0.30	0.24	0.43	0.30	0.51	0.39	0.57	0.51	0.62	0.57	0.66	0.62
20	0.20		0.27	0.20	0.40	0.27	0.48	0.36	0.54	0.48	0.60	0.54	0.64	0.60
21			0.23		0.37	0.23	0.46	0.33	0.52	0.46	0.58	0.52	0.63	0.58
22			0.20		0.34	0.20	0.43	0.30	0.50	0.43	0.56	0.50	0.61	0.56
23					0.31		0.41	0.26	0.47	0.41	0.54	0.47	0.59	0.54
24					0.28		0.38	0.23	0.45	0.38	0.52	0.45	0.57	0.52
25					0.25		0.36	0.20	0.43	0.36	0.50	0.43	0.56	0.50
26					0.22		0.33		0.41	0.33	0.48	0.41	0.54	0.48
27					0.20		0.30		0.38	0.30	0.46	0.38	0.52	0.46
28							0.28		0.36	0.28	0.44	0.36	0.50	0.44
29							0.25		0.34	0.25	0.42	0.34	0.48	0.42
30							0.23		0.31	0.23	0.40	0.31	0.47	0.40
31							0.20		0.29	0.20	0.38	0.29	0.45	0.38
32									0.27		0.36	0.27	0.43	0.36
33									0.25		0.34	0.25	0.41	0.34
34									0.22		0.32	0.22	0.40	0.32
35									0.20		0.30	0.20	0.38	0.30
36											0.28		0.36	0.28
37											0.26		0.34	0.26
38											0.24		0.32	0.24
39											0.22		0.30	0.22
40											0.20		0.29	0.20
41													0.27	
42													0.25	
43													0.24	
44													0.22	
45													0.20	

その4 木造 店舗

3.3㎡当り評点数 / 経過年数	43,000点未満 板張り	43,000点未満 モルタル	43,000点以上64,000点未満 板張り	43,000点以上64,000点未満 モルタル	64,000点以上74,000点未満 板張り	64,000点以上74,000点未満 モルタル	74,000点以上86,000点未満 板張り	74,000点以上86,000点未満 モルタル	86,000点以上100,000点未満 板張り	86,000点以上100,000点未満 モルタル	100,000点以上113,000点未満 板張り	100,000点以上113,000点未満 モルタル	113,000点以上 板張り	113,000点以上 モルタル
耐用年数	20	20	27	24	32	28	40	32	50	40	60	50	65	55
1	0.96	0.96	0.97	0.96	0.97	0.97	0.98	0.97	0.98	0.98	0.99	0.98	0.99	0.99
2	0.92	0.92	0.94	0.93	0.95	0.94	0.96	0.95	0.97	0.96	0.97	0.97	0.98	0.97
3	0.88	0.88	0.91	0.90	0.92	0.91	0.94	0.92	0.95	0.94	0.96	0.95	0.96	0.96
4	0.84	0.84	0.88	0.86	0.90	0.88	0.92	0.90	0.94	0.92	0.95	0.94	0.95	0.94
5	0.80	0.80	0.85	0.83	0.87	0.85	0.90	0.87	0.92	0.90	0.93	0.92	0.94	0.93
6	0.76	0.76	0.82	0.80	0.85	0.82	0.88	0.85	0.90	0.88	0.92	0.90	0.93	0.91
7	0.72	0.72	0.79	0.76	0.82	0.80	0.86	0.82	0.89	0.86	0.91	0.89	0.91	0.90
8	0.68	0.68	0.76	0.73	0.80	0.77	0.84	0.80	0.87	0.84	0.89	0.87	0.90	0.88
9	0.64	0.64	0.73	0.70	0.77	0.74	0.82	0.77	0.86	0.82	0.88	0.86	0.89	0.87
10	0.60	0.60	0.70	0.66	0.75	0.71	0.80	0.75	0.84	0.80	0.87	0.84	0.88	0.85
11	0.56	0.56	0.67	0.63	0.72	0.68	0.78	0.72	0.82	0.78	0.85	0.82	0.87	0.84
12	0.52	0.52	0.64	0.60	0.70	0.65	0.76	0.70	0.81	0.76	0.84	0.81	0.85	0.83
13	0.48	0.48	0.61	0.56	0.67	0.62	0.74	0.67	0.79	0.74	0.83	0.79	0.84	0.81
14	0.44	0.44	0.58	0.53	0.65	0.60	0.72	0.65	0.78	0.72	0.81	0.78	0.83	0.80
15	0.40	0.40	0.55	0.50	0.62	0.57	0.70	0.62	0.76	0.70	0.80	0.76	0.82	0.78
16	0.36	0.36	0.52	0.46	0.60	0.54	0.68	0.60	0.74	0.68	0.79	0.74	0.80	0.77
17	0.32	0.32	0.49	0.43	0.57	0.51	0.66	0.57	0.73	0.66	0.77	0.73	0.79	0.75
18	0.28	0.28	0.46	0.40	0.55	0.48	0.64	0.55	0.71	0.64	0.76	0.71	0.78	0.74
19	0.24	0.24	0.43	0.36	0.52	0.45	0.62	0.52	0.70	0.62	0.75	0.70	0.77	0.72
20	0.20	0.20	0.40	0.33	0.50	0.42	0.60	0.50	0.68	0.60	0.73	0.68	0.75	0.71
21			0.37	0.30	0.47	0.40	0.58	0.47	0.66	0.58	0.72	0.66	0.74	0.69
22			0.34	0.26	0.45	0.37	0.56	0.45	0.65	0.56	0.71	0.65	0.73	0.68
23			0.31	0.23	0.42	0.34	0.54	0.42	0.63	0.54	0.69	0.63	0.72	0.67
24			0.28	0.20	0.40	0.31	0.52	0.40	0.62	0.52	0.68	0.62	0.71	0.65
25			0.25		0.37	0.28	0.50	0.37	0.60	0.50	0.67	0.60	0.69	0.64
26			0.22		0.35	0.25	0.48	0.35	0.58	0.48	0.65	0.58	0.68	0.62
27			0.20		0.32	0.22	0.46	0.32	0.57	0.46	0.64	0.57	0.67	0.61
28					0.30	0.20	0.44	0.30	0.55	0.44	0.63	0.55	0.66	0.59
29					0.27		0.42	0.27	0.54	0.42	0.61	0.54	0.64	0.58
30					0.25		0.40	0.25	0.52	0.40	0.60	0.52	0.63	0.56
31					0.22		0.38	0.22	0.50	0.38	0.59	0.50	0.62	0.55
32					0.20		0.36	0.20	0.49	0.36	0.57	0.49	0.61	0.53
33							0.34		0.48	0.34	0.56	0.48	0.59	0.52
34							0.32		0.46	0.32	0.55	0.46	0.58	0.51
35							0.30		0.44	0.30	0.54	0.44	0.57	0.49
36							0.28		0.42	0.28	0.52	0.42	0.56	0.48
37							0.26		0.41	0.26	0.51	0.41	0.55	0.46
38							0.24		0.39	0.24	0.50	0.39	0.53	0.45
39							0.22		0.38	0.22	0.48	0.38	0.52	0.43
40							0.20		0.36	0.20	0.47	0.36	0.51	0.42
41									0.34		0.46	0.34	0.50	0.40
42									0.33		0.44	0.33	0.48	0.39
43									0.31		0.43	0.31	0.47	0.37
44									0.30		0.42	0.30	0.46	0.36
45									0.28		0.40	0.28	0.45	0.35
46									0.26		0.39	0.26	0.43	0.33
47									0.25		0.38	0.25	0.42	0.32
48									0.23		0.36	0.23	0.41	0.30
49									0.22		0.35	0.22	0.40	0.29
50									0.20		0.34	0.20	0.39	0.27
51											0.32		0.37	0.26
52											0.31		0.36	0.24
53											0.30		0.35	0.23
54											0.28		0.34	0.21
55											0.27		0.32	0.20
56											0.26		0.31	
57											0.24		0.30	
58											0.23		0.29	
59											0.22		0.27	
60											0.20		0.26	
61													0.25	
62													0.24	
63													0.22	
64													0.21	
65													0.20	

その5　木造　旅館

3.3m²当り評点数／経過年数	48,000点以上64,000点未満 板張り	48,000点以上64,000点未満 モルタル	64,000点以上77,000点未満 板張り	64,000点以上77,000点未満 モルタル	77,000点以上91,000点未満 板張り	77,000点以上91,000点未満 モルタル	91,000点以上107,000点未満 板張り	91,000点以上107,000点未満 モルタル	107,000点以上127,000点未満 板張り	107,000点以上127,000点未満 モルタル	127,000点以上 板張り	127,000点以上 モルタル
耐用年数	27	21	31	25	35	31	40	35	50	40	60	50
1	0.97	0.96	0.97	0.97	0.98	0.97	0.98	0.98	0.98	0.98	0.99	0.98
2	0.94	0.92	0.95	0.94	0.95	0.95	0.96	0.95	0.97	0.96	0.97	0.97
3	0.91	0.89	0.92	0.90	0.93	0.92	0.94	0.93	0.95	0.94	0.96	0.95
4	0.88	0.85	0.90	0.87	0.91	0.90	0.92	0.91	0.94	0.92	0.95	0.94
5	0.85	0.81	0.87	0.84	0.89	0.87	0.90	0.89	0.92	0.90	0.93	0.92
6	0.82	0.77	0.85	0.81	0.86	0.85	0.88	0.86	0.90	0.88	0.92	0.90
7	0.79	0.73	0.82	0.77	0.84	0.82	0.86	0.84	0.89	0.86	0.91	0.89
8	0.76	0.70	0.80	0.74	0.82	0.80	0.84	0.82	0.87	0.84	0.89	0.87
9	0.73	0.66	0.77	0.71	0.79	0.77	0.82	0.79	0.86	0.82	0.88	0.86
10	0.70	0.62	0.74	0.68	0.77	0.74	0.80	0.77	0.84	0.80	0.87	0.84
11	0.67	0.58	0.72	0.65	0.75	0.72	0.78	0.75	0.82	0.78	0.85	0.82
12	0.64	0.54	0.69	0.62	0.73	0.69	0.76	0.73	0.81	0.76	0.84	0.81
13	0.61	0.50	0.66	0.58	0.70	0.66	0.74	0.70	0.79	0.74	0.83	0.79
14	0.59	0.47	0.64	0.55	0.68	0.64	0.72	0.68	0.78	0.72	0.81	0.78
15	0.56	0.43	0.61	0.52	0.66	0.61	0.70	0.66	0.76	0.70	0.80	0.76
16	0.53	0.39	0.59	0.49	0.63	0.59	0.68	0.63	0.74	0.68	0.79	0.74
17	0.50	0.35	0.56	0.46	0.61	0.56	0.66	0.61	0.73	0.66	0.77	0.73
18	0.47	0.31	0.54	0.42	0.59	0.54	0.64	0.59	0.71	0.64	0.76	0.71
19	0.44	0.28	0.51	0.39	0.57	0.51	0.62	0.57	0.70	0.62	0.75	0.70
20	0.41	0.24	0.48	0.36	0.54	0.48	0.60	0.54	0.68	0.60	0.73	0.68
21	0.38	0.20	0.46	0.33	0.52	0.46	0.58	0.52	0.66	0.58	0.72	0.66
22	0.35		0.43	0.30	0.50	0.43	0.56	0.50	0.65	0.56	0.71	0.65
23	0.32		0.41	0.26	0.47	0.41	0.54	0.47	0.63	0.54	0.69	0.63
24	0.29		0.38	0.23	0.45	0.38	0.52	0.45	0.62	0.52	0.68	0.62
25	0.26		0.36	0.20	0.43	0.36	0.50	0.43	0.60	0.50	0.67	0.60
26	0.23		0.33		0.41	0.33	0.48	0.41	0.58	0.48	0.65	0.58
27	0.20		0.30		0.38	0.30	0.46	0.38	0.57	0.46	0.64	0.57
28			0.28		0.36	0.28	0.44	0.36	0.55	0.44	0.63	0.55
29			0.25		0.34	0.25	0.42	0.34	0.54	0.42	0.61	0.54
30			0.23		0.31	0.23	0.40	0.31	0.52	0.40	0.60	0.52
31			0.20		0.29	0.20	0.38	0.29	0.50	0.38	0.59	0.50
32					0.27		0.36	0.27	0.49	0.36	0.57	0.49
33					0.25		0.34	0.25	0.47	0.34	0.56	0.47
34					0.22		0.32	0.22	0.46	0.32	0.55	0.46
35					0.20		0.30	0.20	0.44	0.30	0.53	0.44
36							0.28		0.42	0.28	0.52	0.42
37							0.26		0.41	0.26	0.51	0.41
38							0.24		0.39	0.24	0.49	0.39
39							0.22		0.38	0.22	0.48	0.38
40							0.20		0.36	0.20	0.47	0.36
41									0.34		0.45	0.34
42									0.33		0.44	0.33
43									0.31		0.43	0.31
44									0.30		0.41	0.30
45									0.28		0.40	0.28
46									0.26		0.39	0.26
47									0.25		0.37	0.25
48									0.23		0.36	0.23
49									0.22		0.35	0.22
50									0.20		0.33	0.20
51											0.32	
52											0.31	
53											0.29	
54											0.28	
55											0.27	
56											0.25	
57											0.24	
58											0.23	
59											0.21	
60											0.20	

その6　木造　料亭・待合・貸席

3.3㎡当り 評点数 / 経過年数	48,000点以上 61,000点未満		61,000点以上 74,000点未満		74,000点以上 86,000点未満		86,000点以上 100,000点未満		100,000点以上 113,000点未満		113,000点以上	
区分	板張り	モルタル	板張り	モルタル	板張り	モルタル	板張り	モルタル	板張り	モルタル	板張り	モルタル
耐用年数	27	21	31	25	35	31	40	35	50	40	60	50
1	0.97	0.96	0.97	0.97	0.98	0.97	0.98	0.98	0.98	0.98	0.99	0.98
2	0.94	0.92	0.95	0.94	0.95	0.95	0.96	0.95	0.97	0.96	0.97	0.97
3	0.91	0.89	0.92	0.90	0.93	0.92	0.94	0.93	0.95	0.94	0.96	0.95
4	0.88	0.85	0.90	0.87	0.91	0.90	0.92	0.91	0.94	0.92	0.95	0.94
5	0.85	0.81	0.87	0.84	0.89	0.87	0.90	0.89	0.92	0.90	0.93	0.92
6	0.82	0.77	0.85	0.81	0.86	0.85	0.88	0.86	0.90	0.88	0.92	0.90
7	0.79	0.73	0.82	0.77	0.84	0.82	0.86	0.84	0.89	0.86	0.91	0.89
8	0.76	0.70	0.80	0.74	0.82	0.80	0.84	0.82	0.87	0.84	0.89	0.87
9	0.73	0.66	0.77	0.71	0.79	0.77	0.82	0.79	0.86	0.82	0.88	0.86
10	0.70	0.62	0.74	0.68	0.77	0.74	0.80	0.77	0.84	0.80	0.87	0.84
11	0.67	0.58	0.72	0.65	0.75	0.72	0.78	0.75	0.82	0.78	0.85	0.82
12	0.64	0.54	0.69	0.62	0.73	0.69	0.76	0.73	0.81	0.76	0.84	0.81
13	0.61	0.50	0.66	0.58	0.70	0.66	0.74	0.70	0.79	0.74	0.83	0.79
14	0.59	0.47	0.64	0.55	0.68	0.64	0.72	0.68	0.78	0.72	0.81	0.78
15	0.56	0.43	0.61	0.52	0.66	0.61	0.70	0.66	0.76	0.70	0.80	0.76
16	0.53	0.39	0.59	0.49	0.63	0.59	0.68	0.63	0.74	0.68	0.79	0.74
17	0.50	0.35	0.56	0.46	0.61	0.56	0.66	0.61	0.73	0.66	0.77	0.73
18	0.47	0.31	0.54	0.42	0.59	0.54	0.64	0.59	0.71	0.64	0.76	0.71
19	0.44	0.28	0.51	0.39	0.57	0.51	0.62	0.57	0.70	0.62	0.75	0.70
20	0.41	0.24	0.48	0.36	0.54	0.48	0.60	0.54	0.68	0.60	0.73	0.68
21	0.38	0.20	0.46	0.33	0.52	0.46	0.58	0.52	0.66	0.58	0.72	0.66
22	0.35		0.43	0.30	0.50	0.43	0.56	0.50	0.65	0.56	0.71	0.65
23	0.32		0.41	0.26	0.47	0.41	0.54	0.47	0.63	0.54	0.69	0.63
24	0.29		0.38	0.23	0.45	0.38	0.52	0.45	0.62	0.52	0.68	0.62
25	0.26		0.36	0.20	0.43	0.36	0.50	0.43	0.60	0.50	0.67	0.60
26	0.23		0.33		0.41	0.33	0.48	0.41	0.58	0.48	0.65	0.58
27	0.20		0.30		0.38	0.30	0.46	0.38	0.57	0.46	0.64	0.57
28			0.28		0.36	0.28	0.44	0.36	0.55	0.44	0.63	0.55
29			0.25		0.34	0.25	0.42	0.34	0.54	0.42	0.61	0.54
30			0.23		0.31	0.23	0.40	0.31	0.52	0.40	0.60	0.52
31			0.20		0.29	0.20	0.38	0.29	0.50	0.38	0.59	0.50
32					0.27		0.36	0.27	0.49	0.36	0.57	0.49
33					0.25		0.34	0.25	0.47	0.34	0.56	0.47
34					0.22		0.32	0.22	0.46	0.32	0.55	0.46
35					0.20		0.30	0.20	0.44	0.30	0.53	0.44
36							0.28		0.42	0.28	0.52	0.42
37							0.26		0.41	0.26	0.51	0.41
38							0.24		0.39	0.24	0.49	0.39
39							0.22		0.38	0.22	0.48	0.38
40							0.20		0.36	0.20	0.47	0.36
41									0.34		0.45	0.34
42									0.33		0.44	0.33
43									0.31		0.43	0.31
44									0.30		0.41	0.30
45									0.28		0.40	0.28
46									0.26		0.39	0.26
47									0.25		0.37	0.25
48									0.23		0.36	0.23
49									0.22		0.35	0.22
50									0.20		0.33	0.20
51											0.32	
52											0.31	
53											0.29	
54											0.28	
55											0.27	
56											0.25	
57											0.24	
58											0.23	
59											0.21	
60											0.20	

その 1　木造　事務所

3.3m²当り 評点数 / 経過年数	48,000点未満		48,000点以上 61,000点未満		61,000点以上 74,000点未満		74,000点以上 86,000点未満		86,000点以上 100,000点未満		100,000点以上 115,000点未満		115,000点以上 127,000点未満		127,000点以上	
区分	板張り	モルタル	板張り	モルタル	板張り	モルタル	板張り	モルタル	板張り	モルタル	板張り	モルタル	板張り	モルタル	板張り	モルタル
耐用年数	20	18	22	20	24	22	29	24	35	28	38	30	43	38	48	43
1	0.96	0.95	0.96	0.96	0.96	0.96	0.97	0.96	0.97	0.97	0.97	0.97	0.98	0.97	0.98	0.98
2	0.92	0.91	0.92	0.92	0.93	0.92	0.94	0.93	0.95	0.94	0.95	0.94	0.96	0.95	0.96	0.96
3	0.88	0.86	0.89	0.88	0.90	0.89	0.91	0.90	0.93	0.91	0.93	0.92	0.94	0.93	0.95	0.94
4	0.84	0.82	0.85	0.84	0.86	0.85	0.88	0.86	0.90	0.88	0.91	0.89	0.92	0.91	0.93	0.92
5	0.80	0.77	0.81	0.80	0.83	0.81	0.86	0.83	0.88	0.85	0.89	0.86	0.90	0.89	0.91	0.90
6	0.76	0.73	0.78	0.76	0.80	0.78	0.83	0.80	0.86	0.82	0.87	0.84	0.88	0.87	0.90	0.88
7	0.72	0.68	0.74	0.72	0.76	0.74	0.80	0.76	0.84	0.80	0.85	0.81	0.86	0.85	0.88	0.86
8	0.68	0.64	0.70	0.68	0.73	0.70	0.77	0.73	0.81	0.77	0.83	0.78	0.85	0.83	0.86	0.85
9	0.64	0.60	0.67	0.64	0.70	0.67	0.75	0.70	0.79	0.74	0.81	0.76	0.83	0.81	0.85	0.83
10	0.60	0.55	0.63	0.60	0.66	0.63	0.72	0.66	0.77	0.71	0.78	0.73	0.81	0.78	0.83	0.81
11	0.56	0.51	0.60	0.56	0.63	0.60	0.69	0.63	0.74	0.68	0.76	0.70	0.79	0.76	0.81	0.79
12	0.52	0.46	0.56	0.52	0.60	0.56	0.66	0.60	0.72	0.65	0.74	0.68	0.77	0.74	0.80	0.77
13	0.48	0.42	0.52	0.48	0.56	0.52	0.64	0.56	0.70	0.62	0.72	0.65	0.75	0.72	0.78	0.75
14	0.44	0.37	0.49	0.44	0.53	0.49	0.61	0.53	0.68	0.60	0.70	0.62	0.73	0.70	0.76	0.73
15	0.40	0.33	0.45	0.40	0.50	0.45	0.58	0.50	0.65	0.57	0.68	0.60	0.72	0.63	0.75	0.72
16	0.36	0.28	0.41	0.36	0.46	0.41	0.55	0.46	0.63	0.54	0.66	0.57	0.70	0.66	0.73	0.70
17	0.32	0.24	0.38	0.32	0.43	0.38	0.53	0.43	0.61	0.51	0.64	0.54	0.68	0.64	0.71	0.68
18	0.28	0.20	0.34	0.28	0.40	0.34	0.50	0.40	0.58	0.48	0.62	0.52	0.66	0.62	0.70	0.66
19	0.24		0.30	0.24	0.36	0.30	0.47	0.36	0.56	0.45	0.60	0.49	0.64	0.60	0.68	0.64
20	0.20		0.27	0.20	0.33	0.27	0.44	0.33	0.54	0.42	0.57	0.46	0.62	0.57	0.66	0.62
21			0.23		0.30	0.23	0.42	0.30	0.52	0.40	0.55	0.44	0.60	0.55	0.65	0.60
22			0.20		0.26	0.20	0.39	0.26	0.49	0.37	0.53	0.41	0.59	0.53	0.63	0.59
23					0.23		0.36	0.23	0.47	0.34	0.51	0.38	0.57	0.51	0.61	0.57
24					0.20		0.33	0.20	0.45	0.31	0.49	0.36	0.55	0.49	0.60	0.55
25							0.31		0.42	0.28	0.47	0.33	0.53	0.47	0.58	0.53
26							0.28		0.40	0.25	0.45	0.30	0.51	0.45	0.56	0.51
27							0.25		0.38	0.22	0.43	0.28	0.49	0.43	0.55	0.49
28							0.22		0.36	0.20	0.41	0.25	0.47	0.41	0.53	0.47
29							0.20		0.33		0.38	0.22	0.46	0.38	0.51	0.46
30									0.31		0.36	0.20	0.44	0.36	0.50	0.44
31									0.29		0.34		0.42	0.34	0.48	0.42
32									0.26		0.32		0.40	0.32	0.46	0.40
33									0.24		0.30		0.38	0.30	0.45	0.38
34									0.22		0.28		0.36	0.28	0.43	0.36
35									0.20		0.26		0.34	0.26	0.41	0.34
36											0.24		0.33	0.24	0.40	0.33
37											0.22		0.31	0.22	0.38	0.31
38											0.20		0.29	0.20	0.36	0.29
39													0.27		0.35	0.27
40													0.25		0.33	0.25
41													0.24		0.31	0.24
42													0.21		0.30	0.21
43													0.20		0.28	0.20
44															0.26	
45															0.25	
46															0.23	
47															0.21	
48															0.20	
49																
50																

その8　木造　工場・作業場・倉庫

3.3㎡当り 評点数 / 経過年数	37,000点未満		37,000点以上46,000点未満		46,000点以上61,000点未満		61,000点以上74,000点未満		74,000点以上86,000点未満		86,000点以上100,000点未満		100,000点以上	
区分	板張り	モルタル	板張り	モルタル	板張り	モルタル	板張り	モルタル	板張り	モルタル	板張り	モルタル	板張り	モルタル
耐用年数	16	13	18	16	20	20	25	24	31	28	35	30	38	34
1	0.95	0.95	0.95	0.95	0.96	0.96	0.97	0.96	0.97	0.97	0.97	0.97	0.97	0.97
2	0.90	0.87	0.91	0.90	0.92	0.92	0.94	0.93	0.95	0.94	0.95	0.94	0.95	0.95
3	0.85	0.81	0.86	0.85	0.88	0.88	0.90	0.90	0.92	0.91	0.93	0.92	0.93	0.92
4	0.80	0.75	0.82	0.80	0.84	0.84	0.87	0.86	0.90	0.88	0.90	0.89	0.91	0.90
5	0.75	0.69	0.77	0.75	0.80	0.80	0.84	0.83	0.87	0.85	0.88	0.86	0.89	0.88
6	0.70	0.63	0.73	0.70	0.76	0.76	0.81	0.80	0.85	0.82	0.86	0.84	0.87	0.85
7	0.65	0.56	0.68	0.65	0.72	0.72	0.77	0.76	0.82	0.80	0.84	0.81	0.85	0.83
8	0.60	0.50	0.64	0.60	0.68	0.68	0.74	0.73	0.80	0.77	0.81	0.78	0.83	0.81
9	0.55	0.44	0.60	0.55	0.64	0.64	0.71	0.70	0.77	0.74	0.79	0.76	0.81	0.78
10	0.50	0.38	0.55	0.50	0.60	0.60	0.68	0.66	0.74	0.71	0.77	0.73	0.78	0.76
11	0.45	0.32	0.51	0.45	0.56	0.56	0.65	0.63	0.72	0.68	0.74	0.70	0.76	0.74
12	0.40	0.26	0.46	0.40	0.52	0.52	0.62	0.60	0.69	0.65	0.72	0.68	0.74	0.71
13	0.35	0.20	0.42	0.35	0.48	0.48	0.58	0.56	0.66	0.62	0.70	0.65	0.72	0.69
14	0.30		0.37	0.30	0.44	0.44	0.55	0.53	0.64	0.60	0.68	0.62	0.70	0.67
15	0.25		0.33	0.25	0.40	0.40	0.52	0.50	0.61	0.57	0.65	0.60	0.68	0.64
16	0.20		0.28	0.20	0.36	0.36	0.49	0.46	0.59	0.54	0.63	0.57	0.66	0.62
17			0.24		0.32	0.32	0.46	0.43	0.56	0.51	0.61	0.54	0.64	0.60
18			0.20		0.28	0.28	0.42	0.40	0.54	0.48	0.58	0.52	0.62	0.57
19					0.24	0.24	0.39	0.36	0.51	0.45	0.56	0.49	0.60	0.55
20					0.20	0.20	0.36	0.33	0.48	0.42	0.54	0.46	0.57	0.52
21							0.33	0.30	0.46	0.40	0.52	0.44	0.55	0.50
22							0.30	0.26	0.43	0.37	0.49	0.41	0.53	0.48
23							0.26	0.23	0.41	0.34	0.47	0.38	0.51	0.45
24							0.23	0.20	0.38	0.32	0.45	0.36	0.49	0.43
25							0.20		0.36	0.28	0.42	0.33	0.47	0.41
26									0.33	0.25	0.40	0.30	0.45	0.38
27									0.30	0.22	0.38	0.28	0.43	0.36
28									0.28	0.20	0.36	0.25	0.41	0.34
29									0.25		0.33	0.22	0.38	0.31
30									0.23		0.31	0.20	0.36	0.29
31									0.20		0.29		0.34	0.27
32											0.26		0.32	0.24
33											0.24		0.30	0.22
34											0.22		0.28	0.20
35											0.20		0.26	
36													0.24	
37													0.22	
38													0.20	
39														
40														

その9　木造　劇場・映画館・キャバレー・ダンスホール

3.3m²当り 評点数 / 経過年数	37,000点未満 板張り	37,000点未満 モルタル	37,000点以上46,000点未満 板張り	37,000点以上46,000点未満 モルタル	46,000点以上61,000点未満 板張り	46,000点以上61,000点未満 モルタル	61,000点以上74,000点未満 板張り	61,000点以上74,000点未満 モルタル	74,000点以上86,000点未満 板張り	74,000点以上86,000点未満 モルタル	86,000点以上100,000点未満 板張り	86,000点以上100,000点未満 モルタル	100,000点以上 板張り	100,000点以上 モルタル
耐用年数	16	13	18	16	22	20	27	24	29	28	35	30	38	34
1	0.95	0.93	0.95	0.95	0.96	0.96	0.97	0.96	0.97	0.97	0.97	0.97	0.97	0.97
2	0.90	0.87	0.91	0.90	0.92	0.92	0.94	0.93	0.94	0.94	0.95	0.94	0.95	0.95
3	0.85	0.81	0.86	0.85	0.89	0.88	0.91	0.90	0.91	0.91	0.93	0.92	0.93	0.92
4	0.80	0.75	0.82	0.80	0.85	0.84	0.88	0.86	0.88	0.88	0.90	0.89	0.91	0.90
5	0.75	0.69	0.77	0.75	0.81	0.80	0.85	0.83	0.86	0.86	0.88	0.86	0.89	0.88
6	0.70	0.63	0.73	0.70	0.78	0.76	0.82	0.80	0.83	0.82	0.86	0.84	0.87	0.85
7	0.65	0.56	0.68	0.65	0.74	0.72	0.79	0.76	0.80	0.80	0.84	0.81	0.85	0.83
8	0.60	0.50	0.64	0.60	0.70	0.68	0.76	0.73	0.77	0.77	0.81	0.78	0.83	0.81
9	0.55	0.44	0.60	0.55	0.67	0.64	0.73	0.70	0.75	0.74	0.79	0.76	0.81	0.78
10	0.50	0.38	0.55	0.50	0.63	0.60	0.70	0.66	0.72	0.71	0.77	0.73	0.78	0.76
11	0.45	0.32	0.51	0.45	0.60	0.56	0.67	0.63	0.69	0.68	0.74	0.70	0.76	0.74
12	0.40	0.26	0.46	0.40	0.56	0.52	0.64	0.60	0.66	0.65	0.72	0.68	0.74	0.71
13	0.35	0.20	0.42	0.35	0.52	0.48	0.61	0.56	0.64	0.62	0.70	0.65	0.72	0.69
14	0.30		0.37	0.30	0.49	0.44	0.58	0.53	0.61	0.60	0.68	0.62	0.70	0.67
15	0.25		0.33	0.25	0.45	0.40	0.55	0.50	0.58	0.57	0.65	0.60	0.68	0.64
16	0.20		0.28	0.20	0.41	0.36	0.52	0.46	0.55	0.54	0.63	0.57	0.66	0.62
17			0.24		0.38	0.32	0.49	0.43	0.53	0.51	0.61	0.54	0.64	0.60
18			0.20		0.34	0.28	0.46	0.40	0.50	0.48	0.58	0.52	0.62	0.57
19					0.30	0.24	0.43	0.36	0.47	0.45	0.56	0.49	0.60	0.55
20					0.27	0.20	0.40	0.33	0.44	0.42	0.54	0.46	0.57	0.52
21					0.23		0.37	0.30	0.42	0.40	0.52	0.44	0.55	0.50
22					0.20		0.34	0.26	0.39	0.37	0.49	0.41	0.53	0.48
23							0.31	0.23	0.36	0.34	0.47	0.38	0.51	0.45
24							0.28	0.20	0.33	0.31	0.45	0.36	0.49	0.43
25							0.25		0.31	0.28	0.42	0.33	0.47	0.41
26							0.22		0.28	0.25	0.40	0.30	0.45	0.38
27							0.20		0.25	0.22	0.38	0.28	0.43	0.36
28									0.22	0.20	0.36	0.25	0.41	0.34
29									0.20		0.33	0.22	0.38	0.31
30											0.31	0.20	0.36	0.29
31											0.29		0.34	0.27
32											0.26		0.32	0.24
33											0.24		0.30	0.22
34											0.22		0.28	0.20
35											0.20		0.26	
36													0.24	
37													0.22	
38													0.20	
39														
40														

その10　木造　浴場

3.3m²当り 評点数 / 区分 / 耐用年数 / 経過年数	61,000点未満		61,000点以上 74,000点未満		74,000点以上 86,000点未満		86,000点以上 100,000点未満		100,000点以上 127,000点未満		127,000点以上	
	板張り	モルタル	板張り	モルタル	板張り	モルタル	板張り	モルタル	板張り	モルタル	板張り	モルタル
	27	22	27	22	27	22	31	27	31	27	35	31
1	0.97	0.96	0.97	0.96	0.97	0.96	0.97	0.97	0.97	0.97	0.98	0.97
2	0.94	0.92	0.94	0.92	0.94	0.92	0.95	0.94	0.95	0.94	0.95	0.95
3	0.91	0.89	0.91	0.89	0.91	0.89	0.92	0.91	0.92	0.91	0.93	0.92
4	0.88	0.85	0.88	0.85	0.88	0.85	0.90	0.88	0.90	0.88	0.91	0.90
5	0.85	0.81	0.85	0.81	0.85	0.81	0.87	0.85	0.87	0.85	0.89	0.87
6	0.82	0.78	0.82	0.78	0.82	0.78	0.85	0.82	0.85	0.82	0.86	0.85
7	0.79	0.74	0.79	0.74	0.79	0.74	0.82	0.79	0.82	0.79	0.84	0.82
8	0.76	0.70	0.76	0.70	0.76	0.70	0.80	0.76	0.80	0.76	0.82	0.80
9	0.73	0.67	0.73	0.67	0.73	0.67	0.77	0.73	0.77	0.73	0.79	0.77
10	0.70	0.63	0.70	0.63	0.70	0.63	0.74	0.70	0.74	0.70	0.77	0.74
11	0.67	0.60	0.67	0.60	0.67	0.60	0.72	0.67	0.72	0.67	0.75	0.72
12	0.64	0.56	0.64	0.56	0.64	0.56	0.69	0.64	0.69	0.64	0.73	0.69
13	0.61	0.52	0.61	0.52	0.61	0.52	0.66	0.61	0.66	0.61	0.70	0.66
14	0.58	0.49	0.58	0.49	0.58	0.49	0.64	0.58	0.64	0.58	0.68	0.64
15	0.55	0.45	0.55	0.45	0.55	0.45	0.61	0.55	0.61	0.55	0.66	0.61
16	0.52	0.41	0.52	0.41	0.52	0.41	0.59	0.52	0.59	0.52	0.63	0.59
17	0.49	0.38	0.49	0.38	0.49	0.38	0.56	0.49	0.56	0.49	0.61	0.56
18	0.46	0.34	0.46	0.34	0.46	0.34	0.54	0.46	0.54	0.46	0.59	0.54
19	0.43	0.30	0.43	0.30	0.43	0.30	0.51	0.43	0.51	0.43	0.57	0.51
20	0.40	0.27	0.40	0.27	0.40	0.27	0.48	0.40	0.48	0.40	0.54	0.48
21	0.37	0.23	0.37	0.23	0.37	0.23	0.46	0.37	0.46	0.37	0.52	0.46
22	0.34	0.20	0.34	0.20	0.34	0.20	0.43	0.34	0.43	0.34	0.50	0.43
23	0.31		0.31		0.31		0.41	0.31	0.41	0.31	0.47	0.41
24	0.28		0.28		0.28		0.38	0.28	0.38	0.28	0.45	0.38
25	0.25		0.25		0.25		0.36	0.25	0.36	0.25	0.43	0.36
26	0.22		0.22		0.22		0.33	0.22	0.33	0.22	0.41	0.33
27	0.20		0.20		0.20		0.30	0.20	0.30	0.20	0.38	0.30
28							0.28		0.28		0.36	0.28
29							0.25		0.25		0.34	0.25
30							0.23		0.23		0.31	0.23
31							0.20		0.20		0.29	0.20
32											0.27	
33											0.25	
34											0.22	
35											0.20	

その11　木造　病院・診療所

3.3m²当り 評点数 / 経過年数	48,000点未満		48,000点以上 61,000点未満		61,000点以上 74,000点未満		74,000点以上 86,000点未満		86,000点以上 127,000点未満		127,000点以上	
区分	板張り	モルタル	板張り	モルタル	板張り	モルタル	板張り	モルタル	板張り	モルタル	板張り	モルタル
耐用年数	20	18	22	18	27	20	29	24	35	28	38	30
1	0.96	0.95	0.96	0.95	0.97	0.96	0.97	0.96	0.97	0.97	0.97	0.97
2	0.92	0.91	0.92	0.91	0.94	0.92	0.94	0.93	0.95	0.94	0.95	0.94
3	0.88	0.86	0.89	0.86	0.91	0.88	0.91	0.90	0.93	0.91	0.93	0.92
4	0.84	0.82	0.85	0.82	0.88	0.84	0.88	0.86	0.90	0.88	0.91	0.89
5	0.80	0.77	0.81	0.77	0.85	0.80	0.86	0.83	0.88	0.85	0.89	0.86
6	0.76	0.73	0.78	0.73	0.82	0.76	0.83	0.80	0.86	0.82	0.87	0.84
7	0.72	0.68	0.74	0.68	0.79	0.72	0.80	0.76	0.84	0.80	0.85	0.81
8	0.68	0.64	0.70	0.64	0.76	0.68	0.77	0.73	0.81	0.77	0.83	0.78
9	0.64	0.60	0.67	0.60	0.73	0.64	0.75	0.70	0.79	0.74	0.81	0.76
10	0.60	0.55	0.63	0.55	0.70	0.60	0.72	0.66	0.77	0.71	0.78	0.73
11	0.56	0.51	0.60	0.51	0.67	0.56	0.69	0.63	0.74	0.68	0.76	0.70
12	0.52	0.46	0.56	0.46	0.64	0.52	0.66	0.60	0.72	0.65	0.74	0.68
13	0.48	0.42	0.52	0.42	0.61	0.48	0.64	0.56	0.70	0.62	0.72	0.65
14	0.44	0.37	0.49	0.37	0.58	0.44	0.61	0.53	0.68	0.60	0.70	0.62
15	0.40	0.33	0.45	0.33	0.55	0.40	0.58	0.50	0.65	0.57	0.68	0.60
16	0.36	0.28	0.41	0.28	0.52	0.36	0.55	0.46	0.63	0.54	0.66	0.57
17	0.32	0.24	0.38	0.24	0.49	0.32	0.53	0.43	0.61	0.51	0.64	0.54
18	0.28	0.20	0.34	0.20	0.46	0.28	0.50	0.40	0.58	0.48	0.62	0.52
19	0.24		0.31		0.43	0.24	0.47	0.36	0.56	0.45	0.60	0.49
20	0.20		0.27		0.40	0.20	0.44	0.33	0.54	0.42	0.57	0.46
21			0.23		0.37		0.42	0.30	0.52	0.40	0.55	0.44
22			0.20		0.34		0.39	0.26	0.49	0.37	0.53	0.41
23					0.31		0.36	0.23	0.47	0.34	0.51	0.38
24					0.28		0.33	0.20	0.45	0.31	0.49	0.36
25					0.25		0.31		0.42	0.28	0.47	0.33
26					0.22		0.28		0.40	0.25	0.45	0.30
27					0.20		0.25		0.38	0.22	0.43	0.28
28							0.22		0.36	0.20	0.41	0.25
29							0.20		0.33		0.38	0.22
30									0.31		0.36	0.20
31									0.29		0.34	
32									0.26		0.32	
33									0.24		0.30	
34									0.22		0.28	
35									0.20		0.26	
36											0.24	
37											0.22	
38											0.20	
39												
40												

その12　鉄骨鉄筋・鉄筋コンクリート造　劇場・デパート・店舗・ホテル・講堂

3.3m²当り 評点数	160,000 点未満	160,000 点以上 210,000 点未満	210,000 点以上 260,000 点未満	260,000 点以上	3.3m²当り 評点数	160,000 点未満	160,000 点以上 210,000 点未満	210,000 点以上 260,000 点未満	260,000 点以上
経過年数 \ 耐用年数	120	130	140	150	経過年数 \ 耐用年数	120	130	140	150
1	0.99	0.99	0.99	0.99	36	0.76	0.77	0.79	0.80
2	0.98	0.98	0.98	0.98	37	0.75	0.77	0.78	0.80
3	0.98	0.98	0.98	0.98	38	0.74	0.76	0.78	0.79
4	0.97	0.97	0.97	0.97	39	0.74	0.76	0.77	0.79
5	0.96	0.96	0.97	0.97	40	0.73	0.75	0.77	0.78
6	0.96	0.96	0.96	0.96	41	0.72	0.74	0.76	0.78
7	0.95	0.95	0.96	0.96	42	0.72	0.74	0.76	0.77
8	0.94	0.95	0.95	0.95	43	0.71	0.73	0.75	0.77
9	0.94	0.94	0.94	0.95	44	0.70	0.72	0.74	0.76
10	0.93	0.93	0.94	0.94	45	0.70	0.72	0.74	0.76
11	0.92	0.93	0.93	0.94	46	0.69	0.71	0.73	0.75
12	0.92	0.92	0.93	0.93	47	0.68	0.71	0.73	0.74
13	0.91	0.92	0.92	0.93	48	0.68	0.70	0.72	0.74
14	0.90	0.91	0.92	0.92	49	0.67	0.69	0.72	0.73
15	0.90	0.90	0.91	0.92	50	0.66	0.69	0.71	0.73
16	0.89	0.90	0.90	0.91	51	0.66	0.68	0.70	0.72
17	0.88	0.89	0.90	0.90	52	0.65	0.68	0.70	0.72
18	0.88	0.88	0.89	0.90	53	0.64	0.67	0.69	0.71
19	0.87	0.88	0.89	0.89	54	0.64	0.66	0.69	0.71
20	0.86	0.87	0.88	0.89	55	0.63	0.66	0.68	0.70
21	0.86	0.87	0.88	0.88	56	0.62	0.65	0.68	0.70
22	0.85	0.86	0.87	0.88	57	0.62	0.64	0.67	0.69
23	0.84	0.85	0.86	0.87	58	0.61	0.64	0.66	0.69
24	0.84	0.85	0.86	0.87	59	0.60	0.63	0.66	0.68
25	0.83	0.84	0.85	0.86	60	0.60	0.63	0.65	0.68
26	0.82	0.84	0.85	0.86	61	0.59	0.62	0.65	0.67
27	0.82	0.83	0.84	0.85	62	0.58	0.61	0.64	0.66
28	0.81	0.82	0.84	0.85	63	0.58	0.61	0.64	0.66
29	0.80	0.82	0.83	0.84	64	0.57	0.60	0.63	0.65
30	0.80	0.81	0.82	0.84	65	0.56	0.60	0.62	0.65
31	0.79	0.80	0.82	0.83	66	0.56	0.59	0.62	0.64
32	0.78	0.80	0.81	0.82	67	0.55	0.58	0.61	0.64
33	0.78	0.79	0.81	0.82	68	0.54	0.58	0.61	0.63
34	0.77	0.79	0.80	0.81	69	0.54	0.57	0.60	0.63
35	0.76	0.78	0.80	0.81	70	0.53	0.56	0.60	0.62

その13　鉄骨鉄筋・鉄筋コンクリート造　事務所

3.3㎡当り評点数	160,000点未満	160,000点以上210,000点未満	210,000点以上260,000点未満	260,000点以上310,000点未満	310,000点以上	3.3㎡当り評点数	160,000点未満	160,000点以上210,000点未満	210,000点以上260,000点未満	260,000点以上310,000点未満	310,000点以上
耐用年数 経過年数	130	140	150	160	170	耐用年数 経過年数	130	140	150	160	170
1	0.99	0.99	0.99	0.99	0.99	36	0.77	0.79	0.80	0.82	0.83
2	0.98	0.98	0.98	0.99	0.99	37	0.77	0.78	0.80	0.81	0.82
3	0.98	0.98	0.98	0.98	0.98	38	0.76	0.78	0.79	0.81	0.82
4	0.97	0.97	0.97	0.98	0.98	39	0.76	0.77	0.79	0.80	0.81
5	0.96	0.97	0.97	0.97	0.97	40	0.75	0.77	0.78	0.80	0.81
6	0.96	0.96	0.96	0.97	0.97	41	0.74	0.76	0.78	0.79	0.80
7	0.95	0.96	0.96	0.96	0.96	42	0.74	0.76	0.77	0.79	0.80
8	0.95	0.95	0.95	0.96	0.96	43	0.73	0.75	0.77	0.78	0.79
9	0.94	0.94	0.95	0.95	0.95	44	0.72	0.74	0.76	0.78	0.79
10	0.93	0.94	0.94	0.95	0.95	45	0.72	0.74	0.76	0.77	0.78
11	0.93	0.93	0.94	0.94	0.94	46	0.71	0.73	0.75	0.77	0.78
12	0.92	0.93	0.93	0.94	0.94	47	0.71	0.73	0.74	0.76	0.77
13	0.92	0.92	0.93	0.93	0.93	48	0.70	0.72	0.74	0.76	0.77
14	0.91	0.92	0.92	0.93	0.93	49	0.69	0.72	0.73	0.75	0.76
15	0.90	0.91	0.92	0.92	0.92	50	0.69	0.71	0.73	0.75	0.76
16	0.90	0.90	0.91	0.92	0.92	51	0.68	0.70	0.72	0.74	0.76
17	0.89	0.90	0.90	0.91	0.92	52	0.68	0.70	0.72	0.74	0.75
18	0.88	0.89	0.90	0.91	0.91	53	0.67	0.69	0.71	0.73	0.75
19	0.88	0.89	0.89	0.90	0.91	54	0.66	0.69	0.71	0.73	0.74
20	0.87	0.88	0.89	0.90	0.90	55	0.66	0.68	0.70	0.72	0.74
21	0.87	0.88	0.88	0.89	0.90	56	0.65	0.68	0.70	0.72	0.73
22	0.86	0.87	0.88	0.89	0.89	57	0.64	0.67	0.69	0.71	0.73
23	0.85	0.86	0.87	0.88	0.89	58	0.64	0.66	0.69	0.71	0.72
24	0.85	0.86	0.87	0.88	0.88	59	0.63	0.66	0.68	0.70	0.72
25	0.84	0.85	0.86	0.87	0.88	60	0.63	0.65	0.68	0.70	0.71
26	0.84	0.85	0.86	0.87	0.87	61	0.62	0.65	0.67	0.69	0.71
27	0.83	0.84	0.85	0.86	0.87	62	0.61	0.64	0.66	0.69	0.70
28	0.82	0.84	0.85	0.86	0.86	63	0.61	0.64	0.66	0.68	0.70
29	0.82	0.83	0.84	0.85	0.86	64	0.60	0.63	0.65	0.68	0.69
30	0.81	0.82	0.84	0.85	0.85	65	0.60	0.62	0.65	0.67	0.69
31	0.80	0.82	0.83	0.84	0.85	66	0.59	0.62	0.64	0.67	0.68
32	0.80	0.81	0.82	0.84	0.84	67	0.58	0.61	0.64	0.66	0.68
33	0.79	0.81	0.82	0.83	0.84	68	0.58	0.61	0.63	0.66	0.68
34	0.79	0.80	0.81	0.83	0.84	69	0.57	0.60	0.63	0.65	0.67
35	0.78	0.80	0.81	0.82	0.83	70	0.56	0.60	0.62	0.65	0.67

その14　鉄骨鉄筋・鉄筋コンクリート造　住宅・併用住宅・共同住宅・病院・浴場

3.3㎡当り評点数	120,000点未満	120,000点以上160,000点未満	160,000点以上210,000点未満	210,000点以上260,000点未満	260,000点以上	3.3㎡当り評点数	120,000点未満	120,000点以上160,000点未満	160,000点以上210,000点未満	210,000点以上260,000点未満	260,000点以上
耐用年数／経過年数	90	100	110	120	130	耐用年数／経過年数	90	100	110	120	130
1	0.99	0.99	0.99	0.99	0.99	36	0.68	0.71	0.73	0.76	0.77
2	0.98	0.98	0.98	0.98	0.98	37	0.67	0.70	0.73	0.75	0.77
3	0.97	0.97	0.97	0.98	0.98	38	0.66	0.69	0.72	0.74	0.76
4	0.96	0.96	0.97	0.97	0.97	39	0.65	0.68	0.71	0.74	0.76
5	0.95	0.96	0.96	0.96	0.96	40	0.64	0.68	0.70	0.73	0.75
6	0.94	0.95	0.95	0.96	0.96	41	0.63	0.67	0.70	0.72	0.74
7	0.93	0.94	0.94	0.95	0.95	42	0.62	0.66	0.69	0.72	0.74
8	0.92	0.93	0.94	0.94	0.95	43	0.61	0.65	0.68	0.71	0.73
9	0.92	0.92	0.93	0.94	0.94	44	0.60	0.64	0.68	0.70	0.72
10	0.91	0.92	0.92	0.93	0.93	45	0.60	0.64	0.67	0.70	0.72
11	0.90	0.91	0.92	0.92	0.93	46	0.59	0.63	0.66	0.69	0.71
12	0.89	0.90	0.91	0.92	0.92	47	0.58	0.62	0.65	0.68	0.71
13	0.88	0.89	0.90	0.91	0.92	48	0.57	0.61	0.65	0.68	0.70
14	0.87	0.88	0.89	0.90	0.91	49	0.56	0.60	0.64	0.67	0.69
15	0.86	0.88	0.89	0.90	0.90	50	0.55	0.60	0.63	0.66	0.69
16	0.85	0.87	0.88	0.89	0.90	51	0.54	0.59	0.62	0.66	0.68
17	0.84	0.86	0.87	0.88	0.89	52	0.53	0.58	0.62	0.65	0.68
18	0.84	0.85	0.86	0.88	0.88	53	0.52	0.57	0.61	0.64	0.67
19	0.83	0.84	0.86	0.87	0.88	54	0.52	0.56	0.60	0.64	0.66
20	0.82	0.84	0.85	0.86	0.87	55	0.51	0.56	0.60	0.63	0.66
21	0.81	0.83	0.84	0.86	0.87	56	0.50	0.55	0.59	0.62	0.65
22	0.80	0.82	0.84	0.85	0.86	57	0.49	0.54	0.58	0.62	0.64
23	0.79	0.81	0.83	0.84	0.85	58	0.48	0.53	0.57	0.61	0.64
24	0.78	0.80	0.82	0.84	0.85	59	0.47	0.52	0.57	0.60	0.63
25	0.77	0.80	0.81	0.83	0.84	60	0.46	0.52	0.56	0.60	0.63
26	0.76	0.79	0.81	0.82	0.84	61	0.45	0.51	0.55	0.59	0.62
27	0.76	0.78	0.80	0.82	0.83	62	0.44	0.50	0.54	0.58	0.61
28	0.75	0.77	0.79	0.81	0.82	63	0.44	0.49	0.54	0.58	0.61
29	0.74	0.76	0.78	0.80	0.82	64	0.43	0.48	0.53	0.57	0.60
30	0.73	0.76	0.78	0.80	0.81	65	0.42	0.48	0.52	0.56	0.60
31	0.72	0.75	0.77	0.79	0.80	66	0.41	0.47	0.52	0.56	0.59
32	0.71	0.74	0.76	0.78	0.80	67	0.40	0.46	0.51	0.55	0.58
33	0.70	0.73	0.76	0.78	0.79	68	0.39	0.45	0.50	0.54	0.58
34	0.69	0.72	0.75	0.77	0.79	69	0.38	0.44	0.49	0.54	0.57
35	0.68	0.72	0.74	0.76	0.78	70	0.37	0.44	0.49	0.53	0.56

その15　鉄骨鉄筋・鉄筋コンクリート造　工場・倉庫・駅舎

3.3m²当り 評点数	120,000 点未満	120,000 点以上 160,000 点未満	160,000 点以上 210,000 点未満	210,000 点以上	3.3m²当り 評点数	120,000 点未満	120,000 点以上 160,000 点未満	160,000 点以上 210,000 点未満	210,0000 点以上
経過年数＼耐用年数	100	110	120	130	経過年数＼耐用年数	100	110	120	130
1	0.99	0.99	0.99	0.99	36	0.71	0.73	0.76	0.77
2	0.98	0.98	0.98	0.98	37	0.70	0.73	0.75	0.77
3	0.97	0.97	0.98	0.98	38	0.69	0.72	0.74	0.76
4	0.96	0.97	0.97	0.97	39	0.68	0.71	0.74	0.76
5	0.96	0.96	0.96	0.96	40	0.68	0.70	0.73	0.75
6	0.95	0.95	0.96	0.96	41	0.67	0.70	0.72	0.74
7	0.94	0.94	0.95	0.95	42	0.66	0.69	0.72	0.74
8	0.93	0.94	0.94	0.95	43	0.65	0.68	0.71	0.73
9	0.92	0.93	0.94	0.94	44	0.64	0.68	0.70	0.72
10	0.92	0.92	0.93	0.93	45	0.64	0.67	0.70	0.72
11	0.91	0.92	0.92	0.93	46	0.63	0.66	0.69	0.71
12	0.90	0.91	0.92	0.92	47	0.62	0.65	0.68	0.71
13	0.89	0.90	0.91	0.92	48	0.61	0.65	0.68	0.70
14	0.88	0.89	0.90	0.91	49	0.60	0.64	0.67	0.69
15	0.88	0.89	0.90	0.90	50	0.60	0.63	0.66	0.69
16	0.87	0.88	0.89	0.90	51	0.59	0.62	0.66	0.68
17	0.86	0.87	0.88	0.89	52	0.58	0.62	0.65	0.68
18	0.85	0.86	0.88	0.88	53	0.57	0.61	0.64	0.67
19	0.84	0.86	0.87	0.88	54	0.56	0.60	0.64	0.66
20	0.84	0.85	0.86	0.87	55	0.56	0.60	0.63	0.66
21	0.83	0.84	0.86	0.87	56	0.55	0.59	0.62	0.65
22	0.82	0.84	0.85	0.86	57	0.54	0.58	0.62	0.64
23	0.81	0.83	0.84	0.85	58	0.53	0.57	0.61	0.64
24	0.80	0.82	0.84	0.85	59	0.52	0.57	0.60	0.63
25	0.80	0.81	0.83	0.84	60	0.52	0.56	0.60	0.63
26	0.79	0.81	0.82	0.84	61	0.51	0.55	0.59	0.62
27	0.78	0.80	0.82	0.83	62	0.50	0.54	0.58	0.61
28	0.77	0.79	0.81	0.82	63	0.49	0.54	0.58	0.61
29	0.76	0.78	0.80	0.82	64	0.48	0.53	0.57	0.60
30	0.76	0.78	0.80	0.81	65	0.48	0.52	0.56	0.60
31	0.75	0.77	0.79	0.80	66	0.47	0.52	0.56	0.59
32	0.74	0.76	0.78	0.80	67	0.46	0.51	0.55	0.58
33	0.73	0.76	0.78	0.79	68	0.45	0.50	0.54	0.58
34	0.72	0.75	0.77	0.79	69	0.44	0.49	0.54	0.57
35	0.72	0.74	0.76	0.78	70	0.44	0.49	0.53	0.56

その16　煉瓦造・石造

3.3m²当り 評 点 数	84,000 点未満	84,000 点以上 102,000 点未満	102,000 点以上	3.3m²当り 評 点 数	84,000 点未満	84,000 点以上 102,000 点未満	102,000 点以上
経過年数＼耐用年数	100	110	120	経過年数＼耐用年数	100	110	120
1	0.99	0.99	0.99	36	0.71	0.73	0.76
2	0.98	0.98	0.98	37	0.70	0.73	0.75
3	0.96	0.97	0.98	38	0.69	0.72	0.74
4	0.97	0.97	0.97	39	0.68	0.71	0.74
5	0.96	0.96	0.96	40	0.68	0.70	0.73
6	0.95	0.95	0.96	41	0.67	0.70	0.72
7	0.94	0.94	0.95	42	0.66	0.69	0.72
8	0.93	0.94	0.94	43	0.65	0.68	0.71
9	0.92	0.93	0.94	44	0.64	0.68	0.70
10	0.92	0.92	0.93	45	0.64	0.67	0.70
11	0.91	0.92	0.92	46	0.63	0.66	0.69
12	0.90	0.91	0.92	47	0.62	0.66	0.68
13	0.89	0.90	0.91	48	0.61	0.65	0.68
14	0.88	0.89	0.90	49	0.60	0.64	0.67
15	0.88	0.89	0.90	50	0.60	0.63	0.66
16	0.87	0.88	0.89	51	0.59	0.62	0.66
17	0.86	0.87	0.88	52	0.58	0.62	0.65
18	0.85	0.86	0.88	53	0.57	0.61	0.64
19	0.84	0.86	0.87	54	0.56	0.60	0.64
20	0.84	0.85	0.86	55	0.56	0.60	0.63
21	0.83	0.84	0.86	56	0.55	0.59	0.62
22	0.82	0.84	0.85	57	0.54	0.58	0.62
23	0.81	0.83	0.84	58	0.53	0.57	0.61
24	0.80	0.82	0.84	59	0.52	0.57	0.60
25	0.80	0.81	0.83	60	0.52	0.56	0.60
26	0.79	0.81	0.82	61	0.51	0.55	0.59
27	0.78	0.80	0.82	62	0.50	0.54	0.58
28	0.77	0.79	0.81	63	0.49	0.54	0.58
29	0.76	0.78	0.80	64	0.48	0.53	0.57
30	0.76	0.78	0.80	65	0.48	0.52	0.56
31	0.75	0.77	0.79	66	0.47	0.52	0.56
32	0.74	0.76	0.78	67	0.46	0.51	0.55
33	0.73	0.76	0.78	68	0.45	0.50	0.54
34	0.72	0.75	0.77	69	0.44	0.49	0.54
35	0.72	0.74	0.76	70	0.44	0.49	0.53

その17　鉄骨造

3.3m²当り 評 点 数	60,000 点未満	60,000 点以上 84,000 点未満	84,000 点以上 120,000 点未満	120,000 点以上	3.3m²当り 評 点 数	60,000 点未満	60,000 点以上 84,000 点未満	84,000 点以上 120,000 点未満	120,000 点以上
耐用年数 経過年数	70	80	90	100	耐用年数 経過年数	70	80	90	100
1	0.98	0.99	0.99	0.99	36	0.58	0.64	0.68	0.71
2	0.97	0.98	0.98	0.98	37	0.57	0.63	0.67	0.70
3	0.96	0.97	0.97	0.97	38	0.56	0.62	0.66	0.69
4	0.95	0.96	0.96	0.96	39	0.55	0.61	0.65	0.68
5	0.94	0.95	0.95	0.96	40	0.54	0.60	0.64	0.68
6	0.93	0.94	0.94	0.95	41	0.53	0.59	0.63	0.67
7	0.92	0.93	0.93	0.94	42	0.52	0.58	0.62	0.66
8	0.90	0.92	0.92	0.93	43	0.50	0.57	0.61	0.65
9	0.89	0.91	0.92	0.92	44	0.49	0.56	0.60	0.64
10	0.88	0.90	0.91	0.92	45	0.48	0.55	0.60	0.64
11	0.87	0.89	0.90	0.91	46	0.47	0.54	0.59	0.63
12	0.86	0.88	0.89	0.90	47	0.46	0.53	0.58	0.62
13	0.85	0.87	0.88	0.89	48	0.45	0.52	0.57	0.61
14	0.84	0.86	0.87	0.88	49	0.44	0.51	0.56	0.60
15	0.82	0.85	0.86	0.88	50	0.42	0.50	0.55	0.60
16	0.81	0.84	0.85	0.87	51	0.41	0.49	0.54	0.59
17	0.80	0.83	0.84	0.86	52	0.40	0.48	0.53	0.58
18	0.79	0.82	0.84	0.85	53	0.39	0.47	0.52	0.57
19	0.78	0.81	0.83	0.84	54	0.38	0.46	0.52	0.56
20	0.77	0.80	0.82	0.84	55	0.37	0.45	0.51	0.56
21	0.76	0.79	0.81	0.83	56	0.36	0.44	0.50	0.55
22	0.74	0.78	0.80	0.82	57	0.34	0.43	0.49	0.54
23	0.73	0.77	0.79	0.81	58	0.33	0.42	0.48	0.53
24	0.72	0.76	0.78	0.80	59	0.32	0.41	0.47	0.52
25	0.71	0.75	0.77	0.80	60	0.31	0.40	0.46	0.52
26	0.70	0.74	0.76	0.79	61	0.30	0.39	0.45	0.51
27	0.69	0.73	0.76	0.78	62	0.29	0.38	0.44	0.50
28	0.68	0.72	0.75	0.77	63	0.28	0.37	0.44	0.49
29	0.66	0.71	0.74	0.76	64	0.26	0.36	0.43	0.48
30	0.65	0.70	0.73	0.76	65	0.25	0.35	0.42	0.48
31	0.64	0.69	0.72	0.75	66	0.24	0.34	0.41	0.47
32	0.63	0.68	0.71	0.74	67	0.23	0.33	0.40	0.46
33	0.62	0.67	0.70	0.73	68	0.22	0.32	0.39	0.45
34	0.61	0.66	0.69	0.72	69	0.21	0.31	0.38	0.44
35	0.60	0.65	0.68	0.72	70	0.20	0.30	0.37	0.44

その18　ブロック造

3.3 ㎡ 当り 評 点 数 経過年数 ＼ 耐用年数	全　部 50	3.3 ㎡ 当り 評 点 数 経過年数 ＼ 耐用年数	全　部 50
1	0.98	26	0.58
2	0.96	27	0.56
3	0.95	28	0.55
4	0.93	29	0.53
5	0.92	30	0.52
6	0.90	31	0.50
7	0.88	32	0.48
8	0.87	33	0.47
9	0.85	34	0.45
10	0.84	35	0.44
11	0.82	36	0.42
12	0.80	37	0.40
13	0.79	38	0.39
14	0.77	39	0.37
15	0.76	40	0.36
16	0.74	41	0.34
17	0.72	42	0.32
18	0.71	43	0.31
19	0.69	44	0.29
20	0.68	45	0.28
21	0.66	46	0.26
22	0.64	47	0.24
23	0.63	48	0.23
24	0.61	49	0.21
25	0.60	50	0.20

3表　木造建物単位面積（3.3平方メートル）当り評点基準表

1　屋　根　の　部

構　　造　　別	評点数	構　　造　　別	評点数
トタン平葺	8,900	トタン波板	9,270
〃　　　（倉庫、工場、作業場用）	10,950	〃　　　　（付属家用）	7,000
セメント瓦	10,360	洋　風　瓦　中	17,880
〃　　　（事務所用）	12,600	〃　　　　上	20,370
厚型スレート	9,630	日　本　瓦　下	12,560
〃　　　（事務所用）	11,900	〃　　　　並	14,090
銅板平葺	15,700	〃　　　　中	15,690
アルミ瓦棒	12,770	〃　　　　上	18,760
トタン瓦棒	11,170	〃　　　　上（浴場用）	20,580
〃　　　（浴場用）	12,260	〃　　　　特	20,070
〃　　　（事務所用）	13,140		

2　基　礎　の　部

構　　造　　別	評点数	構　　造　　別	評点数
独立基礎玉石	870	布コンクリート（併用住宅等）	5,000
布コンクリートブロック（30×12）cm	2,830	〃　　　　（旅館用）	3,800
布石（軟石）（30×15）cm	3,900	〃　　　　（事務所用）	3,150
〃　（硬石）（45×15）cm	10,540	〃　　　　（浴場用）	2,200
〃　（倉庫、工場、作業場用）	1,780	〃　　　　（倉庫用）	1,550
布コンクリートブロック（30×15）cm	4,110	〃　　　　（60×15）cm	6,160
布コンクリート（30×15）cm	3,090	〃　　　　（旅館用）	5,250
〃　　　　（事務所用）	2,200	〃　　　　（事務所用）	3,410
〃　　　　（付属家用）	1,370	〃　　　　（浴場用）	3,060
〃　　　　（45×15）cm	4,280	〃　　　　（倉庫用）	2,080

3　外　壁　の　部

構　　造　　別	評点数	構　　造　　別	評点数
押　縁　下　見　　下	1,900	押　縁　下　見　　中	4,450
〃　　　　並	3,720	〃　　　　上	5,760

構　　造　　別	評 点 数	構　　造　　別	評 点 数
南京下見　木部ペンキ塗	5,370	モルタル1.8cm（裏板なし）	4,088
羽　目　板　並下	3,500	モルタル1.8cm色吹付	6,600
〃　　並	4,300	モルタル1.8cm	4,750
羽　目　板　上	9,200	モルタル吹付仕上（中）	5,330
〃　　特	11,390	モルタルリシン仕上（中）	5,760
土塗真壁漆喰仕上	3,900	〃　　（上）	6,280
木摺漆喰並	5,100	モルタル4.5cm	7,450
クレオソート塗料	60	モルタル塗人造石洗出	8,760
トタン波板（裏板）	5,400	モルタルリシン仕上（特）	7,100
トタン板張（裏板なし）	3,060	テラゾー貼（中）	26,720

4　柱　の　部

構　　造　　別	評 点 数	構　　造　　別	評 点 数
杉　10cm（節だらけ）　　下	3,680	檜　10cm（節だらけ）　　下	3,800
〃　　　　　並下	4,170	〃　　　　　並下	4,190
〃　（付属家用）	1,230	〃　　　　　並	5,250
〃　　　　　並	4,660	〃　　　　　中	6,490
〃　　　　　中	5,690	〃　　　　　上	9,270
〃　　　　　上	6,280	〃　10.6cm　　　並下	4,760
〃　10.6cm　　　並下	4,470	〃　（付属家用）	1,900
〃　　　　　並	4,760	〃　　　　　並	6,130
〃　（事務所用）	2,200	〃　　　　　中	7,230
〃　　　　　中	5,980	〃　　　　　上	8,540
〃　（事務所用）	3,140	〃　　　　　特	11,900
〃　　　　　上	7,150	〃　12.1cm　　　並下	5,760
〃　　　　　特	8,690	〃　　　　　並	6,860
〃　12.1cm　　　並下	4,600	〃　　　　　中	8,760
〃　　　　　並	5,980	〃　（浴場用）	6,010
〃　（倉庫、工場、作業場用）	1,620	〃　　　　　上	10,510
〃　　　　　中	7,100	〃　　　　　特	13,940
〃　　　　　上	8,250	〃　13.6cm　　　並下	6,480
〃　　　　　特	9,270	〃　　　　　並	7,500

構　　　造　　　別		評 点 数
檜	中	10,950
〃	上	11,900
〃	特	15,250
大　壁　杉　10.6cm		4,820

構　　　造　　　別		評 点 数
大　壁　杉　12.1cm		5,770
〃　　　　15.2cm		6,520
大　　　壁		10,150

5　造　作　の　部

造作の評点計算方式は、次のとおりである。

洋間の建物
　柱の評点数×0.4
床の間のない日本間の建物
　柱の評点数×0.5
床の間のある日本間の建物
　柱の評点数×0.65
差鴨居のある建物
　柱の評点数×0.8
差鴨居の太い建物
　柱の評点数×1.0

6　内　壁　の　部

構　　　造　　　別	評 点 数	構　　　造　　　別	評 点 数
真壁ベニヤ（ラワン）	6,570	羽　目　板　中	16,500
真壁漆喰	7,230	〃　　　上	23,000
〃　（専用住宅以外）	10,070	〃　（併用住宅等）	29,000
〃　（事務所用）	4,500	〃　（旅館用）	36,200
漆　　喰	8,320	木摺漆喰　下	9,200
木摺漆喰（上）	15,910	ラワンベニヤ	8,500
真壁砂壁（並）	9,200	ベニヤ板張　中	9,200
砂　壁（並）	9,200	〃　（旅館等）特	16,000
〃　（上）	12,700	〃　（事務所用）	5,550
京　壁（並）	10,660	ラワンベニヤ（ワニス塗）	9,780
〃　（上）	12,120	ウオールナット合板	14,260
〃　（旅館用）	15,000	木部ペンキ塗	1,820
羽　目　板（並）	10,650	ベニヤ（リブ）ビニール塗料	6,800
羽目板ペンキ塗（下）	6,620	モザイクスタイル　下	15,600
〃　（工、作、倉用）	4,380	〃　　　上	22,600

構　　造　　別	評 点 数	構　　造　　別	評 点 数
プラスター	7,450	大　津　壁	8,470
ラスモルタル	9,500	〃　　　（旅館用）	7,000
〃　　（倉庫、工場、作業場用）	5,330	〃　　　（浴場用）	4,750
布　貼（下地ベニヤ）	20,300	タ イ ル　下	21,200
布　貼	22,200	〃　　　上	27,000
ベルセート貼（下地ベニヤ）	12,550	人造石　洗出　研出	13,140
〃	14,900	荷摺丸太二つ割　121cm	820

7　天　井　の　部

構　　造　　別	評 点 数	構　　造　　別	評 点 数
竿縁一重廻縁　下	3,360	格　天　井　上	14,750
〃　　　並	4,300	舟　底　下	6,060
〃　　　中	7,000	〃　　　中下	13,300
〃　　　上	9,640	〃　　　中	22,200
〃　　　特	15,180	〃　　　上	38,100
竿縁二重廻縁　下	4,700	すのこ（丸竹）	1,680
〃　　　並	7,400	〃　（板）	3,500
〃（猿頬）中上	18,540	布　貼　並	5,110
〃　　　上	33,300	〃　　　中	6,790
〃　　　特	50,000	〃　　　上	11,090
ベニヤ床張　下	1,460	よしず天井	1,020
〃　　　中	2,500	紙　貼	7,220
〃　　　上	7,000	吸音テックス　並	5,550
杉　板（打上）下	3,200	〃　　　上	11,100
〃　（打上）並	4,230	硬質繊維板	3,800
〃　　　中	6,280	漆　喰　下	4,820
〃　　　上	9,200	〃　　　中	6,710
竿縁角物　並	3,700	〃　　　上	9,200
〃　　　上	33,280	モルタル塗	4,500
格　天　井　中下	7,740		

8　床　の　部

構　　造　　別	評 点 数	構　　造　　別	評 点 数
1　階　床	2,800	フローリング（ブナ）	8,600
2　階　床	6,570	寄木貼（ナラ　下）	12,400
2　階（洋式）	8,150	フローリングブロック	10,900
土間コンクリート	3,430	プラスタイル（下地コンクリート）	5,990
畳　　　　（下）	3,800	アスタイル（下地板）	8,600
〃　　　　（並）	4,380	〃　　　（下地コンクリート）	6,420
〃　　　　（中）	5,770	〃　　　（下地板）（旅館用）	10,500
〃　　　　（上）	7,100	モザイクタイル（下地コンクリート）	7,300
〃　　　　（特）	10,100	〃　　　　（下地板）	10,500
杉　板　張	2,200	リノタイル（下地板）	8,900
幅　広　板　（松）	25,800	〃　　　（下地コンクリート）	6,700
〃　　　　（檜）	26,150	リノリューム（下地板）	8,150
転　　床　（事務所）	2,050	タイル（下地コンクリート）	4,800
縁　甲　板　（下）	4,520	〃　　（下地板）	10,000
〃　　　　（並）	7,150	モルタル（下地コンクリート）	950
〃　　　　（中）	10,800	〃　　　（下地板）	3,650
〃　　　　（上）	14,900	黒砂利洗出（下地コンクリート）	3,720
〃　　　　（特）	21,300	人造石洗出	3,500
フローリング（ラワン）	3,200	〃　　　（事務所用）	6,300
〃　　　（ナラ）	8,000	鉄平石（下地コンクリート）	3,500

9　建　具　の　部

構　　造　　別	評 点 数	構　　造　　別	評 点 数
建　　具　　（下）	4,950	建　　具　　（浴場用）	4,100
〃　　　（旅館用）	5,400	〃　　　（並）	6,350
〃　　　（事務所用）	2,950	〃　　　（事務所用）	4,400
〃　　　（倉庫用）	300	〃　　　（中）	7,150
〃　　　（付属家用）	500	〃　　　（旅館用）	5,760
〃　　　（並下）	5,200	〃　　　（工場、作業場、倉庫用）	900
〃　　　（旅館用）	5,620	〃　　　（上）	9,800
〃　　　（事務所用）	3,800	〃　　　（旅館用）	10,800

構　　造　　別	評 点 数	構　　造　　別	評 点 数
建　具　（事務所用）	5,000	建　具　（工場、作業場、倉庫用）	1,500
〃　　（浴場用）	6,930	〃　　（特）	14,000

10　その他の工事の部

構　　造　　別	評 点 数	構　　造　　別	評 点 数
工　事　（下）	420	工　事　（住宅用）	4,450
〃　（事務所用）(併用住宅等)	1,100	〃　（旅館用）	8,030
〃　（倉庫用）	580	〃　（事務所用）	6,300
〃　（並下）	2,300	〃　（倉庫、工場、作業場用）	950
〃　（事務所用）	3,650	〃　（上）	8,500
〃　（並）	3,720	〃　（旅館用）	12,120
〃　（事務所用）	4,900	〃　（倉庫、工場、作業場用）	2,050
〃　（中）	4,000	〃　（特）	10,220

11　建築設備の部

3.3m²当り評点数×0.15

4表　木造建物の損耗度による残存率の基準表

残存率	区分	鑑　別　要　項
100%	外部	建築直後で大した損耗が認められない。
	内部	上に同じ
95%	外部	1　建築後3～4年経過したと思われる。 2　幾分古さを感じるが大した損耗が認められない。
	内部	1　大した損耗が認められない。 2　畳表の取り替えを要する。
90%	外部	1　外壁板張りの板が変色している。 2　トタン、雨樋の塗装の塗り替えを要する。
	内部	1　建築後5～8年を経過したと思われる。 2　内部仕上材及び造作に古さを感じる。 3　襖の張り替えを要する。
80%	外部	1　台所、浴室廻りの水がかかりやすい部分及び土台の一部取り替えを要する。 2　下屋の鉄板、雨樋及び下見板の一部取り替えを要する。
	内部	1　天井、造作等に「しみ」、「すすけ」が見受けられる。 2　漆喰塗、砂壁の上塗り替えを要する。 3　根太、束の部分的修理を要する。
70%	外部	1　基礎のモルタルが損傷し30～70%程度仕上塗り替えを要する。 2　北側、隣家に近接する日照のない部分の土台及び柱の大修理を要する。 3　外壁に亀裂その他の損傷が認められる。
	内部	1　内壁、天井、内部造作等から古びた感じを受ける。 2　内部のいたるところに隙間を生じている。 3　建具類の建て付けが悪い。 4　土間コンクリートの30～50%の塗り替えを要する。
60%	外部	1　下見板が40%程度割れている。 2　トタン屋根及び雨樋の大修理を要する。 3　軒先の一部が腐朽している。 4　基礎の部分的沈下が見受けられる。 5　土台の30%、柱の10%が腐朽している。
	内部	1　天井、内壁及び造作の一部が損傷している。 2　建具の建て付けが悪い。 3　畳床の一部を取り替えることを要する。
50%	外部	1　基礎の一部が沈下している。 2　土台40%、柱15%の取り替えを要する。 3　屋根の瓦が緩んでいる。 4　外壁は全般的に老朽し、モルタルは塗り替えを要する。

	内　部	1　天井、内壁、造作に損傷したところが見られる。 2　建具の建付けの不良箇所が見られる。 3　根太の落ちた部分が見られる。 4　拭板床の40％以上修理を要する。
40％	外　部	1　基礎の主要部の沈下が見られる。 2　土台の50％程度の取り替えを要する。 3　建物が全般的に緩んだ感じで、屋根瓦の緩みも見られる。 4　外壁の一部が破損はく落している。
	内　部	1　建具の建付けの不良箇所が多い。 2　土間コンクリートの塗り替えを要する。 3　内壁にはく落した箇所が見られる。 4　出窓の取り替えを要する。
30％	外　部	1　基礎の大部分が沈下している。 2　土台70％、柱30％が腐朽している。 3　屋根の波打が見られる。 4　建物のくるいが全体的に見受けられる。 5　外壁が全般的に腐朽している。
	内　部	1　内壁の破損部分が多い。 2　建具の骨折がある。 3　造作の破損が見られる。 4　建物の内部が相当の古さを感じる。
20％	外　部	1　建物が全面的に腐朽破損が大である。 2　建物が傾斜している。 3　居住上危険を感ずる。 4　建物としての効用を十分果たさないと判断される。
	内　部	1　内壁の大部分がはく落している。 2　天井が一部脱落している。 3　床が波打っている。 4　造作の破損、建具の骨折箇所が多い。

5表　木造建物時価単価都道府県別補正係数表

都　道　府　県　名	補　　正　　係　　数	都　道　府　県　名	補　　正　　係　　数
東　　　　　　京	1.00	大　　　　　　阪	1.00
北　　海　　道	1.00	兵　　　　　　庫	1.00
青　　　　　　森	0.90	和　　歌　　山	0.95
岩　　　　　　手	0.90	滋　　　　　　賀	0.95
宮　　　　　　城	0.90	京　　　　　　都	1.00
秋　　　　　　田	0.90	奈　　　　　　良	0.95
山　　　　　　形	0.90	鳥　　　　　　取	0.90
福　　　　　　島	0.90	島　　　　　　根	0.90
茨　　　　　　城	0.95	岡　　　　　　山	0.90
栃　　　　　　木	0.95	広　　　　　　島	0.90
群　　　　　　馬	0.95	山　　　　　　口	0.90
埼　　　　　　玉	0.95	徳　　　　　　島	0.90
千　　　　　　葉	0.95	香　　　　　　川	0.90
神　　奈　　川	1.00	愛　　　　　　媛	0.90
新　　　　　　潟	0.90	高　　　　　　知	0.90
富　　　　　　山	0.90	福　　　　　　岡	0.95
石　　　　　　川	0.90	佐　　　　　　賀	0.90
山　　　　　　梨	0.90	長　　　　　　崎	0.90
長　　　　　　野	0.90	熊　　　　　　本	0.90
福　　　　　　井	0.90	大　　　　　　分	0.90
静　　　　　　岡	0.95	宮　　　　　　崎	0.90
愛　　　　　　知	1.00	鹿　　児　　島	0.90
岐　　　　　　阜	0.90	沖　　　　　　縄	0.90
三　　　　　　重	0.95		

注　本係数は、東京を基準（1.00）に定めたものである。

6表　木造建物部分別構成割比率表

区　別 部　分　別	居住用のように内部区画が多い建物	ホール式の建物（区画が少ない建物）
屋　　　　　　根	10%	13%
小　　屋　　組	11%	14%
基　　　　　礎	6 %	9 %
柱	9 %	12%
外　　　　　壁	8 %	9 %
内　　　　　壁	10%	8 %
天　　　　　井	4 %	4 %
床	9 %	5 %
造　　　　　作	6 %	7 %
建　　　　　具	10%	7 %
そ　の　他　工　事	4 %	4 %
建　築　設　備	13%	8 %

7表　車両の耐用年数表
その1　鉄道用又は軌道用車両

区　　　　　　　　　　分	耐用年数
電気又は蒸気機関車	18
電車	13
内燃動車（制御車及び附随車を含む。）	11
貨車	
高圧ボンベ車及び高圧タンク車	10
薬品タンク車及び冷凍車	12
その他のタンク車及び特殊構造車	15
その他のもの	20
線路建設保守用工作車	10
鋼索鉄道用車両	15
架空索道用搬器	
閉鎖式のもの	10
その他のもの	5
無軌条電車	8
その他のもの	20

その2　自動車

区　　　　　　　　　　　　　　　分	耐用年数
○特殊自動車	
消防車・救急車・レントゲン車・散水車・放送宣伝車・移動無線車及びチップ製造車	5
モータースイーパー及び除雪車	4
タンク車・じんかい車・し尿車・寝台車・霊きゅう車・トラックミキサー・レッカーその他特殊車体を架装したもの	
小型車（じんかい車及びし尿車にあっては積載量が2トン以下、その他のものにあっては、総排気量が2リットル以下のものをいう。）	3
その他のもの	4
○運送事業用、貸自動車業用、自動車教習所用、運搬具（前掲のものは除く。）	
自動車（2輪又は3輪自動車を含み、乗合自動車を除く。）	
小型車（貨物自動車にあっては積載量が2トン以下、その他のものにあっては総排気量が2リットル以下のものをいう。）	3
その他のもの	
大型乗用車（総排気量が3リットル以上のものをいう。）	5
その他のもの	4
乗合自動車	5
自転車及びリヤカー	2
被けん引車その他のもの	4
○前掲のもの以外	
自動車（2輪又は3輪自動車を除く。）	
小型車（総排気量が0.66リットル以下のものをいう。）	4
その他のもの	
貨物自動車	
ダンプ式のもの	4
その他のもの	5
報道通信用のもの	5
その他のもの	6
2輪又は3輪自動車	3
自転車	2
鉱山用人車、炭車、鉱車及び台車	
金属製のもの	7
その他のもの	4
フォークリフト	4
トロッコ	
金属製のもの	5
その他のもの	3
その他のもの	
自走能力を有するもの	7
その他のもの	4

8表　船舶の耐用年数表

区　　　　　　　　　　　　　　　分	耐用年数
船舶法（明治32年法律第46号）第4条から第19条までの適用を受ける鋼船	
○漁船	
昭和25年以後進水したもの	
総トン数が500トン以上のもの	
昭和41年3月31日までに取得した捕鯨船、探鯨船及びえい鯨船	10
その他のもの	12
総トン数が500トン未満のもの	
昭和41年3月31日までに取得した捕鯨船、探鯨船及びえい鯨船	7
その他のもの	9
昭和24年以前進水したもの	10
○油そう船	
昭和25年以後進水したもの	
総トン数が2,000トン以上のもの	13
総トン数が2,000トン未満のもの	11
昭和24年以前進水したもの	10
○薬品そう船	10
○その他のもの	
昭和25年以後進水したもの	
総トン数が2,000トン以上のもの	15
総トン数が2,000トン未満のもの	
しゅんせつ船及び砂利採取船	10
カーフェリー	11
その他のもの	14
昭和24年以前進水したもの	12
船舶法第4条から第19条までの適用を受ける木船	
○漁船	
昭和25年以後進水したもの	6
昭和24年以前進水したもの	5
○薬品そう船	
昭和25年以後進水したもの	8
昭和24年以前進水したもの	5
○その他のもの	
昭和25年以後進水したもの	10
昭和24年以前進水したもの	6
船舶法第4条から第19条までの適用を受ける強化プラスチック船	7
船舶法第4条から第19条までの適用を受ける水中翼船及びホバークラフト	8
その他のもの	
○鋼船	
しゅんせつ船及び砂利採取船	7
発電船及びとう載漁船	8
ひき船	10

その他のもの	12
○木船	
とう載漁船	4
しゅんせつ船及び砂利採取船	5
動力漁船及びひき船	6
薬品そう船	7
その他のもの	8
○その他のもの	
モーターボート及びとう載漁船	4
その他のもの	5

9表　器具及び備品の耐用年数表

区　　　　　　　　　　　分	耐用年数
家具、電気機器、ガス機器及び家庭用品（他の項に掲げるものを除く。）	
事務机、事務いす及びキャビネット	
主として金属製のもの	15
その他のもの	8
応接セット	
接客業用のもの	5
その他のもの	8
ベット	8
児童用机及びいす	5
陳列だな及び陳列ケース	
冷凍機付のもの	6
その他のもの	8
その他の家具	
接客業用のもの	5
その他のもの	
主として金属製のもの	15
その他のもの	8
ラジオ、テレビジョン、テープレコーダーその他の音響機器	5
冷房用又は暖房用機器	6
電気冷蔵庫、電気洗濯機その他これらに類する電気又はガス機器	6
氷冷蔵庫及び冷蔵ストッカー（電気式のものを除く。）	4
カーテン、座ぶとん、寝具、丹前その他これらに類する繊維製品	3
じゅうたんその他の床用敷物	
接客業用、放送用、レコード吹込用又は劇場用のもの	3
その他のもの	6
室内装飾品	
主として金属製のもの	15
その他のもの	8
食事又はちゅう房用品	
陶磁器製又はガラス製のもの	2
その他のもの	5
その他のもの	
主として金属製のもの	15
その他のもの	8
事務機器及び通信機器	
謄写機器及びタイプライター	
孔版印刷又は印書業用のもの	3
その他のもの	5
電子計算機	6
複写機、計算機（電子計算機を除く。）、金銭登録機、タイムレコーダー	
その他これらに類するもの	5

その他の事務機器	5
テレタイプライター及びファクシミリ	5
インターホーン及び放送用設備	6
電話設備その他の通信機器	10
時計、試験機器及び測定機器	
時計	10
度量衡器	5
試験又は測定機器	5
光学機器及び写真製作機器	
オペラグラス	2
カメラ、映画撮影機、映写機及び望遠鏡	5
引伸機、焼付機、乾燥機、顕微鏡その他の機器	8
看板及び広告器具	
看板、ネオンサイン及び気球	3
マネキン人形及び模型	2
その他のもの	
主として金属製のもの	10
その他のもの	5
容器及び金庫	
ボンベ	
溶接製のもの	6
鍛造製のもの	
塩素用のもの	8
その他のもの	10
ドラムかん、コンテナーその他の容器	
大型コンテナー（長さが6m以上のものに限る。）	7
その他のもの	
金属製のもの	3
その他のもの	2
金庫	
手さげ金庫	5
その他のもの	20
理容又は美容機器	5
医療機器	
レントゲンその他の電子管を使用する機器	
移動式のもの、救急医療用のもの及び自動血液分析器	4
その他のもの	6
消毒殺菌用機器	4
手術機器	5
調剤機器	6
歯科診療用ユニット	7
光学検査機器	8
その他のもの	
陶磁器製又はガラス製のもの	3

主として金属製のもの	
ハーバードタンクその他の作動部分を有する機能回復訓練機器	6
その他のもの	10
その他のもの	5
娯楽又はスポーツ器具及び興行又は演劇用具	
たまつき用具	8
パチンコ器、ビンゴ器その他これらに類する球戯用具及び射的用具	2
ご、しょうぎ、まあじゃんその他の遊戯具	5
スポーツ具	3
劇場用観客いす	3
どんちょう及び幕	5
衣しょう、かつら、小道具及び大道具	2
その他のもの	
主として金属製のもの	10
その他のもの	5
生物	
植物	
貸付業用のもの	2
その他のもの	15
動物	
魚類	2
鳥類	4
その他のもの	8
前掲のもの以外のもの	
映画フィルム（スライドを含む。）、磁気テープ及びレコード	2
シート及びロープ	2
漁具	3
葬儀用具	3
楽器	5
自動販売機（手動のものを含む。）	5
焼却炉	5
その他のもの	
主として金属製のもの	10
その他のもの	5
前掲する資産のうち、当該資産について定められている前掲の耐用年数によるもの以外のもの及び前掲の区分によらないもの	
主として金属製のもの	15
その他のもの	8

10表　構築物の耐用年数表

区　　　　　　　　　　　　　　　　　分	耐用年数
鉄道業用又は軌道業用のもの	
軌条及びその附属品	20
まくら木	
木製のもの	8
コンクリート製のもの	20
金属製のもの	20
分岐器	15
通信線、信号線及び電灯電力線	30
信号機	30
送配電線及びき電線	40
電車線及び第3軌条	20
帰線ボント	5
電線支持物（電柱及び腕木を除く。）	30
木柱及び木塔（腕木を含む。）	
架空索道用のもの	15
その他のもの	25
前掲以外のもの	
線路設備	
軌道設備	
道床	60
その他のもの	16
土工設備	57
橋りょう	
鉄筋コンクリート造のもの	50
鉄骨造のもの	40
その他のもの	15
トンネル	
鉄筋コンクリート造のもの	60
れんが造のもの	35
その他のもの	30
その他のもの	21
停車場設備	32
電路設備	
鉄柱、鉄塔、コンクリート柱及びコンクリート塔	45
踏切保安又は自動列車停止設備	12
その他のもの	19
その他のもの	40
その他の鉄道用又は軌道用のもの	
軌条及びその附属品並びにまくら木	15
道床	60
土工設備	50

橋りょう	
鉄筋コンクリート造のもの	50
鉄骨造のもの	40
その他のもの	15
トンネル	
鉄筋コンクリート造のもの	60
れんが造のもの	35
その他のもの	30
その他のもの	30
発電用又は送配電用のもの	
小水力発電用のもの（農山漁村電気導入促進法（昭和27年法律第358号）に基づき建設したものに限る。）	30
その他の水力発電用のもの（貯水池、調整池及び水路に限る。）	57
汽力発電用のもの（岸壁、さん橋、堤防、防波堤、煙突、その他汽力発電用のものをいう。）	41
送電用のもの	
地中電線路	25
塔、柱、がい子、送電線、地線及び添架電話線	36
配電用のもの	
鉄塔及び鉄柱	50
鉄筋コンクリート柱	42
木柱	15
配電線	30
引込線	20
添架電話線	30
地中電線路	25
放送用、無線通信用	
鉄塔及び鉄柱	
円筒空中線式のもの	30
その他のもの	40
鉄筋コンクリート柱	42
木塔及び木柱	10
アンテナ	10
接地線及び放送用配線	10
広告用	
金属造のもの	20
その他のもの	10
競技場用、運動場用、遊園地用又は学校用のもの	
スタンド	
主として鉄骨鉄筋コンクリート造又は鉄筋コンクリート造のもの	45
主として鉄骨造のもの	30
主として木造のもの	10
競輪場用競走路	
コンクリート敷のもの	15

その他のもの	10
ネット設備	15
野球場、陸上競技場、ゴルフコースその他のスポーツ場の排水その他の土工施設	30
水泳プール	30
その他のもの	
児童用のもの	
すべり台、ぶらんこ、ジャングルジムその他の遊戯用のもの	10
その他のもの	15
その他のもの	
主として木造のもの	15
その他のもの	30
緑化施設及び庭園	
工場緑化施設	7
その他の緑化施設及び庭園	
（工場緑化施設に含まれるものを除く。）	20
舗装道路及び舗装路面	
コンクリート敷、ブロック敷、れんが敷又は石敷のもの	15
アスファルト敷又は木れんが敷のもの	10
ビチューマルス敷のもの	3
鉄骨鉄筋コンクリート造又は鉄筋コンクリート造のもの（前掲のものを除く。）	
水道用ダム	80
トンネル	75
橋	60
岸壁、さん橋、防壁（爆発物用のものを除く。）、堤防、防波堤、塔、やぐら、上水道、水そう及び用水用ダム	50
乾ドック	45
サイロ	35
下水道、煙突及び焼却炉	35
高架道路、製塩用ちんでん池、飼育場及びへい	30
爆発物用防壁及び防油堤	25
造船台	24
放射性同位元素の放射線を直接受けるもの	15
その他のもの	60
コンクリート造又はコンクリートブロック造のもの（前掲のものを除く。）	
やぐら及び用水池	40
サイロ	34
岸壁、さん橋、防壁（爆発物用のものを除く。）、堤防、防波堤、トンネル、上水道及び水そう	30
下水道、飼育場、へい	15
爆発物用防壁	13
引湯管	10
鉱業用廃石捨場	5

その他のもの	40
れんが造のもの（前掲のものを除く。）	
防壁（爆発物用のものを除く。）、堤防、防波堤及びトンネル	50
煙突、煙道、焼却炉、へい及び爆発物用防壁	
塩素、クロールスルホン酸その他の著しい腐食性を有する気体の影響を受けるもの	7
その他のもの	25
その他のもの	40
石造のもの（前掲のものを除く。）	
岸壁、さん橋、防壁（爆発物用のものを除く。）、堤防、防波堤、上水道及び用水池	50
乾ドック	45
下水道、へい及び爆発物用防壁	35
その他のもの	50
土造のもの（前掲のものを除く。）	
防壁（爆発物用のものを除く。）、堤防、防波堤及び自動車道	40
上水道及び用水池	30
下水道	15
へい	20
爆発物用防壁及び防油堤	17
その他のもの	40
金属造のもの（前掲のものを除く。）	
橋（はね上げ橋を除く。）	45
はね上げ橋及び鋼矢板岸壁	25
サイロ	22
送配管	
鋳鉄製のもの	30
鋼鉄製のもの	15
ガス貯そう	
液化ガス用のもの	10
その他のもの	20
薬品貯そう	
塩酸、ふつ酸、発煙硫酸、濃硝酸その他の発煙性を有する無機酸用のもの	8
有機酸用又は硫酸、その他前掲のもの以外の無機酸用のもの	10
アルカリ類用、塩水用、アルコール用その他のもの	15
水そう及び油そう	
鋳鉄製のもの	25
鋼鉄製のもの	15
浮ドック	20
飼育場	15
つり橋、煙突、焼却炉、打込み井戸、へい、街路灯及びガードレール	10
その他のもの	45
合成樹脂造のもの（前掲のものを除く。）	10
木造のもの（前掲のものを除く。）	

橋、塔、やぐら及びドック	15
岸壁、さん橋、防壁、堤防、防波堤、トンネル、水そう、引湯管及びへい	10
飼育場	7
その他のもの	15
前掲のもの以外のもの及び前掲の区分によらないもの	
主として木造のもの	15
その他のもの	50

11表 定率法による経年残存率表

注 次の式によって残存率を計算する場合は、その値によることができる。

$$（残存率）＝（1－（定率））^{（経過年数）}$$

ただし、0.1を下回らないものとする。

経過年数 ＼ 耐用年数	2	3	4	5	6	7	8	9	10	11	12	13	14	15
定率	0.6840	0.5360	0.4380	0.3690	0.3190	0.2800	0.2500	0.2260	0.2060	0.1890	0.1750	0.1620	0.1520	0.1420
1	0.316	0.464	0.562	0.631	0.681	0.720	0.750	0.774	0.794	0.811	0.825	0.838	0.848	0.858
2	0.100	0.215	0.316	0.398	0.464	0.518	0.563	0.599	0.630	0.658	0.681	0.702	0.719	0.736
3		0.100	0.178	0.251	0.316	0.373	0.422	0.464	0.501	0.533	0.562	0.588	0.610	0.632
4			0.100	0.159	0.215	0.269	0.316	0.359	0.397	0.433	0.463	0.493	0.517	0.542
5				0.100	0.146	0.193	0.237	0.278	0.316	0.351	0.382	0.413	0.439	0.465
6					0.100	0.139	0.178	0.215	0.251	0.285	0.315	0.346	0.372	0.399
7						0.100	0.133	0.166	0.199	0.231	0.260	0.290	0.315	0.342
8							0.100	0.129	0.158	0.187	0.215	0.243	0.267	0.294
9								0.100	0.125	0.152	0.177	0.204	0.227	0.252
10									0.100	0.123	0.146	0.171	0.192	0.216
11										0.100	0.121	0.143	0.163	0.186
12											0.100	0.120	0.138	0.159
13												0.100	0.117	0.137
14													0.100	0.117
15														0.100
16														
17														
18														
19														
20														
21														
22														
23														
24														
25														
26														
27														
28														
29														
30														

16	17	18	19	20	21	22	23	24	25	26	27	28	29	30
0.1340	0.1270	0.1200	0.1140	0.1090	0.1040	0.0990	0.0950	0.0920	0.0880	0.0850	0.0820	0.0790	0.0760	0.0740
0.866	0.873	0.880	0.886	0.891	0.896	0.901	0.905	0.908	0.912	0.915	0.918	0.921	0.924	0.926
0.750	0.762	0.774	0.785	0.794	0.803	0.812	0.819	0.824	0.832	0.837	0.843	0.848	0.854	0.857
0.649	0.665	0.681	0.696	0.707	0.719	0.731	0.741	0.749	0.759	0.766	0.774	0.781	0.789	0.794
0.562	0.581	0.600	0.616	0.630	0.645	0.659	0.671	0.680	0.692	0.701	0.710	0.720	0.729	0.735
0.487	0.507	0.528	0.546	0.562	0.577	0.594	0.607	0.617	0.631	0.641	0.652	0.663	0.674	0.681
0.422	0.443	0.464	0.484	0.500	0.517	0.535	0.549	0.560	0.575	0.587	0.598	0.610	0.622	0.630
0.365	0.386	0.409	0.429	0.446	0.464	0.482	0.497	0.509	0.525	0.537	0.549	0.562	0.575	0.584
0.316	0.337	0.360	0.380	0.397	0.415	0.434	0.450	0.462	0.479	0.491	0.504	0.518	0.531	0.541
0.274	0.295	0.316	0.336	0.354	0.372	0.391	0.407	0.420	0.436	0.450	0.463	0.477	0.491	0.501
0.237	0.257	0.279	0.298	0.315	0.333	0.353	0.369	0.381	0.398	0.411	0.425	0.439	0.454	0.464
0.205	0.224	0.245	0.264	0.281	0.299	0.318	0.334	0.346	0.363	0.376	0.390	0.404	0.419	0.429
0.178	0.196	0.216	0.234	0.250	0.268	0.286	0.302	0.314	0.331	0.344	0.358	0.372	0.387	0.397
0.154	0.171	0.190	0.207	0.223	0.240	0.258	0.273	0.285	0.302	0.315	0.329	0.343	0.358	0.368
0.133	0.149	0.167	0.184	0.199	0.215	0.232	0.247	0.259	0.275	0.288	0.302	0.316	0.331	0.341
0.116	0.130	0.147	0.163	0.177	0.193	0.209	0.224	0.235	0.251	0.264	0.277	0.291	0.306	0.316
0.100	0.114	0.129	0.144	0.158	0.173	0.189	0.202	0.213	0.229	0.241	0.254	0.268	0.282	0.292
	0.100	0.114	0.128	0.141	0.155	0.170	0.183	0.194	0.209	0.221	0.234	0.247	0.261	0.271
		0.100	0.113	0.125	0.139	0.153	0.166	0.176	0.191	0.202	0.214	0.227	0.241	0.251
			0.100	0.112	0.124	0.138	0.150	0.160	0.174	0.185	0.197	0.209	0.223	0.232
				0.100	0.111	0.124	0.136	0.145	0.158	0.169	0.181	0.193	0.206	0.215
					0.100	0.112	0.123	0.132	0.145	0.155	0.166	0.178	0.190	0.199
						0.100	0.111	0.120	0.132	0.142	0.152	0.164	0.176	0.184
							0.100	0.109	0.120	0.130	0.140	0.151	0.162	0.171
								0.100	0.110	0.119	0.128	0.139	0.150	0.158
									0.100	0.109	0.118	0.128	0.139	0.146
										0.100	0.108	0.118	0.128	0.135
											0.100	0.108	0.118	0.125
												0.100	0.109	0.116
													0.100	0.108
														0.100

経過年数＼耐用年数 定率	31 0.0720	32 0.0690	33 0.0670	34 0.0650	35 0.0640	36 0.0620	37 0.0600	38 0.0590	39 0.0570	40 0.0560	41 0.0550	42 0.0530	43 0.0520	44 0.0510
1	0.928	0.931	0.933	0.935	0.936	0.938	0.940	0.941	0.943	0.944	0.945	0.947	0.948	0.949
2	0.861	0.867	0.870	0.874	0.876	0.880	0.884	0.885	0.889	0.891	0.893	0.897	0.899	0.901
3	0.799	0.807	0.812	0.817	0.820	0.825	0.831	0.833	0.839	0.841	0.844	0.849	0.852	0.855
4	0.742	0.751	0.758	0.764	0.768	0.774	0.781	0.784	0.791	0.794	0.797	0.804	0.808	0.811
5	0.688	0.699	0.707	0.715	0.718	0.726	0.734	0.738	0.746	0.750	0.754	0.762	0.766	0.770
6	0.639	0.651	0.660	0.668	0.672	0.681	0.690	0.694	0.703	0.708	0.712	0.721	0.726	0.730
7	0.593	0.606	0.615	0.625	0.629	0.639	0.648	0.653	0.663	0.668	0.673	0.683	0.688	0.693
8	0.550	0.564	0.574	0.584	0.589	0.599	0.610	0.615	0.625	0.631	0.636	0.647	0.652	0.658
9	0.510	0.525	0.536	0.546	0.551	0.562	0.573	0.579	0.590	0.595	0.601	0.613	0.618	0.624
10	0.474	0.489	0.500	0.511	0.516	0.527	0.539	0.544	0.556	0.562	0.568	0.580	0.586	0.592
11	0.440	0.455	0.466	0.477	0.483	0.495	0.506	0.512	0.524	0.531	0.537	0.549	0.556	0.562
12	0.408	0.424	0.435	0.446	0.452	0.464	0.476	0.482	0.494	0.501	0.507	0.520	0.527	0.534
13	0.379	0.395	0.406	0.417	0.423	0.435	0.447	0.454	0.466	0.473	0.479	0.493	0.499	0.506
14	0.351	0.368	0.379	0.390	0.396	0.408	0.421	0.427	0.440	0.446	0.453	0.467	0.473	0.481
15	0.326	0.342	0.353	0.365	0.371	0.383	0.395	0.402	0.415	0.421	0.428	0.442	0.449	0.456
16	0.303	0.319	0.330	0.341	0.347	0.359	0.372	0.378	0.391	0.398	0.404	0.418	0.426	0.433
17	0.281	0.297	0.308	0.319	0.325	0.337	0.349	0.356	0.369	0.375	0.382	0.396	0.403	0.411
18	0.261	0.276	0.287	0.298	0.304	0.316	0.328	0.335	0.348	0.354	0.361	0.375	0.382	0.390
19	0.242	0.257	0.268	0.279	0.285	0.296	0.309	0.315	0.328	0.335	0.341	0.355	0.363	0.370
20	0.224	0.239	0.250	0.261	0.266	0.278	0.290	0.296	0.309	0.316	0.323	0.337	0.344	0.351
21	0.208	0.223	0.233	0.244	0.249	0.261	0.273	0.279	0.292	0.298	0.305	0.319	0.326	0.333
22	0.193	0.207	0.217	0.228	0.233	0.245	0.256	0.262	0.275	0.281	0.288	0.302	0.309	0.316
23	0.179	0.193	0.203	0.213	0.218	0.229	0.241	0.247	0.259	0.266	0.272	0.286	0.293	0.300
24	0.166	0.180	0.189	0.199	0.204	0.215	0.227	0.232	0.245	0.251	0.257	0.271	0.278	0.285
25	0.154	0.167	0.177	0.186	0.191	0.202	0.213	0.219	0.231	0.237	0.243	0.256	0.263	0.270
26	0.143	0.156	0.165	0.174	0.179	0.189	0.200	0.206	0.217	0.223	0.230	0.243	0.249	0.256
27	0.133	0.145	0.154	0.163	0.168	0.178	0.188	0.194	0.205	0.211	0.217	0.230	0.236	0.243
28	0.123	0.135	0.143	0.152	0.157	0.167	0.177	0.182	0.193	0.199	0.205	0.218	0.224	0.231
29	0.115	0.126	0.134	0.142	0.147	0.156	0.166	0.171	0.182	0.188	0.194	0.206	0.213	0.219
30	0.106	0.117	0.125	0.133	0.137	0.147	0.156	0.161	0.172	0.177	0.183	0.195	0.201	0.208

45	46	47	48	49	50	51	52	53	54	55	56	57	58	59	60
0.0500	0.0490	0.0480	0.0470	0.0460	0.0450	0.0440	0.0430	0.0430	0.0420	0.0410	0.0400	0.0400	0.0390	0.0380	0.0380
0.950	0.951	0.952	0.953	0.954	0.955	0.956	0.957	0.957	0.958	0.959	0.960	0.960	0.961	0.962	0.962
0.903	0.904	0.906	0.908	0.910	0.912	0.914	0.916	0.916	0.918	0.920	0.922	0.922	0.924	0.925	0.925
0.857	0.860	0.863	0.866	0.868	0.871	0.874	0.876	0.876	0.878	0.882	0.885	0.885	0.888	0.890	0.890
0.815	0.818	0.821	0.825	0.828	0.832	0.835	0.839	0.839	0.842	0.846	0.849	0.849	0.853	0.856	0.856
0.774	0.778	0.782	0.786	0.790	0.794	0.799	0.803	0.803	0.807	0.811	0.815	0.815	0.820	0.824	0.824
0.735	0.740	0.744	0.749	0.754	0.759	0.763	0.768	0.768	0.773	0.778	0.783	0.783	0.788	0.793	0.793
0.698	0.703	0.709	0.714	0.719	0.724	0.730	0.735	0.735	0.741	0.746	0.751	0.751	0.757	0.762	0.762
0.663	0.669	0.675	0.680	0.686	0.692	0.698	0.704	0.704	0.709	0.715	0.721	0.721	0.727	0.734	0.734
0.630	0.636	0.642	0.648	0.655	0.661	0.667	0.673	0.673	0.680	0.686	0.693	0.693	0.699	0.706	0.706
0.599	0.605	0.611	0.618	0.624	0.631	0.638	0.644	0.644	0.651	0.658	0.665	0.665	0.672	0.679	0.679
0.569	0.575	0.582	0.589	0.596	0.603	0.610	0.617	0.617	0.624	0.631	0.638	0.638	0.646	0.653	0.653
0.540	0.547	0.554	0.561	0.568	0.575	0.583	0.590	0.590	0.598	0.605	0.613	0.613	0.620	0.628	0.628
0.513	0.520	0.528	0.535	0.542	0.550	0.557	0.565	0.565	0.572	0.580	0.588	0.588	0.596	0.604	0.604
0.488	0.495	0.502	0.510	0.517	0.525	0.533	0.540	0.540	0.548	0.556	0.565	0.565	0.573	0.581	0.581
0.463	0.471	0.478	0.486	0.493	0.501	0.509	0.517	0.517	0.525	0.534	0.542	0.542	0.551	0.559	0.559
0.440	0.448	0.455	0.463	0.471	0.479	0.487	0.495	0.495	0.503	0.512	0.520	0.520	0.529	0.538	0.538
0.418	0.426	0.433	0.441	0.449	0.457	0.465	0.474	0.474	0.482	0.491	0.500	0.500	0.509	0.518	0.518
0.397	0.405	0.413	0.420	0.428	0.437	0.445	0.453	0.453	0.462	0.471	0.480	0.480	0.489	0.498	0.498
0.377	0.385	0.393	0.401	0.409	0.417	0.425	0.434	0.434	0.443	0.451	0.460	0.460	0.470	0.479	0.479
0.358	0.366	0.374	0.382	0.390	0.398	0.407	0.415	0.415	0.424	0.433	0.442	0.442	0.451	0.461	0.461
0.341	0.348	0.356	0.364	0.372	0.380	0.389	0.397	0.397	0.406	0.415	0.424	0.424	0.434	0.443	0.443
0.324	0.331	0.339	0.347	0.355	0.363	0.372	0.380	0.380	0.389	0.398	0.407	0.407	0.417	0.426	0.426
0.307	0.315	0.323	0.330	0.339	0.347	0.355	0.364	0.364	0.373	0.382	0.391	0.391	0.401	0.410	0.410
0.292	0.299	0.307	0.315	0.323	0.331	0.340	0.348	0.348	0.357	0.366	0.375	0.375	0.385	0.395	0.395
0.277	0.285	0.292	0.300	0.308	0.316	0.325	0.333	0.333	0.342	0.351	0.360	0.360	0.370	0.380	0.380
0.264	0.271	0.278	0.286	0.294	0.302	0.310	0.319	0.319	0.328	0.337	0.346	0.346	0.355	0.365	0.365
0.250	0.258	0.265	0.273	0.280	0.288	0.297	0.305	0.305	0.314	0.323	0.332	0.332	0.342	0.351	0.351
0.238	0.245	0.252	0.260	0.268	0.275	0.284	0.292	0.292	0.301	0.310	0.319	0.319	0.328	0.338	0.338
0.226	0.233	0.240	0.248	0.255	0.263	0.271	0.280	0.280	0.288	0.297	0.306	0.308	0.315	0.325	0.325
0.215	0.222	0.229	0.236	0.243	0.251	0.259	0.268	0.268	0.276	0.285	0.294	0.294	0.303	0.313	0.313

経過年数＼耐用年数	31	32	33	34	35	36	37	38	39	40	41	42	43	44
定率	0.0720	0.0690	0.0670	0.0650	0.0640	0.0620	0.0600	0.0590	0.0570	0.0560	0.0550	0.0530	0.0520	0.0510
31	0.100	0.109	0.117	0.124	0.129	0.137	0.147	0.152	0.162	0.168	0.173	0.185	0.191	0.197
32		0.100	0.109	0.116	0.120	0.129	0.138	0.143	0.153	0.158	0.164	0.175	0.181	0.187
33			0.100	0.109	0.113	0.121	0.130	0.134	0.144	0.149	0.155	0.166	0.172	0.178
34				0.100	0.106	0.113	0.122	0.126	0.136	0.141	0.146	0.157	0.163	0.169
35					0.100	0.106	0.115	0.119	0.128	0.133	0.138	0.149	0.154	0.160
36						0.100	0.108	0.112	0.121	0.126	0.130	0.141	0.146	0.152
37							0.100	0.105	0.114	0.119	0.123	0.133	0.139	0.144
38								0.100	0.108	0.112	0.117	0.126	0.131	0.137
39									0.100	0.106	0.110	0.120	0.125	0.130
40										0.100	0.104	0.113	0.118	0.123
41											0.100	0.107	0.112	0.117
42												0.100	0.106	0.111
43													0.100	0.105
44														0.100
45														
46														
47														
48														
49														
50														
51														
52														
53														
54														
55														
56														
57														
58														
59														
60.000														
61														
62														
63														
64														
65														

45	46	47	48	49	50	51	52	53	54	55	56	57	58	59	60
0.0500	0.0490	0.0480	0.0470	0.0460	0.0450	0.0440	0.0430	0.0430	0.0420	0.0410	0.0400	0.0400	0.0390	0.0380	0.0380
0.204	0.211	0.218	0.225	0.232	0.240	0.248	0.256	0.256	0.264	0.273	0.282	0.282	0.291	0.301	0.301
0.194	0.200	0.207	0.214	0.222	0.229	0.237	0.245	0.245	0.253	0.262	0.271	0.271	0.280	0.289	0.289
0.184	0.191	0.197	0.204	0.211	0.219	0.227	0.234	0.234	0.243	0.251	0.260	0.260	0.269	0.278	0.278
0.175	0.181	0.188	0.195	0.202	0.209	0.217	0.224	0.224	0.233	0.241	0.250	0.250	0.259	0.268	0.268
0.166	0.172	0.179	0.185	0.192	0.200	0.207	0.215	0.215	0.223	0.231	0.240	0.240	0.248	0.258	0.258
0.158	0.164	0.170	0.177	0.184	0.191	0.198	0.206	0.206	0.213	0.222	0.230	0.230	0.239	0.248	0.248
0.150	0.156	0.162	0.168	0.175	0.182	0.189	0.197	0.197	0.204	0.212	0.221	0.221	0.229	0.238	0.238
0.142	0.148	0.154	0.161	0.167	0.174	0.181	0.188	0.188	0.196	0.204	0.212	0.212	0.221	0.229	0.229
0.135	0.141	0.147	0.153	0.159	0.166	0.173	0.180	0.180	0.188	0.195	0.204	0.204	0.212	0.221	0.221
0.129	0.134	0.140	0.146	0.152	0.159	0.165	0.172	0.172	0.180	0.187	0.195	0.195	0.204	0.212	0.212
0.122	0.127	0.133	0.138	0.145	0.151	0.158	0.165	0.165	0.172	0.180	0.188	0.188	0.196	0.204	0.204
0.116	0.121	0.127	0.132	0.138	0.145	0.151	0.158	0.158	0.165	0.172	0.180	0.180	0.188	0.196	0.196
0.110	0.115	0.121	0.126	0.132	0.138	0.144	0.151	0.151	0.158	0.165	0.173	0.173	0.181	0.189	0.189
0.105	0.110	0.115	0.120	0.126	0.132	0.138	0.145	0.145	0.151	0.158	0.166	0.166	0.174	0.182	0.182
0.100	0.104	0.109	0.115	0.120	0.126	0.132	0.138	0.138	0.145	0.152	0.159	0.159	0.167	0.175	0.175
	0.100	0.104	0.109	0.115	0.120	0.126	0.132	0.132	0.139	0.146	0.153	0.153	0.160	0.168	0.168
		0.100	0.104	0.109	0.115	0.121	0.127	0.127	0.133	0.140	0.147	0.147	0.154	0.162	0.162
			0.100	0.104	0.110	0.115	0.121	0.121	0.128	0.134	0.141	0.141	0.148	0.156	0.156
				0.100	0.105	0.110	0.116	0.116	0.122	0.129	0.135	0.135	0.142	0.150	0.150
					0.100	0.105	0.111	0.111	0.117	0.123	0.130	0.130	0.137	0.144	0.144
						0.100	0.106	0.106	0.112	0.118	0.125	0.125	0.131	0.139	0.139
							0.100	0.102	0.107	0.113	0.120	0.120	0.126	0.133	0.133
								0.100	0.103	0.109	0.115	0.115	0.121	0.128	0.128
									0.100	0.104	0.110	0.110	0.117	0.123	0.123
										0.100	0.106	0.106	0.112	0.119	0.119
											0.100	0.102	0.108	0.114	0.114
												0.100	0.104	0.110	0.110
													0.100	0.106	0.106
														0.100	0.102
															0.100

経過年数	耐用年数 定率	61 0.0370	62 0.0360	63 0.0360	64 0.0350	65 0.0350
1		0.963	0.964	0.964	0.965	0.965
2		0.927	0.929	0.929	0.931	0.931
3		0.893	0.896	0.896	0.899	0.899
4		0.860	0.864	0.864	0.867	0.867
5		0.828	0.833	0.833	0.837	0.837
6		0.798	0.803	0.803	0.808	0.808
7		0.768	0.774	0.774	0.779	0.779
8		0.740	0.746	0.746	0.752	0.752
9		0.712	0.719	0.719	0.726	0.726
10		0.686	0.693	0.693	0.700	0.700
11		0.661	0.668	0.668	0.676	0.676
12		0.636	0.644	0.644	0.652	0.652
13		0.613	0.621	0.621	0.629	0.629
14		0.590	0.599	0.599	0.607	0.607
15		0.568	0.577	0.577	0.586	0.586
16		0.547	0.556	0.556	0.566	0.566
17		0.527	0.536	0.536	0.546	0.546
18		0.507	0.517	0.517	0.527	0.527
19		0.489	0.498	0.498	0.508	0.508
20		0.470	0.480	0.480	0.490	0.490
21		0.453	0.463	0.463	0.473	0.473
22		0.436	0.446	0.446	0.457	0.457
23		0.420	0.430	0.430	0.441	0.441
24		0.405	0.415	0.415	0.425	0.425
25		0.390	0.400	0.400	0.410	0.410
26		0.375	0.385	0.385	0.396	0.396
27		0.361	0.372	0.372	0.382	0.382
28		0.348	0.358	0.358	0.369	0.369
29		0.335	0.345	0.345	0.356	0.356
30		0.323	0.333	0.333	0.343	0.343

経過年数	耐用年数 定率	61 0.0370	62 0.0360	63 0.0360	64 0.0350	65 0.0350
31		0.311	0.321	0.321	0.331	0.331
32		0.299	0.309	0.309	0.320	0.320
33		0.288	0.298	0.298	0.309	0.309
34		0.278	0.287	0.287	0.298	0.298
35		0.267	0.277	0.277	0.287	0.287
36		0.257	0.267	0.267	0.277	0.277
37		0.248	0.258	0.258	0.268	0.268
38		0.239	0.248	0.248	0.258	0.258
39		0.230	0.239	0.239	0.249	0.249
40		0.221	0.231	0.231	0.240	0.240
41		0.213	0.222	0.222	0.232	0.232
42		0.205	0.214	0.214	0.224	0.224
43		0.198	0.207	0.207	0.216	0.216
44		0.190	0.199	0.199	0.209	0.209
45		0.183	0.192	0.192	0.201	0.201
46		0.177	0.185	0.185	0.194	0.194
47		0.170	0.178	0.178	0.187	0.187
48		0.164	0.172	0.172	0.181	0.181
49		0.158	0.166	0.166	0.175	0.175
50		0.152	0.160	0.160	0.168	0.168
51		0.146	0.154	0.154	0.163	0.163
52		0.141	0.149	0.149	0.157	0.157
53		0.136	0.143	0.143	0.151	0.151
54		0.131	0.138	0.138	0.146	0.146
55		0.126	0.133	0.133	0.141	0.141
56		0.121	0.128	0.128	0.136	0.136
57		0.117	0.124	0.124	0.131	0.131
58		0.112	0.119	0.119	0.127	0.127
59		0.108	0.115	0.115	0.122	0.122
60.000		0.104	0.111	0.111	0.118	0.118
61		0.100	0.107	0.107	0.114	0.114
62			0.100	0.103	0.110	0.110
63				0.100	0.106	0.106
64					0.100	0.102
65						0.100

12表　動産損害額査定率表

区分 程度	種別	什　器　類	衣　　　　類	寝　具　類	そ　の　他
焼　　損	小	70%以内	60%以内	50%以内	50%以内
	全	71%～100%	61%～100%	51%～100%	51%～100%
破　　損	小	30%以内	30%以内	30%以内	30%以内
	半	31%～70%	31%～70%	31%～70%	31%～70%
	全	71%～100%	71%～100%	71%～100%	71%～100%
水　　損	小	15%以内	15%以内	15%以内	15%以内
	半	16%～60%	16%～60%	16%～60%	16%～60%
	全	61%～100%	61%～100%	61%～100%	61%～100%

注　この表におけるパーセントは、減損率である。

別表第5 削除

別表第6 火災報告突合表　　　　　　　　　（突合番号は一連番号とする）

突合番号	表	突 合 箇 所	突合関係	突 合 箇 所	備　　考
		〔表間突合〕			
001	第1表	(2)火災種別	=	第2表の各火災種別損害額の最大別	OKエラーもありえる〔OKエラー01〕
002	第1表	(3)爆発	=	1のとき	
	第2表	(3)～(11)，(38)～(50)	=	空欄	
003	〃	(3)～(11)，(38)～(50)	=	空欄かつ	
	〃	(51)＋(52)＋(53)	≠	0のとき	
	第1表	(3)爆発	=	1	
004	〃	(64)構造	=	空欄のとき	
	第2表	(1)～(5)	=	空欄	
	第1表	(64)構造	≠	空欄かつ	
	〃	(3)爆発	≠	1のとき	
	第2表	(3)焼損程度	≠	空欄	
005	〃	(54)延焼区分	=	1のとき	
	第1表	(1)出火場所市区町村コード	=	第2表(55)出火市町村コード	
006	第2表	(54)延焼区分	=	2のとき	
	第1表	(1)出火場所市区町村コード	≠	第2表(55)出火市町村コード	
007	第2表	(1)出火階数（地上）	≦	第1表(65)階数（地上）	
008	〃	(2)出火階数（地下）	≦	第1表(66)階数（地下）	
009	〃	(4)火元建物の焼損床面積	≦	第1表(68)火元建物の延面積	OKエラーもありえる〔OKエラー02〕
010	〃	(23)～(35)負傷者数	=	第3表(1)～(7)負傷者数の1行～3行の計	
011	〃	(23)負傷者数合計	=	第4表(7)負傷者数計の1行～3行の計	
012	〃	(23)負傷者数合計	=	第5表(18)負傷者数合計の1，2行の計	
013	〃	(23)負傷者数合計	=	第6表(16)負傷者数計の1行～6行の計	
014	第4表	1行(7)	=	第5表(1)0～5歳の1，2行の計	
		2行(7)	=	第5表(2)～(13)6～64歳の1，2行の計	
		3行(7)	=	第5表(14)～(17)65歳以上の1，2行の計	

015	第5表	(1) 0〜5歳の1，2行の計	=	第6表(1)〜(5)負傷者数計の1行〜6行の計	
		(2)〜(13) 6〜64歳の1，2行の計	=	第6表(6)〜(10)負傷者数計の1行〜6行の計	
		(14)〜(17)65歳以上の1，2行の計	=	第6表(11)〜(15)負傷者数計の1行〜6行の計	
		〔表内突合〕			
017	第1表	(1)出火場所都道府県・市区町村コード5桁の検査数字	=	(1)出火場所都道府県・市区町村コードの下1桁（自治省都道府県・市区町村コードに従う。）	事務組合コードは不可
018	〃	(2)火災種別	=	1〜6	
019	〃	(3)爆発	≦	1	
020	〃	(4)出火時刻（年）	=	当該年	
021	〃	(5)出火時刻（月）	=	01〜12	
022	〃	(6)出火時刻（日）	=	01〜31又は99	
023	〃	(7)出火時刻（時）	=	00〜23又は99	
024	〃	(8)出火時刻（分）	=	00〜59又は99	
025	〃	(9)覚知時刻（月）	=	01〜12又は	
		(13)覚知時刻（月）	=	01〜12	
026	〃	(10)覚知時刻（日）	=	01〜31又は	
		(14)覚知時刻（日）	=	01〜31	
027	〃	(11)覚知時刻（時）	=	00〜23又は	
		(15)覚知時刻（時）		00〜23	
028	〃	(12)覚知時刻（分）	=	00〜59又は	
		(16)覚知時刻（分）	=	00〜59	
029	〃	(9)(10)(11)(12)	≠	空欄のとき	出火時刻不明の時OKエラー〔出火時刻不明OKエラー〕
		(4)(5)(6)(7)(8)出火時刻	≦	(9)(10)(11)(12)覚知時刻かつ	
		(13)(14)(15)(16)	≠	空欄のとき	
		(4)(5)(6)(7)(8)出火時刻	≦	(13)(14)(15)(16)覚知時刻	
030	〃	(33)覚知方法	=	1〜9	
031	〃	(33)覚知方法	=	8（事後聞知）のとき突合番号065へ行く	
		〔事後聞知以外の場合の突合〕			
032	〃	(13)覚知時刻（月）	=	01〜12又は空欄	
033	〃	(14)覚知時刻（日）	=	01〜31又は空欄	
034	〃	(15)覚知時刻（時）	=	00〜23又は空欄	
035	〃	(16)覚知時刻（分）	=	00〜59又は空欄	
036	〃	(9)又は(10)	=	空欄のとき	
		(9)(10)(11)(12)	=	空欄かつ	
		(13)又は(14)	=	空欄のとき	
		(13)(14)(15)(16)	=	空欄	
037	〃	(9)(10)(11)(12)	≠	空欄かつ	
		(13)(14)(15)(16)	≠	空欄のとき	

番号	表	項目	関係	内容
		(9)(10)(11)(12)	≦	(13)(14)(15)(16)
038	第1表	(17)放水開始時刻（月）	=	01～12又は空欄
039	〃	(18)放水開始時刻（日）	=	01～31又は空欄
040	〃	(19)放水開始時刻（時）	=	00～23又は空欄
041	〃	(20)放水開始時刻（分）	=	00～59又は空欄
042	〃	(17)又は(18)	=	空欄のとき
		(17)(18)(19)(20)	=	空欄
043	〃	(17)(18)(19)(20)放水開始時刻	≠	空欄のとき
		(9)(10)(11)(12)覚知時刻	≦	(17)(18)(19)(20)放水開始時刻かつ
		(13)(14)(15)(16)覚知時刻	≦	(17)(18)(19)(20)放水開始時刻
044	〃	(21)放水開始時刻（月）	=	01～12又は空欄
045	〃	(22)放水開始時刻（日）	=	01～31又は空欄
046	〃	(23)放水開始時刻（時）	=	00～23又は空欄
047	〃	(24)放水開始時刻（分）	=	00～59又は空欄
048	〃	(21)又は(22)	=	空欄のとき
		(21)(22)(23)(24)	=	空欄
049	〃	(21)(22)(23)(24)放水開始時刻	≠	空欄のとき
		(9)(10)(11)(12)覚知時刻	≦	(21)(22)(23)(24)放水開始時刻かつ
		(13)(14)(15)(16)覚知時刻	≦	(21)(22)(23)(24)放水開始時刻
050	〃	(25)火勢鎮圧時刻（月）	=	01～12又は空欄
051	〃	(26)火勢鎮圧時刻（日）	=	01～31又は空欄
052	〃	(27)火勢鎮圧時刻（時）	=	00～23又は空欄
053	〃	(28)火勢鎮圧時刻（分）	=	00～59又は空欄
054	〃	(25)又は(26)	=	空欄のとき
		(25)(26)(27)(28)	=	空欄
055	〃	(25)(26)(27)(28)火勢鎮圧時刻	≠	空欄のとき
		(9)(10)(11)(12)覚知時刻	≦	(25)(26)(27)(28)火勢鎮圧時刻かつ
		(13)(14)(15)(16)覚知時刻	≦	(25)(26)(27)(28)火勢鎮圧時刻
056	〃	(17)(18)(19)(20)放水開始時刻	≦	(29)(30)(31)(32)鎮火時刻かつ
		(21)(22)(23)(24)放水開始時刻	≦	(29)(30)(31)(32)鎮火時刻
057	〃	(17)～(24)放水開始時刻	=	空欄のとき
		(25)(26)(27)(28)火勢鎮圧時刻	=	空欄
058	〃	(29)鎮火時刻（月）	=	01～12
059	〃	(30)鎮火時刻（日）	=	01～31
060	〃	(31)鎮火時刻（時）	=	00～23
061	〃	(32)鎮火時刻（分）	=	00～59
062	〃	(25)(26)(27)(28)火勢鎮圧時刻	≠	空欄のとき
		(25)(26)(27)(28)火勢鎮圧時刻	≦	(29)(30)(31)(32)鎮火時刻
063	〃	(9)(10)(11)(12)覚知時刻	≦	(29)(30)(31)(32)鎮火時刻かつ
		(13)(14)(15)(16)覚知時刻	≦	(29)(30)(31)(32)鎮火時刻
064		突合番号071へ行く		
		〔事後聞知の場合の突合〕		
065	〃	(17)～(28)まで	=	空欄
066	〃	(29)鎮火時刻（月）	=	01～12
067	〃	(30)鎮火時刻（日）	=	01～31又は99

068	第1表	(31)鎮火時刻（時）	=	00〜23又は99	
069	〃	(32)鎮火時刻（分）	=	00〜59又は99	
070	〃	(9)(10)(11)(12)	≠	空欄のとき	鎮火時刻不明の
		(29)(30)(31)(32)鎮火時刻	≦	(9)(10)(11)(12)覚知時刻かつ	時OKエラー
		(13)(14)(15)(16)	≠	空欄のとき	〔鎮火時刻不明
		(29)(30)(31)(32)鎮火時刻	≦	(13)(14)(15)(16)覚知時刻	OKエラー〕
071	〃	(34)初期消火器具	=	11〜14，21〜27，31〜39，41〜44，61〜64，71〜77，81〜89，91〜94又は空欄	
072	〃	(17)(18)(19)(20)放水開始時刻	=	空欄のとき	
		(35)放水したポンプ台数	=	空欄	
073	〃	(35)放水したポンプ台数	≠	空欄のとき	
		(17)(18)(19)(20)放水開始時刻	≠	空欄	
074	〃	(21)(22)(23)(24)放水開始時刻	=	空欄のとき	
		(36)放水したポンプ台数	=	空欄	
075	〃	(36)放水したポンプ台数	≠	空欄のとき	
		(21)(22)(23)(24)放水開始時刻	≠	空欄	
076	〃	(37)主として使用した水利	=	11〜20，91又は空欄	
077	〃	(38)主として使用した水利	=	11〜20，91又は空欄	
078	〃	(41)常備・非常備	=	1又は2	
079	〃	(41)常備・非常備	=	2のとき	
		(42)最寄り消防機関からの距離	=	空欄	
080	〃	(43)用途地域	=	01〜13	
081	〃	(44)防火地域	=	1〜3	
082	〃	(45)特別防災区域	=	1又は2	
083	〃	(46)市街地等	=	1〜3	
084	〃	(47)少量危険物等	=	1〜3又は空欄	
085	〃	(48)業態	=	0111〜9999又は空欄	別表第2の分類番号に限る
086	〃	(49)用途	=	000（空欄）〜299	別表第1の分類番号に限るOKエラーもありえる〔OKエラー04〕
087	〃	(49)用途	=	110，111，112，118，119，218，228，238，248又は298のとき	
		(48)業態	=	空欄	
088	〃	(50)防火対象物等の区分	=	11〜19，21〜29，31〜39，41〜49，62〜67，80〜84又は空欄	
089					削除
090					削除

091	第１表	(51)出火箇所	＝	1010～9999	別表第７の分類番号に限る
092					削除
093					削除
094					削除
095					削除
096	〃	(52)発火源	＝	９～9999	別表第３の分類番号に限る
097	〃	(53)経過	＝	９～99	別表第３の分類番号に限る
098	〃	(54)着火物	＝	９～999	別表第３の分類番号に限る
099	〃	(55)天気	＝	11～19，21～25又は99	
100	〃	(56)風向	＝	11～19，21～28又は99	
101	〃	(56)風向	＝	11のとき	
		(57)風速	＝	0	
102	〃	(56)風向	≠	11のとき	四捨五入の結果0m/sの時にはＯＫエラー〔ＯＫエラー07〕
		(57)風速	≠	0	
103	〃	(58)気温零度以上	＝	０～50	
104	〃	(59)気温零度以下	＝	０～50又は99	
105	〃	(58)気温零度以上	≠	０のとき	
		(59)気温零度以下	＝	0	
106	〃	(60)相対湿度	＝	０～100又は999	
107	〃	(61)積雪	＝	０～400又は999	
108	〃	(62)火災警報	＝	１又は２	
109	〃	(63)工事の状況	＝	１～３又は空欄	
110	〃	(64)構造	＝	空欄のとき	
		(63)，(65)～(92)	＝	空欄 突合番号130へ行く	
		〔火元が建物の場合の突合〕			
112	〃	(64)構造	＝	１～６	
113	〃	(65)階数（地上）	＜	61	
114	〃	(66)階数（地下）	＜	30	
115	〃	(65)階数（地上）＋(66)階数（地下）	≠	0	
116	〃	(67)建築面積	≦	(68)延面積	ＯＫエラーもありえる〔ＯＫエラー08〕
117	〃	(69)防火管理者	＝	１～４又は空欄	
118	〃	(69)防火管理者	＝	空欄のとき	
		(70)消防計画	＝	空欄	
119	〃	(70)消防計画	＝	１～６又は空欄	

120	第1表	(71)避難誘導	=	1～7又は空欄	
121	〃	(72)消火訓練	=	1～7又は空欄	
122	〃	(73)統括防火管理	=	1～5又は空欄	
123	〃	(74)防火対象物定期点検報告	=	1，2又は空欄	
124	〃	(75)防炎物品	=	1～6又は空欄	
125	〃	(76)～(82)，(89)～(92)	=	1～9又は空欄	
126	削除	削除	削除	削除	
127	第1表	(83)～(88)消防用設備	=	1～9又は空欄	
128	第2表	(1)出火階数（地上）	≠	空欄のとき	
		(2)出火階数（地下）	=	空欄	
		(2)出火階数（地下）	≠	空欄のとき	
		(1)出火階数（地上）	=	空欄	
129	〃	(3)焼損程度	=	1～4又は空欄	爆発火災は空欄となる
130	〃	(4)火元建物の焼損床面積	≦	(40)焼損床面積	
131	〃	(5)火元建物の焼損表面積	≦	(41)焼損表面積	
132	〃	(7)全焼＋(8)半焼＋(9)部分焼＋(10)ぼや	=	(6)延焼による焼損棟数合計	
133	〃	(3)焼損程度	=	4のとき	
		(4)火元建物の焼損床面積	≦	1	
		(5)火元建物の焼損表面積	≦	1	
134	〃	(11)区画	=	1～5又は空欄	
135	〃	(13)全損＋(14)半損＋(15)小損	=	(12)り災世帯数合計	
136	〃	(12)り災世帯数合計	=	空欄のとき	
		(16)り災人員	=	空欄	
137	〃	(18)消防吏員＋(19)消防団員＋(20)応急消火義務者＋(21)消防協力者＋(22)その他の者	=	(17)死者数（48時間）合計	
138	〃	(25)消防吏員＋(27)消防団員＋(29)応急消火義務者＋(31)消防協力者＋(33)その他の者（自損）＋(35)その他	=	(23)負傷者数合計	
139	〃	(26)消防吏員＋(28)消防団員＋(30)応急消火義務者＋(32)消防協力者＋(34)その他の者（自損）＋(36)その他	=	(24)30日死者合計	
140	〃	(23)負傷者数合計	≧	(24)うち30日死者	
141	〃	(25)消防吏員	≧	(26)うち30日死者	
142	〃	(27)消防団員	≧	(28)うち30日死者	
143	〃	(29)応急消火義務者	≧	(30)うち30日死者	
144	〃	(31)消防協力者	≧	(32)うち30日死者	
145	〃	(33)その他の者（自損）	≧	(34)うち30日死者	
146	〃	(35)その他	≧	(36)うち30日死者	
147	〃	(37)損害額合計	=	(38)＋(39)＋(42)＋(44)＋(46)＋(48)＋(50)＋(51)の各火災種別損害額	

				の合計	
148	第2表	㋘延焼区分	=	1，2又は空欄	
149	〃	㋘延焼区分	=	空欄のとき	
		㋕〜㋠	=	空欄　突合番号157へ行く	
		〔延焼火災の場合の突合〕			
151	〃	㋘延焼区分	=	1のとき	
		㋕〜㋗	≠	空欄かつ	
		㋕出火・都道府県市町村コード	≠	㋖延焼・都道府県市町村コード	
152	〃	㋘延焼区分	=	2のとき	
		㋖〜㋠	=	空欄かつ	
		㋕出火・都道府県市町村コード	≠	空欄	
153	〃	㋘延焼・都道府県市町村コード	=	空欄のとき	
		㋙〜㋠	=	空欄	
154	〃	㋘延焼・都道府県市町村コード	≠	空欄のとき	
		㋙火災番号	≠	空欄	
155	〃	㋠延焼・都道府県市町村コード	=	空欄のとき	
		㋡火災番号	=	空欄	
156	〃	㋠延焼・都道府県市町村コード	≠	空欄	
		㋘〜㋠	≠	空欄	
157	第3表	(1)〜(6)の各負傷者数の計	=	(7)負傷者数計	1行から3行まで繰り返し
158	第4表	(1)〜(6)の各負傷者数の計	=	(7)負傷者数計	1行から3行まで繰り返し
159	第5表	(1)〜(17)の各負傷者数の計	=	(18)負傷者数計	1，2行繰り返し
160	第6表	(1)〜(15)の各負傷者数の計	=	(16)負傷者数計	1行から6行まで繰り返し
		〔火災による死者の調査表突合表〕			
200	第7表	(1)出火場所都道府県・市区町村コード5桁の検査数字	=	(1)出火場所都道府県・市区町村コードの下1桁（自治省都道府県・市区町村コードに従う。）	事務組合コードは不可
201	〃	(2)火災種別	=	1〜6	
202	〃	(3)爆発	≦	1	
203	〃	(4)火災報告の火災番号	≠	空欄	
204	〃	(5)調査表枚数（枚）	≠	空欄	
205	〃	(6)調査表枚数（枚のうち）	≠	空欄	

206	第 7 表	(5)調査表枚数（枚）	≦	(6)調査表枚数（枚のうち）	
207	〃	(7)死者の区分	＝	1 又は 2	
208	〃	(8)死者の発生した火災の種別	＝	1〜6	
209	〃	(9)出火者	＝	1，2 又は 9	OKエラーもありえる〔死者OKエラー－01〕
210	〃	(10)火元・類焼	＝	1，2 又は 3	
211	〃	(8)死者の発生した火災の種別	＝	1 のとき	
		(10)火元・類焼	＝	1 又は 2	
212	〃	(10)火元・類焼	＝	3 のとき突合番号233へ行く	
		〔火元・類焼＝1 又は 2 の場合〕			
213	〃	(11)業態	＝	0111〜9999 又は空欄	別表第 2 の分類番号に限る
214	〃	(12)用途	＝	000（空欄）〜299	別表第 1 の分類番号に限る
215	〃	(13)防火対象物等の区分	＝	11〜19，21〜29，31〜39，41〜49 又は空欄	
216	〃	(14)構造	＝	1〜6	
217	〃	(15)階数（地上）	＜	61	
218	〃	(16)階数（地下）	＜	30	
219	〃	(15)階数（地上）＋(16)階数（地下）	≠	0	
220	〃	(17)建築面積	≦	(18)延面積	OKエラーもありえる〔死者OKエラー－02〕
221	〃	(19)焼損程度	＝	1〜4 又は空欄	爆発火災は空欄となる
222	〃	(18)延面積	≧	(20)焼損床面積	
223	〃	(22)防火管理者	＝	1〜4 又は空欄	
224	〃	(22)防火管理者	＝	空欄のとき	
		(23)消防計画	＝	空欄	
225	〃	(23)消防計画	＝	1〜6 又は空欄	
226	〃	(24)避難誘導	＝	1〜7 又は空欄	
227	〃	(25)消火訓練	＝	1〜7 又は空欄	
228	〃	(26)統括防火管理	＝	1〜5 又は空欄	
229	〃	(27)防火対象物定期点検報告	＝	1，2 又は空欄	
230	〃	(28)防炎物品	＝	1〜6 又は空欄	
231	〃	(29)〜(45)消防用設備	＝	1〜5 又は空欄	

232	第7表	突合番号235へ行く〔火元・類焼＝3の場合の突合〕			
233	〃	(8)死者の発生した火災種別	＝	3のとき	
		(12)，(14)〜(45)	＝	空欄かつ	
		(13)防火対象物等の区分	＝	62〜67	
		(8)死者の発生した火災種別	＝	4のとき	
		(12)，(14)〜(45)	＝	空欄かつ	
		(13)防火対象物等の区分	＝	80〜84	
234	〃	(8)死者の発生した火災種別	≠	3又は4のとき	
		(12)〜(45)	＝	空欄	
235	〃	(46)死者の年齢	＜	130又は999	
236	〃	(47)死者の性別	＝	1，2又は9	
237	〃	(48)死者の職業	＝	5のとき	
		(47)死者の性別	＝	2	
238	〃	(48)死者の職業	＝	7のとき	
		(46)死者の年齢	＜	6	
239	〃	(49)作業中の死亡	＝	1〜5	
240	〃	(50)火気取扱中	＝	1〜4，9又は空欄	
241	〃	(51)死因	＝	1〜5又は9	
242	〃	(51)死因	＝	4のとき	
		(49)作業中の死亡	＝	5かつ	
		(50)火気取扱中	＝	4かつ	
		(57)死者の発生した経過	＝	47	
243	〃	(52)起床	＝	1，2又は9	
244	〃	(53)飲酒	＝	1〜3又は9	
245	〃	(54)傷病	＝	1，2又は9	
246	〃	(55)寝たきり	＝	1，9又は空欄	
247	〃	(56)身体不自由者	＝	1〜7，9又は空欄	
248	〃	(57)死者の発生した経過	＝	11〜19，21〜29，31〜39，41〜49，51又は99	
249	〃	(57)死者の発生した経過	＝	47のとき	
	〃	(51)死因	＝	4	
250	〃	(58)出火階数（地上）	＜	61	
251	〃	(59)出火階数（地下）	＜	30	
252	〃	(58)出火階数（地上）	≠	0のとき	
		(59)出火階数（地下）	＝	空欄また	
		(59)出火階数（地下）	≠	0のとき	
		(58)出火階数（地上）	＝	空欄	
253	〃	(60)出火箇所	＝	1010〜9999	別表第7の分類番号に限る
254	〃	(61)屋内外の別	＝	1〜6又は9	
255	〃	(61)屋内外の別	＝	1又は2のとき	ＯＫエラーもありえる
		(62)＋(63)，(64)，(74)，(76)	≠	0	〔死者ＯＫエラ

					―03〕
256	第7表	⑹屋内外の別	=	3〜6又は9のとき	
		⑺〜⑷，⑺〜⑺	=	0	
257	〃	⑹死者のいた階数（地上）	<	61	
258	〃	⑹死者のいた階数（地下）	<	30	
259	〃	⑹死者のいた階数（地上）	≠	0のとき	
		⑹死者のいた階数（地下）	=	空欄また	
		⑹死者のいた階数（地下）	≠	0のとき	
		⑹死者のいた階数（地上）	=	空欄	
260	〃	⑹同別	=	1，2，9又は空欄	
261	〃	⑹同別	=	1のとき	
		⑸出火階数（地上）	=	⑹死者のいた階数（地上）かつ	
		⑸出火階数（地下）	=	⑹死者のいた階数（地下）かつ	
		⑽火元・類焼	=	1	
262	〃	⑹箇所室等	=	1010〜9999	別表第7の分類番号に限る
263	〃	⑹同別	=	1，2又は9	
264	〃	⑹同別	=	1のとき	
		⑹出火箇所	=	⑹箇所室等	
265	〃	⑹死者の発生した階数（地上）	<	61	
266	〃	⑹死者の発生した階数（地下）	<	30	
267	〃	⑹死者の発生した階数（地上）	≠	0のとき	
		⑹死者の発生した階数（地下）	=	空欄また	
		⑹死者の発生した階数（地下）	≠	0のとき	
		⑹死者の発生した階数（地上）	=	空欄	
268	〃	⑹同別	=	1，2，9又は空欄	
269	〃	⑹同別	=	1のとき	
		⑹死者のいた階数（地上）	=	⑹死者の発生した階数（地上）かつ	
		⑹死者のいた階数（地下）	=	⑹死者の発生した階数（地下）	
270	〃	⑺箇所室等	=	1010〜9999	別表第7の分類番号に限る
271	〃	⑺同別	=	1，2又は9	
272	〃	⑺同別	=	1のとき	
		⑹箇所室等	=	⑺箇所室等	

273	第7表	⑺同棟（共同住宅の場合は同住戸）	≧	⑺同室等	
274	〃	⑺死者一人	=	1，2又は空欄	
275	〃	⑺死者一人	=	1のとき	
		⑺，⑺，⑺〜⑻	=	0	
276	〃	⑺自宅一人	=	1〜3又は空欄	
277	〃	⑺自宅一人	≠	0のとき	
		⑺死者一人	=	1	
278	〃	⑺施錠	=	1，2，9又は空欄	
279	〃	⑺車両・船舶・航空機	≠	0のとき	
		⑹屋内外の別	=	4〜6又は9	
280	〃	⑺死者（男）+⑺死者（女）	=	⑻死者（合計）	
281	〃	⑻死者（合計）	<	⑹枚数（枚のうち）	
282	〃	⑻負傷者（男）＋⑻負傷者（女）	=	⑻負傷者（合計）	
283	〃	⑻〜⑼の和	=	⑼合計	
284	〃	⑸死者の発生した経過	=	15のとき	
		⑷死者の年齢	≦	5	

別表第 7　出火箇所分類表

出火箇所分類表の適用に関する通則

1　「出火箇所」とは、火災の発生した箇所である。

2　この表における用語の意義は、それぞれ次に定めるところによる。

⑴　「主として建物火災に適用するもの」とは、建物の内部（建物内に収容されているものを含む。）及び建物に付設してある工作物等から出火した火災について適用する。したがって、建物に付設してある工作物からの出火の場合は、当該工作物の付設されている建物の箇所（部分）、位置別の分類に従い記入するものとする。

⑵　「主として林野火災に適用するもの」及び「主として車両・船舶・航空機火災に適用するもの」並びに「その他」とは、それぞれ火災の発生した箇所の火災種別により分類する。

⑶　「共用部分」とは、不特定のものが比較的多数利用する箇所をいい、居住専用建築物、産業用建築物にこだわらない。

⑷　「位置別」とは、占用されている目的によって区分されない屋根裏、壁内等をいう。

出 火 箇 所 分 類

大 分 類	中 分 類	小 分 類	番　　号	説　明　事　項
主として建物火災に適用するもの	住居を主とする室, 部分	居　　室	1010	洋室, 和室, 応接間, 勉強部屋, 書斎, 寝室
		押入, 納戸	1020	押入, 納戸
		食　事　室	1030	営業を目的としない。住宅, 寮などの食事専用室
	共用部分	玄　　関	1110	玄関
		広間, ホール	1120	広間, ホール
		廊　　下	1130	廊下, 階段, 縁側
		台　　所	1140	台所
		階　段　室	1150	階段室
		更　衣　室	1160	更衣室, 脱衣場, ロッカー室
		浴　　室	1170	浴室, 浴場, 風呂場
		洗　面　場	1180	洗面場
		洗 た く 場	1210	洗たく場
		便所, トイレット	1220	便所, トイレット
		湯沸室 (場)	1230	湯沸室 (場)
	作業する室	作業場, 工場	1310	製造工場, 加工工場, 修理工場, 塗装工場, 乾燥室, 機械操作室, 梱包荷造場, 荷受場, 発送場, 工務室
		調理室 (場)	1320	調理室 (場)
		ステージ, 舞台	1330	ステージ, 舞台
		スタジオ	1340	スタジオ
		な　ら　く	1350	ならく
	機械室	集じん・ダストシュート	1410	集じん室・ダストシュート 附属焼却室 (主としてダストシュートは付属する焼却室)
	設備室	火 た き 場	1420	火たき場, 元湯室, ボイラー室
		電　気　室	1430	配電盤室, 変電室, 発電室, 蓄電器室
		映　写　室	1440	映写室, 照明室
		通　信　室	1450	放送室, 通信室, 信号室, 電話, 交換室
		機　械　室	1460	機械室, 機関室, 空調室
		エレベータ	1470	エレベータ
		エスカレータ	1480	エスカレータ
		リ　フ　ト	1510	リフト
		ダクトスペース	1520	ダクトスペース
	倉　　庫 物　　置	車　　庫	1610	船, 車両, 自転車, 航空機を入れる室
		屋内駐車場	1620	

	格　納　庫	1630	⎤
	艇　　　車	1640	⎦
	一　般　倉　庫	1650	商品庫，製品庫，資材庫，質庫，冷凍室，納屋
	危険物倉庫，貯蔵庫	1660	（消防法に定める指定数量以上の危険物を貯蔵しているものをいう。）
	置　　　場〔物品を置くためのもので通常壁面が開放となっているもの〕	1670	材料置場，燃料置場
店　舗客　室客席部分	物品販売店舗部分	1710	物品を販売する店舗部分
	サービス店舗部分	1720	理容所，洗濯屋等サービスを提供する店舗部分
	飲食店舗部分	1730	食堂，バー，喫茶店等客に飲食を提供する店舗部分
	遊 技 場 部 分	1740	パチンコ屋，マージャン屋等の店舗部分
	観客席室部分	1750	劇，映画，スポーツ等を観覧する席（室）
	宿 泊 客 室	1760	宿泊客室
医療関係	診　療　室	1810	診療室
	手　術　室	1820	手術室，技工室，医療室
	レントゲン等検査室	1830	レントゲン等検査室
	薬　局　室	1840	（主に，病院内にある薬局室をいう。）
	リハビリテーション，保養室	1850	リハビリテーション，保養室
	病　　　室	1860	病室
一般事務教育教養研究室	個室的な事務室	1910	社長室，所長室，管理職員室，学長室
	応　接　室	1920	応接室
	一 般 事 務 室	1930	教員室を含む。
	集会室，会議室	1940	公会堂，公民館の集会室を含む。
	実験室，研究室	1950	学校における理科学の実験のための特殊教室を含む。
	展　示　室	1960	美術館及び博物館等の展示室・陳列室
	図　書　室	1970	図書室，閲覧室
	教　　　室	1980	教室
	体育室（館）	2010	体育室，体育館，学校の講堂
	休　憩　室	2020	休憩室，従業員休憩室，待合室，クラブ(部)

				室，談話室，娯楽室（主として寄宿舎，工場，旅館等にあるもの）
	警備，管理室	受付	2110	受付
		宿直室	2120	宿直室
		警備，管理室	2130	守衛室，警備員室，管理人室，小使室
	空家等	空家	2210	空家
		空室	2220	空室
		工事中の建物	2230	解体及び改装工事を含む。
		養畜舎	2240	養畜舎，蚕室，温室，犬小屋
	位置別	屋上	2250	屋根面（屋上の工作物等を含む。）
		ベランダ，バルコニー	2260	ベランダ，バルコニー（付設してある工作物等を含む。）
		屋根裏，天井裏	2270	屋根裏，天井裏
		壁内	2280	壁内
		外周部	2310	外周部
		床下	2320	床下（一階のみ）
		貫通部	2330	貫通部
		その他	2390	
主として林野に適用する火災	林野	原野	3010	原野
		牧野	3020	牧野
		天然林	3030	
		人工林	3040	
主として適用する車両船舶航空機火災	車両船舶航空機	機関部（室）	4010	主としてエンジン部分
		運転席	4020	運転室，運転席，操縦席，助手席
		乗務員室	4030	乗務員室，船員室
		客席	4040	客席，客室
		荷台，船そう	4050	荷台，船そう，トランク（荷台，船そうに積載された荷物を含む。）
		調理場	4060	調理場
		外周部	4070	外装部，外周部，車体下部，機体下部
		その他	4090	
その他	建物，林野，車両船舶航空機以外のもの	電柱類	5010	電柱，架線，柱上トランス，変電設備
		門，さく	5020	門，さく，へい
		郵便ポスト	5030	郵便ポスト
		広告塔	5040	広告塔，ネオン塔，看板
		やぐら	5050	やぐら
		ふとう・さん橋	5060	ふとう，さん橋
		日除け，アーケード	5070	日除け，アーケード

		危険物屋外タンク	5080	（消防法に定める指定数量以上の危険物を貯蔵しているものをいう。）
		そ　の　他	5090	
	道路, 空地等	道　　路	6010	
		軌　道　敷	6020	（路面電車の軌道は含まない。）
		ト ン ネ ル	6030	（高速道路のトンネルを含む。）
		地 下 通 路	6040	
		河 川 敷 等	6050	河川敷，海岸敷（堤防を含む。）
		水　　面	6060	池，沼，海上
		空　　地	6070	空地（区画的に建物がないもの）埋立地
		田　　畑	6080	田畑
		公　　園	6090	公園
		墓　　地	7010	墓地
		ゴ ル フ 場	7020	ゴルフ場
		競　技　場	7030	野球場，サッカー場等のグランドのみ
		屋外物品集積場	7040	屋外物品集積場
		ご み 集 積 場	7050	ごみ捨て場，ごみ集積場 廃車，廃船
		敷　地　内	7060	一区画内に建物のあるもの
		そ　の　他	7090	
出火箇所不明	出火箇所不明	出火箇所不明	9999	

第1号様式（その1）

火災報告

本部固有火災番号

1	2	3	4	5	6

(ア) 報告都道府県
(イ) 出火場所　場所（市・区・町・丁目・字・番地）
(ウ) 火元の業態及び事業所名　業態　事業所名
(エ) 火元の実態及び事業所名
(オ) 火元の用途
(カ) 出火箇所
(キ) 火災番号　市町村用　災害番号

表番号・号番号行

火災番号 0 1 0 1 0

(1) 出火場所 都道府県 市区町村 コード
(2)(3) 火災種別
(4) 発生 年
(5) 月
(6) 日
(7) 時
(8) 分
刻
(9)(10) 覚 知 月 日 時 分
(11)(12) 覚知方法
(13)(14) 初期消火器具
(15)(16) 放火した水利 ポンプ台数
(17) 常備消防団
(18) 非常備消防団
(19)(20)(21) 出動延人員　常備消防　消防団　消防隊
(22) 工作物災害の状況
(23)(24) 階数 地上 地下
(25)(26)(27) 建築面積（m²） 地上 地下
(60) 延面積（m²）

火災番号 0 1 0 1 1

(28)(29) 出火階数 地上 地下
(30)(31) 火元建物の焼損表面積（m²）
(32)(33) 焼損床面積（m²）
(34)(35)(36)(37)(38)(39) 火元建物の防火管理等の状況
(40)(41) 防火対象物の区分
(42) 用途
(43) 特別防災地域
(44) 防火対象物点検報告
(45) 少量危険物等
(46)(47) 用途 最寄り消防機関からの距離（100m）
防火管理者　消防計画　消防訓練　誘導訓練

火災番号 0 1 0 1 2

(48) 火元 業態
(49) 用途
(50) 防火対象物等の区分
(51) 出火箇所
(52)(53)(54) 発火源　経過　着火物等
住宅火災前の状況　住宅火災対策
(住宅防火用設備器具の設置状況)
屋内消火栓　簡易消火用具　住宅用自動消火装置　住宅用火災警報器　火災警報機　漏電火災警報設備　自動火災報知設備　住宅用防災報知機　住宅用火災警報器　非常警報設備　避難器具　誘導灯　消防用水　連結散水設備　排煙設備　連結送水管　連絡信号　通報補助　ゆうじ
(55) 消防対策

火災番号 0 1 0 1

(56)(57) 気象 気温 風向 風速（m/s） 気圧
(58)(59)(60) 天気　湿度　零度以上　零度以下　状況　相対湿度（%）　積雪（cm）

り災状況

火災番号 0 2 0 1 0

(1)(2)(3)(4) 火元建物の損害状況
(5) 建物の損害状況
り災世帯数
(6) り災世帯数 延焼による 全焼 半焼 部分焼 ぼや
(7) 合計
(8)(9) 棟数 区画や階

火災番号 0 2 0 1 1

り災人員
全損 半損 小損 合計
り災者
死者 負傷者 消防団員 消防吏員
(人)
応急消火義務者
消防協力者
その他
合計 30日 死者

火災番号 0 2 0 1 2

建物の損害状況
損害額（千円）
建物損害　収容物損害　その他　合計
損害額合計（千円）

火災番号
1	2	3	4	5	6

その他の損害状況
損害額（千円）　⑤⑩　79

航空機の損害状況
焼損数　⑭　70
損害額（千円）　⑯　72

船舶の損害状況
損害額（千円）　㉒　68
火災番号　㉑　63
焼損数　㋑　60　62
延焼・都道府県市区町村コード　㉓　57

車両の損害状況
損害額（千円）　㊹　52
火災番号　㊼　51
焼損数　㊺　48
延焼・都道府県市区町村コード　㊻　45

林野の損害状況
焼損面積（a）　㊸　39
損害額（千円）　㊷　32
火災番号　㊸　39
延焼・都道府県市区町村コード　㊵　33

建物の損害状況
焼損床面積（㎡）　㊽　24
焼損表面積（㎡）　㊿　18
損害額（千円）　㊷　26 27
出火・都道府県市区町村コード

爆発の損害状況
損害額（千円）　㊿
損損棟数　㊿　20
車両等数　㊿　23
延焼区分　㊿　26 27

行番号		
7 8 9	10 11	12
0 2 0	1 1 3	

行番号		
7 8 9	10 11	12
0 2 0	1 1 4	

負傷者の区分　（その他の者）

区分	行番号	消防員	消防団員	応急消火義務者	消防協力者	自損	その他	計
	7 8 9	12	16	20	24	28	32	36 39
重症	0 3 0 1 0							
中等症	0 3 0 2 0							
軽症	0 3 0 3 0							

負傷者の避難方法

区分	行番号	施設	器具	その他	消防隊による救助	避難の必要なし	その他	計
	7 8 9	12	17	22	27	32	37	42 47
0～5	0 4 0 1 0							
6～64	0 4 0 2 0							
65～	0 4 0 3 0							

負傷者の性別・年齢区分

区分	行番号	0～5	6～10	11～15	16～20	21～25	26～30	31～35	36～40	41～45	46～50	51～55	56～60	61～64	65～70	71～75	76～80	81～	計
男性	0 5 0 1 0																		
女性	0 5 0 2 0																		

負傷者の受傷原因区分　（0歳～5歳）（6歳～64歳）（65歳～）

区分	行番号	消火中	避難中	就寝中	作業中	その他	消火中	避難中	就寝中	作業中	その他	消火中	避難中	就寝中	作業中	その他	計
火炎にあおられる・高温の物質に接触	0 6 0 1 0																
煙を吸う	0 6 0 2 0																
飛散物、落遁	0 6 0 3 0																
放射熱	0 6 0 4 0																
飛び降り	0 6 0 5 0																
その他	0 6 0 6 0																

第1号様式（その3）

死者の調査表

死者番号					
1	2	3	4	5	6
9					

本部固有死者番号

1	2	3	4	5	6

（7）都道府県名　市区町村名

（1）出火時刻　年　月　日　時　分

（8）死者の発生した火災の種別　（9）出火番号　（10）火元・種類　出火災の種別

（2）（3）罹災別　発　（4）火災報告番号

（5）調査表枚数　枚　枚のうち　（6）（7）死者の区分

表番号　行番号

死者の状況

（11）建物の損害状況

建物の焼損状況　建物焼損表面積（㎡）　建物焼損床面積（㎡）　焼損程度　延べ面積（㎡）　建築面積（㎡）

災害前（階）階数（階）地上　地下

（12）用途　（13）防火対象物等の区分　（14）構造

死元火者等

（15）出火階数（階）　出火箇所（階）地上　地下

火元建物等の出火箇所　屋外の出火箇所

死者の状況

（16）死者の年齢　（17）死者の性別　（18）作業中死亡職業　（19）死者の職業　（20）火気取扱中死亡　（21）火災死亡　（22）起因　（23）飲酒　（24）身体的自由不自由　（25）死に至った経過　発生

消防用設備等

（26）消防計画　（27）防火管理者　（28）消防用設備等点検報告　（29）防炎対象物品　（30）消火器具　（31）屋内消火栓設備等　（32）スプリンクラー設備等　（33）水噴霧消火設備等　（34）屋外消火栓設備等　（35）動力消防ポンプ設備

防火設備等

（36）自動火災報知設備　（37）漏電火災警報器　（38）非常警報器具等　（39）避難器具　（40）誘導灯　（41）消防用水　（42）排煙設備　（43）連結散水設備　（44）非常コンセント設備　（45）無線通信補助設備

（46）建物　同室等　同一の建物等と同一の場所と（47）出火死者のいた建物等と同一の建物にいた者の数

（48）建物　箇所別室等　（49）火元死者の発生した場所　建物内（階）地上　地下　同室別　同建別

（50）建物室等　建物内（階）地上　地下　同室別　同建別　（51）同室等　（52）箇所別

（53）同一建物内での死傷者（本人を除く）　合計（人）　女（人）　男（人）

（54）死傷者　合計（人）　女（人）　男（人）

（55）出火時死者と一緒にいた者の年齢別　0〜5歳（人）　6〜10歳（人）　11〜20歳（人）　21〜30歳（人）　31〜40歳（人）　41〜50歳（人）　51〜60歳（人）　61〜64歳（人）　65歳〜（人）　合計（人）

（56）同一共同住宅の場合は同住戸

車両　船舶　航空機

特記事項

第 2 号様式（その 1）

火　災　詳　報

（　　　　　　　　　都道府県）

1 火元	市（区）　郡　　町村　　丁目　　番地	氏名又は代表者氏名
2 日時	昭和　年　月　日　時　分　出火　覚知　着火　鎮火　鎮圧	業態　事業所名
	発　火　源	3 覚知方法
4 出火原因	経　過	
	火　　物	
	原因の概要	

5 損害程度

建物焼損面積 火元の面積	㎡	6 気象状況	天気	相対湿度 %
類焼の延べ面積	㎡		風向	実効湿度 %
建物焼損面積 損害区域面積	㎡		風速 m/sec	積雪 cm
林野焼損面積	アール		気温 ℃	火災警報発令 有・無
焼損むね数		全焼（ ）半焼（ ）部分焼（ ）小損（ ）
り災世帯及び人員	人	観測 場所　日時
損害額	千円	その他気象上の参考事項

7 周囲の状況及び火元並びに火災の状況

街区（ブロック）及びNo. 面積 ㎡	火元	構造	消火設備	8 死者及び負傷者
地域及び地区		名称	水利	死者（人）負傷者（人）
建物疎密度又は疎・中・密		用途 %	警報設備	消防吏員
周囲の道路又は空地の状況		出火個所	避難設備	消防団員
最寄消防機関からの距離 から m		（具体的に記入すること）	予防査察の状況	消防活動に関係ある者
付近の消火栓				応急消火義務者
水利状況 その他				消防協力者
				その他の者
				計

9 延焼拡大の理由

消防	ア 通報のおくれ　イ 火災現場到着のおくれ　ウ 機械の不備　エ ポンプ台数の不足　オ 水不足
都市構成	ア 道路狭あい　イ 木造建物の密集　ウ 地形の不利（突出地、段丘地）　エ 可燃性屋根が多い　オ その他
気象	ア 強風、烈風　イ ひでりの続き乾燥がはげしい　ウ フェーン現象
10 延焼阻止の理由	消防 ア 有効注水（公、私）　イ 破壊消防
	都市構成 ア 道路及び樹木（幅 m）　イ 空地及び樹木（幅 m）　ウ 沼、湖、河川（幅 m）　エ 断がい　オ その他
	気象 ア 風力が弱まった　イ 風向が変った
	その他 ア 飛火の発生　イ その他（ ）

11 火災による教訓

消火設備等の使用の詳細

年　月　日実施

| 12 主な焼損物の名称 | 13 死者及び負傷者の生じた理由 |
| | ア 熟睡　イ 泥酔　ウ 病気　エ 身体・精神の障害　オ 幼児　カ 老人　キ 逃げ遅れ　ク 消火作業中　ケ その他（ ） |

第２号様式（その２）　　　　火　災　詳　報　　付表 1　消防活動状況　　　　　（　　　　）　都道府県

出場区分	※出場機械種別	所属及び番号	走行距離(km) 走行時間(分)	現場到着時分	放水開始時分	水始分	使用ノズル口径(mm)	ポンプ圧力(kgw/㎝)	使用ホース本数	放水時間	※使用水利	※隊員数	現場到着時の状況 延焼状況	※特殊作業	転戦部署	※事故その他の参考事項

注　消防本部（署）又は消防団常備部を設置していない市町村においては、最初に活動した出場機械についてのみ全欄に記入し、その他の出場機械については一括して※欄に記入し、その他の出場機械については一括して※欄にのみ記入しても差し支えないこと。

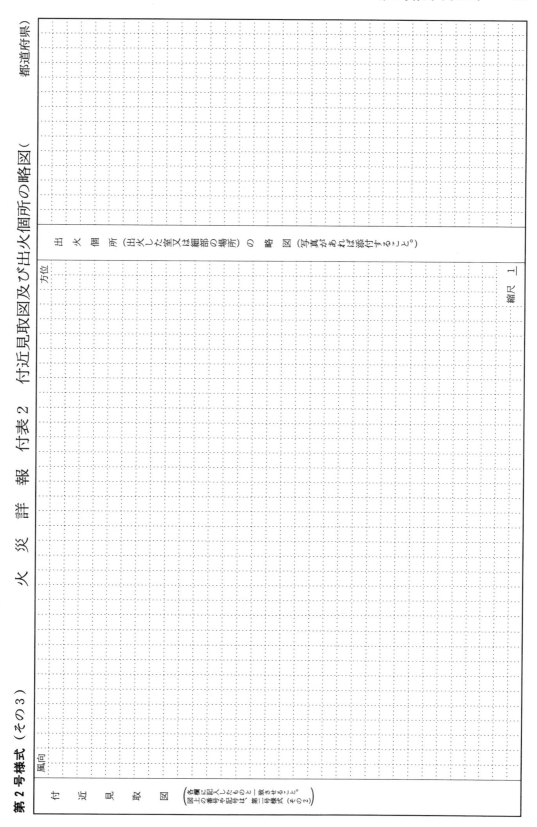

第 2 号様式（その 3）

火　災　詳　報　付表 2　付近見取図及び出火個所の略図（　　　　　都道府県）

付　近　見　取　図
（各欄に記入したものと一致させること。
図上の番号や記号は，第三号様式（その 2）

風向

方位

出　火　個　所（出火した室又は細部の場所）の　略　図（写真があれば添付すること。）

縮尺　$\frac{1}{}$

○耐火建物の損害額算出基準について

（昭和44年11月26日
消防総第429号消防庁総務課長）

　火災による損害額算出方法は、火災報告取扱要領別表第4に示されておりますが、耐火建物の損害額算出基準は別に示されておりませんので、参考までに別添の耐火建物の部分別損害査定基準表を送付します。なお、貴管下市町村に対してもよろしく御指導願います。

耐火建物の部分別査定基準表
1　天　井　の　部

種　　　　別	規　格　仕　様（mm）	単　位	価格（工事費共）
軽量鉄骨天井	ボード類仕上張下地	m²	710円
モルタル塗り	こて仕上　厚20	〃	700
〃	刷毛引　　〃	〃	650
〃	リシンかき落し　　厚27	〃	1,300
混合プラスター塗り	コンクリート下地　厚15	〃	800
〃	ラスボート下地　　厚15	〃	800
ドロマイトプラスター塗り	コンクリート下地　厚15	〃	720
しっくい塗り	〃	〃	730
ソフトテックス張り	12×910×1,820　面取釘打	〃	290
セミハードテックス張り	9 ×450　　　　〃	〃	345
木毛セメント板張り	15　　　　　　〃	〃	250
〃	25　　　　　　〃	〃	400
石膏ボード張り	9　　　　　　　〃	〃	300
アートタイガーボード	7 ×910×1,820	1枚	350
プリントタイガーボード	〃	〃	300
吉野天井板	7 ×455×1,820	〃	160
〃	7 ×910×1,820	〃	300
ジョイントタイガーボード	〃	〃	197
〃	7 ×1,000×2,000	〃	225
吸音板ミネラートン	12×303×303	m²	820
〃　　　　〃	12×303×606	〃	820
〃　　ダイロートン	9 ×303×606	〃	720

吸音板ダイロートン	12×303×606	m²	820円
〃　　ナショナルロッキ	12×303×606	〃	930
アサヒ吸音板	6 ×910×1,820	〃	333
石膏吸音板張り	7 ×450×450	〃	450
〃	〃　　厚紙裏張り	〃	485
〃	〃　　　グラスファイバー	〃	565
〃	3 ×606角　角板張り　裏張り	〃	800
〃	4 ×606×606	〃	1,000
〃	4 ×910×910	〃	1,000
〃	7 ×450×450　釘打	〃	450
〃	7 ×450×910　　〃	〃	400
石綿吸音板張り	3 ×600×600	〃	800
〃	3 ×910×910	〃	800
〃	4 ×600×600	〃	1,000
〃	4 ×910×910	〃	1,000
〃	3 ×910×1,820	〃	700
〃	4 ×910×1,820	〃	800
金属製吸音板張り	0.5×303×303	〃	2,500
〃	0.5×450×450	〃	2,700
セミハードテックス張り	トマボード　6 ×450	〃	400

2　壁 体 の 部

種　　　　別	規 格 仕 様 (mm)	単 位	価格(工事費共)
大津塗り（中塗とも）		m²	750円
砂　壁（　〃　）		〃	900
モルタル塗り	ラス下地刷毛引　厚24	〃	700
〃	木ずり下地　　　厚20	〃	600
〃	リズラス片面塗刷毛引　厚25	〃	750
〃	ラス下地防火壁　　厚26	〃	750
〃	刷　毛　引　　厚25	〃	650
〃	こ　て　仕　上　　厚25	〃	650
〃	目　地　切	〃	680
しっくい塗り	コンクリート下地	〃	700
混合プラスター塗り	コンクリート下地　厚15	〃	750

蛭石プラスター塗り	塗放し	m²	650円
〃	かき落し	〃	720
蛭石モルタル塗り	こて押え	〃	700
〃	かき落し	〃	750
パーライトモルタル塗り	粗面仕上　3cm	〃	1,150
（トモエ）　　　〃	化粧仕上　2.5cm	〃	950
コンクリート下地、セメントモルタル塗り　こて仕上げ　（A級）	塗厚下塗り及びむら直し　12 中塗10　上塗9　計31	〃	1,150
〃　　　（B級）	〃	〃	856
〃　　　（A級）	下塗10　中塗8　上塗7　計25	〃	947
〃　　　（B級）	〃	〃	809
コンクリート下地、セメントモルタル塗り　刷毛引仕上げ　（A級）	下塗り及びむら直し 下塗11　中塗10　上塗9　計30	〃	1,071
〃　　　（B級）	〃	〃	800
〃　　　（A級）	下塗10　中塗8　上塗7　計25	〃	919
〃　　　（B級）	〃	〃	698
木造下地網張り、セメントモルタル塗り　金こて仕上げ　（A級）	ラス　#18—42 下塗11　中塗10　上塗9　計30	〃	1,372
〃　　　（B級）	〃	〃	1,096
〃　　　（A級）	下塗10　中塗8　上塗7　計25	〃	1,158
〃　　　（B級）	〃	〃	909
木造下地網張り、セメントモルタル塗り　刷毛引仕上げ　（A級）	〃	〃	1,103
〃　　　（B級）	〃	〃	854
木造下地網張り、セメントモルタル塗り　刷毛引仕上げ　（A級）	下塗11　中塗10　上塗9　計30	〃	1,289
〃　　　（B級）	〃　　　　〃	〃	1,040
コンクリート下地、モルタル塗り、むら直し、石膏プラスター塗り（A級）	塗厚むら直し　11 下塗3　中塗10　上塗3　計27	〃	1,514
〃　　　（B級）	塗厚むら直し　10 下塗3　中塗9　上塗3　計25	〃	953

石膏ボード六明下地 石膏プラスター塗り 　　　　　　（A級）	下塗4　中塗11　上塗3　計18	m²	1,167円
〃　　　　（B級）	〃	〃	891
〃　　　　（A級）	下塗4　中塗8　上塗3　計15	〃	1,081
石膏ボード六明下地 石膏プラスター塗り 　　　　　　（B級）	下塗4　中塗8　上塗3　計15	〃	750
コンクリート下地、モル タル塗り、むら直し、ド ロマイトプラスター塗り 　　　　　　（A級）	塗厚むら直し11 下塗3　中塗10　上塗3　計27	〃	1,143
コンクリート下地、モル タル塗り、むら直し、ド ロマイトプラスター塗り 　　　　　　（B級）	塗厚むら直し11 下塗3　中塗10　上塗3　計27	〃	845
木舞下地、普通上物壁、 荒壁、返し塗り	並木舞	〃	468
普通上物壁、貫伏せ、む ら直し、中塗り、上塗り、 しっくい塗2級	片　面	〃	458
木舞下地、土物壁、荒壁 裏返し塗り　　（A級）	木舞女竹、4割縦割冊渡し、しゅ ろがき	〃	2,832
〃　　　　（B級）	木舞女竹、わらなわがき	〃	1,229
繊維吸音板張り	9×303×303　面取釘打	〃	650
〃	〃　　　　糊付	〃	750
〈硬質繊維板〉			
ハードボード	3.5×910×1,820	1　枚	250円
〃	3.5×910×2,420	〃	450
〃	5.0×910×1,820	〃	380
〃	5.0×1,210×2,420	〃	680
〃	6.5×910×1,820	〃	500
〃	6.5×1,210×2,420	〃	900
ダイケン　S25ボード	3.5×910×1,820	〃	370
ゴールデンVプリント	5.0×610×2,730	〃	770
〃　　立体プリント	〃	〃	1,150

〈木毛セメント板〉			
木毛セメント板	10×910×1,820　大毛	1　枚	260円
〃	12×910×1,820　　〃	〃	300
〃	15×910×1,820　　〃	〃	350
〃	18×910×1,820　　〃	〃	400
〃	20×910×1,820　　〃	〃	450
〃	25×910×1,820　　〃	〃	520
〃	10×910×1,820　細毛	〃	290
〃	12×910×1,820　細毛	〃	330
〃	15×910×1,820　　〃	〃	380
〃	18×910×1,820　　〃	〃	430
〃	20×910×1,820　　〃	〃	480
〃	2.5×910×1,820　　〃	〃	590
ユニオンボード	20×910×1,820　　S	〃	1,370
〃	30×910×1,820　　S	〃	1,590
〃	2.5×910×1,820　　D	〃	2,250
〃	35×910×1,820　　D	〃	2,470
〈石綿セメント板〉			
フレキシルブル板	3.2×910×1,820	1　枚	680円
〃	3.2×1,000×2,000	〃	880
〃	4 ×910×1,820	〃	800
〃	4 ×1,000×2,000	〃	1,030
〃	5 ×910×1,820	〃	900
〃	5 ×1,000×2,000	〃	1,170
〃	6.3×910×1,820	〃	1,130
〃	6.3×1,000×2,000	〃	1,380
セメント板平板	5 ×910×1,820	〃	420
〃	6.3×910×1,820	〃	500
〃	8 ×910×1,820	〃	770
〃	8 ×1,210×2,420	〃	380
パーライト板	6.3×910×1,820	〃	650
〃	8 ×910×1,820	〃	850
デ コ ラ	1.6×910×1,820	〃	2,070

デ　コ　ラ	1.6×1,520×3,050	1枚	5,750円
〈プリント合板〉			
永大プリント合板	3 ×910×1,820　多色	1枚	910円
〃	5 ×610×2,430	〃	1,050
永大ニューデラックス	3 ×910×1,820	〃	950
〃	5 ×610×2,430	〃	1,050
耐久プリント合板	3 ×910×1,820	〃	1,840
〃	5 ×910×1,820	〃	2,150
オークラプリント	2.7×910×1,820	〃	600
〃	4 ×607×2,430	〃	830
フネンプリント平ボード	7 ×910×1,820	〃	790
〃	9 ×910×1,820	〃	1,000
ディックプリント	3 ×910×1,820	〃	900
〃	3 ×910×1,820　多色	〃	950
ナブコウォール合板	3 ×910×1,820	〃	900
ナブコクロス合板	3.5×910×1,820	〃	1,500
〃	4.5×610×2,430	〃	1,800
ナショナルプリント合板	3 ×910×1,820	〃	750
〃	5 ×610×2,430	〃	1,050
〈合成樹脂系〉			
フクビリブ1号型	75×2,730	3.3m²	2,600円
〃　　2 〃	50×2,730	〃	2,600
〃　　5 〃	75×2,730	〃	2,600
〃　　6 〃	100×2,730	〃	4,800
ヒンリブマーブル	75×2,700	〃	2,450

3　床　の　部

種　　　別	規　格　仕　様 (mm)	単　位	価格(工事費共)
リノリューム	2　1,820　茶色	m²	880円
〃	2　1,820　色物	〃	900
〃	2.5 1,820　茶色	〃	950
〃	2.5 1,820　色物	〃	1,000
〃	3　1,820　茶色	〃	1,050
〃	3　1,820　色物	〃	1,150

ロンリューム	2　1,820　茶色	m²	1,050円
イチプラリューム	2　　910　プレーン	〃	1,100
〃	2.5　　　　マーブル	〃	1,150
ピノリューム	2　　　　　プレーン	〃	980
〃	2.5　　　　プレーン	〃	1,070
アスタイル	3×303×303　明色	〃	800
〃	3×303×303　暗色	〃	650
ビニアスタイル	2×303×303	〃	800
〃	2　304.8　マーブル	〃	700
プラスタイルア（三星）	2　304.8　ア2A　マーブル	〃	900
ソフトンタイル	2　304.8　S2A　マーブル	〃	800
世界長ピニタイル	2　303	〃	800
アロンプロアリング	3　色物	〃	1,200
N　リノタイル	3　304.8　黒茶	〃	800
リノタイル	3　304.8　マーブル	〃	1,150
ナショナルパンタイル	2　303	〃	1,300
〃	2　303　ベスト	〃	2,050
マチコタイル　A	2　303	〃	700
〃　　　　V	2　303	〃	750
〃　　　Sメドレー	2　303	〃	2,000
アムチコタイル	2　304.8　ルネサンス	〃	3,000
アートフロアー　A	3	〃	950
〃　　　　E	3	〃	650
クリスター	3　グリーン・ブルー系	〃	550
〃	3　その他の色物	〃	510
レジセメン	モルタル	〃	4,000
ゴムタイル	4.5　303×303	〃	3,400
ナショナルバンタイル	2　303×303　スペシャル	〃	1,300
〃	2　303×303　ベスト	〃	2,050
P　タイル	2　303×303	〃	750
リノタイル	3　303×303　マーブル	〃	1,300
〃	3　303×303　プレーン	〃	1,200
ラバータイル	3　303×303	〃	5,000
セキスイタイル　デラP	2　303×303	〃	800

セキスイタイルタフ TS	2　　303×303	m²	700円
〃　　　タ　フ	2　　303×303　ニューマーブル	〃	900
〃	2　　303×303　スペシャル	〃	1,000
緑　甲　板	18　455×758　ぶな	〃	1,150
フローリング	36　上　ラミン	〃	1,250
〃	36　上　アトビン	〃	920
フローリングブロック	303×303　桜	〃	1,900
〃	〃　　　なら	〃	1,600
モザイクパーケット	303×303　ぶな	〃	1,350
〃	303×303　桜	〃	2,000
三矢式寄木張り	市松模様　なら1号	〃	1,700
〃	ます模様　桜2号	〃	1,700
ラパリューム	2.5　1.850	〃	1,700
カラークリート	モルタル仕上　普通色	〃	600
パールフロアー	2　塩化ゴム系各色	〃	650
ダイヤコン	3　グリーン系	〃	600
〃	3　色　物	〃	540
〃	3　ナチュラル	〃	440
アランダムクリート　A	緑　色	〃	310
〃	その他の色	〃	260
〃	ナチュラル	〃	185
〃　　　　　　F	色　物	〃	230
〃　　　　　　F	ナチュラル	〃	210
デンカビニルモルタル	25　合成樹脂系色物	〃	2,000

4　ガラスの部

種　　別	仕　様（mm）	単　位	価格（工事費共）
普通板ガラス	3	m²	900～1,350円
〃	5	〃	1,850～2,700
〃	6	〃	3,250
〃	4　（型板）	〃	1,250
〃	5、6、7（型板）	〃	1,750
〃	型板網入	〃	2,350
磨板ガラス	5、6	〃	4,050～4,950

磨板ガラス	8	m²	6,350～7,050円
〃	10	〃	7,350～8,150
〃	12	〃	9,700～10,550
〃	磨板網入	〃	5,700～9,850
熱線吸収ガラス	3（ブルー普通板ガラス）	〃	1,500～1,950
〃	5　　　〃	〃	2,950～3,750
〃	6　　　〃	〃	3,200～4,050
〃	6、8（ブルー型板網入）	〃	3,250
〃	4（型板）	〃	1,650
〃	5（磨板）	〃	5,000～6,550
〃	6　〃	〃	5,650～7,250
〃	8　〃	〃	8,950～9,850
〃	6、8（磨板網入）	〃	7,300～8,750
〃	3（普通板グレーブロンズ）	〃	1,500～1,950
〃	5　　〃	〃	3,450～4,400
〃	6　　〃	〃	3,750～4,800
〃	6、8（グレーブロンズ型板網入）	〃	3,800
〃	6（グレーブロンズ磨板）	〃	6,150～7,900
〃	8　　〃	〃	9,700～10,650
〃	（グレーブロンズ磨板網入）	〃	8,000～9,550
強化ガラスドア	12定寸　2,134×762	1　枚	103,000
〃	12特寸　2,134×762	〃	114,400
〃	12定寸　2,134×914	〃	115,050
〃	12特寸　2,134×914	〃	128,450
〃	12定寸　2,438×914	〃	123,100

5　シャッターの部

種　　　　別	仕　　　　　　　様	単　位	価格（工事費共）
防火シャッター	2 m×2.5m＝5 m²　ハンドル自動式	m²	14,720円
〃	〃　　　　下部電動式	〃	30,420
〃	2 m×2.5m＝5 m²　　上部電動式	〃	32,220
〃	5 m×3 m＝15m²ハンドル自動式	〃	11,520
〃	5 m×3 m＝15m²　　下部電動式	〃	17,910

防火シャッター		上部　〃	m²	18,720円
〃	7 m×4 m＝28m²　　上部電動式	〃	〃	17,460
グリルシャッター	2 m×2.5m＝5 m²ハンドル自動式	〃	〃	17,460
〃　　　　（製）	〃　　　下部電動式	〃	〃	31,640
〃	〃　　　上部　〃	〃	〃	33,500
〃	5 m×3 m＝15m²ハンドル自動式	〃	〃	11,980
〃	〃　　　下部電動式	〃	〃	18,630
〃	〃　　　上部　〃	〃	〃	19,470
〃	7 m×4 m＝28m²　上部　〃	〃	〃	18,160
〃　（ステンレス製）	5 m×3 m＝15m²ハンドル自動式	〃	〃	38,400
〃	〃　　　下部電動式	〃	〃	41,900
〃	〃　　　上部　〃	〃	〃	42,000
〃	7 m×4 m＝28m²上部　〃	〃	〃	38,300
ネットシャッター	30m²　　　基準	〃	〃	9,200
〃	6～9 m²　〃	〃	〃	11,400
ホールディングデート	10m²　　　〃	〃	〃	6,660

6　昇降設備の部

耐用年数 $\begin{cases} \text{エレベーター}　17年　重量換算 \\ \text{エスカレーター}　15年　65kg＝1 人 \end{cases}$

種　　　　　別	仕			様	単　　位	価格（工事費共）
	型式	積載	停止数	速　度		万円
乗用エレベーター	AC 1	5（人）	4	30m/min	1　基	460
荷物用　　〃	〃	1,000kg	4	30m/min	〃	550
乗用エレベーター	AC 2 スピード	6（人）	5	45m/min	〃	455
〃	AC 2 〃	6	5	60m/min	〃	480
〃	〃	9	5	45m/min	〃	500
〃	〃	9	5	60m/min	〃	530
〃	ＤＣギヤード	10	8	90m/min	〃	1,100
〃	〃	15	8	〃	〃	1,200
〃	〃	20	8	〃	〃	1,250

乗用エレベーター	DCギヤレス	15	10	150m/min	1　基	1,550万円
〃	〃	20	10	〃	〃	1,750
〃	〃	15	15	〃	〃	1,800
〃	〃	20	20	〃	〃	2,000
〃	〃	20	15	210m/min	〃	2,750
電動ダムウエーター	荷物配膳 100kg	3	30m/min		〃	100
〃	〃	250	3	15m/min	〃	100
〈旭リフト装置〉						
LV—25—02	荷物配膳	30	2	25m/min	1　基	30万円
LV—25—04	〃	50	2	〃	〃	36
LV—25—075	〃	100	2	〃	〃	46
LV—25—15	〃	200	2	〃	〃	52
LH—25—22	〃	300	2	〃	〃	64
エスカレーター	800型	階高 3 m	1人乗り	〃	950
〃	〃	〃 3.5m	〃	〃	1,050
〃	1,200型	〃 3.5m	2人乗り	〃	1,050

7　パッケージクーラーの部（本体、準標準部品）

機　種	項	本体価格	電熱ヒーター	蒸気ヒーター	温水ヒーター	給湿装置		
						スチームスプレー	ペーパーパン	
薄形水冷式	GM—08S	（円）196,000			（円）—			
	—10ST	220,000			—			
	—15ST	270,000			15,500			
	—20T	320,000			18,500			
水冷式	GW—20	320,000	（kWピーター）7.5	（円）16,500	（円）18,500	18,500	（円）5,500	（kW）0.4	（円）23,000
	—40	400,000	10	18,500	18,500	18,500	5,500	0.4	23,000
	—50	570,000	15	29,000	28,000	28,000	10,000	2	32,000
	—80	745,000	22.5	41,000	38,000	38,000	10,000	4	46,000
	—100	880,000	30(18＋12)	79,000	46,000	52,000	12,000	4	46,000
	—150	1,160,000	45(27＋18)	121,000	59,000	86,000	（スチーム）12,000	8	61,000
	—200	1,530,000	60(45＋15)	147,000	96,000	102,000	（水）16,000	8	61,000

空	GA—20	380,000	7.5	16,500	18,500	18,500	5,500	0.4	23,000
冷	—40	400,000	10	18,500	18,500	18,500	5,500	0.5	23,000
式	—50	700,000	15	29,000	28,000	28,000	10,000	2	32,000
	—80	900,000	225	41,000	38,000	38,000	10,000	4	46,000
	—100	1,080,000	30(18+12)	121,000	46,000	52,000	12,000	4	46,000
ヒートポンプ式	GWH—40	530,000							
	—50	725,000							
	—80	955,000							
	—100	1,110,000							
	—150	1,470,000							

火災報告取扱要領の改正の経過

1　火災報告取扱要領（昭和43年11月11日付消防総第393号）の改正経過

　火災報告取扱要領は、平成6年4月21日付け消防災第100号をもって全部改正され、消防庁長官から各都道府県知事に対し通知されたところであります。この全部改正までの間に、旧火災報告取扱要領に関する数次の改正が行われた経過について、その主要なものを参考として掲載します。

一　昭和43年11月11日付消防総第393号　各都道府県知事あて消防庁長官通知

　昭和43年11月11日付消防総第393号各都道府県知事あて消防庁長官通知をもって火災報告取扱要領が定められ、昭和44年1月1日から実施し、同日以降発生する火災について適用されることとされた。これに伴い火災報告等取扱要領（昭和28年11月30日付国消発第638号各都道府県知事あて国家消防本部長通知）は、昭和43年12月31日限り廃止され、同日以前に発生した火災についてはなお従前の例により取り扱うこととされた。新しい火災報告取扱要領の旧火災報告等取扱要領に対する主な改正点は、次のとおりである。

1　総則について

(1)　消防法に基づく調査権の行使できない地域、施設等の火災を判明している範囲内で調査対象に加えることとしたこと（要領第1の3）。

(2)　火災の種別が複合するときは、主たる損害額のあったものの種別によっていたのを、焼き損害額の大なるものの種別によることとしたこと。また、船舶火災における船舶の範囲を拡大し、その他火災から航空機火災を分離したこと（要領第1の6。なお要領第1の4、第2の6～8参照）。

(3)　火災詳報を提出する期限を5日延長するとともに、火災即報の提出期限について即日を即時に定めたこと（要領第1の7）。

2　火災報告について

(1)　覚知時分について、事後聞知の場合にも記入することとしたこと（要領第2の1）。なお、火勢鎮圧時刻は削除したこと（第1号様式）。

(2)　主として初期消火に使用した器具について、消防法施行令第7条第2項により分類の整理をしたこと（要領第2の3）。

　　主として使用した水利について、私設消火せんを加えたこと（要領第2の5）。

(3)　火元の名称及び業態を火元の業態及び事業所名に改め、業態については業態別分類表により小分類番号と業態名目を記入することとしたこと（要領第2の7）。

(4)　使途を用途に改め、建物のほか、車両、船舶及び航空機についても用途を記入することとするとともに、建物については、用途別分類表を改正し、これにより小分類番号と用途名目（用途が複合するときは、それぞれの用途名目の頭一文字）を記入することとしたこと（要領第2の8）。

(5)　構造の区分について、建築基準法により整理し、木造(A)及び木造(B)を木造建築物1本とし、耐火造を耐火建築物と簡易耐火建築物に分けるとともに、構造を簡略に記入することとしたこと。また階数の算定方法を示したこと（要領第2の9）。

　　なお、火元建物の建て面積を削除し、火元建物の焼損面積を加えたこと（第1号様式）。

(6)　出火原因分類表のうち発火源について、電気器機（1.3）に電気冷蔵庫を加え、移動可能のガスの道具（2.1）及び固定したガス設備（2.2）をそれぞれ都市ガスを用いるものとプロパンガスを用いるものに細分するとともに、着火物についてガス類（2.2）にプロパンガスを加えたこと（要領別表第3）。

(7)　天気の種類について用語を示したこと（要領第2の12）。

(8)　建物の焼損程度の区分の基準について、延べ面積に対する焼損した部分の床面積の割合によっていたのを、建物の評価額に対する当該建物の焼き損害額の割合によることに改めるとともに、部分焼は建物の焼損した部分の面積が当該建物の10%未満で、かつ、3.3平方メートル未満のもの及び床面積で表現できない部分を焼損したものとしていたのを、建物の評価額に対する当該建物の焼き損害額の割合が20%未満のもの又は収容物のみ焼損したものに改めたこと（要領第2の14）。

(9)　り災世帯の焼損程度について、建物（収容物を含む。以下9において同じ。）の火災損害額が50%以上のものを全焼、50%未満のものを半焼と2つに区分していたのを、70%以上を全損、70%未満20%以上を半損、20%未満を小損と3つに区分することとしたこと（要領第2の15）。

(10)　死者及び負傷者の区分について、消防法に基づく消防活動により整理し、り災家屋内に居た者、応援者及びその他の者を、消防活動に関係ある者、応急消火義務者、消防協力者及びその他の者に改めたこと（要領第2の17）。

(11)　建物をはじめ主要な物の損害額の算出基準を具体的に示したこと（要領第2の18）。

(12)　産業用建築物について、「その他」を「産業の複合する建築物」に改め、当該建築物について複合する産業の種類を番号をもって記入することとしたこと（要領第2の20）。

3　火災詳報について

(1)　火災詳報の提出基準について、損害額3,000万円以上の火災を損害額5,000万円以

上の火災に改めたこと（要領第3の一。なお、第5の1参照）。

　⑵　火災詳報の様式について、建物焼損面積の建て面積及び延べ面積を火元の面積及び類焼の延べ面積に、死者及び負傷者の区分を火災報告の例により改めたほか、様式の簡素合理化を図ったこと（要領第2号様式（その1））。

　⑶　むね別損害調（旧要領第2号様式（ろ））を削除したこと（要領第2号様式参照）。

4　火災月報について

　火災月報の様式について、火災件数の欄に航空機火災を加えるとともに、火災報告の例により記載順序を改めたこと（要領第3号様式）。

5　火災即報について

　⑴　火災即報の提出基準について、火災詳報の提出基準の改正に伴い損害額3,000万円以上の火災を損害額5,000万円以上の火災に改めたほか、死者2名以下を生じた火災及び覚知後3時間を経過しても火勢を鎮圧できない林野火災を加えること（要領第5の1。なお要領第3の一参照）。

　⑵　報告事項に火元の業態及び用途、出火箇所並びに死者の生じた理由を加えるとともに、死者3名以上を生じた場合又は大火の場合について従来別途通知していた追加報告事項をもまとめて定めたこと（要領第4号様式）。

二　昭和45年12月18日付消防総第377号　各都道府県消防主管部長あて消防庁総務課長通知

　昭和46年1月1日以降発生の火災にかかる火災報告の取扱いは、前年と同様、昭和43年11月11日付消防総第393号消防庁長官通知「火災報告取扱要領」に基づき報告願います。

　なお、報告に際し、下記事項について充分留意のうえ、管下市町村を御指導願います。

　〔省略〕

三　昭和46年3月10日付消防総第65号　各都道府県知事あて消防庁長官通知（一部改正）

　火災件数は増嵩に対処し、火災の分類に適するよう火災報告の様式を改正した。その改正趣旨等は次のとおりである。

1　火災1件分の記録が1葉に記入されることにより、火災の態様ごとにファイルすることが可能となり、火災記録の検索等報告書の利用が可能となること（要領第2本文、第2の9の⑵、第2の14の⑶および第1号様式）。

2　報告書の大きさをB5版にすることにより、取扱い、複写、報告書の追加・修正および保管等が便利になること（要領第1号様式）。

3　都道府県から消防庁に対する火災報告が市町村から都道府県への報告書の写をもって使用でき、事務の軽減が可能となること。

四　昭和46年3月10日付消防総第66号　各都道府県消防主管部長あて消防庁総務課長通

知

　火災報告取扱要領の一部改正については、今般消防庁長官から通知（昭和46年３月10日付消防総第65号）されたところであるが、火災報告（第１号様式）の取扱いについて下記事項に留意のうえ、管下市町村を御指導願いたい。

　〔省略〕

五　昭和46年６月30日付消防災第23号　各都道府県知事あて消防庁長官通知（一部改正）

　従来からの報告状況にかんがみ、火災詳報については提出すべき報告を消防庁長官の指示のあった火災についてのみ行なうように改め、火災月報については死傷者の発生状況および建物火災の用途別発生状況が把握できるように改めた。その改正趣旨等は次のとおりである。

1　火災詳報については、市町村および都道府県における統計事務の簡素合理化を図るため、詳報として提出すべき火災の範囲を従来より狭め、大規模な火災又は特殊な火災で消防庁長官が特に報告を徴することを必要と認めたものについてのみ報告するよう改めたこと（要領第１の７の(1)、第１の７の(2)）。

2　火災月報については、従来、迅速な情報・統計資料の提供が強く要請されていることから、火災報告（第１号様式）の確定する以前に「火災種類別死傷者数」および「建物火災の用途別件数および死傷者数」を把握できるように調査項目を新たに追加したこと（要領第１の７の(3)、第４の１、第４の２および第３号様式）。

六　昭和46年11月15日付消防災第55号　各都道府県知事あて消防庁長官通知（一部改正）

　従来からの報告状況にかんがみ、火災即報について報告の簡素化を図るとともに、一部道府県について消防庁との間に「模写電送装置」の利用が可能となったことに伴い、報告規定を整備した。その改正趣旨等は次のとおりである。

1　火災即報の報告基準のうち、死傷者10名以上生じた火災、建物焼損延べ面積1,000平方メートル以上の火災、および損害額5,000万円以上の火災とあるのを、それぞれ、負傷者10名以上生じた火災、建物焼損延べ面積3,000平方メートル以上の火災および損害額１億円以上の火災に改め、報告を簡素化したこと（要領第５の１および第１号様式）。

2　火災即報について、模写電送装置により報告する途が開かれたことに伴い、報告方法に関する規定の整備を図ったこと（要領第１の７の(4)および第４号様式）。

3　新たな報告項目として、第４号様式中に覚知日間、火災種別、死傷者の性別・年令および焼損むね数の全・半・部分焼の区分を追加したこと（要領第４号様式）。

七　昭和50年12月４日付消防災第261号　各都道府県消防主管部長あて消防庁防災課長通知（一部改正）

　火災報告取扱要領については、既に昭和50年5月6日付消防災第75号により一部改正し、昭和51年1月1日から実施する旨通知したところであるが、今回新たに下記のとおり同要領を改正し、昭和51年1月1日から併せて実施することとしたので通知します。

　なお、管下市町村に対しては、貴職を通じて指導徹底されたくお願いします。

記　〔改正済につき省略〕

八　昭和52年12月23日付消防災第278号　各都道府県消防防災主管部長あて消防庁防災課長通知（一部改正）

　標記のことについて、下記のとおり火災報告取扱要領（昭和43年11月11日消防総第393号）の一部を改正し、昭和53年1月1日から実施することとしたので通知します。

　この改正は、日本標準産業分類の改訂、減価償却資産の耐用年数の改正等に対応して当該要領を改正したものであります。

　なお、管下市町村に対しては、貴職を通じて指導されたくお願いします。

記

1　「別表第2業態別分類表」については、日本標準産業分類（昭和26年統計委員会告示第6号）が昭和51年5月に改訂されたことに伴い、業態別分類を別紙1のとおり変更する。

2　「別表第3出火原因分類表の1表発火源」については、原因別出火件数で上位を占める「風呂かまど」に、油を燃料とする家庭用等のものが計上できなくて、他の出火原因との出火件数等における正当な比較ができないため別紙2のとおり変更する。

3　「別表第4損害額の算出基準の7表車両の耐用年数表、8表船舶の耐用年数表、9表器具及び備品の耐用年数表、10表構築物の耐用年数表」については、減価償却資産の耐用年数等に関する省令（昭和40年大蔵省令第15号）が昭和50年3月と昭和52年3月に改正されたのに伴い、それぞれ別紙3のとおり変更する。

4　改正については、便宜新旧対照表によって示すこととする。

別紙1、2、3　〔省略〕

新旧対照表　〔省略〕

九　昭和53年6月20日付消防災第138号　各都道府県消防防災主管部長あて消防庁防災課長通知（航空機火災の損害額の算出基準について）

　火災報告取扱要領における、航空機火災損害額算出基準方法の照会について、別記のとおり回答したので通知します。

　なお、航空機火災損害額算出基準については、今後この方法により取扱われたい。また、おって、貴管下市町村にもこの旨通知願います。

記　〔省略〕

十　昭和53年12月7日付消防災第226号　各都道府県消防防災主管部長あて消防庁防災

　課長通知（一部改正）

　標記のことについて、別紙のとおり火災報告取扱要領の一部が改正され、昭和54年１月１日から実施することとされましたので通知します。

　この改正は、昭和54年から火災報告を電子計算処理することに伴うものであり、また、管下市町村に対して改正の内容について指導されたくお願いします。

別紙

　火災報告取扱要領（昭和43年11月11日消防総第393号。以下要領という。）を次のように改正する。

〔１〕　要領第１総則４報告義務(1)中「ただし、他市町村から延焼した火災については、報告書の出火原因欄に「延焼火災」と朱書する。」を削る。

〔２〕　要領第１総則７報告の種類及び提出期限(1)の表中火災報告にかかる都道府県知事の提出期限を「１年分を取りまとめ翌年２月末日」に、同都道府県知事の提出部数を「１部」に改めるとともに、(2)から(4)までの各号を１号ずつ繰り上げ、(1)の次に次の１号を加える。

　　(2)　火災報告については火災報告電子計算処理取扱要領に定める「チェック済マスターテープ」を併せて提出するものとする。

〔３〕　要領第２火災報告（第１号様式及びその記載要領）を次のとおり変更する。

〔４〕　別表４のあとに次の２表を加える。

〔５〕　第１号様式を次のように改める。

〔６〕　この改正は、昭和54年１月１日から施行し、同日以後の火災報告から適用する。

三　昭和54年６月１日付消防災第82号　各都道府県消防防災主管部長あて消防庁防災課長通知（一部改正）

　標記のことについて、下記のとおり火災報告取扱要領（昭和43年11月11日消防総第393号）の一部が改正されましたので今後の報告はこれにより取り扱われたい。

記　〔省略〕

三　昭和54年12月27日付消防災第186号　各都道府県消防防災主管部長あて消防庁防災課長通知（一部改正）

　標記のことについて、下記のとおり火災報告取扱要領（昭和43年11月11日消防総第393号。以下「要領」という。）の一部を改正し、昭和55年１月１日から実施することとしたので通知します。

　今回の主な改正点は、火災報告において出火箇所の分類表を定めたこと、及び火災月報の報告様式等を改正したものである。

　なお、貴職におかれては、管下市町村に対してもこの旨示達され、よろしく指導されたくお願いします。

記　〔省略〕

二　昭和56年6月30日付消防災第129号　各都道府県消防防災主管部長あて消防庁防災課長通知（一部改正）

　消防法施行令の一部改正に伴い下記のとおり火災報告取扱要領（昭和43年11月11日消防総第393号。以下「要領」という。）の一部を改正し、昭和56年7月1日から実施することとしたので通知します。

　今回の改正点は防火対象物等の区分に「準地下街」を追加したものである。

　なお、管下市町村に対して、貴職よりこの旨示達され、御指導されるようお願いします。

記　〔省略〕

四　昭和56年10月13日付消防災第223号　各都道府県消防防災主管部長あて消防庁防災課長通知（一部改正）

　火災報告取扱要領（昭和43年11月11日付消防総第393号。以下「要領」という。）の一部を下記のとおり改正し、昭和57年1月1日から実施することとしたので通知します。

　今回の主な改正点は、出火原因分類表の発火源に電気製品等を追加したものである。

　なお、管下市町村に対して、貴職よりこの旨示達され、よろしく御指導されたくお願いします。

記　〔省略〕

五　昭和57年12月6日付消防災第269号　各都道府県消防防災主管部長あて消防庁防災課長通知（一部改正）

　火災報告取扱要領（昭和43年11月11日付け消防総第393号。以下「要領」という。）の一部を下記のとおり改正し、昭和58年1月1日から実施することとしたので通知します。

　今回の主な改正点は、出火時刻等に「不明」を加え、火災月報に出火原因を追加したことであります。

　なお、貴管下市町村に対して、貴職よりこの旨示達され、御指導されたくお願いします。

記　〔省略〕

六　昭和58年12月10日付消防災第833号・消防災第279号・消防救第58号　各都道府県知事あて消防庁長官通知（一部改正）

　第100回国会で成立した行政業務の簡素合理化及び整理に関する法律は昭和58年12月10日法律第83号をもって公布され、このうち消防組織法第22条の改正に係る部分（別紙）は即日施行された。

　今回の改正は、従来消防組織法第22条に基づき都道府県知事及び市町村長に委任されていた消防統計及び消防情報の報告に関する事務をそれぞれ都道府県及び市町村の事務とするものである。

　これに伴い、火災報告取扱要領等の一部を下記のとおり改正することとする。

　なお、今回の改正後も、報告に関する従前の手続には変更がないので念のため申し添える。

　貴職におかれては、今回の改正の趣旨を十分把握され、その運用に遺憾のないよう配慮されるとともに、貴都道府県の市町村に対してもこの旨を示達し、よろしく御指導願いたい。

記　〔省略〕

七　昭和58年12月24日付消防災第290号　各都道府県消防防災主管部長あて消防庁長官通知（一部改正）

　火災報告取扱要領（昭和43年11月11日付消防総第393号。以下「要領」という。）の一部を下記のとおり改正し、昭和59年1月1日から実施することとしたので通知します。

　今回の主な改正点は、天気等に「不明」を追加したことであります。

　なお、貴管下市町村に対して、貴職よりこの旨示達され、御指導されたくお願いします。

記　〔省略〕

八　昭和59年10月15日付消防災第267号　各都道府県知事あて消防庁長官通知（一部改正）

　このことについて、別紙1のとおり定め、これに伴い別紙2のとおり「火災報告取扱要領（昭和43年11月11日付消防総第393号）」、「災害報告取扱要領（昭和45年4月10日付消防防第246号）」及び「救急事故等報告要領（昭和57年12月28日付消防救第53号）」の一部を改正することとしたので、通知する。

　貴職におかれては、下記事項に留意の上、今後の火災・災害等即報の取扱いについて万全を期せられるとともに、この旨、管下市町村に周知徹底を図られたい。

記

1　「火災・災害等即報要領」（別紙1）については、従前、「火災報告取扱要領」、「災害報告取扱要領」、「救急事故等報告要領」（以下、「既存要領」という。）に基づきそれぞれ実施されていた火災・災害等の即報（速報）の取扱いについて、より迅速かつ的確な実施を図るため、既存要領中即報（速報）に関する部分を一の要領として統合するとともに即報対象の見直し及び即報基準の明確化を行ったものであること。

2　「火災報告取扱要領、災害報告取扱要領及び救急事故等報告要領の一部改正について」（別紙2）については、火災・災害等即報要領の制定に伴い、既存要領について所要の整備を行ったものであること。

3　火災・災害等即報要領の制定及びそれに伴う既存要領の一部改正については、昭和60年1月1日から実施し、同日以降発生する火災・災害等について適用するものであること。

　なお、昭和60年1月1日前に発生した火災・災害等については、従前の例により取り

扱うものであること。

別紙 1・2　〔省略〕

丸　昭和59年12月18日付消防災第318号　各都道府県知事あて消防庁長官通知（一部改正）

　火災報告取扱要領（昭和43年11月11日付消防総第393号。以下「要領」という。）の一部を別紙のとおり改正し、昭和60年 1 月 1 日から実施することとしたので通知する。

　今回の主な改正点は下記のとおりであるので、貴職におかれては、これらの改正趣旨を踏まえ、今後の要領の取扱いに万全を期せられるとともに、管下市町村に周知徹底を図られたい。

記

1　昭和59年 1 月10日付をもって日本標準産業分類の改訂（昭和59年行政管理庁告示第 2 号）がなされたことに伴い、業態別分類表を変更することとしたこと。
2　生活様式の変化等に伴い、発火源等の追加を行うこととしたこと。
3　その他規定の整備等所要の改正を行うこととしたこと。

別紙　〔省略〕

亖　平成 5 年 7 月 6 日付消防災第157号　各都道府県知事あて消防庁長官通知（一部改正）

　火災報告取扱要領（昭和43年11月11日付消防総第393号。以下「要領」という。）の一部を別紙のとおり改正したので通知する。

　今回の改正点は下記のとおりなので、貴職におかれてはこの改正趣旨を踏まえ、今後の要領の取扱に充分留意され、管下市町村に周知徹底を図られたい。

記

　平成 5 年 6 月25日付けをもって都市計画法（昭和43年 6 月15日法律第100号）及び建築基準法（昭和25年法律第201号）の一部を改正する法律が施行されたことに伴い、用途地域区分及び建物構造区分を変更することとしたこと。

別紙　〔省略〕

2　火災報告取扱要領の改正経過

　火災報告取扱要領は、平成6年4月21日付け消防災第100号をもって全部改正され、消防庁長官から各都道府県知事に対し通知されたところであります。

　しかし社会状況の様々な変化に対応するため、この全部改正以後も、数次の改正が行われております。全部改正から現在までの主要な改正経過を参考として掲載します。

一　平成12年7月7日付消防情第83号　各都道府県消防防災主管部長あて消防庁防災情報室長通知（一部改正）

　標記について、消防力の基準（平成12年1月20日付け消防庁告示第1号）の「市街地」の定義において、平均建ぺい率おおむね10％以上の区域は街区の連続性がなくても、近接している場合は市街地に含めるとともに、「密集地」を「準市街地」という用語に改め、人口規模の下限値が千以上に改められたことに伴い、火災報告取扱要領（平成6年4月21日付け消防災第100号）の一部を別紙のとおり改正しますので、貴管内市町村に周知徹底を願います。

　なお、消防力の基準は、平成12年1月20日に公布・施行されておりますが、統計処理の都合により、火災報告での該当部分については平成12年1月1日から改正後の消防力の基準により統計を行うこととしますので、事務処理に遺漏のないよう留意してください。

別紙

　火災報告取扱要領（平成6年4月21日付け消防災第100号）の一部を次のとおり改正する。

第2　火災報告

3　01表

⑷6　市街地等中

　「消防力の基準（昭和36年消防庁告示第2号）第2条に定める市街地、密集地について記入する。

地域区分	区分番号
市街地	1
密集地	2
その他	3

を

　「消防力の基準（平成12年消防庁告示第1号）第2条に定める市街地、準市街地について記入する。

地域区分	区分番号
市街地	1
準市街地	2
その他	3

に改める。

二　平成13年1月26日付消防情第3号　各都道府県知事あて消防庁長官通知（一部改正）

標記について、火災四半期報は平成6年4月21日付け消防災第100号「火災報告取扱要領の全部改正について」に基づき報告を求めているところでありますが、四半期報における分析項目の整合を図り、より詳細な火災の分析を可能にするため別紙のとおり改正します。

なお、改正後の火災四半期報（第3号様式）は平成13年5月19日提出期限の第1四半期報（1月～3月）から適用しますので、貴管内の市町村に周知徹底を願います。

【主な改正内容】

火災四半期報

1　出火件数（01表）に車両火災、船舶火災及びその他火災の分類項目を追加した。
2　出火原因（03表）にそれぞれの火災種別ごとに爆発の項目を追加した。
3　火災種別による死傷数の数（04表）に車両火災（自動車）の分類項目を追加した。
4　死者の発生した経過（05表）に建物用途等を追加した。
5　火災件数が増加した場合、その要因等を記入することとした。

〔省略〕

三　平成15年6月18日付消防情第104号　各都道府県消防防災主管部長あて消防庁防災情報室長通知（一部改正）

先般、日本標準産業分類の第11回改訂が行われたことを踏まえ、火災報告取扱要領別表第2に定める火元の業態別分類表を別添のとおり改正し、火災報告等オンライン処理システムの運用開始日である平成16年1月1日から取り扱うこととしましたので、お知らせします。

また、同システムの導入に伴い、火災報告取扱要領を下記のとおり改正することとしておりますので、貴都道府県内の市町村（消防本部）に対してこの旨周知されるようお願いします。

記

1　改正内容

(1)　第1　総則　8　報告の種類及び提出期限について

火災報告等オンライン処理システム（以下「本システム」という）の運用開始に伴い、火災報告（01表～06表）及び死者の調査票（07表）の報告要領を本システムにより随時報告するものとし、報告期限を四半期毎としたこと。

なお、オンライン接続出来ない消防本部にあっては、当分の間、オフラインシステム（CSVデータ出力機能等を追加したものを消防庁より配布）により入力し、フロッピー等によりインターネット接続されたパソコンから一括登録することが出来るものとする。

⑵　第2　火災報告　3　01表　について

①　「⑴出火場所、都道府県、市町村コード」文中の自治省を総務省と改めたこと。

②　「㉝覚知方法」については、携帯電話の急速な普及を踏まえ、「携帯電話」の区分を追加したこと。

　　また、「望楼」については、その覚知件数が1桁であることから、「その他」の区分に振り替えたこと。

③　日本標準産業分類　第11回改訂（平成14年3月改訂）に伴い、別表第2業態別分類表を改めること。

　　なお、今回の主な改正内容は、大分類項目において①情報通信業、②医療、福祉、③教育、学習支援業、④飲食店、宿泊業及び⑤複合サービス業の5項目が新設され、このほか、中・小・細分類項目についても、産業構造の変化に適合させるための全面的な見直しが実施された。

［参考］改訂に伴う分類項目数の増減

区分	大分類	中分類	小分類	細分類
現行項目数(A)	14	99	463	1,322
改訂項目数(B)	19	97	420	1,269
増減（B－A）	5	△2	△43	△53

④　「㊿防火対象物等（車両）の区分」を「㊿防火対象物等の区分」に改めるとともに、平成13年9月1日に発生した新宿区歌舞伎町ビル火災を踏まえた消防法施行令の一部を改正する政令（平成14年8月2日付け消防予第227号、消防安第35号、消防危第105号）による「（二）項ハ」（性風俗施設）を追加したこと。

⑤　火災報告において、火災四半期報（第3号様式）の集計を可能にするため、「㊿防火対象物等の区分」内の車両火災の区分を「鉄道」、「貨物車」、「乗用車」、「特殊車」、「二輪車」及び「その他」と細分化し、船舶火災の区分を「客船」、「貨物船」、「漁船」、「プレジャーボート」及び「その他」を追加したこと。

⑥　平成13年9月1日に発生した新宿区歌舞伎町ビル火災を踏まえた消防法の一部改正等（平成14年法律第30号）により、違反措置命令を行った場合の公示制度並びに防火対象物定期点検報告制度における防火優良認定証及び防火基準点検済証の表示制度が導入され、適マークが廃止されたことに伴い、「㉘適マーク」を「㉘防火対

象物定期点検報告対象物」と改めるとともに、その区分を「点検報告対象」及び「点検報告対象外」と改めたこと。

(3)　第5　火災四半期報について

本システム運用開始により、火災報告にて火災四半期報の集計が可能となるため、火災四半期報（第3号様式）は廃止すること。

(4)　別表第6　火災報告突合表について

今回の改正に伴い、一部を改めたこと。

2　実施時期

平成16年1月1日から実施。

新旧対照表、別添　〔省略〕

四　平成16年12月28日付消防情第234号　各都道府県消防防災主管部長、東京消防庁・各指定都市消防長あて消防庁防災情報室長通知（一部改正）

標記について、平成6年4月21日付消防災第100号「火災報告取扱要領の全部改正について」に基づき報告を求めているところでありますが、平成16年6月1日から消防法第17条第3項及び消防法施行令第29条の4が施行されたことを踏まえ、消防用設備等の設置状況に区分を追加するとともに、下記のとおり改正し、平成17年1月1日から取り扱うこととしましたので、お知らせします。

なお、各都道府県消防防災主管部長におかれましては、都道府県内の指定都市以外の市町村を所管する消防本部（東京消防庁を除く。）に対してこの旨周知されるようお願いします。

記

1　改正内容

(1)　第2　火災報告　3　01　表について

①　「⑸防火対象物の区分　イ　車両火災の区分㋺二輪車」に、道路車両運送法に定める原動機付自転車を追加したこと。

②　「⑺～⑼消防用設備等の設置状況・住宅防火対策」について、消防法第17条第3項「特殊消防用設備等（設備等設置維持計画による設置）」、消防法施行令第29条の4（「必要とされる防火安全性能を有する消防の用に供する設備等」の区分を追加したこと。

(2)　別表第3　出火原因分類表について

①　表中「プロパンガス」とは一般に「液化石油ガス」を表していたが、近年、カセットボンベ等のブタンガスを主な成分としたものが使用されることから、「プロパンガス」をプロパンガス及びブタンガスを包含する「液化石油ガス」に改めたこと。

(3)　別表第4　損害額の算出基準　11表　定率法による経年残存率表について

① 計算方法を改め、計算式による算出方法も可能としたこと。なお、表中の数値については、別添によるものとする。

2　火災報告等オンライン処理システムについて

本システムにおける区分の追加、及び表記変更の適応は平成16年12月31日迄に完了します。

3　実施時期

平成17年1月1日から実施。

新旧対照表　〔省略〕

五　平成17年11月15日付消防情第263号　各都道府県消防防災主管部長、東京消防庁・各指定都市消防長あて消防庁防災情報室長通知（一部改正）

標記について、平成6年4月21日付消防災第100号「火災報告取扱要領の全部改正について」に基づき報告を求めているところでありますが、下記のとおり改正し、取り扱うこととしましたので、お知らせします。

なお、各都道府県消防防災主管部長におかれましては、貴都道府県内の指定都市以外の市町村を管轄する消防本部（東京消防庁を除く）に対しこの旨周知されるようお願い致します。

記

1　改正内容

(1)　「第2　火災報告　1」について

非集計項目について、作成市町村の事務処理上必要な場合に使用することを明確化したこと。

(2)　「第3　07表　死者の調査表」について

報告時期、方法等について、火災報告オンラインシステムの利用を前提に、火災報告と整合を図ったこと。

(3)　「別表第5　検査数字表」について

火災報告オンラインシステムの利用を前提に、削除したこと。

(4)　「第2　火災報告　3　01表」について

「覚知時刻」のうち、「入電時刻」及び「指令時刻」について規定すること。

なお、「救助開始時刻」を削除すること。

(5)　「第2　火災報告　3　01表　(33)覚知方法」について

「火災報知専用電話（固定電話（NTT加入電話を除く））」を追加したこと。

(6)　「第2　火災報告　3　01表　(76)～(92)消防用設備等の設置状況・住宅防火対策　イ　住宅防火対策」について

「(81)住宅用火災警報器」の義務化に伴い、住宅用防災機器の設置状況について区分

を細分化したこと。

(7)　「第3　07表　死者の調査表　⑸⑹身体不自由者」について

身体障害者の区分を細分化し、「視覚障害」、「聴覚障害」、「移動障害」、「盲聾二重障害」としたこと。

(8)　「別表第3　出火原因分類表　1表　発火源」について

「移動可能な電熱器」の分類に電磁調理器を追加するとともに、「テレビ」の分類を細分化したこと。「中分類：11移動可能なコンロ」及び「中分類：13電気機器」の分類を追加したこと。

2　実施時期

(1)から(3)までの事項については平成18年1月1日から、(4)から(8)までの事項については平成19年1月1日から実施。

3　その他資料

(1)　資料1　新旧対照表　〔省略〕

(2)　資料2　CSVフォーマット　〔火災報告取扱要領の解説⑸参照〕

六　平成20年9月18日付消防情第158号　各都道府県消防防災主幹部長、東京消防庁・各指定都市消防長あて消防庁防災情報室長通知（一部改正）

標記について、平成6年4月21日付消防災第100号「火災報告取扱要領の全部改正について」に基づき報告を求めているところですが、「消防法施行令の一部を改正する政令」（平成19年6月13日政令第179号）及び「消防法施行令の一部を改正する政令」（平成20年7月2日政令第215号）により消防法施行令別表第1に新たな項が追加されたことから、下記のとおり改正し取り扱うこととしましたのでお知らせします。

なお、各都道府県消防防災主幹部長におかれましては、貴都道府県内の指定都市以外の市町村を管轄する消防本部（東京消防庁を除く）に対しこの旨周知されるようお願い致します。

記

1　改正内容

「第2　火災報告　3　01表　⑸⑽防火対象物等の区分」について、新たに(2)項ニ及び(6)項ニを追加すること。

2　実施時期

(2)項ニ　　　平成21年1月1日

(6)項ニ　　　平成22年1月1日

新旧対照表　〔省略〕

七　平成25年3月29日付消防情第58号　各都道府県消防防災主幹部長、東京消防庁・各指定都市消防長あて消防庁防災情報室長通知（一部改正）

　標記について、平成 6 年 4 月21日付消防災第100号「火災報告取扱要領の全部改正について」に基づき報告を求めているところですが、下記のとおり改正し、取り扱うこととしましたのでお知らせします。

　なお、各都道府県消防防災主幹部長におかれましては、貴都道府県内の指定都市以外の市町村を管轄する消防本部（東京消防庁を除く）に対しこの旨周知されるようお願い致します。

記

1　改正内容

　　第 1 総則に、別紙 1 「震災時における火災件数等の取扱い」を追加すること。

2　実施時期

　　平成25年 4 月 1 日

3　参　　考

　　別紙 2 「解説」を添付する。〔火災報告取扱要領の解説⑥参照〕

新旧対照表　〔省略〕

八　平成26年 2 月19日付消防情第70号　各都道府県消防防災主管部長、東京消防庁・各
　　指定都市消防長あて消防庁防災情報室長通知（一部改正）

　標記について、平成 6 年 4 月21日付消防災第100号「火災報告取扱要領の全部改正について」に基づき報告を求めているところですが、消防法の一部を改正する法律（平成24年法律第38号）が、平成26年 4 月 1 日に施行されることから、下記のとおり火災報告取扱要領の一部を改正しましたので、お知らせいたします。

　なお、各都道府県消防防災主管部長におかれましては、都道府県内の指定都市以外の市町村を所管する消防本部（東京消防庁を除く。）に対して、この旨周知されますようお願いいたします。

記

1　改正内容

　⑴　総則について

　　　第 1 　総則　 1 　趣旨の文章中、「消防組織法（昭和22年法律第226号）第22条」を
　　「消防組織法（昭和22年法律第226号）第40条」に改める。

　⑵　第 2 　火災報告　 3 　01表 について

　　ア　㈦「共同防火管理」を「統括防火管理」に改める。

　　イ　「消防法第 8 条の 2 該当対象物で、共同防火管理に関する協議事項が定められ、
　　　　法令に従って共同防火管理が行われているものにあっては「 1 」、協議事項は定め
　　　　られているが、共同防火管理に関し一部不備がある場合は「 2 」、全く共同防火管
　　　　理が行われていない場合は「 3 」、消防法第 8 条の 2 の規定が適用されない防火対

象物にあっては空欄とする。」を「消防法第8条の2第1項に規定する統括防火管理者が選任され、消防長又は消防署長への届出がなされており、防火対象物の全体についての消防計画（以下「全体の消防計画」という。）が、消防長又は消防署長に届出がなされており、かつ、法令規定のとおり適正な内容で作成されている場合は「1」、全体の消防計画の届出がなされており、かつ、不適当な部分がある場合には「2」、統括防火管理者が選任され、消防長又は消防署長への届出がなされているが、全体の消防計画の届出がなされていない場合には「3」、統括防火管理者は選任されているが、届出がなされていない、かつ、全体の消防計画の届出がなされていない場合には「4」、統括防火管理者が選任されていない場合は「5」、消防法第8条の2第1項の規定が適用されない防火対象物にあっては空欄とする。」に改める。

ウ

共同防火管理区分	区分番号
協議事項制定、共同防火管理実施	1
協議事項制定、共同防火管理一部不備	2
全く行われていない	3

を

統括防火管理区分	区分番号
統括防火管理者（選任、届出済）全体の消防計画（届出済、内容適正）	1
統括防火管理者（選任、届出済）全体の消防計画（届出済、内容不適正）	2
統括防火管理者（選任、届出済）全体の消防計画（未届出）	3
統括防火管理者（選任、未届出）全体の消防計画（未届出）	4
統括防火管理者（未選任）	5

に改める。

(3) 別表第6　火災報告突号表について

　ア　突号番号122

　　(73)「共同防火管理」を「統括防火管理」とし、「1〜3又は空欄」を「1〜5又は空欄」に改める。

　イ　突号番号228

　　(26)「共同防火管理」を「統括防火管理」とし、「1〜3又は空欄」を「1〜5又は空欄」に改める。

(4) 第1号様式（その1）　火災報告について

　　　表番号01　行番号012　列番号㈦「共同防火管理」を「統括防火管理」に改める。

　⑸　第 1 号様式（その 3 ）　死者の調査表について

　　　表番号07　行番号011　列番号㉖「共同防火管理」を「統括防火管理」に改める。

2　実施時期

　　平成26年 4 月 1 日から実施

3　火災報告等オンライン処理システムについて

　　本システムにおける表記変更の適応は平成26年 3 月31日迄に完了します。

4　添付資料

　　新旧対照表　〔省略〕

火災報告取扱要領の解説

○火災報告取扱要領の解説

1 総則関係

1 火災の定義

「火災とは、人の意図に反して発生し若しくは拡大し、又は放火により発生した消火の必要がある燃焼現象であって、これを消火するために消火施設又はこれと同程度の効果のあるものの利用を必要とするもの、又は人の意図に反して発生し若しくは拡大した爆発現象をいう。」

ここにいう火災の定義は、消防行政上からの定義であって、学理上の定義ではない。

(1) 火災の3要素

ア　人の意図に反し又は放火により発生すること。

イ　消火の必要がある燃焼現象であること。

ウ　消火施設又はこれと同程度の効果のあるものの利用を必要とすること。

以上に掲げた3つの要素が全部含まれているものは、火災である。

この3つは、いわば火災の成立要件であって、このうちのいずれか1つでも該当しないものがあれば、それは火災ではない。しかし、爆発現象の場合は、イ及びウの有無にかかわらず、火災とする。

(2) 火災の3要素の説明

ア　人の意図に反し又は放火により発生するとは、人の意図に反して発生し若しくは拡大するか、放火によって発生する現象でなければならない。

「人の意図に反する」ということは、反社会的であるといえる。

火災は災害の1つであり、社会公共の福祉と秩序を乱すものであるから、こうした現象を発見した者は、通常人（社会一般の常識を持った人）である限り消火行為、通報等の適応した行動を起こすであろう。それは、これらの現象（燃焼現象又は爆発現象）を放置すれば、社会通念上公共の危険が予想されるのである。このように社会一般人の意志に反するもの又は放火によって発生するということは、火災として成立する上に欠くことができない条件である。

イ　消火の必要がある燃焼現象は、次の2つに区分して考えることができる。

(ア)　延焼の危険

燃焼拡大の危険性があると客観的に判断されるものでなければならない。

(イ)　燃焼物の価値

　　　燃焼する物体が経済的に価値があるものであれば、通常人は消火の必要を感ずる。

　　しかし、燃焼物の経済的価値の有無にかかわらず、社会的にみて消火の必要があるものもある。したがって、その経済価値すなわち損害額の有無のみによって火災か否かを即断することはできない。

　　以上㋐及び㋑によって、消火の必要性があるか否かをその燃焼に対して判断することができる。なお、消火の必要がある燃焼現象は、いいかえれば継続する燃焼現象である。

ウ　消火施設又はこれと同程度の効果のあるものの利用を必要とすることについては、簡易消火用具として「水バケツ」、「水槽」、「乾燥砂」があるが、これらの代用としてたまたま付近にある物を使用して消火することもある。このように消火効果のある物を現に利用し、あるいはそれらの物を利用することが必要であると客観的に判断される燃焼現象であることが重要である。

エ　爆発現象

　　爆発現象とは、化学的変化による爆発の1つの形態であり、急速に進行する化学反応によって多量のガスと熱とを発生し、爆鳴・火炎及び破壊作用を伴う現象をいう。

　　爆発は人が全く意図しないときに発生し、一瞬のうちに多くの人々を死傷させ、又は建物等を破壊して構造物の破片が遠くへ飛散するなどの被害を生ずるが、消火を必要とする継続的な燃焼現象とはならないことがある。しかし、爆発は被害が広範囲にわたることが多く、周囲の条件から判断して社会通念上公共の危険を生ぜしめること、消火の必要性のないものでも消防機関が出動して被害の拡大を防止することが重要であることから、瞬間的な燃焼現象である混合ガス爆発、ガスの分解爆発、粉塵爆発などの化学的変化による爆発は、「爆発」の火災として扱うものである。

　　なお、燃焼現象によらないボイラーの内圧槽による破裂などの物理的破裂は含まないのである。

(3)　**火災の判定事例**

例示1　母親が付近のマーケットに買物に出掛けて不在中、3歳の男の子が火鉢で新聞を燃やして遊んでいるうちに近接した障子に燃え広がった。買物から帰った母親は、台所にあった鍋の水をかけて消火した。

解答1　①人の意図に反して発生した。

　　　　②消火を必要とする燃焼現象であった。

　　　　③消火施設と同程度の効果（以下「消火効果」という。）のあるものの利用

を必要とした（素手では消せない。）。

以上のとおり、火災の３要素が全部含まれているからこれは火災である。

例示２　夕食の支度をするため、都市ガスこんろに鍋をかけて煮物をしていたが、あまり火を小さくし過ぎていたので、窓からの風でこんろの火が消えた。再び点火しようとして点火スイッチを操作したところ、たまっていたガスに引火して瞬間的に爆燃し、台所等の内部を破壊したが、他の可燃物に燃え移らずに終わった。

解答２　①人の意図に反して発生した。

②化学的変化の爆発である。

以上のとおり、爆発（建物火災）である。

例示３　プロパンガスレンジのバルブを閉めたつもりが逆に開き、ガスが漏れていたところで、このことに気付かず喫煙のためマッチをすったら引火爆発して、カーテンに着火して燃え出したのでバケツに水を汲んで消火した。

解答３　①人の意図に反して発生した。

②消火の必要がある燃焼現象である。

③消火効果のある水バケツを使用した。

以上のとおり、火災の要素が全部含まれているから、これは火災である。

例示４　道路に面した板べいの郵便箱に、何者かが新聞紙に火をつけて押し込んだが、前日に大雨が降ったので、板が水分を含んでおり、そのため自然に消えていたのを家人が発見し、消防機関に通報してきた。

解答４　①放火によって発生した。

②結果からみて自然に消えたとはいえ、郵便箱で新聞紙が燃えている時点で発見すれば、通常人は消火の必要を感じたであろう燃焼現象である。

③燃焼過程において、消火効果のあるものの利用を必要としたことが推定される。

以上のとおり、火災の要素が全部含まれているから、たとえ鎮火後に覚知したものであっても、これは火災である。

例示５　人を殺害して、その死体にガソリンをかけて、他に延焼危険のない畑の中で放火した。

解答５　①放火により発生した。

②人道上からも、死体尊重（死者の名誉の尊重）の面からも、これは消火の必要がある燃焼現象である。

③消火効果のあるものの利用を必要とする。

以上のとおり、火災の要素が全部含まれているから、これは火災である。

例示6　ふろ屋の煙突から、近くの住宅の屋根に飛火して、塩化ビニルの波板が溶解して穴があいたけれど、他に燃えたものはない。

解答6　①人の意図に反して発生した。

②消火の必要がない現象である。

③消火効果のあるものの利用をする余地がない。

以上のとおり、②、③が火災の要素に該当しないから、これは火災ではない。

例示7　自殺の目的で、自己の頭から石油をかぶり、着衣に放火した。

解答7　①放火により発生した。

②人道上から消火の必要がある。

③消火効果のあるものの利用を必要とする。

以上のとおり、火災の要素が全部含まれているから、これは火災である。

例示8　山林の下刈りに行って、昼食後に吸ったたばこから枯草に着火して、さらに燃え広がろうとしたので絆てんを脱いで叩き消した。

解答8　①人の意図に反して発生した。

②消火の必要がある燃焼現象である（延焼の危険が認められる。）。

③消火効果のあるもの（絆てん）を使用した。

以上のとおり、火災の要素が全部含まれているから、これは火災である。

例示9　牧野の火入れをしたところ、風のため付近の野原に延焼し、さらに近くの松林にまで燃え広がろうとした。そのため村人が出て木の枝を用いて叩き消した。

解答9　①人の意図に反して拡大した。

②消火の必要がある燃焼現象である。

③消火効果のあるものとして木の枝を使用して消火した。

以上のとおり、火災の要素が全部含まれているから、これは火災である。

例示10　フライパンで揚げ物中来客があり火にかけたままその場を離れた。しばらくして戻ってみるとフライパン内の油が燃えていたので消火器で消火した。焼損したのは油のみで他の物件には着火しなかった。

解答10　①人の意図に反して拡大した。

②消火の必要がある燃焼現象である。

③消火効果のあるもの（消火器）を使用した。

以上のとおり、油以外の物件に着火しなかった場合でも、火災の要素が全部含まれているので、火災である。

例示11　台所で、圧力鍋を使用して煮物をしていたところ、圧力調整器の不良により鍋が破裂し、台所の一部を破壊した。

解答11　①人の意図に反して発生した。

②物理的破裂である。

以上のとおり②が火災（爆発）に該当しない。

(4)　その他

道路上等に放置されたごみのみが焼きしたものや、車両火災で物件が片付けられたもの及び船舶で出火箇所が片付けられたものは消防機関が焼損物件を現認できないことがあるが、このような場合においても警察署等の官公署で撮影した現場写真やその供述等から消防機関が火災の3要素を確認できる場合には、火災として扱う。

2　石油燃焼器具の異常燃焼と火災

石油燃焼器具は、よく異常燃焼をおこすことがあるが、この異常燃焼は火災ではない。

異常燃焼についての定義はないが、石油燃焼器具の燃焼筒から、炎が必要の度合を超えて大きく燃えあがる状態をいうものと解する。

この異常燃焼と火災との限界をどこに求めるかといえば、異常燃焼によって他の物に燃え移らない限りそれは異常燃焼であり、たとえこの異常燃焼を消火するために消火器、ふとん、毛布、カーペット等を消火用具として使用し、そのふとん、毛布、カーペット等が焼損しても、それは火災ではない。

すなわち、消火用具として使用した物以外の物に燃え移った場合に火災となる。このような場合のほか、異常燃焼によって、その石油燃焼器具が焼損し、機能的に支障を生じた場合も火災である。

3　電気設備における電気事故と火災

落雷、塩害等によって、電気設備の碍子が割れ、開閉器のヒューズが溶断してもそれは火災ではない。なぜならば、火災の3要素の1つである消火の必要がある燃焼現象に該当しないからである。

同じように電気事故であっても、電線被覆、電気機器のオイル、コイル等が焼損し、消火効果のあるものの利用を必要とする程度のものであれば、それは火災である。

4　火災件数

(1)　**1件の火災**

「1件の火災」とは、1つの出火点から拡大したもので、出火にはじまり鎮火するまでをいう。この1つの出火点そのものの解釈を誤ると、火災の件数も誤ることになる。すなわち、2箇所以上から出火しても1つの出火点とみなす場合がある。このように1つの出火点として取り扱う場合は、次に掲げるとおりである。

ア　1つの消防対象物で、1箇所から出火した場合

イ　1つの消防対象物で、2箇所以上から出火したもので次に定める場合

(ｱ)　出火原因が放火に基づくとき。

連続行為による放火の原因で、同一人の行為に基づくものであるときは、1件

の火災として取り扱う。ただし、推定した出火時刻がほとんど同時であっても、互いに意思の連絡のないふたり以上の者の放火等の原因に基づくものであるときは、別件の火災とする。

　ここにいう連続行為とは、行為が中断することなく、同様の行為を引き続いて行うことをいう。

　例えば、ある家の裏側の便所に放火した者がその足で家の前面に回り、玄関わきに放火した……というように、引き続いた行為でなければならない。ところが、ある家の裏の便所に放火した者が、一たん自宅に帰り、お茶を飲んで「ようす」を見ていたが、失敗したので再び放火を思い立ち、その家の玄関付近に放火した。このような場合は、放火の行為が中断しているので、連続行為による放火とはいえない。したがって、この場合は2件の火災として取り扱う。

　(イ)　出火原因が漏電に基づくとき。

　　漏電による火災で、出火点が2箇所以上であっても、原因が同一の漏電に基づく同時出火のものについては、同一の消防対象物である限り、1つの出火点とみなす。この場合の出火点の判定については、次の(2)の判定要領による。

(2)　**同一の消防対象物で2箇所以上から出火した場合の出火点の判定**

　同一の消防対象物で、2箇所以上から出火した場合、1件の火災として取り扱われるときの出火点は、焼損程度の大なる方による。また、焼損程度が同じ程度である場合は、発見状況、出火時刻の早い方（推定）、その他の諸条件を勘案して出火点を決める。

(3)　**飛火火災の取扱い**

　ア　火災によって飛火して、さらに火災が発生した場合の火災件数は、当該飛火の発生した火災現場から消防隊が引き揚げる以前であるときは、同一の火災、すなわち延焼火災とする。ただし、火災現場から消防隊が引き揚げた後に発生した飛火火災は、別件の火災とする。

　イ　煙突の飛火、溶接の火花等によって、ポリエステル系、塩化ビニル系の波板が溶解して、穴があいただけのものは、前にも引例したように、火災ではないから、これによって生じた損害は火災損害に見積もることはできない。しかし、飛火の発生が火災によるものであり、その飛火で波板が溶解して穴があいた場合の損害は、焼き損害として当然火災損害額に見積もらなければならない。

(4)　**1件の火災として取り扱うもの（特例）**

　ア　ふたり以上の者の放火により、同一の消防対象物で出火時刻が異なって、2箇所以上から出火し、その燃焼が合流したため、それぞれの出火箇所から出た火災により焼損した部分が判別できないもの。

イ　地震、落雷等による多発火災であっても、同一の消防対象物から出火したもの。例えば、地震により同一の建物の数箇所から出火した場合であるが、鎮火した後に出火した場合は、同一の建物であっても別件の火災である。

(5)　**再燃したふとん類の取扱い**

ふとん等から出火し、いったん消火したはずのものが再燃をした場合においては、当該物件の移動等が確認されたときに限り、それぞれ別件の火災として扱う。

例えば、寝室で出火したふとんをいったん室内で消火したと思い、ベランダに出しておいたところ、ベランダで再燃し焼失した場合について、寝室、ベランダ双方における火災が確認できる場合には、2件の火災とする。

5　調査対象

(1)　調査対象となる火災は、日本の領土内に発生したすべての火災である。領土には領空や領海も含まれる。ただし、消防法に基づく調査権の行使できない地域、施設等の火災については、次の(2)により取り扱う。

消防法に基づく調査権の行使できない地域、施設等とは、外交特権を認められている者が勤務しあるいは居住する公的施設であり、軍用機、軍艦、自動車等も含まれる。外交特権は、不可侵権と治外法権に分けられる。「不可侵権」とは、身体と名誉を駐在国から、特に手厚く保護される権利をいい、「治外法権」とは、駐在国の国権の行使をまぬがれる権利をいう。治外法権を享有する主要なものとしては、外国の元首、外交使節、外国の軍事施設、軍艦がある。外交使節には、特命全権大使、特命全権公使、弁理公使、代理大使のほか、大使館、公使館に勤務する参事官、書記生、全権に随行する随員がある。

(2)　消防法に基づく調査権の行使できない地域、施設等の火災については、火災件数その他判明している事項のみ記入する。

２　火災報告関係

1　火災種別

(1)　**建物火災**

建物火災にいう建物とは、建築基準法にいう建築物と同意義ではない。

すなわち、建築基準法にいう建築物は、アーケード、建築物に付属する門、塀の類まで包含するのに対し、ここにいう建物はこれらを除くものである。ただし、門の中でも「長屋門」は建物である。

建物として取り扱う最低限度のものは、原則として床面積1.5平方メートル以上の

もので、通常人が容易に出入りできる高さを有するものでなければならない。ただし、機能、構造等から、建物として取り扱うことが適当でないものを除く。

なお、「収容物」は原則として柱、壁等の区画の中心線で囲まれた部分に収容されている物をいうこととしており、バルコニー、ベランダ等に置かれた物で建物内に収容されている他のものと一体化しているものは、「収容物」の範囲に含まれる。

しかしながら、ポーチ、ピロティの下に置かれた物、あるいは、車庫内からはみ出してしまっているような車両等、建物内の収容物と一体化しているとは認められないようなものについては「収容物」に含まれない。

(2) **林野火災**

　ア　林野火災にいう森林とは、森林法第2条第1項にいう森林と同意義である。

　　森林は次のように分けて考えることができる。

　　(ｱ)　自然林

　　(ｲ)　育林（一定の目的のために木竹を植え込み、補植、枝打、間伐、下刈り等を行って木竹を育生しているもの）

　イ　牧野とは、牧野法第2条にいう牧野と同意義である。牧野法が適用されるのは、国有地、公有地又は地方公共団体若しくは農業協同組合にその管理を委託した民有地であるが、これら以外のものであっても、ここにいう牧野の概念に該当するものはこれに含まれる。

　ウ　次のものが焼損した場合は、林野火災として取り扱う。

　　(ｱ)　薪、炭等に使用する目的で育生している雑木林

　　(ｲ)　原野以外で雑草、かん木類が生育している山地

(3) **車両火災**

　車両火災の自動車車両にいう「原動機によって運転することができる車両」については、登録の有無は問わないが、児童、生徒向けの玩具用若しくは遊技用又は専ら競技用に供されているものは含まない。

　なお、「被けん引車」とは、原動機によって運行することができる車によって「けん引」させる目的で作られた車をいうが、車両にけん引されているリヤカー、荷車その他の軽車両を含む。

(4) その他の火災とは、建物、林野、車両、船舶及び航空機の各火災種別に該当しない火災である。具体的には、次に掲げるもの等の火災をいう。

　ア　建物の外壁及び屋根等に取り付けてある看板、ネオン塔、広告塔、物干し、日除け及び建物に付属する門又は塀の類

　イ　公衆用電話ボックス、路上広告塔、アーケード、空地の枯草及び立木類

2　出火時刻等

(1)　**出火時刻**

　　出火時刻は、消防機関が火災になったと認定した時刻をいうのであるが、この火災と認定すること自体事実上困難な場合が多く、ほとんどが推定した時刻ということになる。

　　例えば、電気アイロンを台上に置き、電源を切り忘れたため火災となった場合の出火時刻は、そのアイロンを放置した時刻ではなく、その過熱により台又はその他の可燃物に着火して燃え出し、これを消火器具、簡易消火用具等によらなければ消火することが困難であると判断されるに至った時刻である。

(2)　**覚知時刻**

　　覚知時刻は、消防機関が火災を覚知した時刻をいうのであるが、覚知する消防機関は必ずしも一定していない。消防法第24条に「火災を発見した者は遅滞なく、これを消防署又は市町村長の指定した場所に通報しなければならない。」という規定がある。したがって、覚知する消防機関は、消防署又は市町村長が指定した場所であり、それには消防本部、消防署、役場等いくつかの場所が考えられる。

(3)　**鎮火時刻**

　ア　鎮火時刻とは、消防の現場最高指揮者が、再燃のおそれがないと認定した時刻をいう。

　　　事後聞知火災の場合には、実際に再燃の危険がなくなったと推定される時刻をいう。

　イ　爆発の場合の鎮火時刻とは、消防の現場最高指揮者が出火又は再爆発のおそれがないと認定した時刻をいう。

3　覚知方法

(1)　**火災報知専用電話（固定電話から）**

　　火災通報の専用電話（自動局の「119番」、手動局の「火事」電話）に固定電話によって覚知したもの

(2)　**火災報知専用電話（携帯電話から）**

　　火災通報の専用電話（自動局の「119番」、手動局の「火事」電話）に携帯電話によって覚知したもの

(3)　**加入電話（固定電話から）**

　　火災報知専用電話、警察電話以外の電話に固定電話から覚知したもの

(4)　**加入電話（携帯電話から）**

　　火災報知専用電話、警察電話以外の電話に携帯電話から覚知したもの

(5)　**警察電話**

警察電話によって覚知したもの

(6)　**駆け付け通報**

駆け付けにより通報を受け覚知したもの

(7)　**事後聞知**

ア　鎮火後に覚知したもの

イ　爆発の場合は、消防機関が実際に出火又は再爆発の危険がなくなったと推定又は認定した時刻が、覚知時刻以前のもの

(8)　**その他**

(1)から(7)までの覚知方法以外の方法によって覚知したもの

4　初期消火器具

発生した火災の初期に、消火のため主として用いた器具の分類番号を記入する。例えば、水バケツを使用した場合は「11」、粉末消火器を用いた場合は「26」、シーツや毛布等の寝具類を使用した場合は「42」と記入する。

また、水バケツを使用して初期消火に成功した場合は、番号に50を加えた「61」と記入する。

5　放水したポンプ台数

放水したポンプ台数とは、実際に放水して消火活動に従事したポンプの台数をいう。このポンプ台数には、中継したポンプは含まれるが、現場に出動しても実際に放水しないポンプは除かれる。例えば、梯子車、照明車、クレーン車、指揮車、無線車、救急車等の放水機能を有しないものは、ここにいうポンプ台数から除かれる。

6　主として使用した消防水利

主として使用した消防水利は、1件の火災の消火に使用される水利の中で、最も使用した割合の大きいものをいい、例えば消火栓、防火水槽、プール等の人工水利と河川、池、沼、海等の自然水利のほか、水槽付き消防ポンプ自動車の積載水などである。

7　出火場所

出火場所は、次に例示した要領で記入する。

例示　○○市○○区○○町○○丁目

○○市○○町

○○郡○○町

○○郡○○村

なお、海上における出火場所について、港湾区域、海岸保全区域、又は漁港区域等の名称をもって表示可能なものについては、極力それらの名称によることとする。

例示　○○港○○区域○○番灯標北○○km
　　　○○港○○区域○○番ブイ北○○km
　　　○○港○○区域○○バース北○○km

8　火元の業態及び事業所名

(1)　業態の意義及び業務名目

業態別分類にいう業態とは、業として行われている事業の態様をいい、業務名目に定められたものをもって個々の業態とする。

なお、業務名目に掲げた業態以外の業態については、事業の態様の類似している業務名目と同じ要領で新たに名目を付して表す。

(2)　業態を記入する場合

業態を記入する場合は、原則として次の場合である。

ア　建築物用途別分類でいう居住専用建築物及びその付属建築物並びに居住産業併用建築物の付属建築物以外の建物から出火した場合

イ　事業のために使用する車両、船舶、航空機又はその他の物件から出火した場合

ウ　事業所の敷地内又は構内の建物以外の物件から出火した場合

(3)　(2)の例外

(2)にかかわらず、次の場合には、業態を記入しない。

ア　1棟の建築物で、事業の用に供する部分（以下「事業部分」という。）と居住の用に供する部分（以下「居住部分」という。）が併用となっているものについて、次に掲げる場合

(ア)　事業部分と居住部分の占有者が異なる場合の居住部分から出火したとき。

(イ)　事業部分と居住部分の占有者が同じであっても、事業部分と居住部分が事実上区分される場合の居住部分から出火したとき。

例示1　平家建の建築物で、居住者が居住部分の一部を区画して、他人の経営する不動産業用の事務所に貸している場合に居住部分から出火したとき。

例示2　2階建ての建築物で、1階は甲の経営する菓子小売の店舗部分のみで、2階は会社員乙が居住する部分となっている場合に2階から出火したとき。

例示3　4階建ての建築物で、甲は1階で自動車卸売の店舗を経営し、3階に居住しており、乙は2階で会計事務所を経営し、4階に居住している場合に3階又は4階から出火したとき。

例示4　通称げたばき住宅といわれるもので、1階の店舗の経営者が屋外階段を使

用して2階に居住している場合に、2階から出火したとき。

イ　建築物の共用部分及び機械室、変電室、ポンプ小屋等で、共用のために施設した場所から出火したとき。

ウ　事業が行われている場所（構内）以外に設けられた公衆便所から出火したとき。

(4)　業態が複合する場合の取扱い

ア　1つの事業所で、2種以上の異なった事業を兼ねて行っている場合は、出火した場所の業態を適用する。ただし、出火した場所が業態別に区画されていないときは、過去1か年の総収入又は総販売額の多い方の業態を適用する。

例示1　野菜小売業と乾物小売業を兼ねて行っている場合で、野菜小売業が主であるときは、野菜小売業という業態を適用する。

例示2　喫茶店の経営者がその店の道路に面した部分を区画して、洋菓子を小売するための店舗としている場合に、喫茶店の部分から出火すれば喫茶店という業態を適用し、洋菓子小売の店舗部分から出火すれば、洋菓子小売業の業態を適用する。

例示3　パンを製造している建物内で、区画なしに小規模な店舗を構えて、パンの小売をしている場合は、主たる事業がパンの製造であるから、パン製造業という業態を適用する。

イ　季節によって、定期的に事業を転換する場合は、火災発生時の事業をもって業態別に分類する。

例示1　夏季においては氷屋を経営し、その他の季節は小型貨物自動車運送業を営む場合に、夏季の火災であれば氷小売業という業態を適用する。

例示2　夏季においては氷水屋を経営し、冬季になるとしる粉（汁粉）屋を経営している店舗が冬季に火災となった場合は、しる粉屋という業態を適用する。

(5)　業態別分類適用上の留意事項

ア　一般消費者に直接販売する目的で物を製造している豆腐屋、菓子屋、かまぼこ屋、おけ屋等は、小売業に分類する。

イ　販売に伴う軽度の加工、修理等主たる事業に付随して行われるものは、主たる事業に含める。

ウ　官公庁の事務のうち、現業のものについては事業の内容により、それぞれの業態を適用する。

エ　事業が行われている場所（構内）における空家については、それが空家となる直前、その場所で行われている事業の施設であり、かつ、居住専用建築物及び居住産業併用建築物の付属建築物でない限り、その構内で行われている事業の業態を適用

する。

(6) **業態を火災報告に記入する場合は、細分類番号と業務名目を用いる。**

例示1 　○○○堂という大衆食堂が、火災となった場合は、「7011　大衆食堂」と記入する。

例示2 　○○有限会社という金属プレス業の作業場から出火した場合の業態は、「2552　金属プレス製品製造業」と記入する。

(7) **業態別に分類する要領**

ア　事業所で行われている事業の内容は、物の製造であるか否か、鉱工業に属するところの製造業であれば、製品化する物の材料は何か、すなわち木であるか、金属であるか、紙か、合成樹脂であるか、それで何を造っているか、家具か、おもちゃか、履物か、といった具合に判定していく。

イ　○○販売業という表現を用いる人がいるけれども、販売業は単に売りさばくということであって、この中には卸売業と小売業が含まれている。

　「卸売業」とは、物の製造を行わないで、小売業者その他の事業所を対象として物品を売る事業をいう。

　「小売業」とは、一般消費者に物品を直接売る事業をいう。

　「製造業」とは、物品を製造してそれを卸売する事業をいう。

(8) **業態別分類上の基本原則**

ア　「農業」とは、耕種、養畜（養きん、養ほう、養蚕を含む）及び農業に直接関係するサービス業務を行う事業所が分類される。

　なお、植木の刈り込みのような園芸サービスを行う事業所も本分類に含まれる。

　(ア)　耕種とは

　　a　水稲、陸稲、麦類、雑穀、豆類、いも類、野菜、果樹、工芸農作物、飼肥料作物、花き、薬用作物、採種用作物、桑の栽培をいう。

　　b　しいたけ、たけのこ、こうぞ、みつまた、はぜ、こりやなぎ、くり、くるみ、つばきなどを栽培し、単に下刈り程度の管理のみでなく施肥（刈敷は施肥とみなさない）を行っている場合は耕種とみなす。

　　c　天然性のしいたけ、たけのこ、わさびなどの採取並びに用材又は薪炭材の生産を主目的とする植物の栽培は耕種としない。

　(イ)　養畜とは

　　a　乳用牛、肉用牛、馬、鹿、豚、いのぶた、いのしし、めん羊、やぎ、にわとり、あひる、うずら、七面鳥、うさぎ、たぬき、きつね、ミンクなどの飼養、ふ卵、育すうを行うことで、種付け目的のものも含まれる。

　　モルモット、マウス、ラット、カナリヤ、文鳥などを実験用又は愛がん用に

供することを目的として飼育する場合及びいたち、きじなどを森林保護又は種族保護を目的として人工的に増殖、飼育する場合も含まれる。

b　蚕の飼育及び蚕種の製造も含まれる。

c　競馬などに専ら使用する目的で飼養しているもの及び家畜仲買商が一時的に飼養しているものは含まれない。

d　店舗で愛がん用の鳥獣を飼養する場合は含まれない。

〈事業所〉

農業を営んでいる事業所又は事業主の住居が、分類を適用する単位としての農業事業所である。

農家が農業以外の経済活動を行っていても、それが同一構内（屋敷内）で行われている限り、原則として、そこに複数の事業所があるとはしない。ただし、専従の従業者のいる店舗、工場などがあれば、別にそれらの事業所があるものとする。

〈農業と他産業との関係〉

a　農家で製造活動を行っている場合

(a)　主として他から購入した原材料を使用して製造、加工を行っている場合は農業活動とはしない。

(b)　主として自家栽培した原材料を使用して製造、加工を行っている場合は農業活動とする。ただし、同一構内に工場、作業所とみられるものがあり、その製造活動に専従の従業者がいるときは農業活動とはしない。

b　農業協同組合の事業所で2種類以上の事業を行っているものは大分類P—複合サービス事業［7911］に分類される。農業協同組合の事業所で、単独で工場、店舗等を構えて単一の事業を行っているものは、その行う業務によって製造業、小売業等それぞれの産業に分類される。

イ　「林業」とは、山林用苗木の育成・植栽、林木の保育・保護、林木からの素材生産、薪及び木炭の製造、樹脂、樹皮、その他の林産物の採集及び林業に直接関係するサービス業務並びに野生動物の狩猟などを行う事業所が分類される。

昆虫類、へびなどの採捕を行う事業所も本分類に含まれる。

〈林業と他産業との関係〉

森林組合の事業所で2種類以上の事業を行っているものは大分類P—複合サービス事業［7914］に分類される。森林組合の事業所で、単独で工場、店舗等を構えて単一の事業を行っているものは、その行う業務によって製造業、小売業等それぞれの産業に分類される。

ウ　「漁業」とは、海面又は内水面において自然繁殖している水産動植物を採捕する事業所、海面又は内水面において人工的施設を施し、水産動植物の養殖を行う事業

所及びこれらに直接関係するサービス業務を行う事業所が分類される。

漁業における事業所は、漁場の位置、漁法、漁獲物の種類によって分類される。水産養殖業における事業所は、養殖を行う場所、養殖の方法、養殖の対象によって分類される。

同一事業所が細分類項目の2つ以上の水産活動を兼営するときは、原則として、漁獲物又は養殖生産物の販売額の多いものに分類される。これにより難い場合は、上記諸要素又は労働力の観点から比較して重要度の最も高いものにより分類される。

〈事業所〉

漁業を営んでいる事業所又は事業主の住居が、分類を適用する単位としての漁業事業所である。

漁家が漁業以外の経済活動を行っていても、それが同一構内（屋敷内）で行われている限り、原則として、そこに複数の事業所があるとはしない。ただし、専従の従業者のいる店舗、工場などがあれば、別にそれらの事業所があるものとする。

〈漁業、水産養殖業と他産業との関係〉

a　漁家で製造活動を行っている場合

(a)　主として他から購入した原材料を使用して製造、加工を行っている場合は漁業活動とはしない。

(b)　主として自家取得した原材料を使用して製造、加工を行っている場合は漁業活動とする。ただし、同一構内に工場、作業所とみられるものがあり、その製造活動に専従の従業者がいるときは漁業活動とはしない。

b　漁船内で行う製造、加工は漁業活動の一部とみなして本分類に含まれる。

c　漁業協同組合の事業所で2種類以上の事業を行っているものは大分類P―複合サービス事業［7912］に分類される。漁業協同組合の事業所で、単独で工場、店舗等を構えて単一の事業を行っているものは、その行う業務によって製造業、小売業等それぞれの産業に分類される。

d　冷蔵倉庫業は大分類I―運輸業［4721］に分類される。

エ　「鉱業」とは、有機物、無機物を問わず、天然に固体、液体又はガスの状態で生ずる鉱物を掘採、採石する事業所及びこれらの選鉱その他の品位向上処理を行う事業所が分類される。

鉱物を探査するための地質調査、物理探鉱、地化学探鉱、試すい（錐）などの探鉱作業及び開坑、掘さく、排土などの鉱山開発作業、その他鉱業に直結する作業も本分類に含まれる。

なお、探鉱、鉱山開発又は鉱山内の鉱物運搬等の作業を請負う事業所も本分類に含まれる。

硫黄鉱を掘採し、硫黄の製錬を行う事業所及びろう石クレー、陶石クレーの製造を行う事業所も本分類に含まれる。

〈鉱業と他産業との関係〉

a　鉱石から含有する金属を抽出するための製錬及び精製を行う事業所は大分類F—製造業［24］に分類される。

b　石炭からのコークス製造及びコークスの副産物製造を行う事業所は大分類F—製造業［1831］に、石炭からガスを製造し、導管により供給する事業所は大分類G—電気・ガス・熱供給・水道業［3411］に分類される。

c　天然ガスを導管により一般の需要に応じ供給する事業所は大分類G—電気・ガス・熱供給・水道業［3411］に分類される。

d　石油の精製を行う事業所は大分類F—製造業［1811］に分類される。

e　掘採された岩石の破砕、粉砕を行う事業所は大分類F—製造業［2281、2285］に、一定の大きさの石に切る事業所は大分類F—製造業［2283］に、碑石、墓石の彫刻や仕上げを行い小売する事業所は大分類J—卸売・小売業［6099］に分類される。ただし、採石現場で行うものは本分類に含まれる。

オ　「建設業」とは、主として注文又は自己建設によって建設工事を施工する事業所が分類される。

ただし、主として自己建設で維持補修工事を施工する事業所及び建設工事の企画、調査、測量、設計、監督等を行う事業所は含まれない。

〈建設工事〉

建設工事とは、現場において行われる次の工事をいう。

a　建築物、土木施設その他土地に継続的に接着する工作物及びそれらに附帯する設備を新設、改造、修繕、解体、除却若しくは移設すること。

b　土地、航路、流路などを改良若しくは造成すること。

c　機械装置をすえ付け、解体若しくは移設すること。

〈事業所〉

建設業の事業所は、本店（個人経営などで本店のような事務所を持たない場合は事業主の住居）、支店又はその他の事務所で常時建設工事の請負契約を締結する事務所あるいは建設工事の現場を管理する事務所とする。

なお、建設工事の行われている現場は事業所とせず、その現場を管理する事務所に含めて一事業所とする。

〈建設業と他産業との関係〉

a　建設材料、その他の製品を生産又は販売する事業所が、自己の生産品又は販売品を用いる建設工事（機械装置のすえ付け、解体、移設工事を除く）を併せ営む

場合には、主な業務により製造業、卸売業又は建設業に分類される。

b　金属、非金属、石炭、石油、天然ガスなどの鉱物を採取するための試掘、坑道掘さく、さく井、排土作業を主として請負う事業所は大分類D—鉱業［05］に分類される。

c　土地、建物などの不動産の賃貸業、代理業、仲介業、管理業、建物建売業（自ら労働者を雇用して建物を建設し、それを分譲する事業所を除く）、土地分譲業（自ら労働者を雇用して、土地造成を行い、それを分譲する事務所を除く）は大分類L—不動産業［68、69］に分類される。

d　主として試すい（錐）（鉱山用を除く）、測量又は建設工事のコンサルタント、設計、監理を行う事業所は大分類Q—サービス業（他に分類されないもの）［805］に分類される。

e　国、地方公共団体等の工事事務所、土木事務所の類は、主として建設工事を自己建設（維持補修を除く）で行うもの以外は大分類Q—サービス業（他に分類されないもの）［8051］に分類される。

カ　「製造業」とは、有機又は無機の物質に物理的、化学的変化を加えて新製品を製造し、これを卸売する事業所が分類される。

〈製造業〉

製造業とは、主として次の業務を行う事業所をいう。

a　新製品の製造加工を行う事業所であること。

したがって、単に製品を選別するとか、包装の作業を行う事業所は製造業とはしない。

なお、完成された部分品を組み立てるだけの作業（組立作業）を行う事業所は製造業に分類される。

ただし、土地に定着する工作物については、組立作業であっても製造業としない。また、修理と呼ばれる行為のなかには、製造行為とみなされるものがあり、そのような事業所は製造業に分類される。

すなわち、船舶の修理、鉄道車両の修理又は改造（鉄道業の自家用を除く）、航空機及び航空機用原動機のオーバーホール並びに金属工作機械又は金属加工機械をすえ付け、多種多様の機械及び部分品の製造加工と修理を行う事業所である。

b　新製品を主として卸売する事業所であること。

ここでいう卸売とは次の業務をいう。

(a)　卸売業者又は小売業者に販売すること。

(b)　産業用使用者（工場、鉱業所、建設業者、法人組織の農林水産業者、各種会社、官公庁、学校、病院、ホテルなど）に大量又は多額に製品を販売すること。

　(c)　主として業務用に使用される商品｛事務用機械及び家具、病院、美容院、レストラン、ホテルなどの設備、産業用機械（農業用器具を除く）、建設材料（木材、セメント、板ガラス、かわらなど）など｝を販売すること。

　(d)　同一企業に属する他の事業所（同一企業の他の工場、販売所など）に製品を引き渡すこと。

　上記 a 及び b の条件を備えた事業所が製造業となる。

　したがって、製造小売業は製造業としない。

〈事業所〉

　製造業の事業所は一般に工場、作業所などと呼ばれるものである。

　いわゆる家内工業においては、住居を作業場とする場合も多いが、この作業場で製造加工を主として行っている場合には本分類に含まれ、事業主の住居が分類を適用する場合の事業所となる。

　また、主として管理事務を行う本社、本店などの扱いは、管理する全事業所を通じての主要な経済活動と同一とし、その活動が製造業であればこれらの非生産現場も製造業に分類されるが、別の場所にある自己製品の販売事業所は大分類 J ―卸売・小売業に分類される。

〈製造業と他産業との関係〉

a　農林漁業との関係

　(a)　農家、漁家が同一構内（屋敷内）で製造活動を行っている場合、主として自家栽培又は取得した原材料を使用して製造加工を行っている場合は大分類A―農業又は大分類C―漁業に分類される。

　　　ただし、同一構内に工場、作業所とみられるものがあり、その製造活動に専従の従業者がいるときは製造業に分類される。

　(b)　漁船内において行う製造加工は製造業とせず、大分類C―漁業に分類される。

　(c)　木炭の製造、立木からの素材生産、採木現場に移動して行う製材、採取現場における粗製しょう脳の製造は製造業とせず、大分類B―林業に分類される。

b　情報通信業との関係

　(a)　新聞社・出版社に属する事業所であって、印刷のみを行っているものは製造業に分類される。

　　　ただし、新聞社・出版社で自ら印刷を行う場合であっても、主として発行、出版の業務を行っている事業所は製造業としない。

　(b)　情報を記録した物を大量に複製・製造する場合は製造業とする。

　　　ただし、マスターテープなど原盤を制作する場合は製造業としない。

c　卸売業、小売業との関係

(a)　農林水産物の出荷のために選別、調整、洗浄、包装などを行うものは製造業としない。

ただし、生乳の殺菌・瓶詰を行って卸売するものは製造業に分類される。

(b)　主として家庭消費者に直接販売するため製造加工（製造小売）を行うものは製造業とせず、大分類J―卸売・小売業に分類される。

(c)　自らは製造を行わないで、自己の所有に属する原材料を下請工場などに支給して製品をつくらせ、これを自己の名称で販売する製造問屋は製造業とせず、大分類J―卸売・小売業に分類される。

d　サービス業（他に分類されないもの）との関係

(a)　修理業

修理を専業としている事業所は製造業とせず、修理業に分類される。また、修理のために同一事業所で補修品を製造している場合も修理業とする。

ただし、船舶修理、鉄道車両の修理又は改造（鉄道業の自家用を除く）、航空機及び航空機用原動機のオーバーホールを行う事業所は、過去1年間に製造行為を行っていなくても製造業とする。

また、機械修理工場といわれるものであっても金属工作機械又は金属加工機械をすえ付け、多種多様な機械及び部分品の製造加工と修理とを行っている場合は製造業とする。

これらは、その工場設備からみても製造能力がなければできないことから、特例として製造業とする。

(b)　賃加工業

他の業者の所有に属する原材料に加工処理を加えて加工賃を受け取る賃加工業も製造業に分類される。

ただし、直接個々の家庭消費者からの委託による賃加工業は製造業としない。

(c)　と畜場

と畜場は大分類Q―サービス業（他に分類されないもの）［9321］に分類される。

ただし、肉製品製造のために一貫作業として、と殺を行うものは製造業とする。

キ　「電気・ガス・熱供給・水道業」とは、電気、ガス、熱又は水（かんがい用水を除く）を供給する事業所並びに汚水・雨水の処理等を行う事業所が分類される。

電気業とは、一般の需要に応じ電気を供給する事業所又はその事業所に電気を供給する事業所をいう。自家用発電の事業所も電気業に含まれる。

ガス業とは、一般の需要に応じ製造ガス、天然ガス又はこれらの混合ガスを導管

により供給する事業所をいう。

　熱供給業とは、一般の需要に応じ蒸気、温水、冷水等を媒体とする熱エネルギー又は蒸気若しくは温水を導管により供給する事業所をいう。

　水道業とは、一般の需要に応じ水道管及びその他の設備をもって給水を行う事業所並びに公共下水道、流域下水道又は都市下水路により汚水・雨水の排除又は処理を行う事業所をいう。

ク　「情報通信業」とは、情報の伝達を行う事業所、情報の処理、提供などのサービスを行う事業所、インターネットに付随したサービスを行う事業所及び伝達することを目的として情報の加工を行う事業所が分類される。

　情報の伝達を行う事業所とは、電磁、非電磁を問わず、映像、音声、文字等の情報を伝達する事業所及び伝達するための手段の設置、運用を行う事業所をいう。

　情報の処理、提供などのサービスを行う事業所とは、電子計算機のプログラムの作成を行う事業所、委託により電子計算機等を用いて情報の処理を行う事業所及び情報を収集・加工・蓄積し、顧客の求めに応じて提供する事業所をいう。

　インターネットに付随したサービスを行う事業所とは、インターネットを通じて、上記以外の通信業及び情報サービス業を行う事業所をいう。

　情報の加工を行う事業所とは、新聞、雑誌、ラジオ、テレビ、映画などの媒体を通じて不特定多数の受け手を対象に大量に情報を伝達させるために、映像、音声、文字等の情報を加工する事業所をいう。

〈情報通信業と他産業との関係〉

a　製造業との関係

　(a)　主として新聞発行又は書籍等の出版を行う事業所は情報通信業とするが、主として新聞又は書籍等の印刷及びこれに関連した補助的業務を行う事業所は大分類F―製造業［16］に分類される。

　(b)　情報記録物（新聞、書籍等の印刷物を除く）の原版を制作する事業所は情報通信業とするが、自ら原版の制作を行わず、情報記録物の大量複製のみを行う事業所は大分類F―製造業［3296］に分類される。

b　運輸業との関係

　情報記録物、新聞、書籍等の運送を行う事業所は大分類I―運輸業に分類される。

　ただし、主として信書の送達を行う事業所は情報通信業とする。

c　卸売・小売業との関係

　情報記録物、新聞、書籍等を購入して販売する事業所は大分類J―卸売・小売業に分類される。

　d　サービス業との関係

　　(a)　情報記録物、書籍等を賃貸する事業所は大分類Q―サービス業（他に分類されないもの）［889］に分類される。

　　(b)　広告代理業など主として依頼人のために広告することを業とする事業所は大分類Q―サービス業（他に分類されないもの）［89］に分類される。

　　(c)　個人で詩歌、小説などの文芸作品の創作、文芸批評、評論などの専門的なサービスを行う事業所は大分類Q―サービス業（他に分類されないもの）［807］に分類される。

　　(d)　工業デザイン、クラフトデザイン、インテリアデザインなどの工業的、商業的デザインに関する専門的なサービスを行う事業所は大分類Q―サービス業（他に分類されないもの）［806］に分類される。

ケ　「運輸業」とは、鉄道、自動車、船舶、航空機又はその他の運送用具による旅客、貨物の運送業、倉庫業及び運輸に附帯するサービス業を営む事業所が分類される。

〈鉄道業〉

　鉄道による旅客又は貨物の運送業で、その運送活動とは、鉄道車両の運転、運転のための車両、線路、信号通信施設など運送施設の維持補修、旅客又は貨物の取扱いを一括したものをいう。

〈事業所〉

　鉄道業の分類単位は単一の事業所である。場所が離れていれば原則として別の事業所とする。同一構内であっても別個の機関があればその機関ごとに分類の単位とする。

　すなわち、駅、車掌区、機関区、客貨車区、保線区、建築区、電力区、信号通信区、電務区などの現業機関及び本社、支社などの管理機関のそれぞれが一事業所となる。

　ただし、駅、区などの名称を持っていても、駅長、区長など管理責任者が置かれていないものはこれを管理する事業所に含めて一事業所とする。

〈鉄道業と他産業との関係〉

a　鉄道業の自家用の修理工場、倉庫などは鉄道業に分類されるが、製造工場、発電所、研究所、養成機関、病院、保養所などは、それぞれの活動にしたがって鉄道業以外の産業に分類される。

b　鉄道業が営む百貨店、遊園地又は不動産業などの事業所は、それぞれの活動にしたがって鉄道業以外の産業に分類される。

c　鉄道車両の修理、改造を行う事業所であって鉄道業の自家用のものは、鉄道業に分類される。

　　d　工場、鉱山、森林などにおける自家専用の鉄道、索道の事業所は、鉄道業以外
　　　の産業に分類される。
　コ　「卸売・小売業」とは、原則として、有体的商品を購入して販売する事業所が分
　　　類される。
　　　なお、販売業務に付随して行う軽度の加工（簡易包装、洗浄、選別等）、取付修
　　　理は本分類に含まれる。
　　〈卸売業〉
　　a　卸売業とは、主として次の業務を行う事業所をいう。
　　(a)　小売業又は他の卸売業に商品を販売するもの。
　　(b)　建設業、製造業、運輸業、飲食店、宿泊業、病院、学校、官公庁等の産業用
　　　　使用者に商品を大量又は多額に販売するもの。
　　(c)　主として業務用に使用される商品｛事務用機械及び家具、病院、美容院、レ
　　　　ストラン、ホテルなどの設備、産業用機械（農業用器具を除く）、建設材料
　　　　（木材、セメント、板ガラス、かわらなど）など｝を販売するもの。
　　(d)　製造業の会社が別の場所に経営している自己製品の卸売事業所（主として統
　　　　括的管理的事務を行っている事業所を除く）
　　(e)　他の事業所のために商品の売買の代理行為を行い、又は仲立人として商品の
　　　　売買のあっせんをするもの。
　　b　事業所の業態による分類
　　　本分類に含まれる事業所の主な業態は次のとおりである。
　　(a)　卸売業（卸売商、産業用大口配給業、卸売を主とする商事会社、買継商、仲
　　　　買人、農産物集荷業、製造業の会社の販売事務所、貿易商など）
　　(b)　製造問屋（自らは製造を行わないで、自己の所有に属する原材料を下請工場
　　　　などに支給して製品をつくらせ、これを自己の名称で卸売するもの）
　　(c)　代理商、仲立業（エイジェント、ブローカー、コミッションマーチャント）
　　　　中分類49〜54に掲げる卸売業は、主として商品の仕入販売などの業務を行う事
　　　業所である。
　　　　細分類5497に掲げる代理商、仲立業は主として手数料を得て他の事業所のため
　　　に商品の売買の代理又は仲立を行うものである。このような事業所は商品の所有
　　　権を持たず、また、価格の設定、商品の保管、輸送などの業務を一般に行わない
　　　ものである。
　　c　業務の種類による分類
　　　　中分類49〜54に掲げる卸売業は、販売される主要商品によって業種別に分類さ
　　　れる。

（注）製造小売（小売業 b (b)参照）に対して製造卸という言葉が一般に使用され
ているが、これは製造業者の卸売をいうのであるから、ここでいう仕入卸と
は厳格に区分されなければならない。

〈小売業〉

a　小売業とは、主として次の業務を行う事業所をいう。

(a)　個人用又は家庭用消費のために商品を販売するもの

(b)　産業用使用者に少量又は小額に商品を販売するもの

小売業は普通その取り扱う主要商品によって分類される場合と、洋品雑貨店、
小間物店、荒物店などのように通常の呼称によって分類される場合とがある。

b　次に掲げるものは小売業として分類されるので注意しなければならない。

(a)　商品を販売し、かつ、同種商品の修理を行う事業所は大分類 J ―卸売・小売
業に分類される。

なお、修理を専業としている事業所は大分類 Q ―サービス業（他に分類され
ないもの）［86、87］に分類される。修理のために部分品などを取り替えても
販売とはみなさない。

(b)　製造小売業

製造した商品をその場所で個人又は家庭用消費者に販売するいわゆる製造小
売業（菓子屋、パン屋などにこの例が多い）は製造業とせず、小売業に分類さ
れる。

(c)　ガソリンスタンドは小売業に分類される。

(d)　行商、旅商、露天商など

これらは一定の事業所を持たないもの、また、恒久的な事業所を持たないも
のが多いが、その業務の性格上小売業に分類される。

(e)　官公庁、会社、工場、団体、劇場、遊園地などの中にある売店で当該事業所
の経営に関わるものはその事業所に含めるが、その売店が当該事業所以外のも
のによって経営される場合には別の独立した事業所として小売業に分類される。

サ　「金融・保険業」とは、金融業又は保険業を営む事業所が分類される。

政府事業である郵便貯金、簡易生命保険を営む事業所、専ら金融又は保険の事業
を営む協同組合、農業又は漁業に係る共済事業を行う事業所並びに漁船保険を行う
事業所は本分類に含まれる。

ただし、社会保険事業を行う事業所は、大分類 N ―医療、福祉［7511］又は大分
類 R ―公務（他に分類されないもの）［9531、9611、9621］に分類される。

〈金融業〉

資金の貸し手と借り手の間に立って資金の融通を行う事業所及び両者の間の資金

取引の仲介を行う事業所が分類される。

  a　資金融通機関

　　資金の融通を行う事業所としては、次のものが含まれる。

　(a)　資金の貸付に併せ、預金の受入れを行う銀行業、中小企業等金融業及び農林水産金融業を営む預金取扱機関

　(b)　郵便貯金・為替・振替業務取扱機関、預金の受入れを行わない政府関係金融機関及び貸金業、投資業等非預金信用機関

  b　資金取引の仲介機関

　　資金取引の仲介を行う事業所としては、証券業、商品先物取引業、商品投資業等が含まれる。

  c　a、bと密接に関連して、補助的・付随的業務を営む事業所

〈保険業〉

　不測の事故に備えようとする者から保険料の払込みを受け、所定の事故が発生した場合に保険金を支払うことを業とするもので、保険業（生命保険、損害保険）、共済事業及びこれらに附帯するサービス業を営む事業所が分類される。

シ　「不動産業」とは、主として不動産の売買、交換、賃貸、管理又は不動産の売買、賃借、交換の代理若しくは仲介を行う事業所が分類される。

　主として自動車の駐車のための場所を賃貸する事業所も本分類に含まれる。

〈不動産〉

　不動産とは、土地、建物、その他土地に定着する工作物をいう。

〈不動産業と他産業との関係〉

  a　映画館、劇場、スポーツ施設などを賃貸する事業所は大分類Q—サービス業（他に分類されないもの）[8411、8421、844]に分類される。

  b　講演会、展示会、集会など主として各種集会及び催しの利用に供する施設を運営する事業所は大分類Q—サービス業（他に分類されないもの）[9311]に分類される。

  c　主として自ら労働者を雇用して土地の造成又は建物の建設を行い、それを分譲する事業所は大分類E—建設業[0611、0621、0641又は0651]に分類される。

  d　不動産に関する鑑定評価、調査などを行う事業所は大分類Q—サービス業（他に分類されないもの）[8097]に分類される。

ス　「飲食店、宿泊業」とは、その場所で飲食又は宿泊させる事業所が分類される。

〈飲食店〉

　飲食店とは、主として注文により直ちにその場所で料理、その他の食料品又は飲料を飲食させる事業所をいう。

　また、百貨店、遊園地などの一区画を占めて飲食店が営まれている場合、それが独立の事業所であれば本分類に含まれる。

〈宿泊業〉

　宿泊業とは、一般公衆、特定の会員等に対して宿泊又は宿泊と食事を提供する事業所をいう。

セ　「医療、福祉」とは、医療、保健衛生、社会保険、社会福祉及び介護に関するサービスを提供する事業所が分類される。

　医療業とは、医師又は歯科医師等が患者に対して医業又は医業類似行為を行う事業所及びこれに直接関連するサービスを提供する事業所をいう。

　保健衛生とは、保健所、健康相談施設、検疫所（動物検疫所、植物防疫所を除く）など保健衛生に関するサービスを提供する事業所をいう。

　社会保険・社会福祉・介護事業とは、公的年金、公的医療保険、公的介護保険、労働災害補償などの社会保険事業を行う事業所及び児童、老人、障害者などに対して社会福祉、介護等に関するサービスを提供する事業所をいう。

〈医療、福祉と他産業との関係〉

a　卸売・小売業との関係

　　主として医師又は歯科医師が発行する処方せんに基づいて、医薬品を調剤する事業所は大分類J―卸売・小売業［6012］に分類される。

b　金融・保険業との関係

　　社会保険以外の保険業を行う事業所、保険会社及び保険契約者に対して保険サービスを行う事業所は大分類K―金融・保険業［67］に分類される。

ソ　「教育、学習支援業」とは、学校教育を行う事業所、学校教育を除く組織的な教育活動を行う事業所、学校教育の補習教育を行う事業所及び教養、技能、技術などを教授する事業所が分類される。

　通信教育事業、学習塾、図書館、博物館、植物園などの事業所も本分類に含まれる。

　スポーツを行うための施設を提供する事業所は大分類Q―サービス業（他に分類されないもの）［84］に分類される。

タ　「複合サービス事業」とは、複数の大分類にわたる各種のサービスを提供する事業所であって、法的に事業の種類や範囲が決められている郵便局、農業協同組合等が分類される。

〈郵便局〉

　郵便局とは、郵便事業、郵便貯金事業、郵便為替事業、郵便振替事業、簡易生命保険事業等を複合的に行う事業所をいう。

　　なお、主として信書の送達を行う事業所は、大分類H—情報通信業［3711］に分類される。

〈協同組合〉

　　協同組合とは、経営指導事業、購買事業、信用事業、共済事業、厚生事業等を複合的に行う農林水産業協同組合及び事業協同組合の事業所をいう。

　　なお、単一の事業を行う協同組合の事業所は、その行う事業によりそれぞれの産業に分類される。

チ　「サービス業（他に分類されないもの）」とは、主として個人又は事業所に対してサービスを提供する他の大分類に分類されない事業所が分類される。

　　本分類には次のような各種のサービスを提供する事業所が含まれる。

　㋐　知識・研究を提供し、又はこれらに係る技能・技術を提供するサービス［専門サービス業、学術・開発研究機関］

　㋑　主として家庭生活と関連して技能・技術を提供し、又は施設を提供するサービス［洗濯・理容・美容・浴場業、その他の生活関連サービス業］

　㋒　主として娯楽あるいは余暇利用に係る施設又は技能・技術を提供するサービス［娯楽業］

　㋓　廃棄物の処理に係る技能・技術等を提供するサービス［廃棄物処理業］

　㋔　物品の整備・修理に係る技能・技術を提供するサービス［自動車整備業、機械等修理業］

　㋕　物品を賃貸するサービス［物品賃貸業］

　㋖　企業経営に対して提供される他の分類に属さないサービス［広告業、その他の事業サービス業］

　㋗　会員のために情報等を提供するサービス［政治・経済・文化団体、宗教］

　㋘　その他のサービス［その他のサービス業、外国公務］

〈サービス業（他に分類されないもの）と他産業との関係〉

　a　農林漁業との関係

　　(a)　農業事業所に対して請負により又は委託を受けて耕種、畜産に直接関係する農業サービス及び植木の刈り込みのような園芸サービスを行う事業所は大分類A—農業［013、014］に分類される。

　　(b)　山林の下刈り、林木の枝下しのような林業に直接関係するサービスを行う事業所は大分類B—林業［024］に分類される。

　　(c)　漁業事業所に対して請負により又は委託を受けて漁業に直接関係するサービスを行う事業所は大分類C—漁業［03、04］に分類される。

　b　鉱業との関係

　　鉱物を探査するための地質調査、物理探鉱、地化学探鉱、試すい（錐）などの探鉱作業及び開坑、掘削、排土などの鉱山開発作業を行う事業所は大分類D―鉱業［05］に分類される。

　c　製造業との関係

　　(a)　新製品を製造加工し、かつ、同種製品の修理を行う事業所は大分類F―製造業に分類されるが、修理を専業としている事業所は本分類に含まれる。修理のために補修品を製造している場合も本分類に含まれる。

　　　ただし、船舶の修理、鉄道車両の修理又は改造（鉄道業の自家用を除く）、航空機のオーバーホールを行う事業所は、過去１年間に製造行為を行わなくても製造業に分類される。

　　　また、主として自己又は他人の所有する原材料を機械処理して、多種類の機械及び部分品の製造加工及び修理を行っている事業所は大分類F―製造業［2699］に分類される。

　　(b)　他の業者の所有に属する原材料に加工処理を行って加工賃を受け取る賃加工業は大分類F―製造業に分類され、直接個々の家庭消費者（個人経営の農林漁家を含む）から原材料を支給されて賃加工を行う事業所が本分類に含まれる。

　d　運輸業との関係

　　(a)　財貨の運搬、保管を行う事業所は大分類I―運輸業に分類される。

　　(b)　運輸のあっせん、運輸施設の提供、船積の検数、水先案内などの運輸に附帯するサービスを行う事業所は大分類I―運輸業［48］に分類される。

　e　卸売・小売業との関係

　　商品を販売し、かつ、同種商品の修理を行う事業所は大分類J―卸売・小売業に分類されるが、修理を専業としている事業所は本分類に含まれる。修理のために部分品などを取り替えても本分類に含まれる。

　f　金融・保険業、不動産業との関係

　　(a)　保険業を行う事業所、保険会社及び保険契約者に対して保険サービスを行う事業所は大分類K―金融・保険業［67］に分類される。

　　(b)　不動産の運用及び仲介を行う事業所は大分類L―不動産業に分類される。

　　　なお、主として映画館、劇場、スポーツ施設など特定の用途に使用する設備を有する施設を賃貸する事業所は本分類のそれぞれの分類項目に分類される。

ツ　「公務（他に分類されないもの）」とは、国又は地方公共団体の機関のうち、国会、裁判所、中央官庁及びその地方支分部局、都道府県庁、市区役所、町村役場など本来の立法事務、司法事務及び行政事務を行う官公署が分類される。

　　専ら国又は地方公共団体が直接社会公共のために自ら経営する非権力的な事業を

行う官公署は一般の産業と同様にその行う業務により、それぞれの産業に分類される。

〈事業所〉

　国及び地方公共団体の分類単位は、法令により独立の機関として置かれている組織体が原則として１事業所となる。

　同一の場所に幾つかの単位が所在しているとき、又は法令により独立の機関として置かれている組織体であっても場所が離れている場合にはそれぞれが別々の事業所となる。また、鉄道事業、軌道事業、自動車運送事業、水運事業、電気事業、ガス事業、水道事業などの公営企業、競輪事業、競馬事業などの収益事業、公営住宅の所有運用、直営建設工事などを行う官公署の一部局は本来的な行政事務を行う部局と区分して別々の事業所とする。

〈公務と他産業との関係〉

　下記のような業務を行う官公署は、その行う業務により、公務以外のそれぞれの産業に分類されるので注意しなければならない。

a　農産物（桑、繭、家畜を含む）の生産、配付を行う事業所

b　国有林野及び公有林野の直接管理、経営を行う事業所

c　魚貝類の養殖及び種苗の生産、配付などを行う事業所

d　岩石、砂利、砂などの採取を行う事業所

e　道路、橋りょう、河川、砂防、港湾、開拓、干拓、農業水利など国及び地方公共団体が公共のための建設工事を施工監理又は直営で行う事業所

f　印刷物、土石製品、貨幣、章はい、記章その他合金及び金属工芸品、肥料などの製造を行う事業所

g　電気、ガス、水道の供給を行う事業所

h　鉄道、軌道、道路運送、海運などの運送事業並びに空港、灯台、ふ頭などの海上、航空又は陸上運送に必要な営造物の管理その他の運輸に附帯するサービス業務を行う事業所

i　食料品その他の商品の売買を行う事業所

(9)　業態及び事業所名の記入要領

　業態及び事業所名は、次に例示した要領によって記入する。

　例示１　タクシーが火災になった場合の業態及び事業所名は

　　　　「4321　タクシー業　○○タクシー株式会社」

　　　　又は

　　　　「4321　タクシー業　○○タクシーＫ・Ｋ」

　　　　と記入する。

例示2　走行中のＪＲの電車が火災となった場合の業態及び事業所名は、電車が火災となった場所の属する支社を単位として

「4211　電車区　ＪＲ○○　△△支社」

と記入する。

例示3　ＪＲの駅の構内で電車が火災になった場合の業態及び事業所名は、

「4211　駅　ＪＲ○○　△△駅」

と記入する。

例示4　空地に置いてあった「おでん屋」の屋台車が火災になった場合の業態は、

「7131　おでん屋」

（注）　事業所名のないものは、事業所名を記入しない。

例示5　豆腐屋が火災になった場合の業態は、次のように区別される。

⑴　街で見受けられる豆腐屋のように、一般の家庭消費者を対象に販売するための製造は、

「5796　豆腐小売業」

と記入する。

⑵　豆腐を製造していても、百貨店、マーケット、食料品店等に主として卸売りする豆腐の製造は、たとえその一部の豆腐を小売りしていても

「0993　豆腐製造業」

と記入する。事業所名のある場合は事業所名も記入する。

例示6　農入地であるたんぼに積んであった「わら」が火災になって焼けた場合の業態は、米作農業であれば

「0111　米作農業」

と記入する。

（注）農業という業態も、その主とする内容により米作農業、野菜作農業、花き作農業、工芸農作物農業等詳細に分類されているから特に注意を要する。また、農家（農業に従事する人の居住の用に供する建物）が火災になった場合は、前に説明したとおり、それは居住専用建築物であるから、業態は記入しない。

9　少量危険物等

消防法の別表で定める数量（以下「指定数量」という。）未満の危険物及びわら製品、木毛その他の物品で火災が発生した場合にその拡大が速やかであり、又は消火の活動が著しく困難となるものとして政令で定めるもの（以下「指定可燃物」という。）その他の指定可燃物に類する物品の貯蔵及び取扱いの技術上の基準は、市町村条例でこれを定めることとされている。これら物品は、火災の被害拡大、又は消防隊の消火の活動に大

きな影響があることから、貯蔵及び取扱いの届け出等がなくとも、火元建物内又は敷地内に貯蔵されていたことが、火災の発生又は拡大等に関係した場合に記入する。

10　建物の用途

(1)　建築物の用途別分類にいう建築物とは、建物火災にいう建物と同意義である。

(2)　建築物の用途とは、その建築物が占有されている目的をいう。建築物にはそれぞれ本来の使用目的があり、付随的、一時的な使用目的は当該建築物の本来の使用目的に含める。例えば人が居住の用に使用する居間で、昼間は洋裁、造花、人形、おもちゃ等の加工をしており、夜間はそれらの仕事を片付けて、そこに就寝するという場合を考えてみると、いかに昼間その居間で作業をしたからとて、そこが作業場というものではなく、あくまで居室であり、本来の居室を便宜上使用して、それらの作業を行ったのに過ぎない。したがって、当該建築物の用途は、他の部分に「事業部分」がない限り、住宅、共同住宅等いわゆる居住用の建築物に分類しなければならない。

　さらに、いま一例を引用すると、公会堂において、一時的に映画を上映しているとき、たまたまその公会堂が火災となったとする。この場合の建築物の用途は、映画館となったのではなく、公会堂というものを利用して映画を上映したのであるから、本来の用途である公会堂に分類しなければならない。

(3)　建築物の用途を分類する単位は、1棟である。建築物は、次のように、3つに大別する。

　ア　居住専用建築物

　　　専ら居住の用に供する建築物

　イ　居住産業併用建築物

　　　居住部分と事業部分とが結合した建築物で、その延べ面積の20パーセント以上を居住部分が占めている建築物

　ウ　産業用建築物

　　　事業部分のみの建築物及び居住部分と事業部分とが結合してはいるが、居住部分がその延べ面積の20パーセントに満たない建築物

11　火元建物のり災前の状況

(1)　構造

　　　構造区分のうち「その他の建築物」とは、木造建築物、防火構造建築物、準耐火建築物及び耐火建築物に分類できない建物をいう。例えば、鉄骨造の建物で屋根を樹脂の波板でふいたもの、柱が鉄骨で壁を板張りとしたもの等である。

(2)　階数の算定

　　　建物の屋上に設けた昇降機塔、物見及びその他これらに類するもの、建物の屋上部分又は地階の倉庫、機械室、その他これらに類する建物の部分で、水平投影面積（床

面積）の合計が、それぞれ当該建物の建築面積の８分の１以下のものは、当該建物の階数に算入しない。また、建物の一部が吹き抜けとなっている場合、建物の敷地が斜面又は段地である場合、その他建物の部分によって階数を異にする場合においては、これらの階数のうち最大なものによって階数を決める。

12　防火管理者等

消防法は、火災予防の人的面からの防火管理制度、又は物的面からの消防用設備等の整備等を図るための各種規定をしている。火災が発生したとき、これらの制度、設備等が十分に機能したかを調査して記入する。

13　住宅防火対策

住宅防災機器の設置状況は、専用住宅、共同住宅の住戸部分及び併用住宅の住戸部分から出火した火災について記入する。防炎物品類を設置している場合は、使用区分は「有」とする。消防法第17条第１項に該当する建物の住戸から出火した場合は住宅防火対策を記入し、該当しない場合は空欄とするか、又は消防用設備等の状況について記入する。

14　出火原因

出火原因は、別表第３の出火原因分類表のとおり、発火源、経過及び着火物の３つから成り立っている。この分類の適用については次の要領によるものとし、出火原因欄には、この分類の番号のみ記入する。

例示１　夕食のおかずに天ぷらを揚げようとして、都市ガステーブルに点火し、鍋に食用油を入れてガステーブルにかけていたところ、たまたま来客のため台所を離れて隣室で客と談話中、ガステーブルの火により鍋の中の食用油が発火して火災となった。

解答１　発火源は「2102」である。経過の分類は一とおりではない。すなわち、油鍋をガステーブルにかけていることを忘れて客と談話していた場合は「65」であり、油鍋をガステーブルにかけていることを忘れないで客と談話していた場合は「38」となる。着火物は「237」となる。

例示２　通行人がタバコの吸殻を投げ捨てたところ、たまたま枯れ草に着火して火災となった。

解答２　発火源は「4201」、経過は「64」、着火物は「311」ということになる。

例示３　住宅の台所で都市ガステーブルに鍋をかけて夕食の煮物をしていたところ、ふきこぼれによりガステーブルの火が消えていた。再び点火しようとして点火スイッチを操作したところ、漏れてたまっていたガスに引火して瞬間的に爆燃し、窓ガラス数枚が破損したが他の可燃物には延焼しないで終わった。

解答３　発火源は「2102」、経過はガスが漏れてたまっていたのに気がついていなけれ

ば「26」であり、気がついていた場合は「63」となる。着火物は「221」となる。

例示4　3歳から4歳の子供5人がマッチで火遊びしているうちに、付近の紙屑に着火して火災となった。

解答4　発火源は「4202」、経過は「93」、着火物は「282」ということになる。

例示5　都市ガステーブルに点火をしたところ、炎が鍋の中の油に着火した。鍋が傾いて、中の油がこぼれたためだとわかった。

解答5　発火源は「2102」、経過は「42」、着火物は「237」ということになる。

例示6　電気ポットの電源コード内の線が短絡していたため、コードの被覆が燃えだして畳に燃え広がった。

解答6　発火源は「1508」、経過は「12」、着火物は「131」ということになる。

例示7　プロパンガス炊飯器のホースの結合部より漏れたガスが、電気冷蔵庫のリレーの火花によって引火して火災となった。

解答7　発火源は「1313」、経過は「26」、着火物は「225」ということになる。

例示8　テレビのスイッチを入れたところ、トランスが故障していたために、テレビが燃えだし、そばのレースのカーテンに燃え移った。

解答8　発火源は「1309」、経過は「52」、着火物は「176」ということになる。

例示9　例示8の場合で、テレビだけが焼損し、他に燃え移らなかった。

解答9　発火源は「1309」、経過は「52」、着火物は「999」ということになる。

例示10　漏電でモルタルラスが熱せられて壁内の木づりに着火した。

解答10　発火源は「1701」、経過は「11」、着火物は「121」ということになる。

　　　※発火源は、原則として火又は高温体をとることに注意を要する。

15　気象状況

(1)　天気の種類は、気象庁風力階級表等（昭和28年運輸省告示第58号）の6気象庁天気種類表により、次のとおり区分される。

煙霧……………肉眼では見えないごく小さなかわいた粒子が大気中に浮遊している現象

ちり煙霧………ちり又は砂が風のために地面から吹き上げられ、風がおさまった後まで大気中に浮遊している現象

黄砂……………主として大陸の黄土地帯で多量のちり又は砂が風のために吹き上げられ全天をおおい、徐々に降る現象

煙………………物の燃焼によって生じた小さな粒子が大気中に浮遊している現象

降灰……………火山灰（火山の爆発によって吹き上げられた灰）が降る現象

砂じんあらし…ちり又は砂が強い風のために高く激しく吹き上げられる現象

高い地ふぶき…積もった雪が風のために高く吹き上げられる現象

霧……………ごく小さな水滴が大気中に浮遊し、そのため視程が1キロメートル未
満になっている現象

氷霧…………ごく小さな氷の結晶が大気中に浮遊し、そのため視程が1キロメート
ル未満になっている現象

霧雨…………多数の小さな水滴が一様に降る現象

雨……………水滴が降る現象

みぞれ………雨と雪が同時に降る現象

雪……………氷の結晶が降る現象

霧雪…………ごく小さな白色で不透明な氷の粒が降る現象

細氷…………ごく小さな分岐していない氷の結晶が徐々に降る現象

雪あられ………白色で不透明な氷の粒が降る現象

氷あられ………白色で不透明な氷の粒が芯となりそのまわりに水滴が薄く氷結した氷
の粒が降る現象

凍雨…………水滴が氷結したり雪片の大部分が溶けてふたたび氷結したりしてでき
た透明又は半透明の氷の粒が降る現象

ひょう………透明又は透明な層と半透明な層とが交互に重なってできた氷の粒又は
固まりが降る現象

雷電…………電光（雲と雲との間又は雲と地面との間の急激な放電による発光現
象）と雷鳴がある現象

雷鳴…………電光による音響現象

(2) 風向は、次の16方位をもって表す。

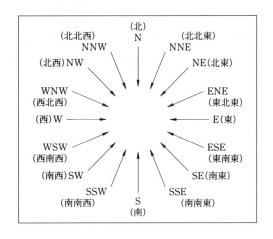

16 焼損棟数

焼損棟数とは、焼き損害を受けた建物の棟数をいうのであって、消火損害（消火行動
に基づく水損、破損、汚損等）、爆発損害（爆発現象による破壊等）などの焼き損害以

外の建物の棟数は、この中に含まれない。

　なお、建物の棟数を算定する基本原則は、次のとおりである。

⑴　「1棟の建物」とは、独立した1つの建物をいう。この独立とは、建物の主要構造部が、他の建物とつながることなく、独立しているということである。したがって地下街、高架下に設けた店舗、事務所、倉庫等の建物の棟数を算定する場合は、その規模、構造等から、常識的に算定するのであるが、原則としては、1つのブロックをもって1棟として取り扱うのが普通である。

⑵　主屋と主屋との間が渡り廊下の類で接続しているのは、その部分を折半して、それぞれの棟とする。

⑶　主屋に接着して作られている俗に下屋といわれているものについては、その主屋と同一の棟とする。

⑷　耐火構造の建物の屋上部分に造られた木造の建物は、原則として別棟とする。

⑸　木造又は防火構造の建物が防火壁で区画されていて、建物の機能上一体である場合は、同一棟とする。

17　焼損面積の算定方法

　建物の焼損面積の算定を、焼損床面積、焼損表面積に区分して算定する。

⑴　焼損床面積

　建物の焼損が立体的に及んだ場合は、その部分を床面積の算定要領で算定する。これが焼損床面積であって、平方メートルで表す。建物は立体的なものであり、建物としての機能を有しているが、焼損したことによってその機能が失われた部分の床面積が、焼損床面積である。

　床面積は、床の面積とは異なるものであって、建築基準法施行令でいうように「壁その他区画の中心線で囲まれた部分の水平投影面積」をいうのである。この床面積と床の面積とを混同すると、全焼した木造建物の床がコンクリートのたたきであったり、あるいは土間である場合には、その床が燃えないから焼損床面積がないという不都合が生じる。

　機能が失われた部分の床面積は、その空間の床又は天井とその空間を構成している表面との2面以上の焼損があった表面で囲まれる部分の、床又は天井から水平投影した床面積をいうのである。また、水平投影に接する焼損部分は立体の構成部分として包含する。

⑵　焼損表面積

　建物の焼損が、部分的である場合（立体的に焼損が及ばなかった場合）、例えば内壁、天井、床板等部分的なものを焼損表面積として、平方メートルで表す。

例示1　天井、壁体の焼損　　　　　　　例示2　床、天井、壁体焼損

・天井　2.0m²焼損

・壁体　5.0m²焼損

・床　　3.0m²焼損

・天井　1.0m²焼損

・壁体　5.0m²焼損

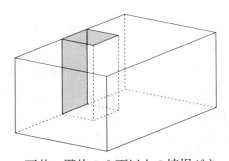

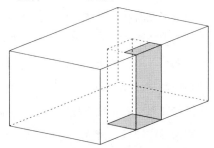

・天井、壁体の2面以上の焼損がある。

・天井の焼損部分を床に水平投影し、これに接する焼損部分は立体の構成部分として焼損床面積に含む。

※　損害状況

　・焼損床面積2.0m²

　・焼損表面積0.0m²

・床、天井、壁体の2面以上の焼損がある。

・床の焼損部分を天井に水平投影し、これに接する焼損部分は立体の構成部分として焼損床面積に含む。

※　損害状況

　・焼損床面積3.0m²

　・焼損表面積0.0m²

（注）　立体の構成部分に含まれない壁体等の焼損部分がある場合、焼損表面積として算入する。

例示3　壁体2面の焼損

・壁体　5.0m²焼損

例示4　収容物と壁体の焼損

・壁体　3.0m²焼損

・収容物焼損

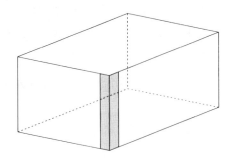

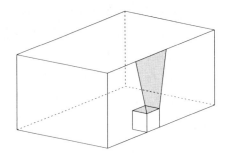

・壁体2面以上の焼損であるが、水平投影しても立体とならない、部分的な焼損である。

※　損害状況

　・焼損床面積　0.0m²

・壁体1面の焼損であり、部分的な焼損である。収容物は立体の構成部分ではない。

※　損害状況

　・焼損床面積　0.0m²

　　　　・焼損表面積　5.0m²　　　　　　　　　　・焼損表面積　3.0m²

18　焼損程度

　建物の焼損程度は、全焼、半焼、部分焼及びぼやに区分される。

　建物（収容物は含まない。以下同じ。）の総評価額に対する焼き損害額（焼けた損害額）の占める割合が70パーセント以上は全焼、20パーセント以上70パーセント未満は半焼、20パーセント未満でぼや以外は部分焼、10パーセント未満で焼損床面積・焼損表面積がそれぞれ1m²未満はぼやである。ここで注意しなければならないことは、建物の総評価額に対する「焼き損害額」であって、火災損害額でないことである。すなわち火災損害額の中には、焼き損害額のほか、消火損害額、爆発損害額が含まれているからである。

　仮に、火災損害額の占める割合ということにすれば一体どういう結果を生ずるか、全く火による被害を受けていない、つまり水損のみの建物も部分焼などとなる場合がある。これでは事実にそぐわない。あくまでも火によって被害を受けた、すなわち焼きした建物でなければならない。また、ぼやには建物の収容物のみ焼損した場合が含まれる。

19　区画

　防火上、防火壁、耐火構造の床、壁などにより一定の面積以内ごとに、又は一定の用途の部分に対して施した区画である。また、この防火区画は法令等に適合しない構造のものは含まないものである。

20　世帯数の算定

　世帯数を算定する場合には、一般世帯と施設等の世帯とに区分して算定することとなるが、これらの算定方法については、国勢調査の例に準じ次のように取り扱うこととする。

⑴　一般世帯

　一般世帯には、次のものが該当する。

　ア　住居と生計を共にしている人の集まり又は一戸を構えて住んでいる単身者

　　ただし、これらの世帯と住居を共にする単身の住み込みの雇い人は、人数に関係なく雇い主の世帯に含めている。

　イ　上記の世帯と住居を共にし、別に生計を維持している間借りの単身者又は下宿屋などに下宿している単身者

　ウ　会社・団体・商店・官公庁などの寄宿舎、独身寮などに居住している単身者

⑵　施設等の世帯

　施設等の世帯には、次のものが該当する。

　なお、世帯の単位の取り方は、原則として下記のア及びイは棟ごと、ウは施設ごと、エ及びオは調査単位ごと、カは一人一人を１つの世帯とする。

　ア　寮・寄宿舎の学生・生徒

　　学校の寮・寄宿舎で起居を共にし、通学している学生・生徒の集まり

イ 病院・療養所の入院者

　病院・療養所などに、既に3か月以上入院している入院患者の集まり

ウ 社会施設の入所者

　老人ホーム、肢体不自由者厚生施設などの入所者の集まり

エ 自衛隊営舎内居住者

　自衛隊の営舎内又は艦船内の居住者の集まり

オ 矯正施設の入所者

　刑務所及び拘置所の収容者並びに少年院及び婦人補導院の在院者の集まり

カ その他

　住居不定者や陸上に住所を有しない船舶乗組員など

(3)　以上のほか、世帯数の算定方法については、国勢調査関係法令及びこれらの法令の規定に基づく細則等の例によるものとする。

(4)　世帯と建物の用途

　通常の場合には、当該建物に居住する世帯が、一般世帯か施設等の世帯かによって、建物用途もほとんど決まるのであるが、必ずしもそうでない場合がある。例えば、個人商店、小規模の事業所で、従業員の単身者をとりまとめて、賃借りした住宅に居住させていることがある。このような場合は、その居住世帯が施設等の世帯であっても、当該建物の用途は住宅である。また、大きな住宅の「へや」を幾世帯か他の一般世帯に間貸ししたからといって、建物用途が共同住宅になったわけでない。このように世帯と建物の用途との関係に例外もあるので、建物の規模、構造、内容等から事実に適した建物用途を決める必要がある。

21　世帯のり災程度及びり災人員

　世帯のり災程度を判定するには、建物（収容物を含む。）の総評価額に対する火災損害額の占める割合によるのである。ここで特に注意しなければならないことは、建物の焼損程度を判定するときは、建物（収容物を除く。）の総評価額に対する焼き損害額（消火損害額、爆発損害額は含まない。）の占める割合によるのに比べて、世帯のり災程度を判定するときは、建物とその収容物の総評価額に対して火災損害額の占める割合によるのであり、いうまでもなくこれには消火損害額、爆発損害額が含まれているのである。この建物（収容物を含む。）の総評価額に対する火災損害額の占める割合が、70パーセント以上のときは全損であり、20パーセント以上70パーセント未満のときは半損であり、20パーセント未満のときは小損となるのである。

　り災人員を計上する場合、一般世帯であれば当該世帯を構成する人員全部を計上する。

　共同住宅の共用部分のみがり災した場合は、り災世帯数及びり災人員を計上しない。

　このり災世帯の程度と建物の焼損程度は、必ずしも一致しない。共同住宅を例にとれ

ば、世帯のり災程度を判定する範囲は、その世帯が居住のために占有している部分の建物（収容物を含む。）に対する当該世帯の占有している部分の火災損害額の占める割合である。したがって、１つの共同住宅が半焼した場合を考えてみると、そこには全損世帯、半損世帯、小損世帯、さらには居住はしていても全然り災しない世帯がある。これは特に注意しなければならないことである。

　施設等の世帯がり災した場合は、り災人員としてその構成人員全部を計上するのではない。施設等の世帯の構成員のうち、実際に被害を受けた者及びり災した「へや」に居住している人員をり災人員として計上するのである。

22　死者及び負傷者

　火災による死者及び負傷者は、火災に直接起因して死亡又は負傷した者をいうのであって、いくら火災現場内で死亡したからといっても、死因が病死であったものは、この火災による死者から除かれるのである。

　火災に直接起因するとは、客観的相当因果関係において、死亡又は負傷した原因をさかのぼると火災現象に求められるものを意味する。すなわち、火炎、高熱、煙、爆風、その他の有毒ガス等が作用して死亡又は負傷したものと、火災に対する消火行動、救助行動、避難行動等において死亡又は負傷したものとがある。

　自殺のため自己の着衣に放火して、そのため生命を失った場合も、その動機及び行為は自殺であり、自損行為であっても、火災現象によって生命を失う限り、当然火災による死者として取り扱わなければならない。

　結論的にいえば、火災による死者は、火災現象に基づく異常死あるいは災害死でなければならない。

(1)　火災現場

　火災現場は、火災の発生している場所並びに消防の警戒区域内及びその付近の消防作業を行っている場所である。

　明確にこの範囲を区切ることは、なかなか困難であるが、発生した火災に対して消火、避難等、いいかえれば火災に対応した行動が行われている範囲で、事実上火災現場であるか否かを判断する。

(2)　現場引揚げの時点

　ア　消防吏員については、消防活動を終了して、帰途についたとき

　イ　消防団員で現場解散する者については、消防団長又はこれに代わる者から解散命令が発せられたとき、消防車両によって引き揚げる団員については帰途についたとき

　ウ　消防活動に関係ある者については、消防作業又は救護等の作業を終了して、帰途についたとき

(3)　負傷後48時間以内に死亡した者の取扱い

　火災によって負傷した者が、負傷後48時間以内に死亡したときは、火災による死者としている。この48時間という時間的制限をした根拠は法的なものでないが、事実上、火災による負傷者（特に重傷者）の死亡を、どこまでも調査することが困難であり、統計的にもその取扱いに、一定の制限をする必要がある。

　さらに、医学的見地からみると、一応48時間という時間の制限は、妥当であると考えられる。

　すなわち、負傷して48時間以内に、その傷が原因で死亡する場合は、いかなる医療、救護処置を施しても、ほとんど生命をとりとめることは不可能とされている。

　いいかえれば、48時間を経過した負傷者については、生命をとりとめる可能性がでてくる。こうした点から48時間という時間的制限をしたのである。

(4)　30日死者について

　火災によって負傷したものが、負傷後48時間を経過して30日以内に死亡した者を30日死者としている。この30日間という長期間の追跡調査の根拠は法的なものでないが、このデータは火災による死者の貴重な分析を可能とし、又は各種統計との比較分析に必要なものである。

23　火災損害

　火災損害とは、火災によって受けた損害のうち、直接的な損害をいうのであって、休業による損失、焼け跡の整理費、消火に要した経費等間接的な損害を除いたものをいう。
　なお、火災損害は、次のとおり区分することができる。

火災損害 ｛ 焼き損害 / 消火損害 / 爆発損害 / 人的損害（火災による死者及び負傷者） ｝

(1)　焼き損害

　焼き損害とは、火災の火炎、高熱等によって焼けた、こわれた、すすけた、変質したもの等の損害をいう。

(2)　消火損害

　消火損害とは、火災の消火行為に付随して発生する水損、破損、汚損等のものの損害をいう。

(3)　爆発損害

　爆発損害とは、爆発現象の破壊作用によって発生した損害のうち、焼き損害、消火損害以外の損害をいう。

(4)　人的損害

　火災によって人的に被害を受けることがあるが、これは損害額として金銭に見積も

ることは困難である。

24　評価及び損害額算出の計算式

(1)　（建築時単価）× $\dfrac{（り災時の建築費指数）}{（建築時の建築費指数）}$ ≒ （再建築費単価）

(2)　（建築時単価）× $\dfrac{（昭和42年9月期建築費指数）}{（建築時の建築費指数）}$ ≒ （3.3m²当たり評点数）

(3)　（再建築費単価）×（残存率）≒（時価単価）……木造建築物以外の建物

(4)　（時価単価）×（都道府県別補正係数）≒（木造建物の時価単価）……木造建築物

　　　（注）　算出した時価単価の100円未満は、切り捨てること。

(5)　（各構造部の評点数の合計）+{（各構造部の評点数の合計）×（0.15……建築設備）}
　　≒（建物の3.3m²当たり評点数）

　　　（注）　建物の3.3平方メートル当たり評点数は、建物の経年残存率表（別表第4の
　　　　　　2表）にいう3.3平方メートル当たり評点数と同じであって、昭和43年1月
　　　　　　（木造建物の建築費指数893）の時点において、1円を1点とした点数をいう。

(6)　（建物の3.3m²当たり評点数）× $\dfrac{（り災時の建築費指数）}{893（昭和42年9月期建築費指数）}$ ≒（再建築費単価）

(7)　（建物の時価単価）×（焼損した構造部分の構成割合）≒（建物の構造部分の損害
　　額）……木造建物が部分的に受けた損害

(8)　（取得価格）×（残存率）≒（時価価額）……車両、船舶、器具、備品、構築物、
　　機械及び装置

(9)　（時価価額）×（減損率）≒（動産損害額）

25　建物の損害額の算出

　　建物の損害額は、次の要領により算出する。

例示1　昭和40年4月に、3.3平方メートル当たり80,000円で新築した木造板張りの平
　　　　家住宅が、平成元年7月に火災となった。当該建物の3.3平方メートル当たりの
　　　　時価単価を算出すると次のとおりである。

解答1　当該建物の時価単価の算出には、計算式の(1)式を用いて、

$$80,000円 \times \frac{3,605}{744} ≒ 387,634円 （再建築費単価）$$

　　　　次に(2)式を用いて、

$$80,000円 \times \frac{893}{744} ≒ 96,022円 （3.3平方メートル当たり評点数）$$

　　　　当該建物は、新築してからり災するまで24年を経過しているので、別表第4の
　　　　2表その1の評点数の該当する行の24年経過によって、残存率を求めると

「0.63」であるから、次の⑶式を用いて、

387,634円×0.63≒244,209円

　　しかし、木造建物については、評価する対象物の存在する地域によって、経済的に格差があるので、これを補うために補正係数表（別表第4の5表）により該当する係数を、木造建物の時価単価に乗じて、その地域に適合した時価単価を算出する（以下木造建物の時価単価を算出する場合に同じ。）。

　　したがって⑷式を用いて、

244,209円×1.00＝244,209円

　　　　　　　　　　（東京、大阪、神奈川、兵庫等）

244,209円×0.95＝231,999円

　　　　　　　　　　（茨城、福岡等）

244,209円×0.90＝219,788円

　　　　　　　　　　（青森、長野、熊本等）

　　木造建物については、地域によって時価単価が異なることに注意を要する。前掲の計算式のところで注書きしたように、算出した時価単価の100円未満は、切り捨てることとなっているから、誤りのないように留意されたい。

例示2　東京において、昭和30年6月に3.3平方メートル当たり38,000円で建築した木造モルタル塗り住宅が、昭和55年11月に火災となった、当該建物の評価は次のとおり。

解答2　当該建物の時価単価の算出には、計算式の⑴式を用いて、

$$38,000円 \times \frac{3,166}{387} ≒ 310,873円　（再建築費単価）$$

　　⑵式を適用すると、

$$38,000円 \times \frac{893}{387} ≒ 87,685円　（3.3平方メートル当たり評点数）$$

　　したがって、3.3平方メートル当たり評点数は、87,685点となる。

　　この建物の経過年数は25年であるから、別表第4の2表のその1の該当する評点数により、モルタルの行の25年経過の残存率を求めると「0.53」である。

　　そこで⑶式を適用すると、

310,873円×0.53＝164,763円

　　別表第4の5表により東京の補正係数を求めると「1.00」であるから

164,763円×1.00＝164,763円となる。

　　したがって、当該建物の時価単価は、100円未満を切り捨てるから164,700円ということになる。

例示3　青森市で昭和45年6月に、3.3平方メートル当たり85,000円で建築した木造モ

ルタル塗りの２階建共同住宅が、平成３年８月に火災となった。当該建物の評価は次のとおりである。

解答３　当該建物の時価単価を算出するには、計算式の⑴式を用いて、

$$85,000円 \times \frac{4,121}{1,172} ≒ 298,878円（再建築費単価）$$

次に⑵式を用いて、

$$85,000円 \times \frac{893}{1,172} ≒ 64,765円（3.3平方メートル当たり評点数）$$

当該建物は、建築してからり災するまで21年を経過しているので、別表第４の２表のその８によって、評点数の該当する行の21年経過で残存率を求めると「0.23」であるから、⑶式を用いて

298,878円×0.23＝68,742円

別表第４の５表により、青森の補正係数を求めると「0.90」であるから、⑷式を用いて、

68,742円×0.90＝61,868円

ゆえにこの建物の時価単価は61,800円となる。

例示４　岡山市で昭和48年４月に、3.3平方メートル当たり105,000円で建築した木造板張り住宅を、昭和60年に外壁下見板の一部、内壁及び建具の一部を改修している。この建物が平成２年10月に火災となった。当該建物の評価は次のとおりである。

解答４　当該建物の損耗度について、別表第４の４表により、外部及び内部を鑑別したところ、残存率が80パーセントに該当した。したがって時価単価を算出するには、計算式の⑴式を用いて、

$$105,000円 \times \frac{3,995}{1,789} ≒ 234,475円（再建築費単価）$$

次に⑶式を用いて、

234,475円×0.8≒187,580円

岡山の補正係数を別表第４の５表により求めると「0.90」であるから、⑷式を用いて、

187,580円×0.9＝168,822円

ゆえにこの建物の時価単価は168,800円となる。

例示５　平成４年１月に、東京都で木造板張り２階建住宅が半焼した。当該建物の建築時単価も建物の経過年数も不明である。当該建物の評価は次のとおりである。

解答５　当該建物を部分別に、別表第４の３表によって、次のとおりその構造に応じて評点数を積算する。

屋　根	日本瓦　（中）	15,690点
基　礎	布コンクリート（30×15）	3,090点
外　壁	押縁下見　（並）	3,720点
柱	杉　12.1cm　（中）	7,100点
造　作	柱の評点数×0.65	4,615点
内　壁	真壁漆喰	7,230点
天　井	竿縁二重廻縁　（並）	7,400点

床　総2階造りのため1階と2
階の床の点数を2で割る

$$\frac{2,800+6,570}{2}=\qquad 4,685点$$

畳	（並）	4,380点
建　具	（並）	6,350点
その他の工事	（並）	3,720点
計		67,980点

次に計算式の(5)式を用いて、

67,980＋（67,980×0.15）＝78,177（3.3平方メートル当たり評点数）

この1点は1円であるから、78,177円ということになる。

次に計算式の(6)式を用いて、

$$78,177円×\frac{4,204}{893}≒368,036円（再建築費単価）$$

当該建物の損耗度による残存率を、別表第4の4表によって求めると「40パーセント」に相当するとみられる。

次に計算式の(3)式を用いて、

368,036円×0.4＝147,214円

東京の補正係数を別表第4の5表によって求めると「1.00」であるから、(4)式を用いて、

147,214円×1.00＝147,214円

ゆえにこの建物の時価単価は147,200円となる。

例示6　時価単価が300,000円に査定される共同住宅の、内壁及び天井を焼損した。この内壁と天井の3.3平方メートル当たりのそれぞれの損害額を見積もるための評価は、次のとおりである。

解答6　別表第4の6表に定める部分別構成割合の該当するものを求めると、内壁については「10パーセント」、天井は「4パーセント」であるから、(7)式を用いて、

300,000円×0.10＝30,000円

この30,000円が、内壁3.3平方メートル当たりの評価額あるいは損害額であり、

300,000円×0.04＝12,000円

　この12,000円が、天井3.3平方メートル当たりの評価額あるいは損害額である。

例示 7　昭和55年 4 月に、3.3平方メートル当たり340,000円で建築した事務所（地下 1
　　　　階、地上 4 階建SRC造）の 4 階部分を、平成 4 年 7 月火災によって焼損した。当
　　　　該火災によって焼損床面積に算定される部分は、165平方メートル（50坪）であ
　　　　った。当該建物の評価は次のとおりである。

解答 7　当該建物の評価をするために、計算式の(1)式を用いて、

$$340,000円×\frac{1,478}{1,153}≒435,837円（再建築費単価）$$

　当該事業所の再建築費単価は435,837円である。

　焼損床面積に計上した部分の軀体、内部仕上げ材等について、損害額を見積も
ったら15,400,000円であった。

天井吸音テックス ⎤
冷暖房用ダクト 　⎥
内壁プラスター 　⎥
内壁モルタル 　　⎬ 15,400,000円
内壁コンクリート ⎥
床アスタイル 　　⎥
その他 　　　　　⎦

例示 8　東京で、平成元年 8 月に、3.3平方メートル当たり350,000円で建築した木造板
　　　　張り住宅が、平成 5 年12月にガス爆発が発生し、建物が全壊した。当該建物の評
　　　　価は次のとおりである。

解答 8　当該建物の時価単価を算出するために、計算式(1)式を用いて、

$$350,000円×\frac{4,182}{3,605}≒406,019円（再建築費単価）$$

　次に(2)式を用いて、

$$350,000円×\frac{893}{3,605}≒86,699円（3.3平方メートル当たり評点数）$$

　当該建物は、建築してからり災するまで 4 年を経過しているので、別表第 4 の
2 表のその 8 式によって、評点数の該当する行の 4 年経過で残存率を求めると
「0.93」であるから、(3)式を用いて、

406,019円×0.93＝377,598円

　したがって、当該建物の時価単価は、100円未満を切り捨てるから377,500円と
いうことになる。

26 構築物の損害額の算出

構築物については、取得価格を基礎として、経過年数に応じ定率法によって償却した残存率を乗じて、時価価額を算出する。

例示1 120,000円で設置した長さ12メートルの木製電柱が、火災によって使用不能の程度まで焼損した。この電柱は火災になるまで5年を経過していた。

解答1 当該電柱の耐用年数を別表第4の10表によって求めると15年であるから、別表第4の11表により該当する行の5年経過の項から残存率を求めると「0.465」である。

したがって、(8)式を用いて、

120,000円×0.465＝55,800円

当該電柱の時価価額は55,800円ということになる。

27 器具及び備品の時価価額の査定

器具及び備品の時価価額を算出するには、定率償却の方法によって、経過年数に応じた残存率を、取得価格に乗じて算出する。

例示1 平成3年9月に、84,000円で電気洗濯機の新品を購入したが、平成5年12月に火災によって焼損した。この電気洗濯機の時価価額は次のとおりである。

解答1 別表第4の9表によって、当該電気洗濯機の耐用年数を求めると6年であり、火災になるまでの経過年数は2年であるから、別表第4の11表により残存率を求めると「0.464」である。したがって、(8)式を用いて、

84,000円×0.464＝38,976円

当該電気洗濯機の時価価額は38,976円ということになる。

例示2 平成元年8月に、ベッドの新品を150,000円で購入したが、平成5年10月に住宅が火災となり、当該ベッドを焼損した。このベッドの時価価額は次のとおりである。

解答2 別表第4の9表によって、当該ベッドの耐用年数を求めると8年であり、火災になるまでの経過年数は4年であるから、別表第4の11表により残存率を求めると「0.316」である。したがって、(8)式を用いて、

150,000円×0.316＝47,400円

当該ベッドの時価価額は47,400円ということになる。

③ 死者の調査表関係

1 死者の区分

火災現場において火災に直接起因して死亡した者又は火災により負傷した後48時間以内に死亡した者のほか、火災により負傷した後48時間を経過して30日間以内に死亡した者について報告する。

2 死者の発生した建物等

死者の発生した建物が火元又は類焼の場合、その建物の構造、用途、規模等の状況を火災報告の記載要領に基づき記入する。

3 死者の発生経過等

死者の年齢、職業、出火時の行動等の状況、健康状態及び死者の発生した経過及び理由等について記入する。

4 出火時の死者のいた場所等

出火時死者のいた場所が建物、車両、船舶及び航空機なのか、建物内の場合の状況等について記入する。

④ 火災四半期報関係

01表　出火件数

1　第1の6の(1)建物火災を次のとおり区分する。

(3)　住宅火災

火元建物が専ら居住の用に供せられる建物（その付属建築物を含む。）である火災のうち、次の(5)に掲げる共同住宅火災を除く建物火災をいう。

(4)　併用住宅火災

火元建物が産業の用に供せられる部分と居住の用に供せられる部分とが結合した建物で、居住の用に供せられる部分の床面積が延べ面積の20パーセント以上を占める建物（その付属建築物を含む。）である火災のうち、(3)及び(5)〜(37)に掲げる建物火災を除く建物火災をいう。

(5)　共同住宅火災

火元建物が消防法施行令別表第1（以下「施行令別表第1」という。）の(5)項ロに掲げる寄宿舎、下宿又は共同住宅（これらの付属建築物を含む。）である建物火災をいう。

(6)　劇場火災

火元建物が施行令別表第1の(1)項イに掲げる劇場、映画館、演芸場、又は観覧場

（これらの付属建築物を含む。）である建物火災をいう。

(7)　公会堂火災

　　火元建物が施行令別表第1の(1)項ロに掲げる公会堂又は集会場（これらの付属建築物を含む。）である建物火災をいう。

(8)　キャバレー火災

　　火元建物が施行令別表第1の(2)項イに掲げるキャバレー、カフェー、ナイトクラブその他これらに類するもの（これらの付属建築物を含む。）である建物火災をいう。

(9)　遊技場火災

　　火元建物が施行令別表第1の(2)項ロに掲げる遊技場又はダンスホール（これらの付属建築物を含む。）である建物火災をいう。

(10)　性風俗店火災

　　火元建物が施行令別表第1の(2)項ハに掲げる性風俗関連特殊営業を営む店舗（これらの付属建物を含む。）である建物火災をいう。

(11)　カラオケボックス火災

　　火元建物が施行令別表第1の(2)項ニに掲げるカラオケボックスその他遊興のための設備又は物品を個室（これに類する施設を含む。）において客に利用させる役務を提供する業務を営む店舗で総務省令で定めるもの（これらの付属建築物を含む。）である建物火災をいう。

(12)　料理店火災

　　火元建物が施行令別表第1の(3)項イに掲げる待合、料理店その他これらに類するもの（これらの付属建築物を含む。）である建物火災をいう。

(13)　飲食店火災

　　火元建物が施行令別表第1の(3)項ロに掲げる飲食店（これらの付属建築物を含む。）である建物火災をいう。

(14)　物品販売店舗火災

　　火元建物が施行令別表第1の(4)項に掲げる百貨店、マーケットその他の物品販売業を営む店舗又は展示場（これらの付属建築物を含む。）である建物火災をいう。

(15)　旅館火災

　　火元建物が施行令別表第1の(5)項イに掲げる旅館、ホテル、宿泊所その他これらに類するもの（これらの付属建築物を含む。）である建物火災をいう。

(16)　病院火災

　　火元建物が施行令別表第1の(6)項イに掲げる病院、診療所又は助産所（これらの付属建築物を含む。）である建物火災をいう。

(17)　グループホーム火災

　　火元建物が施行令別表第1の(6)項ロに掲げる老人短期入所施設、養護老人ホーム、特別養護老人ホーム、軽費老人ホーム（避難が困難な要介護者を主として入居させる

ものに限る。）、有料老人ホーム（避難が困難な要介護者を主として入居させるものに
限る。）、介護老人保健施設、老人短期入所事業を行う施設、小規模多機能型居宅介護
事業を行う施設（避難が困難な要介護者を主として宿泊させるものに限る。）、認知症
対応型老人共同生活援助事業を行う施設その他これらに類するもの、救護施設、乳児
院、障害児入所施設、障害者支援施設（避難が困難な障害者等を主として入所させる
ものに限る。）、短期入所等施設（これらの付属建築物を含む。）である建物火災をい
う。

(18)　社会福祉施設火災

　　火元建物が施行令別表第1の(6)項ハに掲げる老人デイサービスセンター、軽費老人
ホーム（(17)に掲げるものを除く。）、老人福祉センター、老人介護支援センター、有料
老人ホーム（(17)に掲げるものを除く。）、老人デイサービス事業を行う施設、小規模多
機能型居宅介護事業を行う施設（(17)に掲げるものを除く。）その他これらに類するも
の、更生施設、助産施設、保育所、幼保連携型認定こども園、児童養護施設、児童自
立支援施設、児童家庭支援センター、一時預かり事業又は家庭的保育事業を行う施設
その他これらに類するもの、児童発達支援センター、児童心理治療施設又は児童発達
支援若しくは放課後等デイサービスを行う施設（児童発達支援センターを除く。）、身
体障害者福祉センター、障害者支援施設（(17)に掲げるものを除く。）、地域活動支援セ
ンター、福祉ホーム又は生活介護、短期入所、自立訓練、就労移行支援、就労継続支
援若しくは共同生活援助を行う施設（短期入所等施設を除く。）（これらの付属建築物
を含む。）である建物火災をいう。

(19)　幼稚園火災

　　火元建物が施行令別表第1の(6)項ニに掲げる幼稚園又は特別支援学校（これらの付
属建築物を含む。）である建物火災をいう。

(20)　学校火災

　　火元建物が施行令別表第1の(7)項に掲げる小学校、中学校、義務教育学校、高等学
校、中等教育学校、高等専門学校、大学、専修学校、各種学校その他これらに類する
もの（これらの付属建築物を含む。）である建物火災をいう。

(21)　図書館火災

　　火元建物が施行令別表第1の(8)項に掲げる図書館、博物館、美術館その他これらに
類するもの（これらの付属建築物を含む。）である建物火災をいう。

(22)　特殊浴場火災

　　火元建物が施行令別表第1の(9)項イに掲げる蒸気浴場、熱気浴場その他これらに類
するもの（これらの付属建築物を含む。）である建物火災をいう。

(23)　公衆浴場火災

　　火元建物が施行令別表第1の(9)項ロに掲げる特殊浴場以外の公衆浴場（これらの付

属建築物を含む。）である建物火災をいう。

(24)　停車場火災

　　火元建物が施行令別表第1の(10)項に掲げる車両の停車場又は船舶若しくは航空機の発着場（これらの付属建築物を含む。）である建物火災をいう。

(25)　神社・寺院火災

　　火元建物が施行令別表第1の(11)項に掲げる神社、寺院、教会その他これらに類するもの（これらの付属建築物を含む。）である建物火災をいう。

(26)　工場火災

　　火元建物が施行令別表第1の(12)項イに掲げる工場又は作業場（これらの付属建築物を含む。）である建物火災をいう。

(27)　スタジオ火災

　　火元建物が施行令別表第1の(12)項ロに掲げる映画スタジオ又はテレビスタジオ（これらの付属建築物を含む。）である建物火災をいう。

(28)　駐車場火災

　　火元建物が施行令別表第1の(13)項イに掲げる自動車車庫又は駐車場（これらの付属建築物を含む。）である建物火災をいう。

(29)　航空機格納庫火災

　　火元建物が施行令別表第1の(13)項ロに掲げる飛行機又は回転翼航空機の格納庫（これらの付属建築物を含む。）である建物火災をいう。

(30)　倉庫火災

　　火元建物が施行令別表第1の(14)項に掲げる倉庫（これらの付属建築物を含む。）である建物火災をいう。

(31)　事務所火災

　　火元建物が施行令別表第1の(15)項に掲げる施行令別表第1(1)項から(14)項に該当しない事業所（これらの付属建築物を含む。）である建物火災をいう。

(32)　複合用途（特定）火災

　　火元建物が施行令別表第1の(16)項イに掲げる複合用途（その一部が施行令別表第1(1)項から(4)項まで、(5)項イ、(6)項又は(9)項イに掲げる用途に供されているもの）建築物（これらの付属建築物を含む。）である建物火災をいう。

(33)　複合用途（非特定）火災

　　火元建物が施行令別表第1の(16)項ロに掲げる複合用途（その一部が前記(32)以外の施行令別表第1に掲げる用途に供されているもの）建築物（これらの付属建築物を含む。）である建物火災をいう。

(34)　地下街火災

　　火元建物が施行令別表第1の（16の2）項に掲げる地下街（これらの付属建築物を含む。）である建物火災をいう。

⑶5　準地下街火災

　　火元建物が施行令別表第1の（16の3）項に掲げる建築物の地階（（16の2）項に掲げるものの各階を除く。）で連続して地下道に面して設けられたものと当該地下道とを合わせたもの（これらの付属建築物を含む。）である建物火災をいう。

⑶6　文化財火災

　　火元建物が施行令別表第1の⒄項に掲げる文化財保護法の規定によって重要文化財、重要有形民俗文化財、史跡若しくは重要な文化財として指定され又は旧重要美術品等の保存に関する法律の規定によって重要美術品として認定された建造物（これらの付属建築物を含む。）である建物火災をいう。

⑶7　その他火災

　　⑶～⑶6までの建物火災以外の建物火災をいう。

2　第1の6の⑶車両火災を次のとおり区分する。

⑷0　鉄道車両

　　〔例示〕　普通鉄道、地下鉄、モノレール、案内軌条式鉄道、ケーブルカー、ロープウェー、トロリーバス

⑷1　貨物車火災

　　自動車登録規則及び道路運送車両法施行規則に定める自動車登録番号の分類番号の頭数字が1・4・6のものをいう。

⑷2　乗用車火災

　　自動車登録規則及び道路運送車両法施行規則に定める自動車登録番号の分類番号の頭数字が2・3・5・7のものをいう。

⑷3　特殊車火災

　　自動車登録規則及び道路運送車両法施行規則に定める自動車登録番号の分類番号の頭数字が0・8・9のものをいう。

⑷4　二輪車火災

　　道路運送車両法に定める原動機付自転車及び同法施行規則に定める二輪自動車に該当するものをいう。

3　第1の6の⑷船舶火災を次のとおり区分する。

⑷7　客船火災

　　客船（13人以上の旅客定員を有する船舶）、貨客船（13人以上の旅客定員を有し、かつ貨物の運送をあわせてする船舶）及び自動車航送船（船舶により自動車並びに人及び物を合わせて運送する船舶）をいう。

⑷8　貨物船火災

　　貨物船（貨物の運送に従事する船舶）、専用船（特定の種類の貨物の運送に適した構造を有する船舶）及び油送船（油類の運送に従事する船舶）をいう。

⑷9　漁船火災

漁船法に定める船舶をいう。

(50) プレジャーボート火災

専らスポーツ又はレクリエーションに用いられるヨット、モーターボート等の船舶をいう。

(51) その他の船舶火災

(47)～(50)に分類されないものをいう。

4 第1の6の(6)その他火災を次のとおり分類する。

(54) 枯草火災

火災報告取扱要領 別表第3 出火原因分類表3表着火物(以下「着火物」という。)中311～319及び396に分類されるものをいう。

(55) ごみ・くず類火災

着火物中280～289及び397に分類されるものをいう。

(56) 引火性・可燃性物質火災

着火物中231～249及び271～279に分類されるものをいう。

(57) その他のその他火災

(54)～(56)以外のその他火災をいう。

02表 損害状況

(1)(2)(3) 焼損面積

建物焼損床面積、焼損表面積、林野焼損面積に区分して記入する。

(4) 損害額、(5) 焼損棟数、(6) り災世帯数について記入する。

03表 出火原因

全火災の出火原因を次のとおり区分する。

(2) たばこ

火災報告取扱要領 別表第3 出火原因分類表1表発火源(以下「発火源」という。)中4201に分類されるものをいう。

(3) こんろ

発火源中1101、1127、1206、1209、2101、2102、2201、2202、2203、2302、2402、2501、2526、3101、3201、3301、4306に分類されるものをいう。

(4) かまど

発火源中2305、2316、2405、2417、3205、3302、3405、4305に分類されるものをいう。

(5) 風呂かまど

発火源中2109、2210、2306、2406、2508、2608、3206、3406、4311に分類されるものをいう。

(6) 炉

発火源中1126、1204、2121、2219、2303、2304、2313、2315、2403、2404、2414、

2416、2511、2605、2606、2612、3103、3107、3109、3110、3203、3204、3207、3210、3211、3403、3404、4312、4316に分類されるものをいう。

(7)　焼却炉

発火源中2614、3209、4309に分類されるものをいう。

(8)　ストーブ

発火源中1102、1103、1104、2103、2104、2105、2204、2205、2206、2502、2503、2504、2602、2603、2604、3202、3402、4310に分類されるものをいう。

(9)　こたつ

発火源中1105、3106に分類されるものをいう。

(10)　ボイラー

発火源中2314、2317、2415、2418、2519、2607、3407、3408に分類されるものをいう。

(11)　煙突・煙道

発火源中4301、4302、4313、5101、5102、5106に分類されるものをいう。

(12)　排気管

発火源中4314、5105に分類されるものをいう。

(13)　電気機器

発火源中1301〜1366、1379〜1382、1399に分類されるものをいう。

(14)　電気装置

発火源中1401〜1499に分類されるものをいう。

(15)　電灯・電話等の配線

発火源中1501〜1517、1599に分類されるものをいう。

(16)　内燃機関

発火源中2510、2223に分類されるものをいう。

(17)　配線器具

発火源中1601〜1699に分類されるものをいう。

(18)　火あそび

火災報告取扱要領　別表第3　出火原因分類表2表経過（以下「経過」という。）中93に分類されるものをいう。

(19)　マッチ・ライター

発火源中4202、4203に分類されるものをいう。

(20)　たき火

発火源中4103、4105、4303に分類されるものをいう。

(21)　溶接機・切断機

発火源中1110、1213、2111、2212、2901に分類されるものをいう。

(22)　灯火

発火源中2505、2506、2701、2702、2703、2704、2705、2706、2707、2799に分類されるものをいう。

⒇ 衝突の火花

発火源中4405、4409に分類されるものをいう。

⒇ 取灰

発火源中6401、6402、6403、6404、6407に分類されるものをいう。

⒇ 火入れ

発火源中4117、4308に分類されるものをいう。

⒇ 放火

経過中91に分類されるものをいう。

⒇ 放火の疑い

経過中92に分類されるものをいう。

⒇ その他

前掲(2)～⒇及び次の⒇に分類されないものをいう。

⒇ 不明・調査中

発火源又は経過が不明なもの及び調査中のものをいう。

04表　火災種別による死傷者数

死者数（第2火災報告4⒇～⒇）について、第3死者の調査表(8)死者の発生した火災の種別の分類及び年齢層別（0～5歳、6～64歳、65歳～）により記入する。また、負傷者数（第2火災報告4⒇、⒇、⒇、⒇、⒇、⒇、⒇）について、第1総則6火災種別の分類により記入する。

05表　死者の発生した経過

第2火災報告4⒇～⒇の死者について、次の分類により記入するものとする。

⑴ 逃げ遅れ

死者の発生した経過の記入番号中11～35に分類されるものをいう。

⑵ 出火後再進入

死者の発生した経過の記入番号中36、37、38に分類されるものをいう。

⑶ 着衣着火

死者の発生した経過の記入番号中39～46に分類されるものをいう。

⑷ 放火自殺（心中の道づれを含む。）

死者の発生した経過の記入番号中47に分類されるものをいう。

⑸ 放火自殺者の巻添等

死者の発生した経過の記入番号中48～49に分類されるものをいう。

⑹ その他

死者の発生した経過の記入番号中51～99に分類されるものをいう。

死　者　の　発　生　し　た　経　過				四半期報区分
区分	経　過　別	理　由　等	記入番号	
殺人・自損行為による死者（心中の道づれ、巻添を含む）以外の死者	A　発見が遅れ、気づいた時は、火煙が回り、すでに逃げ道がなかったものと思われるもの。（全く気づかなかった場合を含む）	＜発見が遅れた理由＞ 熟　　睡	11	逃げ遅れ
		泥　　酔	12	
		病気・身体不自由	13	
		そ　の　他	14	
	B　判断力に欠け、あるいは体力的条件が悪く、ほとんど避難できなかったと思われるもの。	＜判断力・体力的条件の要素＞ 乳幼児（5歳まで）	15	
		泥　　酔	16	
		病気・身体不自由	17	
		老　　衰	18	
		そ　の　他	19	
	C　延焼拡大が早かった等のため、ほとんど避難できなかったと思われるもの。	＜逃げる暇がなかった理由＞ ガス爆発のため	21	
		危険物燃焼のため	22	
		そ　の　他	23	
	D　逃げれば逃げられたが、逃げる機会を失ったと思われるもの。	＜逃げる機会を失った理由＞ 狼狽して	24	
		持出品・服装に気を取られ	25	
		火災をふれまわっているうちに	26	
		消火しようとしていて	27	
		人を救助しようとしていて	28	
		そ　の　他	29	
	E　避難行動を起こしているが、逃げ切れなかったと思われるもの。（一応自力避難したが、避難中火傷、ガス吸引し病院等で死亡した場合を含む）	＜逃げ切れなかった理由＞ 身体不自由のため	31	
		延焼拡大が早く	32	
		逃げ道を間違えて	33	
		出入口施錠のため	34	
		そ　の　他	35	
	F　一旦屋外避難後、再進入したと思われるもの。 G　出火時屋外にいて、出火後進入したと思われるもの。	＜進入した理由＞ 救助・物品搬出のため	36	出火後再進入
		消火のため	37	
		そ　の　他	38	
	H　着衣着火し、火傷（熱傷）あるいはガス中毒により死亡したと思われるもの。	＜着衣着火時の状況＞ 喫　煙　中	39	着衣着火
		炊　事　中	41	
		採暖中（除くたき火）	42	
		たき火中	43	

		火遊び中		44	
		その他の火気取扱中		45	
		そ　の　他		46	
殺人・自損	I	放火自殺（心中道づれを含む）		47	放火自殺
	J	放火自殺者の巻添者（心中の道づれを除く）		48	放火自殺者の巻添等
	K	放火殺人の犠牲者		49	
その他	L	A～K以外の経過等		51	その他
	M	不　　　明		99	
	N	調　査　中		99	

5　CSV形式

1　火災報告CSV形式

　　火災報告一括登録でアップロード又はダウンロードするファイルのフォーマットは以下の通りです。

　　　注）　アップロードの際OKエラー対応のシステム化が難しい団体におきましては、OKエラーを「3」としてセットして下さい。

1)　ファイル形式：CSV形式

　　下記の順にデータを並べるものです。項目と項目の区切り記号は、カンマ「,」です。また、該当する項目が空（NULL）の場合は、CSVファイル上も空になります（注：よって、カンマが連続して並ぶ形になる）。

　　データの値は原則として、半角数字のみです（小数点以下はなし）。但し、例外として、年月日、および、時分に関する項目は下記のフォーマットです。

　　年月日：YYYY/MM/DD

　　　YYYY：西暦年　半角数字4桁（例：2005）

　　　MM：月　半角数字2桁（例：06）

　　　DD：日　半角数字2桁（例：02）

　　上記の区切り文字として半角スラッシュ「/」を使用します。

　　時分：HH:MS

　　　HH：時　半角数字2桁（例：06）

　　　MS：分　半角数字2桁（例：02）

　　上記の区切り文字として半角コロン「:」を使用します。

項目番号	項　　目　　名	様式対応番号
1	消防本部コード	

2	登録年度（YYYY）	
3	火災番号　#登録時は本部固有火災番号	
4	出火場所都道府県市区町村コード	01表（1）
5	火災種別	01表（2）
6	第2表の「各火災種別毎の損害額」のうち、最大の火災種別と第1表の「火災種別」が違う場合 　（1：違う場合　3：正常な（一致する）場合／突合番号001に対応）	OKエラー01 （突合番号001に対応）
7	爆発	01表（3）
8	出火時刻：年月日（YYYY/MM/DD） 但し、下記の条件の時は、下記の記述に従う。 出火時刻不明が「日時分不明：1」の時、年月日（YYYY/MM/01） 出火時刻不明が「未設定：4」の時 日時分不明を設定する時は、年月日（YYYY/MM/99）	01表（4～6）
9	出火時刻：時分（HH:MS） 但し、下記の条件の時は、下記の記述に従う。 出火時刻不明が「日時分不明：1」の時、時分（00:00） 出火時刻不明が「時分不明：2」の時、時分（00:00） 出火時刻不明が「分不明：3」の時、時分（HH:00） 出火時刻不明が「未設定：4」の時 日時分不明を設定する時は、時分（99:99） 時分不明を設定する時は、時分（99:99） 分不明を設定する時は、時分（HH:99）	01表（7、8）
10	出火時刻不明 　（不明なし：0　日時分不明：1　時分不明：2　分不明：3　未設定：4）	出火時刻不明OKエラー （突合番号029に対応）
11	覚知時刻（入電）：年月日（YYYY/MM/DD）	01表（9、10）
12	覚知時刻（入電）：時分（HH:MS）	01表（11、12）
13	覚知時刻（指令）：年月日（YYYY/MM/DD）	01表（13、14）
14	覚知時刻（指令）：時分（HH:MS）	01表（15、16）
15	放水開始時刻：常備消防隊：年月日（YYYY/MM/DD）	01表（17、18）
16	放水開始時刻：常備消防隊：時分（HH:MS）	01表（19、20）
17	放水開始時刻：消防団：年月日（YYYY/MM/DD）	01表（21、22）
18	放水開始時刻：消防団：時分（HH:MS）	01表（23、24）
19	火勢鎮圧時刻：年月日（YYYY/MM/DD）	01表（25、26）
20	火勢鎮圧時刻：時分（HH:MS）	01表（27、28）
21	空（NULL）	予備
22	鎮火時刻：年月日（YYYY/MM/DD） 但し、下記の条件の時は、下記の記述に従う。 鎮火時刻不明が「日時分不明：1」の時、年月日（YYYY/MM/01） 鎮火時刻不明が「未設定：4」の時	01表（29、30）

	日時分不明を設定する時は、年月日（YYYY/MM/99）	
23	鎮火時刻：時分（HH:MS） 但し、下記の条件の時は、下記の記述に従う。 鎮火時刻不明が「日時分不明：1」の時、時分（00:00） 鎮火時刻不明が「時分不明：2」の時、時分（00:00） 鎮火時刻不明が「分不明：3」の時、時分（HH:00） 鎮火時刻不明が「未設定：4」の時 日時分不明を設定する時は、時分（99:99） 時分不明を設定する時は、時分（99:99） 分不明を設定する時は、時分（HH:99）	01表（31、32）
24	鎮火時刻不明 　（不明なし：0　日時分不明：1　時分不明：2　分不明：3　未設定：4）	鎮火時刻不明OKエラー （突合番号070に対応）
25	覚知方法	01表（33）
26	初期消火器具	01表（34）
27	放水したポンプ台数：常備消防隊	01表（35）
28	放水したポンプ台数：消防団	01表（36）
29	主として使用した水利：常備消防隊	01表（37）
30	主として使用した水利：消防団	01表（38）
31	出動延人員：消防吏員	01表（39）
32	出動延人員：消防団員	01表（40）
33	常備・非常備	01表（41）
34	最寄り消防機関からの距離（100m）	01表（42）
35	用途地域	01表（43）
36	防火地域	01表（44）
37	特別防災区域	01表（45）
38	市街地等	01表（46）
39	少量危険物等	01表（47）
40	火元：業態	01表（48）
41	火元：用途	01表（49）
42	社会通念上妥当 　（1：突合番号087でエラーとなるが、社会通念上妥当である場合　3：正常な場合）	OKエラー04 （突合番号087に対応）
43	火元：防火対象物等の区分	01表（50）
44	出火箇所	01表（51）
45	出火原因：発火源	01表（52）
46	出火原因：経過	01表（53）
47	出火原因：着火物	01表（54）
48	気象状況：天気	01表（55）

49	気象状況：風向	01表（56）
50	気象状況：風速（M/sec）	01表（57）
51	風速が四捨五入により0となる （1：風速が四捨五入により0となる場合　3：正常な場合）	OKエラー07 （突合番号102に対応）
52	気象状況：気温：零度以上	01表（58）
53	気象状況：気温：零度以下	01表（59）
54	気象状況：相対湿度（％）	01表（60）
55	気象状況：積雪（cm）	01表（61）
56	火災警報	01表（62）
57	火元建物のり災前の状況：工事の状況	01表（63）
58	火元建物のり災前の状況：構造	01表（64）
59	火元建物のり災前の状況：階数：地上	01表（65）
60	火元建物のり災前の状況：階数：地下	01表（66）
61	火元建物のり災前の状況：建築面積（m²）	01表（67）
62	火元建物のり災前の状況：延面積（m²）	01表（68）
63	屋根、ひさし等による不突合 （1：屋根、ひさし等による不突合となる場合　3：正常な場合）	OKエラー02 （突合番号009に対応）
64	屋根、ひさし等による不突合 （1：屋根、ひさし等による不突合となる場合　3：正常な場合）	OKエラー08 （突合番号116に対応）
65	火元建物のり災前の状況：防火管理者	01表（69）
66	火元建物のり災前の状況：消防計画	01表（70）
67	火元建物のり災前の状況：避難誘導	01表（71）
68	火元建物のり災前の状況：消火訓練	01表（72）
69	火元建物のり災前の状況：統括防火管理	01表（73）
70	火元建物のり災前の状況：防火対象物定期点検報告対象物	01表（74）
71	火元建物のり災前の状況：防炎物品	01表（75）
72	火元建物のり災前の状況：消防用設備等の設置状況・住宅防火対策： ・消火器具 ・住宅用消火器	01表（76）
73	火元建物のり災前の状況：消防用設備等の設置状況・住宅防火対策： ・屋内消火栓	01表（77）
74	火元建物のり災前の状況：消防用設備等の設置状況・住宅防火対策： ・スプリンクラー ・住宅用スプリンクラー	01表（78）
75	火元建物のり災前の状況：消防用設備等の設置状況・住宅防火対策： ・水噴霧等 ・簡易消火用具	01表（79）
76	火元建物のり災前の状況：消防用設備等の設置状況・住宅防火対策：	01表（80）

	・屋外消火栓 ・住宅用自動消火	
77	火元建物のり災前の状況：消防用設備等の設置状況・住宅防火対策： ・動力消防ポンプ ・住宅用火災警報器等	01表（81）
78	火元建物のり災前の状況：消防用設備等の設置状況・住宅防火対策： ・自動火災報知機 ・住宅用自火報	01表（82）
79	火元建物のり災前の状況：消防用設備等の設置状況・住宅防火対策： ・漏電火災警報機	01表（83）
80	火元建物のり災前の状況：消防用設備等の設置状況・住宅防火対策： ・非常警報設備	01表（84）
81	火元建物のり災前の状況：消防用設備等の設置状況・住宅防火対策： ・避難器具	01表（85）
82	火元建物のり災前の状況：消防用設備等の設置状況・住宅防火対策： ・誘導灯	01表（86）
83	火元建物のり災前の状況：消防用設備等の設置状況・住宅防火対策： ・消防用水	01表（87）
84	火元建物のり災前の状況：消防用設備等の設置状況・住宅防火対策： ・連結送水管	01表（88）
85	火元建物のり災前の状況：消防用設備等の設置状況・住宅防火対策： ・排煙設備 ・寝具類	01表（89）
86	火元建物のり災前の状況：消防用設備等の設置状況・住宅防火対策： ・連結散水設備 ・衣服類	01表（90）
87	火元建物のり災前の状況：消防用設備等の設置状況・住宅防火対策： ・非常コンセント ・カーテン	01表（91）
88	火元建物のり災前の状況：消防用設備等の設置状況・住宅防火対策： ・無線通信補助 ・じゅうたん	01表（92）
89	出火階数：地上	02表（1）
90	出火階数：地下	02表（2）
91	火元建物の損害状況：焼損程度	02表（3）
92	火元建物の損害状況：焼損床面積（m²）	02表（4）
93	火元建物の損害状況：焼損表面積（m²）	02表（5）
94	延焼による焼損棟数・区画：合計	02表（6）
95	延焼による焼損棟数・区画：全焼	02表（7）

96	延焼による焼損棟数・区画：半焼	02表（8）
97	延焼による焼損棟数・区画：部分焼	02表（9）
98	延焼による焼損棟数・区画：ぼや	02表（10）
99	延焼による焼損棟数・区画：区画	02表（11）
100	り災世帯数：合計	02表（12）
101	り災世帯数：全損	02表（13）
102	り災世帯数：半損	02表（14）
103	り災世帯数：少損	02表（15）
104	り災人員	02表（16）
105	死者数（人）：48時間：合計	02表（17）
106	死者数（人）：48時間：消防吏員	02表（18）
107	死者数（人）：48時間：消防団員	02表（19）
108	死者数（人）：48時間：応急消火義務者	02表（20）
109	死者数（人）：48時間：消防協力者	02表（21）
110	死者数（人）：48時間：その他の者	02表（22）
111	負傷者数（人）：合計	02表（23）
112	負傷者数（人）：合計：30日死者	02表（24）
113	負傷者数（人）：消防吏員	02表（25）
114	負傷者数（人）：消防吏員：30日死者	02表（26）
115	負傷者数（人）：消防団員	02表（27）
116	負傷者数（人）：消防団員：30日死者	02表（28）
117	負傷者数（人）：応急消火義務者	02表（29）
118	負傷者数（人）：応急消火義務者：30日死者	02表（30）
119	負傷者数（人）：消防協力者	02表（31）
120	負傷者数（人）：消防協力者：30日死者	02表（32）
121	負傷者数（人）：その他の者：自損	02表（33）
122	負傷者数（人）：その他の者：自損：30日死者	02表（34）
123	負傷者数（人）：その他の者：その他	02表（35）
124	負傷者数（人）：その他の者：その他：30日死者	02表（36）
125	損害額合計（千円）	02表（37）
126	建物の損害状況：建物損害額（千円）	02表（38）
127	建物の損害状況：収容物損害額（千円）	02表（39）
128	建物の損害状況：焼損床面積（m²）	02表（40）
129	建物の損害状況：焼損表面積（m²）	02表（41）
130	林野の損害状況：損害額（千円）	02表（42）
131	林野の損害状況：焼損面積（a）	02表（43）
132	車両の損害状況：損害額（千円）	02表（44）

133	車両の損害状況：焼損数	02表（45）
134	船舶の損害状況：損害額（千円）	02表（46）
135	船舶の損害状況：焼損数	02表（47）
136	航空機の損害状況：損害額（千円）	02表（48）
137	航空機の損害状況：焼損数	02表（49）
138	その他の損害状況：損害額（千円）	02表（50）
139	爆発の損害状況：損害額（千円）	02表（51）
140	爆発の損害状況：損害棟数	02表（52）
141	爆発の損害状況：車両等数	02表（53）
142	延焼区分	02表（54）
143	出火・都道府県市区町村コード	02表（55）
144	延焼・都道府県市区町村コード	02表（56）
145	火災番号	02表（57）
146	延焼・都道府県市区町村コード	02表（58）
147	火災番号	02表（59）
148	延焼・都道府県市区町村コード	02表（60）
149	火災番号	02表（61）
150	負傷者の区分：消防吏員	03表（1）
151	負傷者の区分：消防団員	03表（2）
152	負傷者の区分：応急消火義務者	03表（3）
153	負傷者の区分：消防協力者	03表（4）
154	負傷者の区分：その他の者：自損	03表（5）
155	負傷者の区分：その他の者：その他	03表（6）
156	負傷者の区分：計	03表（7）
157	負傷者の区分：消防吏員	03表（1）
158	負傷者の区分：消防団員	03表（2）
159	負傷者の区分：応急消火義務者	03表（3）
160	負傷者の区分：消防協力者	03表（4）
161	負傷者の区分：その他の者：自損	03表（5）
162	負傷者の区分：その他の者：その他	03表（6）
163	負傷者の区分：計	03表（7）
164	負傷者の区分：消防吏員	03表（1）
165	負傷者の区分：消防団員	03表（2）
166	負傷者の区分：応急消火義務者	03表（3）
167	負傷者の区分：消防協力者	03表（4）
168	負傷者の区分：その他の者：自損	03表（5）
169	負傷者の区分：その他の者：その他	03表（6）

170	負傷者の区分：計	03表（7）
171	負傷者の避難方法：自力避難：施設	04表（1）
172	負傷者の避難方法：自力避難：器具	04表（2）
173	負傷者の避難方法：自力避難：その他	04表（3）
174	負傷者の避難方法：消防隊による救助	04表（4）
175	負傷者の避難方法：避難の必要なし	04表（5）
176	負傷者の避難方法：その他	04表（6）
177	負傷者の避難方法：計	04表（7）
178	負傷者の避難方法：自力避難：施設	04表（1）
179	負傷者の避難方法：自力避難：器具	04表（2）
180	負傷者の避難方法：自力避難：その他	04表（3）
181	負傷者の避難方法：消防隊による救助	04表（4）
182	負傷者の避難方法：避難の必要なし	04表（5）
183	負傷者の避難方法：その他	04表（6）
184	負傷者の避難方法：計	04表（7）
185	負傷者の避難方法：自力避難：施設	04表（1）
186	負傷者の避難方法：自力避難：器具	04表（2）
187	負傷者の避難方法：自力避難：その他	04表（3）
188	負傷者の避難方法：消防隊による救助	04表（4）
189	負傷者の避難方法：避難の必要なし	04表（5）
190	負傷者の避難方法：その他	04表（6）
191	負傷者の避難方法：計	04表（7）
192	負傷者の性別年齢区分：0〜5	05表（1）
193	負傷者の性別年齢区分：6〜10	05表（2）
194	負傷者の性別年齢区分：11〜15	05表（3）
195	負傷者の性別年齢区分：16〜20	05表（4）
196	負傷者の性別年齢区分：21〜25	05表（5）
197	負傷者の性別年齢区分：26〜30	05表（6）
198	負傷者の性別年齢区分：31〜35	05表（7）
199	負傷者の性別年齢区分：36〜40	05表（8）
200	負傷者の性別年齢区分：41〜45	05表（9）
201	負傷者の性別年齢区分：46〜50	05表（10）
202	負傷者の性別年齢区分：51〜55	05表（11）
203	負傷者の性別年齢区分：56〜60	05表（12）
204	負傷者の性別年齢区分：61〜64	05表（13）
205	負傷者の性別年齢区分：65〜70	05表（14）
206	負傷者の性別年齢区分：71〜75	05表（15）

207	負傷者の性別年齢区分：76～80	05表（16）
208	負傷者の性別年齢区分：81～	05表（17）
209	負傷者の性別年齢区分：計	05表（18）
210	負傷者の性別年齢区分：0～5	05表（1）
211	負傷者の性別年齢区分：6～10	05表（2）
212	負傷者の性別年齢区分：11～15	05表（3）
213	負傷者の性別年齢区分：16～20	05表（4）
214	負傷者の性別年齢区分：21～25	05表（5）
215	負傷者の性別年齢区分：26～30	05表（6）
216	負傷者の性別年齢区分：31～35	05表（7）
217	負傷者の性別年齢区分：36～40	05表（8）
218	負傷者の性別年齢区分：41～45	05表（9）
219	負傷者の性別年齢区分：46～50	05表（10）
220	負傷者の性別年齢区分：51～55	05表（11）
221	負傷者の性別年齢区分：56～60	05表（12）
222	負傷者の性別年齢区分：61～64	05表（13）
223	負傷者の性別年齢区分：65～70	05表（14）
224	負傷者の性別年齢区分：71～75	05表（15）
225	負傷者の性別年齢区分：76～80	05表（16）
226	負傷者の性別年齢区分：81～	05表（17）
227	負傷者の性別年齢区分：計	05表（18）
228	負傷者の受傷原因：0歳～5歳：消火中	06表（1）
229	負傷者の受傷原因：0歳～5歳：避難中	06表（2）
230	負傷者の受傷原因：0歳～5歳：就寝中	06表（3）
231	負傷者の受傷原因：0歳～5歳：作業中	06表（4）
232	負傷者の受傷原因：0歳～5歳：その他	06表（5）
233	負傷者の受傷原因：6歳～64歳：消火中	06表（6）
234	負傷者の受傷原因：6歳～64歳：避難中	06表（7）
235	負傷者の受傷原因：6歳～64歳：就寝中	06表（8）
236	負傷者の受傷原因：6歳～64歳：作業中	06表（9）
237	負傷者の受傷原因：6歳～64歳：その他	06表（10）
238	負傷者の受傷原因：65歳～：消火中	06表（11）
239	負傷者の受傷原因：65歳～：避難中	06表（12）
240	負傷者の受傷原因：65歳～：就寝中	06表（13）
241	負傷者の受傷原因：65歳～：作業中	06表（14）
242	負傷者の受傷原因：65歳～：その他	06表（15）
243	負傷者の受傷原因：計	06表（16）

244	負傷者の受傷原因：0歳〜5歳：消火中	06表（1）
245	負傷者の受傷原因：0歳〜5歳：避難中	06表（2）
246	負傷者の受傷原因：0歳〜5歳：就寝中	06表（3）
247	負傷者の受傷原因：0歳〜5歳：作業中	06表（4）
248	負傷者の受傷原因：0歳〜5歳：その他	06表（5）
249	負傷者の受傷原因：6歳〜64歳：消火中	06表（6）
250	負傷者の受傷原因：6歳〜64歳：避難中	06表（7）
251	負傷者の受傷原因：6歳〜64歳：就寝中	06表（8）
252	負傷者の受傷原因：6歳〜64歳：作業中	06表（9）
253	負傷者の受傷原因：6歳〜64歳：その他	06表（10）
254	負傷者の受傷原因：65歳〜：消火中	06表（11）
255	負傷者の受傷原因：65歳〜：避難中	06表（12）
256	負傷者の受傷原因：65歳〜：就寝中	06表（13）
257	負傷者の受傷原因：65歳〜：作業中	06表（14）
258	負傷者の受傷原因：65歳〜：その他	06表（15）
259	負傷者の受傷原因：計	06表（16）
260	負傷者の受傷原因：0歳〜5歳：消火中	06表（1）
261	負傷者の受傷原因：0歳〜5歳：避難中	06表（2）
262	負傷者の受傷原因：0歳〜5歳：就寝中	06表（3）
263	負傷者の受傷原因：0歳〜5歳：作業中	06表（4）
264	負傷者の受傷原因：0歳〜5歳：その他	06表（5）
265	負傷者の受傷原因：6歳〜64歳：消火中	06表（6）
266	負傷者の受傷原因：6歳〜64歳：避難中	06表（7）
267	負傷者の受傷原因：6歳〜64歳：就寝中	06表（8）
268	負傷者の受傷原因：6歳〜64歳：作業中	06表（9）
269	負傷者の受傷原因：6歳〜64歳：その他	06表（10）
270	負傷者の受傷原因：65歳〜：消火中	06表（11）
271	負傷者の受傷原因：65歳〜：避難中	06表（12）
272	負傷者の受傷原因：65歳〜：就寝中	06表（13）
273	負傷者の受傷原因：65歳〜：作業中	06表（14）
274	負傷者の受傷原因：65歳〜：その他	06表（15）
275	負傷者の受傷原因：計	06表（16）
276	負傷者の受傷原因：0歳〜5歳：消火中	06表（1）
277	負傷者の受傷原因：0歳〜5歳：避難中	06表（2）
278	負傷者の受傷原因：0歳〜5歳：就寝中	06表（3）
279	負傷者の受傷原因：0歳〜5歳：作業中	06表（4）
280	負傷者の受傷原因：0歳〜5歳：その他	06表（5）

281	負傷者の受傷原因：6歳〜64歳：消火中	06表（6）
282	負傷者の受傷原因：6歳〜64歳：避難中	06表（7）
283	負傷者の受傷原因：6歳〜64歳：就寝中	06表（8）
284	負傷者の受傷原因：6歳〜64歳：作業中	06表（9）
285	負傷者の受傷原因：6歳〜64歳：その他	06表（10）
286	負傷者の受傷原因：65歳〜：消火中	06表（11）
287	負傷者の受傷原因：65歳〜：避難中	06表（12）
288	負傷者の受傷原因：65歳〜：就寝中	06表（13）
289	負傷者の受傷原因：65歳〜：作業中	06表（14）
290	負傷者の受傷原因：65歳〜：その他	06表（15）
291	負傷者の受傷原因：計	06表（16）
292	負傷者の受傷原因：0歳〜5歳：消火中	06表（1）
293	負傷者の受傷原因：0歳〜5歳：避難中	06表（2）
294	負傷者の受傷原因：0歳〜5歳：就寝中	06表（3）
295	負傷者の受傷原因：0歳〜5歳：作業中	06表（4）
296	負傷者の受傷原因：0歳〜5歳：その他	06表（5）
297	負傷者の受傷原因：6歳〜64歳：消火中	06表（6）
298	負傷者の受傷原因：6歳〜64歳：避難中	06表（7）
299	負傷者の受傷原因：6歳〜64歳：就寝中	06表（8）
300	負傷者の受傷原因：6歳〜64歳：作業中	06表（9）
301	負傷者の受傷原因：6歳〜64歳：その他	06表（10）
302	負傷者の受傷原因：65歳〜：消火中	06表（11）
303	負傷者の受傷原因：65歳〜：避難中	06表（12）
304	負傷者の受傷原因：65歳〜：就寝中	06表（13）
305	負傷者の受傷原因：65歳〜：作業中	06表（14）
306	負傷者の受傷原因：65歳〜：その他	06表（15）
307	負傷者の受傷原因：計	06表（16）
308	負傷者の受傷原因：0歳〜5歳：消火中	06表（1）
309	負傷者の受傷原因：0歳〜5歳：避難中	06表（2）
310	負傷者の受傷原因：0歳〜5歳：就寝中	06表（3）
311	負傷者の受傷原因：0歳〜5歳：作業中	06表（4）
312	負傷者の受傷原因：0歳〜5歳：その他	06表（5）
313	負傷者の受傷原因：6歳〜64歳：消火中	06表（6）
314	負傷者の受傷原因：6歳〜64歳：避難中	06表（7）
315	負傷者の受傷原因：6歳〜64歳：就寝中	06表（8）
316	負傷者の受傷原因：6歳〜64歳：作業中	06表（9）
317	負傷者の受傷原因：6歳〜64歳：その他	06表（10）

318	負傷者の受傷原因：65歳～：消火中	06表（11）
319	負傷者の受傷原因：65歳～：避難中	06表（12）
320	負傷者の受傷原因：65歳～：就寝中	06表（13）
321	負傷者の受傷原因：65歳～：作業中	06表（14）
322	負傷者の受傷原因：65歳～：その他	06表（15）
323	負傷者の受傷原因：計	06表（16）

2　死者の調査表CSVフォーマット

死者の調査表一括登録でアップロードするファイルフォーマットは以下の通りです。

1)　ファイル形式：CSV形式

　下記の順にデータを並べるものです。項目と項目の区切り記号は、カンマ「,」です。また、該当する項目が空（NULL）の場合は、CSVファイル上も空にします（注：よって、カンマが連続して並ぶ形になります）。

　データの値は原則として、半角数字のみです（少数点以下はなし）。但し、例外として、年月日、および、時分に関する項目は下記のフォーマットです。

　年月日：YYYY/MM/DD

　　YYYY：西暦年　半角数字4桁（例：2005）

　　MM：月　半角数字2桁（例：06）

　　DD：日　半角数字2桁（例：02）

　　上記の区切り文字として半角スラッシュ「/」を使用します。

　時分：HH:MS

　　HH：時　半角数字2桁（例：06）

　　MS：分　半角数字2桁（例：02）

　　上記の区切り文字として半角コロン「:」を使用します。

項目番号	項　目　名	様式対応番号
1	消防本部コード	
2	登録年度（YYYY）	
3	死者番号　#登録時は本部固有死者番号	
4	出火場所都道府県市区町村コード	07表（1）
5	火災種別	07表（2）
6	爆発	07表（3）
7	火災報告の火災番号　#登録時は本部固有火災番号	07表（4）
8	調査表枚数：枚	07表（5）
9	調査表枚数：枚のうち	07表（6）
10	死者の区分	07表（7）

11	死者の発生した火災の種別	07表（8）
12	出火者	07表（9）
13	出火原因が天災の場合 （1：出火原因が天災の場合　3：出火原因が天災でない場合）	死者OKエラー01 （突合番号209に対応）
14	死者の発生した建物等：火元・類焼	07表（10）
15	死者の発生した建物等：り災前の状況：業態	07表（11）
16	死者の発生した建物等：り災前の状況：用途	07表（12）
17	死者の発生した建物等：り災前の状況：防火対象物等の区分	07表（13）
18	死者の発生した建物等：り災前の状況：構造	07表（14）
19	死者の発生した建物等：り災前の状況：階数（階）：地上	07表（15）
20	死者の発生した建物等：り災前の状況：階数（階）：地下	07表（16）
21	死者の発生した建物等：り災前の状況：建築面積（m²）	07表（17）
22	死者の発生した建物等：り災前の状況：延べ面積（m²）	07表（18）
23	屋根、ひさし等による不突合 （1：不突合である場合　3：正常な場合）	死者OKエラー02 （突合番号220に対応）
24	死者の発生した建物等：建物の損害状況：焼損程度	07表（19）
25	死者の発生した建物等：建物の損害状況：建物焼損床面積（m²）	07表（20）
26	死者の発生した建物等：建物の損害状況：建物焼損表面積（m²）	07表（21）
27	死者の発生した建物等：防火管理	07表（22）
28	死者の発生した建物等：消防計画	07表（23）
29	死者の発生した建物等：避難誘導	07表（24）
30	死者の発生した建物等：消火訓練	07表（25）
31	死者の発生した建物等：統括防火管理	07表（26）
32	死者の発生した建物等：防火対象物定期点検報告対象物	07表（27）
33	死者の発生した建物等：防炎物品	07表（28）
34	死者の発生した建物等：消防設備：消火器具	07表（29）
35	死者の発生した建物等：消防設備：屋内消火栓設備	07表（30）
36	死者の発生した建物等：消防設備：スプリンクラー	07表（31）
37	死者の発生した建物等：消防設備：水噴霧等	07表（32）
38	死者の発生した建物等：消防設備：屋外消火栓設備	07表（33）
39	死者の発生した建物等：消防設備：動力消防ポンプ	07表（34）
40	死者の発生した建物等：消防設備：自動火災報知設備	07表（35）
41	死者の発生した建物等：消防設備：漏電火災警報器	07表（36）
42	死者の発生した建物等：消防設備：非常警報設備等	07表（37）
43	死者の発生した建物等：消防設備：避難器具	07表（38）
44	死者の発生した建物等：消防設備：誘導灯	07表（39）
45	死者の発生した建物等：消防設備：消防用水	07表（40）

46	死者の発生した建物等：消防設備：排煙設備	07表 (41)
47	死者の発生した建物等：消防設備：連結送水管	07表 (42)
48	死者の発生した建物等：消防設備：連結散水設備	07表 (43)
49	死者の発生した建物等：消防設備：非常コンセント	07表 (44)
50	死者の発生した建物等：消防設備：無線通信補助	07表 (45)
51	死者の年齢	07表 (46)
52	死者の性別	07表 (47)
53	死者の職業	07表 (48)
54	作業中の死亡	07表 (49)
55	火気取扱中	07表 (50)
56	死因	07表 (51)
57	起床	07表 (52)
58	飲酒	07表 (53)
59	傷病	07表 (54)
60	寝たきり	07表 (55)
61	身体不自由者	07表 (56)
62	死者の発生した経過	07表 (57)
63	火元建物等：出火階数（階）：地上	07表 (58)
64	火元建物等：出火階数（階）：地下	07表 (59)
65	火元建物等：出火箇所	07表 (60)
66	出火時死者のいた場所：屋内外の別	07表 (61)
67	出火時死者のいた階数が不明 （1：屋内外の別＝ {1,2} の時、階数が不明な場合　3：その他の場合）	死者OKエラー03 （突合番号255に対応）
68	出火時死者のいた場所：建物内：階数（階）：地上	07表 (62)
69	出火時死者のいた場所：建物内：階数（階）：地下	07表 (63)
70	出火時死者のいた場所：建物内：階数（階）：同別	07表 (64)
71	出火時死者のいた場所：箇所室等	07表 (65)
72	出火時死者のいた場所：箇所室等：同別	07表 (66)
73	死者の発生した場所：建物内：階数（階）：地上	07表 (67)
74	死者の発生した場所：建物内：階数（階）：地下	07表 (68)
75	死者の発生した場所：建物内：階数（階）：同別	07表 (69)
76	死者の発生した場所：箇所室等	07表 (70)
77	死者の発生した場所：箇所室等：同別	07表 (71)
78	出火時死者のいた建物等と同一の建物等にいた者の数：建物内：同棟（共同住宅の場合は同住戸）	07表 (72)
79	出火時死者のいた建物等と同一の建物等にいた者の数：建物内：同室等	07表 (73)
80	出火時死者のいた建物等と同一の建物等にいた者の数：建物内：死者一人	07表 (74)

81	出火時死者のいた建物等と同一の建物等にいた者の数：建物内：自宅一人	07表（75）
82	出火時死者のいた建物等と同一の建物等にいた者の数：建物内：施錠	07表（76）
83	出火時死者のいた建物等と同一の建物等にいた者の数：車両船舶航空機	07表（77）
84	同一建物等内での死傷者数：死者：男（人）	07表（78）
85	同一建物等内での死傷者数：死者：女（人）	07表（79）
86	同一建物等内での死傷者数：死者：合計（人）	07表（80）
87	同一建物等内での死傷者数：負傷者：男（人）	07表（81）
88	同一建物等内での死傷者数：負傷者：女（人）	07表（82）
89	同一建物等内での死傷者数：負傷者：合計（人）	07表（83）
90	出火時死者と一緒にいた者の年齢別：0〜5歳（人）	07表（84）
91	出火時死者と一緒にいた者の年齢別：6〜10歳（人）	07表（85）
92	出火時死者と一緒にいた者の年齢別：11〜20歳（人）	07表（86）
93	出火時死者と一緒にいた者の年齢別：21〜30歳（人）	07表（87）
94	出火時死者と一緒にいた者の年齢別：31〜40歳（人）	07表（88）
95	出火時死者と一緒にいた者の年齢別：41〜50歳（人）	07表（89）
96	出火時死者と一緒にいた者の年齢別：51〜60歳（人）	07表（90）
97	出火時死者と一緒にいた者の年齢別：61〜64歳（人）	07表（91）
98	出火時死者と一緒にいた者の年齢別：65歳〜（人）	07表（92）
99	出火時死者と一緒にいた者の年齢別：合計（人）	07表（93）

6 震災時における火災件数等の取扱いの解説

1 「(1)アについて」

(1)　同一の消防対象物において、出火点が複数ある場合は、通常複数の火災となる。

　　しかし、震災時に同一の震災に起因する火災は1件の火災とする。

　　例えば、同一の消防対象物（防火対象物）で、台所と寝室からそれぞれ出火した場合は、通常複数の火災となるが、震災時に同一の震災に起因して台所と寝室からそれぞれ出火した場合は、1件の火災とする。

　　また、震災時に同一の消防対象物で、出火点が2箇所以上あっても、原因が同一の震災に基づく火災であるものについては、同一の消防対象物である限り、1つの出火点とみなす。この場合の出火点は、焼損程度の大なる方による。

　　また、焼損程度の大なる方が不明である場合は、発見状況、出火時分の早い方（推定）、その他の諸条件を勘案して出火点を決める。

(2)　複数の消防対象物において、複数の箇所から出火した場合、出火点のある消防対象物の数が火災件数となる。以下の例示に従い、判断することとする。

　　・2つの建物のそれぞれ複数箇所から火災が発生し、火災が合流した。この場合、2
　　　件の火災とする。
　　・1つの建物の複数箇所から火災が発生し、隣の建物に延焼した。この場合、1件の
　　　火災とする。
　(3)　震災時に広範囲にわたり焼損した火災において、出火点が単独なのか複数なのかが
　　不明な場合は1件の火災とする。
　　　例えば、津波火災が発生し、出火箇所が不明である場合は、1件の火災とする。
　　　火災の件数の計上については、焼けの方向性及び関係者等からの情報などから総合
　　的に検討し、判明した出火点の数で決定する。
2　「(1)イについて」
　　　震災時に火の着いた消防対象物が津波等により移動し、さらに火災が発生した場合は、
　同一の火災、すなわち延焼火災とする。
　　　例えば、1つの建物から火災が発生し、津波によりその建物が流され、他の消防対象
　物に延焼した場合は、1件の火災とする。
　　　なお、津波等とは、地震による地滑り、崖崩れ等を含む。
3　「(2)について」
　　　通常、複数の火災が合流した場合の焼損範囲については、焼損程度、発見状況、出火
　時分の早い方（推定）、その他の諸条件を勘案して、明確に区分する。
　　　しかし、震災時は個々の火災の焼損範囲が明確に区分できないことが多くあり、その
　場合は、街区又は道路等により区分けを行うこととする。
4　「(3)アについて」
　　　火災種別については、焼損した物により火災の種別を区分したものである。
　　　しかし、震災時においては建物が倒壊することが多くあり、建物が焼損したのか、既
　に倒壊し建物でなかった物が焼損したのかを判断することが極めて困難である場合が多
　い。
　　　そのため、以下の例示に従い、判断することとする。
　　・出火時、地震により建物が倒壊し、建物としての機能がなくなった。その後、出
　　　火したものは建物火災とする。
　　・出火点を見分すると、建物が焼損により倒壊したものか、地震により倒壊したも
　　　のか判明しない。この場合は、建物火災とする。
　　　また、車両においても地震により損壊し、既に車両としての機能を有していないもの
　から出火した場合、車両火災とする。
5　「(3)イについて」
　　　津波等により移動した消防対象物の火災は、火災発生前の消防対象物の状況、延焼状

況等把握することが、極めて困難であるため、「その他の火災」として計上する。

　なお、その他の火災の場合、通常の火災報告取扱要領では、焼損面積を報告する項目がない。このため津波火災については、当該火災の焼損範囲を把握するために、焼け跡及び関係者の情報などから判断し焼損範囲の面積を別途報告することとする。

6　「(4)アについて」

　火災による死者及び負傷者は、火災に直接起因して死亡したもの又は負傷したものを計上する。

　しかし、震災時の焼死体については、建物の倒壊や収容物の転倒等により圧死したものか、又は火災に直接起因して死亡したものかを判断することは困難である。このため、火災現場から発見され死因が判明しない焼死体については、火災による死者として取り扱う。

　また通常の火災では、火災現場において消防隊が焼死体を発見する場合、消火活動中又は鎮火後48時間以内に発見することが大半である。この場合、火災により負傷した後48時間以内に死亡したものは死者として取り扱い、火災により負傷した後48時間を経過して30日以内に死亡したものは、30日死者として取り扱う。

　しかし、震災時は火災現場が広範囲にわたることから、鎮火後48時間以内に火災現場の全てを検索することは困難となる。このため、鎮火後48時間以降に発見された焼死体については、鎮火時既に死亡していたものか、火災により負傷した後48時間以内に死亡したものか又は火災により負傷した後48時間を経過して死亡したものかを判断することが極めて困難であるため、死亡時刻が判明しないものについては、死者の区分を死者として取り扱うこととする。

7　「(4)イについて」

　津波火災による死者については、直接火災により死亡したものか津波により死亡したものか判明しない場合は、津波による被害と火災による被害との時間的関係を考慮すると、津波の被害による受傷が早期であると考えられるため、この場合火災による死者としては計上しないこととする。

8　「津波火災について」

　津波火災とは、津波に直接起因して発生し、又は延焼拡大する火災をいう。

　津波火災とは、津波に直接起因する火災であって、以下のいずれかに当てはまるものをいう。

　　①津波が到達した海域又は津波による浸水域で発生した火災

　　②火のついた消防対象物が津波により移動することによって延焼拡大するもの

　　③津波により流出又は漏洩した危険物に着火し延焼拡大するもの

　津波火災は、津波により消防対象物が移動するという特徴がある。このため、焼損し

た消防対象物が津波発生前に存在した場所又は津波発生前の消防対象物の状況等を焼け跡から判断することは困難である。

　また通常の火災では、消防長又は消防署長は、消火活動をなすとともに火災の原因並びに火災及び消火のために受けた損害の調査に着手しなければならない（消防法第31条）。しかし、津波火災は、消防隊の現場到着が津波により遅延し、消火活動の開始が遅れる可能性が高く、火災の原因等の調査に支障をきたす。

　これらのことから、津波火災は、火災発生時の消防対象物の状況、延焼状況等を把握することが困難であり、火災調査において極めて特異な事例である。

【津波火災のイメージ図】

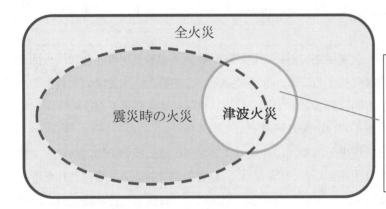

東日本大震災では、地震及び津波に起因する多数の火災が発生し、従来の火災報告取扱要領では想定されていない事案が多数浮き彫りとなった。震災時における火災報告に関する事項の統一は、火災調査業務の円滑化とより正確なデータの収集の観点から重要である。

　この震災時における火災件数等の取扱いは、あくまで震災発生時における事案を想定し作成したものである。ただし、今後起こりうる津波火災及び大規模地震に起因する火災についても、当該取扱要領を参考に報告することとする。

付　録

第　　節

○災害による被害報告について

（昭和45年 4 月10日
消防防第246号消防庁長官）

改正　昭和58年12月消防総第833号・消防災第279号・消防救第58号、昭和
　　　59年10月消防災第267号、平成 6 年12月消防災第278号、平成 8 年 4
　　　月消防災第59号、平成13年 6 月消防災第101号・消防情第91号、平
　　　成31年 4 月消防応第28号、令和 3 年 5 月消防応第29号、令和 5 年 5
　　　月消防応第55号

各都道府県知事

　災害による被害の報告については、昭和40年11月25日付自消乙総発第20号「風水害等の
被害報告について」により実施されていたが、この通達のうちこれに基づく報告形式および
び方法を別添災害報告取扱要領のとおり改正したので、今後はこの要領に従い的確かつ迅
速に被害状況の報告を願うとともに、貴管下市町村についてもこの旨ご指導願いたい。

別　添

災害報告取扱要領

第 1 　総則
　 1 　趣旨
　　　この要領は、消防組織法（昭和22年法律第226号）第40条の規定に基づき消防庁長
　　官が求める報告のうち災害に関する報告についてその形式及び方法を定めるものとす
　　る。
　　　なお、災害即報については、火災・災害等即報要領（昭和59年10月15日付消防災第
　　267号）の定めるところによるものとする。
　 2 　災害の定義
　　　「災害」とは、暴風、竜巻、豪雨、豪雪、洪水、崖崩れ、土石流、高潮、地震、津
　　波、噴火、地滑りその他の異常な自然現象又は大規模な事故のうち火災（火災報告取
　　扱要領（平成 6 年 4 月21日付消防災第100号）に定める火災をいう。）を除いたものと
　　する。
　 3 　被害状況等の報告
　　　市町村は、把握した被害状況等について必要な事項を都道府県に報告し、都道府県
　　は、市町村からの報告及び自らの情報収集等により把握した被害状況等を整理して、
　　必要な事項を消防庁長官に報告するものとする。
　　　なお、各都道府県は、被害状況の把握にあたって当該都道府県の警察本部等と密接
　　な連絡を保つものとする。

4 報告すべき災害

この要領に基づき報告すべき災害は、おおむね次のとおりとする。

(1) 災害救助法の適用基準に合致するもの

(2) 都道府県又は市町村が災害対策本部を設置したもの

(3) 災害が当初は軽微であっても、2都道府県以上にまたがるもので、一の都道府県における被害は軽微であっても、全国的に見た場合に同一災害で大きな被害を生じているもの

(4) 災害による被害に対して、国の特別の財政援助を要するもの

(5) 災害の状況及びそれが及ぼす社会的影響等からみて、報告する必要があると認められるもの

5 報告の種類、期日等

(1) 報告の種類、提出期限、様式及び提出部数は次の表のとおりとする。

報告の種類	提　出　期　限	様　式	提出部数
災害確定報告	応急対策を終了した後20日以内	第1号様式	1部
災害中間年報	12月20日	第2号様式	1部
災害年報	4月30日	第3号様式	1部

(2) 災害中間年報は、毎年1月1日から12月10日までの災害による被害の状況について、12月10日現在で明らかになったものを報告するものとする。

(3) 災害年報は、毎年1月1日から12月31日までの災害による被害の状況について、翌年4月1日現在で明らかになったものを報告するものとする。

第2 記入要領

第1号様式、第2号様式及び第3号様式の記入要領は、次に定めるところによるものとする。

1 人的被害

(1) 「死者」とは、当該災害が原因で死亡し、死体を確認したもの又は死体は確認できないが、死亡したことが確実な者とする。また、「災害関連死者」とは、当該災害による負傷の悪化又は避難生活等における身体的負担による疾病により死亡し、災害弔慰金の支給等に関する法律（昭和48年法律第82号）に基づき災害が原因で死亡したものと認められたもの（実際には災害弔慰金が支給されていないものも含めるが、当該災害が原因で所在が不明なものは除く。）とする。

(2) 「行方不明者」とは、当該災害が原因で所在不明となり、かつ、死亡の疑いのある者とする。

(3) 「重傷者」とは、当該災害により負傷し、医師の治療を受け、又は受ける必要のある者のうち1月以上の治療を要する見込みのものとする。

(4)　「軽傷者」とは、当該災害により負傷し、医師の治療を受け、又は受ける必要の
ある者のうち1月未満で治療できる見込みのものとする。

2　住家被害

(1)　「住家」とは、現実に居住のため使用している建物をいい、社会通念上の住家で
あるかどうかを問わない。

(2)　「全壊」とは、住家がその居住のための基本的機能を喪失したもの、すなわち、
住家全部が倒壊、流失、埋没したもの、又は住家の損壊（ここでいう「損壊」とは、
住家が被災により損傷、劣化、傾斜等何らかの変化を生じることにより、補修しな
ければ元の機能を復元し得ない状況に至ったものをいう。以下同じ。）が甚だしく、
補修により元通りに再使用することが困難なもので、具体的には、住家の損壊若し
くは流出した部分の床面積がその住家の延べ床面積の70％以上に達した程度のもの、
又は住家の主要な構成要素（ここでいう「主要な構成要素」とは、住家の構成要素
のうち造作等を除いたものであって、住家の一部として固定された設備を含む。以
下同じ。）の経済的被害を住家全体に占める損害割合で表し、その住家の損害割合
が50％以上に達した程度のものとする。

(3)　「半壊」とは、住家がその居住のための基本的機能の一部を喪失したもの、すな
わち、住家の損壊が甚だしいが、補修すれば元通りに再使用できる程度のもので、
具体的には、損壊部分がその住家の延べ床面積の20％以上70％未満のもの、又は住
家の主要な構成要素の経済的被害を住家全体に占める損害割合で表し、その住家の
損害割合が20％以上50％未満のものとする。

(4)　「一部破損」とは、全壊及び半壊にいたらない程度の住家の破損で、補修を必要
とする程度のものとする（床上浸水及び床下浸水に該当するものを除く）。ただし、
ガラスが数枚破損した程度のごく小さなものは除く。

(5)　「床上浸水」とは、全壊及び半壊に該当しない場合において、住家の床より上に
浸水したもの及び土砂竹木のたい積により一時的に居住することができないものと
する。

(6)　「床下浸水」とは、全壊及び半壊に該当しない場合において、床上浸水にいたら
ない程度に浸水したものとする。

3　非住家被害

(1)　「非住家」とは、住家以外の建物でこの報告中他の被害個所項目に属さないもの
とする。これらの施設に人が居住しているときは、当該部分は住家とする。

(2)　「公共建物」とは、例えば役場庁舎、公民館、公立保育所等の公用又は公共の用
に供する建物とする。

(3)　「その他」とは、公共建物以外の倉庫、土蔵、車庫等の建物とする。

(4)　非住家被害は、全壊又は半壊の被害を受けたもののみを記入するものとする。

4　その他

(1)　「田の流失、埋没」とは、田の耕土が流失し、又は砂利等のたい積のため、耕作が不能になったものとする。

(2)　「田の冠水」とは、稲の先端が見えなくなる程度に水につかったものとする。

(3)　「畑の流失、埋没」及び「畑の冠水」については、田の例に準じて取り扱うものとする。

(4)　「学校」とは、学校教育法（昭和22年法律第26号）第1条に規定する学校をいい、具体的には、幼稚園、小学校、中学校、義務教育学校、高等学校、中等教育学校、特別支援学校、大学及び高等専門学校における教育の用に供する施設とする。

(5)　「道路」とは、道路法（昭和27年法律第180号）第2条第1項に規定する道路のうち、橋りょうを除いたものとする。

(6)　「橋りょう」とは、道路を連結するために河川、運河等の上に架設された橋とする。

(7)　「河川」とは、河川法（昭和39年法律第167号）が適用され、若しくは準用される河川若しくはその他の河川又はこれらのものの維持管理上必要な堤防、護岸、水利、床止その他の施設若しくは沿岸を保全するために防護することを必要とする河岸とする。

(8)　「港湾」とは、港湾法（昭和25年法律第218号）第2条第5項に規定する水域施設、外かく施設、けい留施設、又は港湾の利用及び管理上必要な臨港交通施設とする。

(9)　「砂防」とは、砂防法（明治30年法律第29号）第1条に規定する砂防施設、同法第3条の規定によって同法が準用される砂防のための施設又は同法第3条の2の規定によって同法が準用される天然の河岸とする。

(10)　「清掃施設」とは、ごみ処理及びし尿処理施設とする。

(11)　「鉄道不通」とは、汽車、電車等の運行が不能となつた程度の被害とする。

(12)　「被害船舶」とは、ろかいのみをもって運転する舟以外の舟で、船体が没し、航行不能になったもの及び流失し、所在が不明になったもの、並びに修理しなければ航行できない程度の被害を受けたものとする。

(13)　「電話」とは、災害により通話不能となった電話の回線数とする。

(14)　「電気」とは、災害により停電した戸数のうち最も多く停電した時点における戸数とする。

(15)　「水道」とは、上水道又は簡易水道で断水している戸数のうち最も多く断水した時点における戸数とする。

(16)　「ガス」とは、一般ガス事業又は簡易ガス事業で供給停止となっている戸数のうち最も多く供給停止となった時点における戸数とする。

(17)　「ブロック塀」とは、倒壊したブロック塀又は石塀の箇所数とする。

(18)　「り災世帯」とは、災害により全壊、半壊及び床上浸水の被害を受け通常の生活を維持できなくなった生計を一にしている世帯とする。

　　　例えば寄宿舎、下宿その他これに類する施設に宿泊するもので共同生活を営んでいるものについては、これを一世帯として扱い、また同一家屋の親子、夫婦であっても、生活が別であれば分けて扱うものとする。

⒆　「り災者」とは、り災世帯の構成員とする。

5　火災発生

　　火災発生件数については、地震又は火山噴火の場合のみ報告するものであること。

6　被害金額

⑴　「公立文教施設」とは、公立の文教施設とする。

⑵　「農林水産業施設」とは、農林水産業施設災害復旧事業費国庫補助の暫定措置に関する法律（昭和25年法律第169号）による補助対象となる施設をいい、具体的には、農地、農業用施設、林業用施設、漁港施設及び共同利用施設とする。

⑶　「公共土木施設」とは、公共土木施設災害復旧事業費国庫負担法（昭和26年法律第97号）による国庫負担の対象となる施設をいい、具体的には、河川、海岸、砂防施設、林地荒廃防止施設、道路、港湾及び漁港とする。

⑷　「その他の公共施設」とは、公共文教施設、農林水産業施設及び公共土木施設以外の公共施設をいい、例えば庁舎、公民館、児童館、都市施設等の公用又は公共の用に供する施設とする。

⑸　災害中間年報及び災害年報の公立文教施設、農林水産業施設、公共土木施設及びその他の公共施設については、未査定額（被害見込額）を含んだ金額を記入する。

⑹　「公共施設被害市町村」とは、公立文教施設、農林水産業施設、公共土木施設及びその他の公共施設の被害を受けた市町村とする。

⑺　「農産被害」とは、農林水産業施設以外の農産被害をいい、例えばビニールハウス、農作物等の被害とする。

⑻　「林産被害」とは、農林水産業施設以外の林産被害をいい、例えば立木、苗木等の被害とする。

⑼　「畜産被害」とは、農林水産業施設以外の畜産被害をいい、例えば家畜、畜舎等の被害とする。

⑽　「水産被害」とは、農林水産業施設以外の水産被害をいい、例えば、のり、漁具、漁船等の被害とする。

⑾　「商工被害」とは、建物以外の商工被害で、例えば工業原材料、商品、生産機械器具等とする。

7　備考

　　備考欄には、災害発生場所、災害発生年月日、災害の種類及び概況、消防機関の活動状況その他について簡潔に記入するものとする。

第1号様式　災害確定報告

都道府県			区		分		被　　害
災　害　名・確定年月日		月　　　日　　　時確定		田	流失・埋没	ha	
					冠　水	ha	
				畑	流失・埋没	ha	
					冠　水	ha	
報告者名			そ	学　　校		箇所	
区		分	被　　害	病　　院		箇所	
人的被害	死　者	人		道　　路		箇所	
	うち災害関連死者	人		橋りょう		箇所	
	行方不明者	人		河　　川		箇所	
	負傷者 重傷	人		港　　湾		箇所	
	軽傷	人		砂　　防		箇所	
住家被害	全壊	棟		の	清掃施設	箇所	
		世帯		鉄道不通		箇所	
		人		被害船舶		隻	
	半壊	棟		水　　道		戸	
		世帯		電　　話		回線	
		人		電　　気		戸	
	一部破損	棟		ガ　　ス		戸	
		世帯		他	ブロック塀等	箇所	
		人					
	床上浸水	棟					
		世帯					
		人					
	床下浸水	棟		り災世帯数		世帯	
		世帯		り災者数		人	
		人		火災発生	建　物	件	
非住家	公共建物	棟			危険物	件	
	その他	棟			その他	件	

区　　　　分		被　　　害	都道府県災害対策本部	対策本部	名　　称			
公 立 文 教 施 設	千円				設　置	月　　日　　時		
農 林 水 産 業 施 設	千円				解　散	月　　日　　時		
公 共 土 木 施 設	千円		災害対策本部	設置市町村名				
その他の公共施設	千円							
小　　　　計	千円				計		団体	
公共施設被害市町村数	団体							
そ	農 産 被 害	千円						
	林 産 被 害	千円	災害救助法	適用市町村名				
の	畜 産 被 害	千円						
	水 産 被 害	千円						
	商 工 被 害	千円			計		団体	
他		千円						
	そ の 他	千円	消防職員出動延人数	人				
被 害 総 額	千円		消防団員出動延人数	人				

備 考	災害発生場所 災害発生年月日 災害の概況 消防機関の活動状況 その他（避難指示等の状況）

第2号様式　災害中間年報

都道府県名

災害名　発生年月日　区分								計
人的被害	死　　　者	人						
	うち 災害関連死者	人						
	行 方 不 明 者	人						
	負傷者 重　　傷	人						
	軽　　傷	人						
住家被害	全　　　　壊	棟						
		世帯						
		人						
	半　　　　壊	棟						
		世帯						
		人						
	一 部 破 損	棟						
		世帯						
		人						
	床 上 浸 水	棟						
		世帯						
		人						
	床 下 浸 水	棟						
		世帯						
		人						
非住家	公共建物	棟						
	そ の 他	棟						
り 災 世 帯 数		世帯						
り 災 者 数		人						
公 立 文 教 施 設		千円						
農 林 水 産 業 施 設		千円						
公 共 土 木 施 設		千円						
その他の公共施設		千円						
そ の 他 被 害		千円						
被 害 総 額		千円						
都道府県災害対策本部	設　　置		月　　日	月　　日	月　　日	月　　日	月　　日	
	解　　散		月　　日	月　　日	月　　日	月　　日	月　　日	
災害対策本部設置市町村			団体	団体	団体	団体	団体	団体
災害救助法適用市町村			団体	団体	団体	団体	団体	団体
消防職員出動延人数		人						
消防団員出動延人数		人						

第3号様式　災害年報

都道府県名

区分			災害名 発生年月日						計
人的被害	死　　者		人						
	うち 災害関連死者		人						
	行 方 不 明 者		人						
	負傷者	重　傷	人						
		軽　傷	人						
住家被害	全　　　壊		棟						
			世帯						
			人						
	半　　　壊		棟						
			世帯						
			人						
	一 部 破 損		棟						
			世帯						
			人						
	床 上 浸 水		棟						
			世帯						
			人						
	床 下 浸 水		棟						
			世帯						
			人						
非住家	公 共 建 物		棟						
	そ の 他		棟						
その他	田	流失・埋没	ha						
		冠　　水	ha						
	畑	流失・埋没	ha						
		冠　　水	ha						
	学　　　　校		箇所						
	病　　　　院		箇所						
	道　　　　路		箇所						
	橋　り ょ う		箇所						
	河　　　　川		箇所						
	港　　　　湾		箇所						
	砂　　　　防		箇所						
	清 掃 施 設		箇所						
	鉄 道 不 通		箇所						
	被 害 船 舶		隻						
	水　　　　道		戸						

区分　　災害名　発生年月日							計
電　話	回線						
電　気	戸						
ガ　ス	戸						
そ の 他	ブロック塀等 箇所						
火災発生	建　物 件						
	危　険　物 件						
	そ の 他 件						
り 災 世 帯 数	世帯						
り 災 者 数	人						
公 立 文 教 施 設	千円						
農 林 水 産 業 施 設	千円						
公 共 土 木 施 設	千円						
そ の 他 の 公 共 施 設	千円						
小　　　計	千円						
公共施設被害市町村数	団体						
そ の 他	農 産 被 害 千円						
	林 産 被 害 千円						
	畜 産 被 害 千円						
	水 産 被 害 千円						
	商 工 被 害 千円						
	そ の 他 千円						
被 害 総 額	千円						
都道府県災害対策本部	設置 月日	月 日	月 日	月 日	月 日	月 日	
	解散 月日	月 日	月 日	月 日	月 日	月 日	
災害対策本部設置市町村	団体	団体	団体	団体	団体	団体	団体
災害救助法適用市町村	団体	団体	団体	団体	団体	団体	団体
消防職員出動延人数	人	人	人	人	人	人	人
消防団員出動延人数	人	人	人	人	人	人	人

○火災・災害等即報要領について

（昭和59年10月15日
消防災第267号消防庁長官）

改正　平成 6 年12月消防災第279号、平成 7 年 4 月消防災第83号、平成 8
　　　年 4 月消防災第59号、平成 9 年 3 月消防情第51号、平成12年11月消
　　　防災第98号・消防情第125号、平成15年 3 月消防災第78号・消防情
　　　第56号、平成16年 9 月消防震第66号、平成20年 5 月消防応第69号、
　　　 9 月第166号、平成24年 5 月消防応第111号、平成29年 2 月消防応第
　　　11号、平成31年 4 月消防応第28号、令和元年 6 月消防応第12号、令
　　　和 3 年 5 月消防応第29号、令和 5 年 5 月消防応第55号

各都道府県知事

　このことについて、別紙 1 のとおり定め、これに伴い別紙 2 のとおり「火災報告取扱要領（昭和43年11月11日付消防総第393号）」、「災害報告取扱要領（昭和45年 4 月10日付消防防第246号）」及び「救急事故等報告要領（昭和57年12月28日付消防救第53号）」の一部を改正することとしたので、通知する。

　貴職におかれては、下記事項に留意の上、今後の火災・災害等即報の取扱いについて万全を期せられるとともに、この旨、管下市町村に周知徹底を図られたい。

記

1　「火災・災害等即報要領」（別紙 1 ）については、従前、「火災報告取扱要領」、「災害報告取扱要領」、「救急事故等報告要領」（以下、「既存要領」という。）に基づきそれぞれ実施されていた火災・災害等の即報（速報）の取扱いについて、より迅速かつ的確な実施を図るため、既存要領中即報（速報）に関する部分を一の要領として統合するとともに即報対象の見直し及び即報基準の明確化を行ったものであること。

2　「火災報告取扱要領、災害報告取扱要領及び救急事故等報告要領の一部改正について」（別紙 2 ）については、火災・災害等即報要領の制定に伴い、既存要領について所要の整備を行ったものであること。

3　火災・災害等即報要領の制定及びそれに伴う既存要領の一部改正については、昭和60年 1 月 1 日から実施し、同日以降発生する火災・災害等について適用するものであること。

　なお、昭和60年 1 月 1 日前に発生した火災・災害等については、従前の例により取り扱うものであること。

別紙 1

　　火災・災害等即報要領

第1　総則

1　趣旨

　この要領は、消防組織法（昭和22年法律第226号）第40条の規定に基づき消防庁長官が求める消防関係報告のうち、火災・災害等に関する即報について、その形式及び方法を定めるものとする。

> （参考）
> 消防組織法第40条
> 　消防庁長官は、都道府県又は市町村に対し、消防庁長官の定める形式及び方法により消防統計及び消防情報に関する報告をすることを求めることができる。

2　火災・災害等の定義

　「火災・災害等」とは、火災・災害及びその他の事故をいう。

　なお、本要領における用語の定義については、本要領に特別の定めのない限り、「火災報告取扱要領（平成6年4月21日付け消防災第100号）」、「災害報告取扱要領（昭和45年4月10日付け消防防第246号）」、「救急事故等報告要領（平成6年10月17日付け消防救第158号）」の定めるところによる。

3　報告手続

(1)　「第2　即報基準」に該当する火災又は事故（(1)において「火災等」という。）が発生した場合には、当該火災等が発生した地域の属する市町村（当該市町村が消防の事務を処理する一部事務組合又は広域連合の構成市町村である場合は、当該一部事務組合又は広域連合を含む。以下第1から第3までにおいて同じ。）は、火災等に関する即報を都道府県を通じて行うものとする。

　　ただし、2以上の市町村にまたがって火災等が発生した場合又は火災等が発生した地域の属する市町村と当該火災等について主として応急措置（火災の防御、救急業務、救助活動、事故の処理等）を行った市町村が異なる場合には、当該火災等について主として応急措置を行った市町村又はこれらの火災等があったことについて報告を受けた市町村が都道府県を通じて行うものとする。

(2)　「第2　即報基準」に該当する災害が発生した場合（災害が発生するおそれが著しく大きい場合を含む。以下同じ。）には、当該災害が発生し、又はそのおそれがある地域の属する市町村は、災害に関する即報について都道府県に報告をするものとする。

(3)　「第2　即報基準」に該当する火災・災害等が発生した場合には、都道府県は、市町村からの報告及び自ら収集した情報等を整理して、火災・災害等に関する即報について消防庁に報告をするものとする。

(4)　「第3　直接即報基準」に該当する火災・災害等が発生した場合には、市町村は、第1報を都道府県に加え、消防庁に対しても報告をするものとする。この場合において、消防庁長官から要請があった場合については、市町村は、第1報後の報告を引き続き消防庁に対しても行うものとする。

(5)　市町村は、報告すべき火災・災害等を覚知したときは、迅速性を最優先として可能な限り早く（原則として、覚知後30分以内）、分かる範囲でその第1報の報告をするものとし、以後、各即報様式に定める事項について、判明したもののうちから逐次報告をするものとする。都道府県は、市町村からの報告を入手後速やかに消防庁に対して報告を行うとともに、市町村からの報告を待たずして情報を入手したときには、直ちに消防庁に対して報告を行うものとする。

4　報告方法及び様式

火災・災害等の即報に当たっては、原則として(1)の区分に応じた様式により、電子メールで報告をするものとする。

ただし、電子メールが使用不能になるなど当該方法による報告ができない場合には、迅速性を最優先とし、電話等通信可能な方法による報告に代えることができるものとする。

また、第1報後の報告については、各様式で報告が求められている項目が記載された既存資料（地方公共団体が独自に作成した資料や災害対策本部会議で使用された資料など）による報告に代えることができるものとする。

なお、画像情報を送信することができる地方公共団体は(2)により被害状況等の画像情報の送信を行うものとする。

(1)　様式

ア　火災等即報…………第1号様式及び第2号様式

火災及び特定の事故（火災の発生を伴うものを含む。）を対象とする。

特定の事故とは、石油コンビナート等特別防災区域内の事故、危険物等に係る事故、原子力災害及び可燃性ガス等の爆発、漏えい等の事故とする。

なお、火災（特定の事故を除く。）については第1号様式、特定の事故については第2号様式により報告をすること。

イ　救急・救助事故・武力攻撃災害等即報…………第3号様式

救急事故及び救助事故並びに武力攻撃災害及び緊急対処事態における災害を対象とする。なお、火災等即報を行うべき火災及び特定の事故に起因して生じた救急事故等については、第3号様式による報告を省略することができる。ただし、消防庁長官から特に求められたものについては、この限りではない。

ウ　災害即報…………第4号様式

災害を対象とする。なお、災害に起因して生じた火災又は事故については、ア 火災等即報、イ 救急・救助事故等即報を省略することができる。ただし、消防庁長官から特に求められたものについては、この限りではない。

(2) 画像情報の送信

地域衛星通信ネットワーク等を活用して画像情報を送信することができる地方公共団体（応援団体を含む。）は、原則として次の基準に該当する火災・災害等が発生したときは、高所監視カメラ、ヘリコプターテレビ電送システム、衛星地球局等を用いて速やかに被害状況等の画像情報を送信するものとする。

ア 「第3 直接即報基準」に該当する火災・災害等

イ 被災地方公共団体の対応のみでは十分な対策を講じることが困難な火災・災害等

ウ 報道機関に大きく取り上げられる等社会的影響が高い火災・災害等

（テレビのニュース速報のテロップ又はテレビ・新聞等のマスコミの全国版のニュースにて報道される火災・災害等をいう。以下同じ。）

エ 上記に定める火災・災害等に発展するおそれがあるもの

5 報告に際しての留意事項

(1) 都道府県又は市町村は、「第2 即報基準」又は「第3 直接即報基準」に該当する火災・災害等か判断に迷う場合には、できる限り広く報告をするものとする。

(2) 都道府県又は市町村は、自らの対応力のみでは十分な災害対策を講じることが困難な火災・災害等が発生したときは、速やかにその規模を把握するための概括的な情報の収集に特に配意し、迅速な報告に努めるものとする。

また、都道府県は、通信手段の途絶等が発生し、区域内の市町村が報告を行うことが十分にできないと判断する場合等にあっては、調査のための職員派遣、ヘリコプター等の機材や各種通信手段の効果的活用等、あらゆる手段を尽くして、被害情報等の把握に努めるものとする。

(3) 都道府県は、被害状況等の把握に当たって、当該都道府県の警察本部等関係機関と密接な連携を保つものとする。

特に、人的被害の数（死者・行方不明者）については、都道府県が一元的に集約、調整を行うものとする。その際、都道府県は、関係機関が把握している人的被害の数について積極的に収集し、当該情報が得られた際は、関係機関と連携のもと、整理・突合・精査を行い、直ちに消防庁へ報告をするものとする。

(4) 市町村は、都道府県に報告をすることができない場合には、一時的に報告先を消防庁に変更するものとする。この場合において、都道府県と連絡がとれるようになった後は、都道府県に報告をするものとする。

⑸　上記⑴から⑷にかかわらず、災害等により消防機関への通報が殺到した場合には、市町村はその状況を直ちに消防庁及び都道府県に対し報告をするものとする。

第2　即報基準

火災・災害等即報を報告すべき火災・災害等は次のとおりとする。

1　火災等即報

⑴　一般基準

火災等即報については、次のような人的被害を生じた火災及び事故（該当するおそれがある場合を含む。）等について報告をすること。

ア　死者が3人以上生じたもの

イ　死者及び負傷者の合計が10人以上生じたもの

ウ　自衛隊に災害派遣を要請したもの

⑵　個別基準

次の火災及び事故については、上記⑴の一般基準に該当しないものにあっても、それぞれ各項に定める個別基準に該当するもの（該当するおそれがある場合を含む。）について報告をすること。

ア　火災

　㋐　建物火災

　　a　特定防火対象物で死者の発生した火災

　　b　高層建築物の11階以上の階、地下街又は準地下街において発生した火災で利用者等が避難したもの

　　c　大使館・領事館及び国指定重要文化財の火災

　　d　特定違反対象物の火災

　　e　建物焼損延べ面積3,000平方メートル以上と推定される火災

　　f　他の建築物への延焼が10棟以上又は気象状況等から勘案して概ね10棟以上になる見込みの火災

　　g　損害額1億円以上と推定される火災

　㋑　林野火災

　　a　焼損面積10ヘクタール以上と推定されるもの

　　b　空中消火を要請又は実施したもの

　　c　住宅等へ延焼するおそれがあるもの

　㋒　交通機関の火災

　　a　航空機火災

　　b　タンカー火災

　　c　船舶火災であって社会的影響度が高いもの

　　　　d　トンネル内車両火災

　　　　e　列車火災

　　㊁　その他

　　　　以上に掲げるもののほか、特殊な原因による火災、特殊な態様の火災等

　　　　（例示）

　　　　　　・　消火活動を著しく妨げる毒性ガスの放出を伴う火災

　イ　石油コンビナート等特別防災区域内の事故

　　㋐　危険物施設、高圧ガス施設等の火災又は爆発事故

　　　　（例示）

　　　　　　・　危険物、高圧ガス、可燃性ガス、毒物、劇物等を貯蔵し、又は取り扱
　　　　　　　う施設の火災又は爆発事故

　　㋑　危険物、高圧ガス、毒性ガス等の漏えいで応急措置を必要とするもの

　　㋒　特定事業所内の火災（㋐以外のもの。）

　ウ　危険物等に係る事故

　　　危険物、高圧ガス、可燃性ガス、毒物、劇物、火薬等（以下「危険物等」とい
　　う。）を貯蔵し、又は取り扱う施設及び危険物等の運搬に係る事故で、次に掲げ
　　るもの（イの石油コンビナート等特別防災区域内の事故を除く。）

　　㋐　死者（交通事故によるものを除く。）又は行方不明者が発生したもの

　　㋑　負傷者が5名以上発生したもの

　　㋒　周辺地域の住民等が避難行動を起こしたもの又は爆発により周辺の建物等に
　　　　被害を及ぼしたもの

　　㋓　500キロリットル以上のタンクの火災、爆発又は漏えい事故

　　㋔　海上、河川への危険物等流出事故

　　㋕　高速道路上等におけるタンクローリーの事故に伴う火災・危険物等の漏えい
　　　　事故

　エ　原子力災害等

　　㋐　原子力施設において、爆発又は火災の発生したもの及び放射性物質又は放射
　　　　線の漏えいがあったもの

　　㋑　放射性物質を輸送する車両において、火災の発生したもの及び核燃料物質等
　　　　の運搬中に事故が発生した旨、原子力事業者等から消防機関に通報があったも
　　　　の

　　㋒　原子力災害対策特別措置法（平成11年法律第156号）第10条の規定により、
　　　　原子力事業者から基準以上の放射線が検出される等の事象の通報が市町村長に
　　　　あったもの

㈁　放射性同位元素等取扱事業所に係る火災であって、放射性同位元素又は放射線の漏えいがあったもの

オ　その他特定の事故

可燃性ガス等の爆発、漏えい及び異臭等の事故であって、社会的に影響度が高いと認められるもの

カ　消防職員及び消防団員の消火活動等に伴う重大事故

(3)　社会的影響基準

(1)一般基準、(2)個別基準に該当しない火災・事故であっても、報道機関に大きく取り上げられる等社会的影響度が高いと認められる場合には報告をすること。

2　救急・救助事故即報

救急・救助事故については、次に該当する事故（該当するおそれがある場合を含む。）について報告をすること。

(1)　死者５人以上の救急事故

(2)　死者及び負傷者の合計が15人以上の救急事故

(3)　要救助者が５人以上の救助事故

(4)　覚知から救助完了までの所要時間が５時間以上の救助事故

(5)　消防防災ヘリコプター、消防用自動車等に係る重大事故

(6)　消防職員及び消防団員の救急・救助活動に伴う重大事故

(7)　自衛隊に災害派遣を要請したもの

(8)　上記(1)から(7)に該当しない救急・救助事故であっても、報道機関に大きく取り上げられる等社会的影響度が高い救急・救助事故（社会的影響度が高いことが判明した時点での報告を含む。）

（例示）

・　列車、航空機、船舶に係る救急・救助事故

・　バスの転落による救急・救助事故

・　ハイジャックによる救急・救助事故

・　不特定又は多数の者が利用する建築物及び遊戯施設における設備等において発生した救急・救助事故

・　全国的に流通している食品の摂取又は製品の利用による事故で、他の地域において同様の事案が発生する可能性があり、消費者安全の観点から把握されるべき救急・救助事故

3　武力攻撃災害等即報

武力攻撃災害等については、次の災害による火災・災害等（該当するおそれがある場合を含む。）について報告をすること。

(1)　武力攻撃事態等における国民の保護のための措置に関する法律（平成16年法律第112号。以下「国民保護法」という。）第2条第4項に規定する災害、すなわち、武力攻撃により直接又は間接に生ずる人の死亡又は負傷、火事、爆発、放射性物質の放出その他の人的又は物的災害

(2)　国民保護法第172条第1項に規定する緊急対処事態における災害、すなわち、武力攻撃に準ずる攻撃により直接又は間接に生ずる人の死亡又は負傷、火事、爆発、放射性物質の放出その他の人的又は物的災害

4　災害即報

　災害即報については、次の基準に該当する災害（該当するおそれがある場合を含む。）について報告をすること。

(1)　一般基準

　ア　災害救助法の適用基準に合致するもの

　イ　都道府県又は市町村が災害対策本部を設置したもの

　ウ　災害が2都道府県以上にまたがるもので一の都道府県における被害は軽微であっても、全国的に見た場合に同一災害で大きな被害を生じているもの

　エ　気象業務法第13条の2に規定する大雨、津波、火山噴火等に係る特別警報が発表されたもの

　オ　自衛隊に災害派遣を要請したもの

(2)　個別基準

　次の災害については(1)の一般基準に該当しないものにあっても、それぞれ各項に定める個別基準に該当するもの（該当するおそれがある場合を含む。）について報告をすること。

　ア　地震

　　㋐　当該都道府県又は市町村の区域内で震度5弱以上を記録したもの

　　㋑　人的被害又は住家被害を生じたもの

　イ　津波

　　㋐　津波警報又は津波注意報が発表されたもの

　　㋑　人的被害又は住家被害を生じたもの

　ウ　風水害

　　㋐　崖崩れ、地すべり、土石流等により、人的被害又は住家被害を生じたもの

　　㋑　洪水、浸水、河川の溢水、堤防の決壊又は高潮等により、人的被害又は住家被害を生じたもの

　　㋒　強風、竜巻などの突風等により、人的被害又は住家被害を生じたもの

　エ　雪害

　　　⑺　積雪、雪崩等により、人的被害又は住家被害を生じたもの

　　　⑷　積雪、道路の凍結、雪崩等により、孤立集落を生じたもの

　　オ　火山災害

　　　⑺　噴火警報（火口周辺）が発表されたもの

　　　⑷　火山の噴火により、人的被害又は住家被害を生じたもの

　⑶　社会的影響基準

　　　⑴　一般基準、⑵　個別基準に該当しない災害であっても、報道機関に大きく取り上げられる等社会的影響度が高いと認められる場合には報告をすること。

第3　直接即報基準

　　市町村は、特に迅速に消防庁に報告すべき次の基準に該当する火災・災害等（該当するおそれがある場合を含む。）については、直接消防庁に報告をするものとする。

1　火災等即報

　⑴　交通機関の火災

　　　第2の1の⑵のアの⑼に同じ。

　⑵　石油コンビナート等特別防災区域内の事故

　　　第2の1の⑵のイの⑺、⑷に同じ。

　⑶　危険物等に係る事故（⑵の石油コンビナート等特別防災区域内の事故を除く。）

　　ア　第2の1の⑵のウの⑺、⑷に同じ。

　　イ　危険物等を貯蔵し、又は取り扱う施設の火災・爆発事故で、当該工場等の施設内又は周辺で、500平方メートル程度以上の区域に影響を与えたもの

　　ウ　危険物等を貯蔵し、又は取り扱う施設からの危険物等の漏えい事故で、次に該当するもの

　　　⑺　海上、河川へ危険物等が流出し、防除・回収等の活動を要するもの

　　　⑷　500キロリットル以上のタンクからの危険物等の漏えい等

　　エ　市街地又は高速道路上等におけるタンクローリーの事故に伴う漏えいで、付近住民の避難、道路の全面通行禁止等の措置を要するもの

　　オ　市街地又は高速道路上において発生したタンクローリーの火災

　⑷　原子力災害等

　　　第2の1の⑵のエに同じ。

　⑸　ホテル、病院、映画館、百貨店において発生した火災

　⑹　爆発、異臭等の事故であって、報道機関に大きく取り上げられる等社会的影響度が高いもの（武力攻撃事態等又は緊急対処事態への発展の可能性があるものを含む。）

2　救急・救助事故即報

死者及び負傷者の合計が15人以上発生した救急・救助事故で次に掲げるもの

(1)　列車、航空機、船舶の衝突、転覆等による救急・救助事故

(2)　バスの転落等による救急・救助事故

(3)　ハイジャックによる救急・救助事故

(4)　映画館、百貨店、駅構内等不特定多数の者が集まる場所における救急・救助事故

(5)　その他報道機関に大きく取り上げられる等社会的影響度が高いもの

3　武力攻撃災害等即報

第2の3の(1)、(2)に同じ。

4　災害即報

(1)　地震が発生し、当該市町村の区域内で震度5強以上を記録したもの（被害の有無を問わない。）

(2)　第2の4の(2)のイ、ウ及びオのうち、死者又は行方不明者が生じたもの

第4　記入要領

第1号、第2号、第3号及び第4号様式の記入要領は、次に定めるもののほか、それぞれの報告要領（「火災報告取扱要領」、「災害報告取扱要領」、「救急事故等報告要領」）の定めるところによる。

〈火災等即報〉

1　第1号様式（火災）

(1)　火災種別

「火災種別」の欄中、該当するものの記号を〇で囲むこと。

(2)　消防活動状況

当該火災の発生した地域の消防機関の活動状況のほか、他の消防機関への応援要請及び消防機関による応援活動の状況についても記入すること。

(3)　救急・救助活動状況

報告時現在の救助活動の状況、救助人員の有無、傷病者の搬送状況等について記入すること（消防機関等による応援活動の状況を含む。）。

(4)　災害対策本部等の設置状況

当該火災に対して、都道府県又は市町村が災害対策本部、現地災害対策本部、事故対策本部等を設置した場合には、その設置及び廃止の日時を記入すること。

(5)　その他参考事項

次の火災の場合には、「その他参考事項」欄に、各項に掲げる事項を併せ記入すること。

ア　死者3人以上生じた火災

(ｱ)　死者を生じた建物等（建物、車両、船舶等をいう。アにおいて同じ。）の概

要
a　建物等の用途、構造及び周囲の状況
b　建物等の消火設備、警報設備、避難設備、防火管理者の有無及びその管理状況並びに予防査察の経過
(イ)　火災の状況
a　発見及び通報の状況
b　避難の状況
イ　建物火災で個別基準の e 、 f 又は g のいずれかに該当する火災
(ア)　発見及び通報の状況
(イ)　延焼拡大の理由
a　消防事情
b　都市構成
c　気象条件
d　その他
(ウ)　焼損地域名及び主な焼損建物の名称
(エ)　り災者の避難保護の状況
(オ)　都道府県及び市町村の応急対策の状況（他の地方公共団体の応援活動を含む。）
ウ　林野火災
(ア)　火災概況（火勢、延焼の状況、住家への影響、避難の状況等）
　　※　必要に応じて図面を添付する。
(イ)　林野の植生
(ウ)　自衛隊の派遣要請、出動状況
(エ)　空中消火の実施状況（出動要請日時、消火活動日時、機種（所属）、機数等）
エ　交通機関の火災
(ア)　車両、船舶、航空機等の概要
(イ)　焼損状況、焼損程度

第1号様式（火災）

報告日時	年　月　日　時　分	
都道府県		
市　町　村 （消防本部名）		
報告者名		

第　　報

消防庁受信者氏名 _____

※　特定の事故を除く。

火 災 種 別	1　建物　2　林野　3　車両　4　船舶　5　航空機　6　その他		
出 火 場 所			
出 火 日 時 （覚知日時）	月　　日　　時　　分 （　　月　　日　　時　　分）	（鎮圧日時） 鎮 火 日 時	（　　月　　日　　時　　分） 月　　日　　時　　分
火元の業態・ 用　　　　途		事 業 所 名 （代表者氏名）	
出 火 箇 所		出 火 原 因	
死　　傷　　者	死者（性別・年齢）　　　　人 負傷者　重　症　　　　　　人 　　　　中等症　　　　　　人 　　　　軽　症　　　　　　人	死者の生じた 理　　　　由	
建 物 の 概 要	構造 階層	建築面積 延べ面積	m² m²
焼 損 程 度	焼損 棟数　全　焼　　　棟 　　　半　焼　　　棟 　　　部分焼　　　棟　　計　棟 　　　ぼ　や　　　棟	焼 損 面 積	建物焼損床面積　　m² 建物焼損表面積　　m² 　林野焼損面積　　ha
り 災 世 帯 数	世帯	気 象 状 況	
消防活動状況	消防本部（署）　　　　台　　　　　　人 消 防 団　　　　　　　台　　　　　　人 その他（消防防災ヘリコプター等）　　　台・機　　　　　人		
救急・救助 活 動 状 況			
災害対策本部 等の設置状況			
その他参考事項			

（注）　第1報については、迅速性を最優先とし可能な限り早く（原則として、覚知後30分以内）分かる範囲で記載して報告すること。（確認がとれていない事項については、確認がとれていない旨（「未確認」等）を記入して報告すれば足りること。）

2　第2号様式（特定の事故）

(1)　事故名（表頭）及び事故種別

　　特定の事故のうち、「事故名」及び「事故種別」の欄中、該当するものの記号を○で囲むこと。

(2)　事業所名

　　「事業所名」は、「○○㈱○○工場」のように、事業所の名称のすべてを記入すること。

(3)　特別防災区域

　　発災事業所が、石油コンビナート等災害防止法（昭和50年法律第84号。以下この項において「法」という。）第2条第2号に規定する特別防災区域内に存する場合のみ、当該地区名を記入すること。また、法第2条第4号に規定する第一種事業所にあっては、「レイアウト第一種」、「第一種」のいずれかを、同条第5号に規定する第二種事業所は「第二種」を、その他の事業所は「その他」を○で囲むこと。

(4)　覚知日時及び発見日時

　　「覚知日時」は、消防機関が当該事故を覚知した日時を、「発見日時」は事業者が当該事故を発見した日時を記入すること。

(5)　物質の区分及び物質名

　　事故の発端となった物質で、欄中、該当するものの記号を○で囲み、物質の化学名を記入すること。なお、当該物質が消防法（昭和23年法律第186号）で定める危険物である場合には、危険物の類別及び品名について記入すること。

(6)　施設の区分

　　欄中、該当するものの記号を○で囲むこと。

(7)　施設の概要

　　「○○と××を原料とし、触媒を用いて＊＊製品を作る△△製造装置」のように記入すること。なお、当該施設が危険物施設である場合には、危険物施設の区分（製造所等の別）についても記入すること。

(8)　事故の概要

　　事故発生に至る経緯、態様、被害の状況等を記入すること。

(9)　消防防災活動状況及び救急救助活動状況

　　防災本部、消防機関及び自衛防災組織等の活動状況並びに都道府県又は市町村の応急対策の状況を記入すること。また、他の消防機関等への応援要請及び消防機関等による応援活動の状況についても記入すること。

(10)　災害対策本部等の設置状況

　　当該事故に対して、都道府県又は市町村が災害対策本部、現地災害対策本部、事故対策本部等を設置した場合には、その設置及び廃止の日時について記入すること。

⑾　その他参考事項

　　以上のほか、特記すべき事項があれば、記入すること。

　　（例）

　　　・　自衛隊の派遣要請、出動状況

⑿　原子力災害等の場合

　ア　原子力災害等が発生するおそれがある場合には、「発生」を「発生のおそれ」に読み替えること。

　イ　原子力災害等による死傷者については、「負傷者」を「負傷者」、「被ばく者」、「汚染者」に区分して記入すること。

　ウ　その他参考事項として、付近住民の避難、屋内避難及び安定ヨウ素剤服用の状況を記入するとともに、地域防災計画に「原子力発電所異常事態通報様式」等が定められている場合には、当該通報の内容を併せて報告すること。

第2号様式（特定の事故）　　　　　　　　　　　　　　第　　　報

事故名
1　石油コンビナート等特別防災区域内の事故
2　危険物等に係る事故
3　原子力施設等に係る事故
4　その他特定の事故

消防庁受信者氏名

報告日時	年　月　日　時　分
都道府県	
市町村 (消防本部名)	
報告者名	

事 故 種 別	1　火災　2　爆発　3　漏えい　4　その他(　　)		
発 生 場 所			
事 業 所 名		特別防災区域	レイアウト第一種、第一種、 第二種、その他
発 生 日 時 (覚知日時)	月　日　時　分 (　月　日　時　分)	発 見 日 時	月　日　時　分
		鎮 火 日 時 (処理完了)	月　日　時　分 (　月　日　時　分)
消防覚知方法		気 象 状 況	
物 質 の 区 分	1 危険物　2 指定可燃物　3 高圧ガス　4 可燃性ガス 5 毒劇物　6 RI等　　　　7 その他(　　　　　)	物 質 名	
施 設 の 区 分	1　危険物施設　2　高危混在施設　3　高圧ガス施設　4　その他(　　　　)		
施 設 の 概 要		危険物施設の 区 　　 分	
事 故 の 概 要			

死 傷 者	死者 (性別・年齢)　　　　　人	負傷者等　　　　　　　　人 (　　　人) 　重 症　　　　　　　人 (　　　人) 　中等症　　　　　　　人 (　　　人) 　軽 症　　　　　　　人 (　　　人)

消 防 防 災 活 動 状 況 及　　　び 救 急・救 助 活 動 状 況		出　場　機　関	出 場 人 員	出場資機材
		事業所　自衛防災組織	人	
		共同防災組織	人	
		そ の 他	人	
		消 防 本 部 (署)	台 人	
		消 　 防 　 団	台 人	
		消防防災ヘリコプター	機 人	
		海 上 保 安 庁	人	
	警戒区域の設定　月　日　時　分	自 　 衛 　 隊	人	
	使用停止命令　月　日　時　分	そ 　 の 　 他	人	
災害対策本部 等の設置状況				
その他参考事項				

(注)　第1報については、迅速性を最優先とし可能な限り早く（原則として、覚知後30分以内）分かる範囲で記載して報告すること。（確認がとれていない事項については、確認がとれていない旨（「未確認」等）を記入して報告すれば足りること。）

〈救急・救助事故・武力攻撃災害等即報〉

3　第3号様式（救急・救助事故・武力攻撃災害等）

(1)　事故災害種別

「事故災害種別」の欄中、該当するものの記号を○で囲むこと。

(2)　事故等の概要

「事故等の概要」は、発生した事故等の種別、概略、経過等を記入すること。

(3)　死傷者等

ア　「死傷者等」には、急病人等を含む。

イ　「不明」とは、行方不明等所在が判明しないものをいう。

(4)　救助活動の要否

救助活動を要する又は要した事故であるか否かを記入すること。

(5)　要救護者数（見込）

救助する必要がある者（行方不明者あるいは救助の要否が不明の者を含む。）で、未だ救助されていない者の数を記入すること。

また、「救助人員」は、報告時点で救助が完了した者の数を記入すること。

(6)　消防・救急・救助活動状況

出動した消防隊、救急隊、救助隊等（応援出動したものを含む。）について、所属消防本部名、隊の数、人員、出動車両数等を記入するとともに、傷病者の搬送状況等活動の状況について記入すること。

(7)　災害対策本部等の設置状況

当該事故に対して、都道府県又は市町村が災害対策本部、現地災害対策本部、事故対策本部等を設置した場合には、その設置及び廃止の日時について記入すること。

(8)　その他参考事項

以上のほか、応急措置等について、特記すべき事項があれば記入すること。

（例）

・　都道府県、市町村、その他関係機関の活動状況

・　避難指示の発令状況

・　避難所の設置状況

・　自衛隊の派遣要請、出動状況

・　ＮＢＣ検知結果（剤の種類、濃度等）

・　被害の要因（人為的なもの）

不審物（爆発物）の有無

立てこもりの状況（爆弾、銃器、人物等）

第3号様式（救急・救助事故・武力攻撃災害等）　　　　　　第　　　報

報　告　日　時	年　月　日　時　分
都　道　府　県	
市　　　町　　　村 （消防本部名）	
報　告　者　名	

消防庁受信者氏名

事故災害種別	1　救急事故　2　救助事故　3　武力攻撃災害　4　緊急対処事態における災害		
発　生　場　所			
発　生　日　時 （覚知日時）	月　　　日　　　時　　　分 （　　月　　　日　　　時　　　分）	覚知方法	
事故等の概要			
死　　傷　　者	死者（性別・年齢） 　　　　　　　　　計　　　人 不明　　　　　　　　　　　人	負傷者等　　　　　　　　人（　　　人） ｛重　症　　　人（　　　人） 　中等症　　　人（　　　人） ｛軽　症　　　人（　　　人）	
救助活動の要否			
要救護者数(見込)		救助人員	
消防・救急・救助 活　動　状　況			
災害対策本部 等の設置状況			
その他参考事項			

(注)　負傷者欄の（　　）書きは、救急隊による搬送人員を内書きで記入すること。

(注)　第1報については、迅速性を最優先とし可能な限り早く（原則として、覚知後30分以内）分かる範囲で記載して報告すること。（確認がとれていない事項については、確認がとれていない旨（「未確認」等）を記入して報告すれば足りること。）

〈災害即報〉

4　第4号様式

(1)　第4号様式（その1）（災害概況即報）

　　災害の具体的な状況、個別の災害現場の概況等を報告する場合や災害の当初の段階で被害状況が十分把握できていない場合（例えば、地震時の第1報で、死傷者の有無、火災、津波の発生の有無等を報告する場合）には、本様式を用いること。

　ア　災害の概況

　　(ア)　発生場所、発生日時

　　　　当該災害が発生した具体的地名（地域名）及び日時を記入すること。

　　(イ)　災害種別概況

　　　a　風水害については、降雨の状況及び河川のはん濫、溢水、崖崩れ、地すべり、土石流等の概況

　　　b　地震については、地震に起因して生ずる火災、津波、液状化、崖崩れ等の概況

　　　c　雪害については、降雪の状況並びに雪崩、溢水等の概況

　　　d　火山噴火については、噴火の状況及び溶岩流、泥流、火山弾、火山灰等の概況

　　　e　その他これらに類する災害の概況

　イ　被害の状況

　　　当該災害により生じた被害の状況について、判明している人的被害及び住家の被害に重点を置いて記入すること。

　　　119番通報の件数を記入する欄については、第3　直接即報基準に該当する災害において、市町村から消防庁に直接報告をする際に記入すること。

　　　なお、119番通報件数については、災害対応の初動段階において、災害の規模を推察する上で重要な情報となるため、集計が困難な場合は、入電の多寡について可能な限り報告をすること。

　ウ　応急対策の状況

　　(ア)　当該災害に対して、災害対策本部、現地災害対策本部、事故対策本部等（以下「災害対策本部等」という。）を設置した場合にはその設置及び廃止の日時を記入すること。

　　　　なお、複数の市町村で災害対策本部等を設置するなど、当該欄に記入できない場合には、任意の様式を用いて報告をすること。

　　　　また、庁舎被害等の発生に起因して、予定された場所以外に災害対策本部等が設置されるなど特記すべき事象がある場合は、その旨を併せて記入すること。

(イ)　消防機関等の活動状況については、地元消防本部、消防団、消防防災ヘリコプター、消防組織法第39条に基づく応援消防本部等について、その出動規模、活動状況等をわかる範囲で記入すること。

(ウ)　自衛隊の災害派遣要請を行った場合には、その日時及び内容を記入すること。

(エ)　その他都道府県又は市町村が講じた応急対策については、避難所の設置状況、他の地方公共団体への応援要請等について記入すること。

　また、大雨、津波、火山噴火等に係る特別警報が発表された場合などにおいては、警報の伝達、避難指示等の発令状況等の警戒・避難対策について記入すること。なお、避難指示等の発令状況については、第4号様式（その1）別紙を用いて報告すること。

第4号様式（その1）

（災害概況即報）

消防庁受信者氏名

災害名 （第 報）

報告日時	年 月 日 時 分
都道府県	
市町村 （消防本部名）	
報告者名	

	発生場所		発生日時	月 日 時 分
災害の概況				

		死者	人	重傷	人		全壊	棟	床上浸水	棟
被害の状況	人的被害	うち 災害関連死者	人			住家被害	半壊	棟	床下浸水	棟
		不明	人	軽傷	人		一部破損	棟	未分類	棟
	119番通報の件数									

	災害対策本部等の設置状況	（都道府県）	（市町村）
応急対策の状況	消防機関等の活動状況	（地元消防本部、消防団、消防防災ヘリコプター、消防組織法第39条に基づく応援消防本部等について、その出動規模、活動状況等をわかる範囲で記入すること。）	
	自衛隊派遣要請の状況		
	その他都道府県又は市町村が講じた応急対策		

（注） 第1報については、迅速性を最優先とし可能な限り早く（原則として、覚知後30分以内）分かる範囲で記載して報告すること。（確認がとれていない事項については、確認がとれていない旨（「未確認」等）を記入して報告すれば足りること。）

（注） 住家被害のうち、その程度が未確定のものについては、「未分類」の欄に計上すること。

第4号様式（その1）　別紙

都道府県名　　（　　　　　　　　　　　）

（避難指示等の発令状況）

市町村名	緊急安全確保		発令日時	避難指示		発令日時	高齢者等避難		発令日時
	対象世帯数(※)	対象人数(※)	解除日時	対象世帯数(※)	対象人数(※)	解除日時	対象世帯数(※)	対象人数(※)	解除日時

※　対象世帯数等を確認中の場合は、空欄にせず「確認中」と記載すること。

(2)　第4号様式（その2）（被害状況即報）

　管内の被害状況や避難に関する状況等を把握できる段階に至った場合、本様式を用いること。

　ア　各被害欄

　　原則として、報告の時点で判明している最新の数値を記入する。ただし、被害額については、省略することができる。

　　なお、「水道」、「電話」、「電気」及び「ガス」については、それぞれ報告時点における断水戸数、通話不能回線数、停電戸数及び供給停止戸数を記入すること。

　イ　災害対策本部等の設置状況

　　当該災害に対して、都道府県又は市町村が災害対策本部、現地災害対策本部、事故対策本部等を設置した場合には、その設置及び廃止の日時について記入すること。

　ウ　災害救助法適用市町村名

　　市町村毎に、適用日時を記入すること。

　エ　災害の概況

　　災害の概況欄には次の事項を記入すること。

　　㋐　災害の発生場所

　　　被害を生じた市町村名又は地域名

　　㋑　災害の発生日時

　　　被害を生じた日時又は期間

　　㋒　災害の種類、概況

　　　台風、豪雨、豪雪、洪水、高潮、地震、津波等の種別、災害の経過、今後の見通し等

　オ　応急対策の状況

　　消防機関等の活動状況について記入するとともに、自衛隊の災害派遣要請を行った場合にはその日時及び内容を記入すること。

　　また、その他の欄については、避難所の設置状況、災害ボランティアの活動状況等を記入すること。

第4号様式（その2）
（被害状況即報）

都道府県

災害名	災害名・第　　報
報告番号	
報告者名	

（　月　日　時現在）

被害

区分			被害
人的被害	死者	人	
	うち災害関連死者	人	
	行方不明者	人	
	負傷者 重傷	人	
	軽傷	人	
住家	全壊	棟	
		世帯	
		人	
	半壊	棟	
		世帯	
		人	
	一部破損	棟	
		世帯	
		人	
	床上浸水	棟	
		世帯	
		人	
	床下浸水	棟	
		世帯	
		人	
非住家	公共建物	棟	
	その他	棟	
	り災世帯数	世帯	
	り災者数	人	
	火災発生 建物	件	
	危険物	件	
	その他	件	

被害

区分		被害
その他	田 流失・埋没	ha
	冠水	ha
	畑 流失・埋没	ha
	冠水	ha
	学校	箇所
	病院	箇所
	道路	箇所
	橋りょう	箇所
	河川	箇所
	港湾	箇所
	砂防	箇所
	清掃施設	箇所
	鉄道不通	箇所
	被害船舶	隻
	水道	戸
	電話	回線
	電気	戸
	ガス	戸
	ブロック塀等	箇所

被害

区分	分	被害
公共施設被害	公立文教施設	千円
	農林水産施設	千円
	公共土木施設	千円
	その他の公共施設	千円
	小計	千円
公共施設被害市町村数		団体
その他	農産被害	千円
	林産被害	千円
	畜産被害	千円
	水産被害	千円
	商工被害	千円
	その他	千円
被害総額		千円

災害対策本部等の設置状況

都道府県	災害対策本部設置状況
市町村	
災害救助法適用市町村名	

119番通報件数　　　件

応急対策

消防機関等の活動状況（地元消防本部、消防団、消防防災ヘリコプター、消防組織法第39条に基づく応援消防本部等について、その出動規模、活動状況等を記入すること。）

	計	団体
自衛隊の災害派遣		
その他の状況		

※1　被害額は省略することができるものとする。
※2　119番通報の件数は、10件単位で、例えば約10件、30件、50件（50件を超える場合は多数）と記入すること。

○林野火災対策資料の提出について

$$\left(\begin{array}{l}\text{昭和55年 3 月11日}\\\text{消防地第81号消防庁地域防災課長}\end{array}\right)$$

　　改正　平成 6 年12月消防災第277号

　　　　　　　　　　　　各都道府県消防防災主管部長

　標記のことについては、昭和44年 2 月13日付け消防防第33号に基づいて提出されているところであるが、最近の林野火災発生件数の増加傾向、消防資機材の近代化及び空中消火の実施に伴い、消防戦術が多様化していること等にかんがみ、今後の林野火災対策推進の基礎資料とするため「林野火災対策資料」を改正したので、昭和55年 4 月 1 日以降に発生した林野火災については、別紙「林野火災対策資料の作成要領」により作成し、提出願いたい。

　なお、貴管下市町村に対しても、この旨よろしく指導願いたい。

（別　紙）

林野火災対策資料の作成要領

1　林野火災対策資料の作成にあたつては、 4 の記入要領に定めるものを除き、「火災報告取扱要領」（平成 6 年 4 月21日付消防災第100号消防庁長官通知）に基づいて作成するものとする。

2　林野火災対策資料の提出を要する範囲と提出書類

　(1)　林野の焼損面積が20ヘクタール（2,000アール）以上の火災

　(2)　提出書類……$\left\{\begin{array}{l}\text{⑦　林野火災対策資料（様式 1 、様式 2 ）}\\\text{回　火災動態図}\end{array}\right.$

3　提出期限は、当該火災が鎮火した月の翌月末日までとする。

4　記入要領

　(1)　発見当時の状況……火災発見から消防機関への通報までの経過を記入する。

　(2)　火元及び周辺の状況

　　①　火元の位置……頂上、山腹、山麓、沢筋、峰筋等の区別を記入する。

　　②　斜面方位……斜面の面している方向をいい、方位は風向と同じく区分して記入する。

　　③　傾斜……該当記号を記入する。

記　号	平	緩	中	急
内　容	5°未満	5°以上 15°未満	15°以上 30°未満	30°以上

④　斜面長……沢から尾根までの直線距離を記入する。

⑤　地被物の量……可燃物の広がりを表すもので、該当記号を記入する。

記　号	無	疎	中	密
内　容	ほとんど ない	少しある	ほぼ全面 にある	密に全面 にある

⑥　地被物の種類……地床にある植生若しくは落枝、落葉等の可燃物の主たる種類を記入する。

　　（例）灌木、シダ類、松の落枝・落葉

⑦　森林種別……森林の施業制限指定の有無によつて普通林及び制限林に区分し、普通林は「普」、制限林は「制」の該当事項を〇印で囲む。

⑧　人天別……該当記号を記入する。

記　号	人	天	伐	無
内　容	人工林	天然林	伐採跡地	伐採跡地以 外の立木竹 のない森林

⑨　林齢……林齢を異にする森林である場合の記入は、分母に林齢の範囲を、分子に平均林齢（面積及び材積を考慮する。）を記入する。

　　（例）　林齢1年から7年まで連続してあつて、各林齢ごとの面積が等しい場合

$$\frac{4}{1 \sim 7}$$

⑩　その他参考事項……森林の概況、行楽地や林道、ハイキングコース等特記すべき事項を記入する。

(3)　損害状況、森林の損害状況……面積、材積は小数点以下一位未満の端数があるときは、その端数を四捨五入する。損害額は、千円未満の端数があるときは、その端数を四捨五入する。

(4)　原因の詳細……失火者の男女別、年齢、職業、失火に至つた経過を詳細に記入する。

(5)　死傷者……消防吏員、消防団員、応援消防吏・団員、自衛隊員、営林署員、消防協力者、住民等に区別し、理由欄には死者が生じた場合のみ、小児・老人、逃げ遅れ・消火作業中等を記入する。

(6)　既設防火線……火災地域において防火線、防火樹帯、防火林あるいは林道のように火災防ぎよの効果があるとみられる施設でその延長を記入する。

(7)　伐開した防火線……火災防ぎよのため開設した防火線でその延長を記入する。

⑻　消火活動に最も効果のあつた消防機器、消火活動に不足していた消防機器……通常の消防資機材、林野火災用消防資機材のほか、鎌、鋸、スコツプ、鍬、チエンソー、刈払機、火叩き等具体的に記入する。

⑼　水利状況……使用した水利の数を種類ごとに記入する。

　（例）貯水槽―15個　川―2　池―3　計　20

⑽　焼け止り線の状況……焼け止り線の地形又は地物名及びその理由を記入する。

⑾　D級ポンプの中継状況、問題点等……D級ポンプを使用した場合に記入する。

⑿　消火活動の状況及び教訓・意見……出動から鎮火に至るまでの消防活動の経過がわかるように詳述し、教訓、意見は箇条書きにする。（スペースが不足する場合は別添とする。）

　なお、森林の焼損状況と消防活動の関連において、特記すべきことがあれば記載する。

⒀　空中消火の実施状況……ヘリコプター機種（所属）欄は偵察専用機については⑯と区分すること。

⒁　火災動態図……⑴　適宜の縮尺の図面を使用し「火災動態図作成例」により作成し、添付する。

　⑵　図中の消防用図式記号については「消防用図式記号の制定について」（昭和31年9月28日付け国消発第622号）によること。

（様式１）

林野火災対策資料

都道府県 _____　市町村 _____

出火日時	年　月　日　時　分
発見日時	月　日　時　分
覚知日時	月　日　時　分
鎮圧日時	月　日　時　分
鎮火日時	月　日　時　分
出火場所	市（区）部　町村
発見者年齢・性別	男・女　歳
覚知方法	
先着消防到着日時	月　日　時　分
放水開始時	月　日　時　分
発見当時の状況：	
出火原因　発火源／経過／着火物（コード番号／内容）	
原因の詳細：	

出火時の気象状況

観測日時	月　日　時　分
観測場所：	
天気	
風向	
平均風速	m/sec
最大風速	m/sec
気温	℃
相対湿度	％
実効湿度	％
最終降雨日からの日数	日
過去１ヶ月間の降雨量	mm
事前10日間の降雨量	mm

火元及び周辺の状況

火元の位置	
斜面方位	
斜面傾度	％
地被物の量	
地被物の種類	
森林種別（人工・天然）	
樹種別	
樹林	
樹齢（高）	
その他参考事項：	

初期消火の状況：

予警報の発令日時

乾燥注意報	月　日　時　分
火災警報	月　日　時　分
強風注意報	月　日　時　分
その他（　　）	月　日　時　分

死傷者

区分	死者	負傷者	理由
	人	人	
	人	人	
	人	人	
	人	人	
計	人	人	

損害状況

区分		面積	損害額
森林	国有林	ha	千円
	都道府県有林	ha	千円
	市町村有林	ha	千円
	私有林	ha	千円
	原野及び牧野	ha	千円
	計	ha	千円
その他（建物、機械等）			千円

森林の損害状況

区分	主な樹種	面積	材積	損害額
針葉樹		ha	㎥	千円
広葉樹		ha	㎥	千円
混交林		ha	㎥	千円
無立木地		ha		
計		ha	㎥	千円

家屋の損害

区分	焼損棟数	り災世帯数	り災者数	焼損床面積
全焼	棟	世帯	人	㎡
半焼	棟	世帯		
部分焼	棟	世帯		
ぼや	棟			
焼損表面積				㎡

（様式2）

消火活動人員

区分 ＼ 日別人員数	1日目 従事者	2日目 従事者	3日目 従事者	4日目 従事者
消防本部	人	人	人	人
消防団				
応援消防本部				
応援消防団				
自衛隊				
消防署				
員の内訳 ｜ 国有林				
員の内訳 ｜ 消防協力者				
員の内訳 ｜ その他				
計				

既設防火線　幅×長さ　　　　線
伐開した防火線　幅×長さ　　　　線
消火活動に最も効果のあった消防機器
消火活動に不足していた消防機器

延焼阻止の理由
消防：ア　有効注水　イ　防火線の伐開　ウ　迎火
気象：ア　風力が弱まった　イ　風向が変わった　ウ　降雨　エ　その他
地形：ア　既設防火線　イ　その他（　）

延焼拡大の理由
消防：ア　通報の遅れ　イ　現場到着の遅れ　ウ　資機材の不足　エ　水利不足　オ　連絡体制の不備
気象：ア　強風、烈風　イ　フェーン現象等　ウ　その他
地形：ア　飛火の発生　イ　地形の複雑さ　ウ　その他（　）

焼け止り線の状況
地形：イ　断崖　ウ　湖沼、海　エ　河川（幅　　m）　オ　道路（幅　　m）　カ　空地
消火：ア　飛火の消火　イ　その他（　）

D級ポンプの中継状況、問題点等：

消火活動の状況及び教訓・意見：

水利状況：

空中消火実施状況

区分 月日	ヘリコプター 機種（所属）	機数（機数）	空中消火 実施時間	散布回数（回）	消火薬剤 種類	消火薬剤 使用量（kg）	消火薬剤散布装置 型式（容量）	数量	混合機（基）	組立水槽（基）	消火方法	消火効果等
（1日目）			自　時　分 ／ 至　時　分								直接消火 間接消火	
（2日目）			自　時　分 ／ 至　時　分								直接消火 間接消火	
（3日目）			自　時　分 ／ 至　時　分								直接消火 間接消火	
（4日目）			自　時　分 ／ 至　時　分								直接消火 間接消火	
計			時間　　分									

消火効果の有無：有　無
消火効果がなかった場合の理由：

散布総量（薬剤＋水）　　　　t

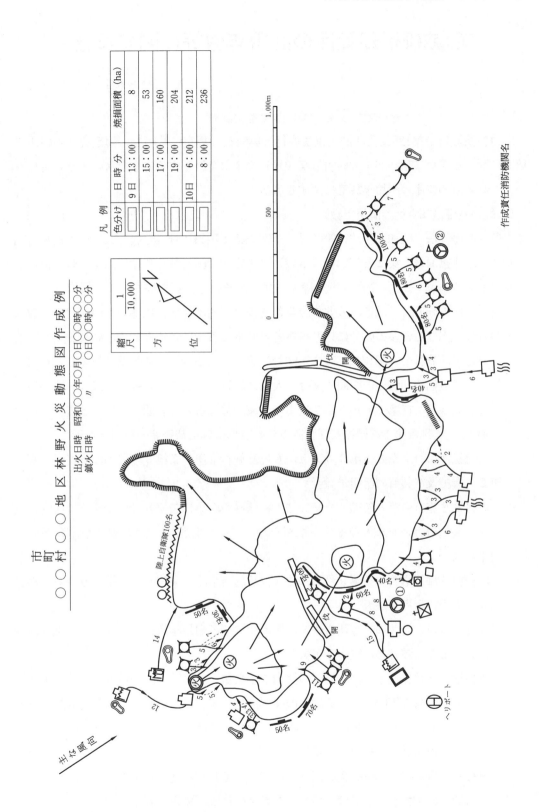

市
町
村
○○○地区林野火災動態図作成例

出火日時　昭和○○年○月○日○○時○○分
鎮火日時　　〃　　　○日○○時○○分

凡 例	日 時 分	焼損面積（ha）
色分け	9日 13：00	8
	15：00	53
	17：00	160
	19：00	204
	10日 6：00	212
	8：00	236

縮 尺	$\dfrac{1}{10,000}$
方 位	

作成責任消防機関名

主な風向

○減価償却資産の耐用年数等に関する省令

$$\left(\begin{array}{l}\text{昭和40年 3 月31日}\\\text{大蔵省令第15号}\end{array}\right)$$

最終改正　令和 2 年 6 月財務省令第56号

　所得税法施行令第129条及び法人税法施行令第56条の規定に基づき、固定資産の耐用年数等に関する省令（昭和26年大蔵省令第50号）の全部を改正する省令を次のように定める。

　　　減価償却資産の耐用年数等に関する省令

（一般の減価償却資産の耐用年数）

第 1 条　所得税法（昭和40年法律第33号）第 2 条第 1 項第19号（定義）又は法人税法（昭和40年法律第34号）第 2 条第23号（定義）に規定する減価償却資産（以下「減価償却資産」という。）のうち鉱業権（租鉱権及び採石権その他土石を採掘し又は採取する権利を含む。以下同じ。）、坑道、公共施設等運営権及び樹木採取権以外のものの耐用年数は、次の各号に掲げる資産の区分に応じ当該各号に定める表に定めるところによる。

　⑴　所得税法施行令（昭和40年政令第96号）第 6 条第 1 号、第 2 号及び第 4 号から第 7 号まで（減価償却資産の範囲）又は法人税法施行令（昭和40年政令第97号）第13条第 1 号、第 2 号及び第 4 号から第 7 号まで（減価償却資産の範囲）に掲げる資産（坑道を除く。）　別表第 1 （機械及び装置以外の有形減価償却資産の耐用年数表）

　⑵　所得税法施行令第 6 条第 3 号又は法人税法施行令第13条第 3 号に掲げる資産　別表第 2 （機械及び装置の耐用年数表）

　⑶　所得税法施行令第 6 条第 8 号又は法人税法施行令第13条第 8 号に掲げる資産（鉱業権、公共施設等運営権及び樹木採取権を除く。）　別表第 3 （無形減価償却資産の耐用年数表）

　⑷　所得税法施行令第 6 条第 9 号又は法人税法施行令第13条第 9 号に掲げる資産　別表第 4 （生物の耐用年数表）

2　鉱業権、坑道、公共施設等運営権及び樹木採取権の耐用年数は、次の各号に掲げる資産の区分に応じ当該各号に定める年数とする。

　⑴　採掘権　当該採掘権に係る鉱区の採掘予定数量を、当該鉱区の最近における年間採掘数量その他当該鉱区に属する設備の採掘能力、当該鉱区において採掘に従事する人員の数等に照らし適正に推計される年間採掘数量で除して計算した数を基礎として納税地の所轄税務署長の認定した年数

　⑵　試掘権　次に掲げる試掘権の区分に応じそれぞれ次に定める年数

　　イ　石油、アスファルト又は可燃性天然ガスに係る試掘権　8 年

　　ロ　イに掲げる試掘権以外の試掘権　5年

⑶　租鉱権及び採石権その他土石を採掘し又は採取する権利　第1号の規定に準じて計算した数を基礎として納税地の所轄税務署長の認定した年数

⑷　坑道　第1号の規定に準じて計算した数を基礎として納税地の所轄税務署長の認定した年数

⑸　公共施設等運営権　当該公共施設等運営権に係る民間資金等の活用による公共施設等の整備等の促進に関する法律（平成11年法律第117号）第19条第3項（公共施設等運営権の設定の時期等）の規定により公表された同法第17条第3号（公共施設等運営権に関する実施方針における記載事項の追加）に掲げる存続期間の年数

⑹　樹木採取権　国有林野の管理経営に関する法律（昭和26年法律第246号）第8条の12第1項（樹木採取権の設定を受ける者の決定等）の設定をする旨の通知において明らかにされた当該樹木採取権の同法第8条の7第2号（公募）に掲げる存続期間の年数

3　前項第5号及び第6号に定める年数は、暦に従つて計算し、1年に満たない端数を生じたときは、これを切り捨てる。

4　第2項第1号、第3号又は第4号の認定を受けようとする個人又は法人（人格のない社団等（法人税法第2条第8号に規定する人格のない社団等をいう。第1号において同じ。）を含む。以下同じ。）は、次に掲げる事項を記載した申請書を納税地の所轄税務署長に提出しなければならない。

⑴　申請をする者の氏名又は名称及び代表者（人格のない社団等で代表者の定めがなく、管理人の定めがあるものについては、管理人。以下この号において同じ。）の氏名（法人税法第2条第4号に規定する外国法人（人格のない社団等で同条第2号に規定する国外に本店又は主たる事務所を有するものを含む。）にあつては、代表者及び同法第141条各号（課税標準）に定める国内源泉所得に係る事業又は資産の経営又は管理の責任者の氏名）並びに納税地並びに法人にあつては、法人番号（行政手続における特定の個人を識別するための番号の利用等に関する法律（平成25年法律第27号）第2条第15項（定義）に規定する法人番号をいう。）

⑵　申請に係る採掘権等（第2項第1号、第3号又は第4号に掲げる資産をいう。以下この条において同じ。）に係る鉱区その他これに準ずる区域（次号において「鉱区等」という。）の所在地

⑶　申請に係る採掘権等の鉱区等の採掘予定数量、最近における年間採掘数量、当該鉱区等に属する設備の採掘能力及び当該鉱区等において採掘に従事する人員の数

⑷　認定を受けようとする年数

⑸　その他参考となるべき事項

5　税務署長は、前項の申請書の提出があつた場合には、遅滞なく、これを審査し、その申請に係る年数を認定するものとする。

6　税務署長は、第2項第1号、第3号又は第4号の認定をした後、その認定に係る年数により、その認定に係る採掘権等の所得税法第49条第1項（減価償却資産の償却費の計算及びその償却の方法）の規定による償却費の額（第8項において「償却費の額」という。）又は法人税法第31条第1項（減価償却資産の償却費の計算及びその償却の方法）の規定による償却費として損金の額に算入する金額の限度額（第8項において「償却限度額」という。）の計算をすることを不適当とする特別の事由が生じたと認める場合には、その年数を変更することができる。

7　税務署長は、前2項の処分をするときは、その認定に係る個人又は法人に対し、書面によりその旨を通知する。

8　第6項の処分があつた場合には、その処分のあつた日の属する年分以後の各年分の所得税法第2編第2章第2節第1款（所得の種類及び各種所得の金額）に規定する不動産所得の金額、事業所得の金額若しくは雑所得の金額又は同日の属する事業年度以後の各事業年度の所得の金額を計算する場合のその処分に係る採掘権等の償却費の額又は償却限度額の計算についてその処分の効果が生ずるものとする。

（特殊の減価償却資産の耐用年数）

第2条　次の各号に掲げる減価償却資産の耐用年数は、前条第1項の規定にかかわらず、当該各号に掲げる表に定めるところによる。

⑴　汚水処理（汚水、坑水、廃水又は廃液の沈でん、ろ過、中和、生物科学的方法、混合、冷却又は乾燥その他これらに類する方法による処理をいう。）又はばい煙処理（大気汚染防止法（昭和43年法律第97号）第2条第1項若しくは第7項（定義等）に規定するばい煙若しくは粉じん又は同法第17条第1項（事故時の措置）に規定する特定物質（ばい煙を除く。）の重力沈降、慣性分離、遠心分離、ろ過、洗浄、電気捕集、音波凝集、吸収、中和、吸着又は拡散の方法その他これらに類する方法による処理をいう。）の用に供されている減価償却資産で別表第5（公害防止用減価償却資産の耐用年数表）に掲げるもの　同表

⑵　開発研究（新たな製品の製造若しくは新たな技術の発明又は現に企業化されている技術の著しい改善を目的として特別に行われる試験研究をいう。）の用に供されている減価償却資産で別表第6（開発研究用減価償却資産の耐用年数表）に掲げるもの

同表

（中古資産の耐用年数等）

第3条　個人において使用され、又は法人において事業の用に供された所得税法施行令第
　　6条各号（減価償却資産の範囲）又は法人税法施行令第13条各号（減価償却資産の範
　　囲）に掲げる資産（これらの資産のうち試掘権以外の鉱業権及び坑道を除く。以下この
　　項において同じ。）の取得（法人税法第2条第12号の8（定義）に規定する適格合併又
　　は同条第12号の12に規定する適格分割型分割（以下この項において「適格分割型分割」
　　という。）による同条第11号に規定する被合併法人又は同条第12号の2に規定する分割
　　法人からの引継ぎ（以下この項において「適格合併等による引継ぎ」という。）を含
　　む。）をしてこれを個人の業務又は法人の事業の用に供した場合における当該資産の耐
　　用年数は、前2条の規定にかかわらず、次に掲げる年数によることができる。ただし、
　　当該資産を個人の業務又は法人の事業の用に供するために当該資産について支出した所
　　得税法施行令第181条（資本的支出）又は法人税法施行令第132条（資本的支出）に規
　　定する金額が当該資産の取得価額（適格合併等による引継ぎの場合にあつては、同法第
　　62条の2第1項（適格合併及び適格分割型分割による資産等の帳簿価額による引継ぎ）
　　に規定する時又は適格分割型分割の直前の帳簿価額）の100分の50に相当する金額を超
　　える場合には、第2号に掲げる年数についてはこの限りでない。

　⑴　当該資産をその用に供した時以後の使用可能期間（個人が当該資産を取得した後直
　　　ちにこれをその業務の用に供しなかつた場合には、当該資産を取得した時から引き続
　　　き業務の用に供したものとして見込まれる当該取得の時以後の使用可能期間）の年数

　⑵　次に掲げる資産（別表第1、別表第2、別表第5又は別表第6に掲げる減価償却資
　　　産であつて、前号の年数を見積もることが困難なものに限る。）の区分に応じそれぞ
　　　れ次に定める年数（その年数が2年に満たないときは、これを2年とする。）

　　イ　法定耐用年数（第1条第1項（一般の減価償却資産の耐用年数）に規定する耐用
　　　　年数をいう。以下この号において同じ。）の全部を経過した資産　当該資産の法定
　　　　耐用年数の100分の20に相当する年数

　　ロ　法定耐用年数の一部を経過した資産　当該資産の法定耐用年数から経過年数を控
　　　　除した年数に、経過年数の100分の20に相当する年数を加算した年数

2　法人が、法人税法第2条第12号の8、第12号の11、第12号の14又は第12号の15に規定
　する適格合併、適格分割、適格現物出資又は適格現物分配（次項において「適格組織再
　編成」という。）により同条第11号、第12号の2、第12号の4又は第12号の5の2に規
　定する被合併法人、分割法人、現物出資法人又は現物分配法人（以下この項及び次項に
　おいて「被合併法人等」という。）から前項本文に規定する資産の移転を受けた場合

（当該法人が当該資産について同項の規定の適用を受ける場合を除く。）において、当該被合併法人等が当該資産につき同項又は第4項の規定の適用を受けていたときは、当該法人の当該資産の耐用年数については、前2条の規定にかかわらず、当該被合併法人等において当該資産の耐用年数とされていた年数によることができる。

3　法人が、適格組織再編成により被合併法人等から第1項本文に規定する資産の移転を受けた場合において、当該資産について同項の規定の適用を受けるときは、当該資産の法人税法施行令第48条第1項第1号イ(1)若しくは第3号ハ又は第48条の2第1項第1号イ(1)若しくは第3号イ(2)若しくは第5項第1号（減価償却資産の償却の方法）に規定する取得価額には、当該被合併法人等がした償却の額（当該資産につき同令第48条第5項第3号に規定する評価換え等が行われたことによりその帳簿価額が減額された場合には、当該帳簿価額が減額された金額を含む。）で当該被合併法人等の各事業年度の所得の金額の計算上損金の額に算入された金額を含まないものとする。

4　別表第4（生物の耐用年数表）の「細目」欄に掲げる一の用途から同欄に掲げる他の用途に転用された牛、馬、綿羊及びやぎの耐用年数は、第1条第1項第4号並びに第1項及び第2項の規定にかかわらず、その転用の時以後の使用可能期間の年数による。

5　第1項各号に掲げる年数及び前項の年数は、暦に従つて計算し、1年に満たない端数を生じたときは、これを切り捨てる。

（旧定額法及び旧定率法の償却率）

第4条　平成19年3月31日以前に取得をされた減価償却資産の耐用年数に応じた償却率は、所得税法施行令第120条第1項第1号イ(1)（減価償却資産の償却の方法）又は法人税法施行令第48条第1項第1号イ(1)（減価償却資産の償却の方法）に規定する旧定額法（次項において「旧定額法」という。）及び所得税法施行令第120条第1項第1号イ(2)又は法人税法施行令第48条第1項第1号イ(2)に規定する旧定率法（次項において「旧定率法」という。）の区分に応じそれぞれ別表第7（平成19年3月31日以前に取得をされた減価償却資産の償却率表）に定めるところによる。

2　法人の事業年度が1年に満たない場合においては、前項の規定にかかわらず、減価償却資産の旧定額法の償却率は、当該減価償却資産の耐用年数に対応する別表第7に定める旧定額法の償却率に当該事業年度の月数を乗じてこれを12で除したものにより、減価償却資産の旧定率法の償却率は、当該減価償却資産の耐用年数に12を乗じてこれを当該事業年度の月数で除して得た耐用年数に対応する同表に定める旧定率法の償却率による。

3　前項の月数は、暦に従つて計算し、1月に満たない端数を生じたときは、これを1月とする。

（定額法の償却率並びに定率法の償却率、改定償却率及び保証率）

第5条　平成19年4月1日以後に取得をされた減価償却資産の耐用年数に応じた償却率、改定償却率及び保証率は、次の各号に掲げる区分に応じ当該各号に定める表に定めるところによる。

(1)　定額法（所得税法施行令第120条の2第1項第1号イ(1)（減価償却資産の償却の方法）又は法人税法施行令第48条の2第1項第1号イ(1)（減価償却資産の償却の方法）に規定する定額法をいう。次項において同じ。）の償却率　別表第8（平成19年4月1日以後に取得をされた減価償却資産の定額法の償却率表）

(2)　定率法（所得税法施行令第120条の2第1項第1号イ(2)又は法人税法施行令第48条の2第1項第1号イ(2)に規定する定率法をいう。次項及び第4項において同じ。）の償却率、改定償却率及び保証率　次に掲げる資産の区分に応じそれぞれ次に定める表

イ　平成24年3月31日以前に取得をされた減価償却資産　別表第9（平成19年4月1日から平成24年3月31日までの間に取得をされた減価償却資産の定率法の償却率、改定償却率及び保証率の表）

ロ　平成24年4月1日以後に取得をされた減価償却資産　別表第10（平成24年4月1日以後に取得をされた減価償却資産の定率法の償却率、改定償却率及び保証率の表）

2　法人の事業年度が1年に満たない場合においては、前項の規定にかかわらず、減価償却資産の定額法の償却率又は定率法の償却率は、当該減価償却資産の耐用年数に対応する別表第8に定める定額法の償却率又は別表第9若しくは別表第10に定める定率法の償却率に当該事業年度の月数を乗じてこれを12で除したものによる。

3　法人の前項の事業年度（この項の規定の適用を受けた事業年度を除く。以下この項において「適用年度」という。）終了の日以後1年以内に開始する各事業年度（当該適用年度開始の日から各事業年度終了の日までの期間が1年を超えない各事業年度に限る。）における法人税法施行令第48条の2第1項第1号イ(2)に規定する取得価額は、当該適用年度の同号イ(2)に規定する取得価額とすることができる。

4　減価償却資産の法人税法施行令第48条の2第1項第1号イ(2)に規定する取得価額（前項の規定の適用を受ける場合には、同項の規定による取得価額）に当該減価償却資産の耐用年数に対応する別表第9又は別表第10に定める定率法の償却率を乗じて計算した金額が同条第5項第1号に規定する償却保証額に満たない場合における第2項の規定の適用については、同項中「定率法の償却率」とあるのは、「改定償却率」とする。

5　第2項の月数は、暦に従つて計算し、1月に満たない端数を生じたときは、これを1月とする。

（残存価額）

第6条　平成19年3月31日以前に取得をされた減価償却資産の残存価額は、別表第11（平

成19年3月31日以前に取得をされた減価償却資産の残存割合表）の「種類」及び「細目」欄の区分に応じ、同表に定める残存割合を当該減価償却資産の所得税法施行令第126条（減価償却資産の取得価額）又は法人税法施行令第54条第1項（減価償却資産の取得価額）の規定による取得価額に乗じて計算した金額とする。

2　前項に規定する減価償却資産のうち牛及び馬の残存価額は、同項の規定にかかわらず、同項に規定する金額と10万円とのいずれか少ない金額とする。

　　　附　則

1　この省令は、昭和40年4月1日から施行する。

2　この省令は、個人の昭和40年分以後の所得税及び法人の昭和40年4月1日以後に終了する事業年度分の法人税について適用し、昭和39年分以前の所得税及び法人の同日前に終了した事業年度分の法人税については、なお従前の例による。

3　固定資産の耐用年数等に関する省令の一部を改正する省令（昭和27年大蔵省令第23号）附則第3項（住宅用建物の耐用年数の特例）に規定する住宅用の建物の耐用年数及び同令附則第4項（鉱山労務者用住宅の耐用年数の特例）に規定する鉱山労務者の居住の用に供される建物の耐用年数については、同令附則第3項及び第4項の規定は、なおその効力を有する。

4　固定資産の耐用年数等に関する省令の一部を改正する省令（昭和36年大蔵省令第21号）附則第3項（機械及び装置の耐用年数の特例）の表に掲げる機械及び装置の耐用年数については、同項の規定は、なおその効力を有する。

5　租税特別措置法施行規則（昭和32年大蔵省令第15号）の一部を次のように改正する。

　〔次のよう略〕

　　改正附則省略

別表第1　機械及び装置以外の有形減価償却資産の耐用年数表

種類	構造又は用途	細目	耐用年数（年）
建物	鉄骨鉄筋コンクリート造又は鉄筋コンクリート造のもの	事務所用又は美術館用のもの及び下記以外のもの	50
		住宅用、寄宿舎用、宿泊所用、学校用又は体育館用のもの	47
		飲食店用、貸席用、劇場用、演奏場用、映画館用又は舞踏場用のもの	
		飲食店用又は貸席用のもので、延べ面積のうちに占める木造内装部分の面積が3割を超えるもの	34
		その他のもの	41
		旅館用又はホテル用のもの	
		延べ面積のうちに占める木造内装部分の面積が3割を超えるもの	31
		その他のもの	39
		店舗用のもの	39
		病院用のもの	39
		変電所用、発電所用、送受信所用、停車場用、車庫用、格納庫用、荷扱所用、映画製作ステージ用、屋内スケート場用、魚市場用又はと畜場用のもの	38
		公衆浴場用のもの	31
		工場（作業場を含む。）用又は倉庫用のもの	
		塩素、塩酸、硫酸、硝酸その他の著しい腐食性を有する液体又は気体の影響を直接全面的に受けるもの、冷蔵倉庫用のもの（倉庫事業の倉庫用のものを除く。）及び放射性同位元素の放射線を直接受けるもの	24
		塩、チリ硝石その他の著しい潮解性を有する固体を常時蔵置するためのもの及び著しい蒸気の影響を直接全面的に受けるもの	31
		その他のもの	
		倉庫事業の倉庫用のもの	
		冷蔵倉庫用のもの	21
		その他のもの	31
		その他のもの	38
	れんが造、石造又はブロック造のもの	事務所用又は美術館用のもの及び下記以外のもの	41
		店舗用、住宅用、寄宿舎用、宿泊所用、学校用又は体育館用のもの	38
		飲食店用、貸席用、劇場用、演奏場用、映画館用又は舞踏場用のもの	38
		旅館用、ホテル用又は病院用のもの	36
		変電所用、発電所用、送受信所用、停車場用、車庫用、格納庫用、荷扱所用、映画製作ステージ用、屋内スケート場用、魚市場用又はと畜場用のもの	34
		公衆浴場用のもの	30
		工場（作業場を含む。）用又は倉庫用のもの	
		塩素、塩酸、硫酸、硝酸その他の著しい腐食性を有する液体又は気体の影響を直接全面的に受けるもの及び冷蔵倉庫用のもの（倉庫事業の倉庫用のものを除く。）	22
		塩、チリ硝石その他の著しい潮解性を有する固体を常時蔵置するためのもの及び著しい蒸気の影響を直接全面的に受けるもの	28
		その他のもの	
		倉庫事業の倉庫用のもの	
		冷蔵倉庫用のもの	20
		その他のもの	30
		その他のもの	34
	金属造のもの（骨格材の肉厚が4ミリメートルを超えるものに限る。）	事務所用又は美術館用のもの及び下記以外のもの	38
		店舗用、住宅用、寄宿舎用、宿泊所用、学校用又は体育館用のもの	34
		飲食店用、貸席用、劇場用、演奏場用、映画館用又は舞踏場用のもの	31
		変電所用、発電所用、送受信所用、停車場用、車庫用、格納庫用、荷扱所用、映画製作ステージ用、屋内スケート場用、魚市場用又はと畜場用のもの	31
		旅館用、ホテル用又は病院用のもの	29
		公衆浴場用のもの	27
		工場（作業場を含む。）用又は倉庫用のもの	
		塩素、塩酸、硫酸、硝酸その他の著しい腐食性を有する液体又は気体の影響を直接全面的に受けるもの、冷蔵倉庫用のもの（倉庫事業の倉庫用のものを除く。）及び放射性同位元素の放射線を直接受けるもの	20
		塩、チリ硝石その他の著しい潮解性を有する固体を常時蔵置するためのもの及び著しい蒸気の影響を直接全面的に受けるもの	25
		その他のもの	
		倉庫事業の倉庫用のもの	
		冷蔵倉庫用のもの	19

構造	細目	年数
	その他のもの	26
	その他のもの	31
金属造のもの（骨格材の肉厚が3ミリメートルを超え4ミリメートル以下のものに限る。）	事務所用又は美術館用のもの及び下記以外のもの	30
	店舗用、住宅用、寄宿舎用、宿泊所用、学校用又は体育館用のもの	27
	飲食店用、貸席用、劇場用、演奏場用、映画館用又は舞踏場用のもの	25
	変電所用、発電所用、送受信所用、停車場用、車庫用、格納庫用、荷扱所用、映画製作ステージ用、屋内スケート場用、魚市場用又はと畜場用のもの	25
	旅館用、ホテル用又は病院用のもの	24
	公衆浴場用のもの	19
	工場（作業場を含む。）用又は倉庫用のもの	
	塩素、塩酸、硫酸、硝酸その他の著しい腐食性を有する液体又は気体の影響を直接全面的に受けるもの及び冷蔵倉庫用のもの	15
	塩、チリ硝石その他の著しい潮解性を有する固体を常時蔵置するためのもの及び著しい蒸気の影響を直接全面的に受けるもの	19
	その他のもの	24
金属造のもの（骨格材の肉厚が3ミリメートル以下のものに限る。）	事務所用又は美術館用のもの及び下記以外のもの	22
	店舗用、住宅用、寄宿舎用、宿泊所用、学校用又は体育館用のもの	19
	飲食店用、貸席用、劇場用、演奏場用、映画館用又は舞踏場用のもの	19
	変電所用、発電所用、送受信所用、停車場用、車庫用、格納庫用、荷扱所用、映画製作ステージ用、屋内スケート場用、魚市場用又はと畜場用のもの	19
	旅館用、ホテル用又は病院用のもの	17
	公衆浴場用のもの	15
	工場（作業場を含む。）用又は倉庫用のもの	
	塩素、塩酸、硫酸、硝酸その他の著しい腐食性を有する液体又は気体の影響を直接全面的に受けるもの及び冷蔵倉庫用のもの	12
	塩、チリ硝石その他の著しい潮解性を有する固体を常時蔵置するためのもの及び著しい蒸気の影響を直接全面的に受けるもの	14
	その他のもの	17
木造又は合成樹脂造のもの	事務所用又は美術館用のもの及び下記以外のもの	24
	店舗用、住宅用、寄宿舎用、宿泊所用、学校用又は体育館用のもの	22
	飲食店用、貸席用、劇場用、演奏場用、映画館用又は舞踏場用のもの	20
	変電所用、発電所用、送受信所用、停車場用、車庫用、格納庫用、荷扱所用、映画製作ステージ用、屋内スケート場用、魚市場用又はと畜場用のもの	17
	旅館用、ホテル用又は病院用のもの	17
	公衆浴場用のもの	12
	工場（作業場を含む。）用又は倉庫用のもの	
	塩素、塩酸、硫酸、硝酸その他の著しい腐食性を有する液体又は気体の影響を直接全面的に受けるもの及び冷蔵倉庫用のもの	9
	塩、チリ硝石その他の著しい潮解性を有する固体を常時蔵置するためのもの及び著しい蒸気の影響を直接全面的に受けるもの	11
	その他のもの	15
木骨モルタル造のもの	事務所用又は美術館用のもの及び下記以外のもの	22
	店舗用、住宅用、寄宿舎用、宿泊所用、学校用又は体育館用のもの	20
	飲食店用、貸席用、劇場用、演奏場用、映画館用又は舞踏場用のもの	19
	変電所用、発電所用、送受信所用、停車場用、車庫用、格納庫用、荷扱所用、映画製作ステージ用、屋内スケート場用、魚市場用又はと畜場用のもの	15
	旅館用、ホテル用又は病院用のもの	15
	公衆浴場用のもの	11
	工場（作業場を含む。）用又は倉庫用のもの	
	塩素、塩酸、硫酸、硝酸その他の著しい腐食性を有する液体又は気体の影響を直接全面的に受けるもの及び冷蔵倉庫用のもの	7
	塩、チリ硝石その他の著しい潮解性を有する固体を常時蔵置するためのもの及び著しい蒸気の影響を直接全面的に受けるもの	10
	その他のもの	14
簡易建物	木製主要柱が10センチメートル角以下のもので、土居ぶき、杉皮ぶき、ルーフィングぶき又はトタンぶきのもの	10
	掘立造のもの及び仮設のもの	7

区分	細目	細目	耐用年数
建物附属設備（照明設備を含む。）	電気設備	蓄電池電源設備	6
		その他のもの	15
	給排水又は衛生設備及びガス設備		15
	冷房、暖房、通風又はボイラー設備	冷暖房設備（冷凍機の出力が22キロワット以下のもの）	13
		その他のもの	15
	昇降機設備	エレベーター	17
		エスカレーター	15
	消火、排煙又は災害報知設備及び格納式避難設備		8
	エヤーカーテン又はドアー自動開閉設備		12
	アーケード又は日よけ設備	主として金属製のもの	15
		その他のもの	8
	店用簡易装備		3
	可動間仕切り	簡易なもの	3
		その他のもの	15
	前掲のもの以外のもの及び前掲の区分によらないもの	主として金属製のもの	18
		その他のもの	10
構築物	鉄道業用又は軌道業用のもの	軌条及びその附属品	20
		まくら木	
		木製のもの	8
		コンクリート製のもの	20
		金属製のもの	20
		分岐器	15
		通信線、信号線及び電灯電力線	30
		信号機	30
		送配電線及びき電線	40
		電車線及び第3軌条	20
		帰線ボンド	5
		電線支持物（電柱及び腕木を除く。）	30
		木柱及び木塔（腕木を含む。）	
		架空索道用のもの	15
		その他のもの	25
		前掲以外のもの	
		線路設備	
		軌道設備	
		道床	60
		その他のもの	16
		土工設備	57
		橋りよう	
		鉄筋コンクリート造のもの	50
		鉄骨造のもの	40
		その他のもの	15
		トンネル	
		鉄筋コンクリート造のもの	60
		れんが造のもの	35
		その他のもの	30
		その他のもの	21
		停車場設備	32
		電路設備	
		鉄柱、鉄塔、コンクリート柱及びコンクリート塔	45
		踏切保安又は自動列車停止設備	12
		その他のもの	19
		その他のもの	40
	その他の鉄道用又は軌道用のもの	軌条及びその附属品並びにまくら木	15
		道床	60
		土工設備	50
		橋りよう	
		鉄筋コンクリート造のもの	50
		鉄骨造のもの	40
		その他のもの	15
		トンネル	
		鉄筋コンクリート造のもの	60
		れんが造のもの	35
		その他のもの	30
		その他のもの	30
	発電用又は送配電用のもの	小水力発電用のもの（農山漁村電気導入促進法（昭和27年法律第358号）に基づき建設したものに限る。）	30
		その他の水力発電用のもの（貯水池、調整池及び水路に限る。）	57
		汽力発電用のもの（岩壁、さん橋、堤防、防波堤、煙突、その他汽力発電用のものをいう。）	41
		送電用のもの	
		地中電線路	25
		塔、柱、がい子、送電線、地線及び添加電話線	36
		配電用のもの	
		鉄塔及び鉄柱	50
		鉄筋コンクリート柱	42
		木柱	15
		配電線	30
		引込線	20
		添架電話線	30

電気通信事業用のもの	地中電線路	25	路面	アスファルト敷又は木れんが敷のもの	10
	通信ケーブル			ビチューマルス敷のもの	3
	光ファイバー製のもの	10	鉄骨鉄筋コンクリート造又は鉄筋コンクリート造のもの（前掲のものを除く。）	水道用ダム	80
	その他のもの	13		トンネル	75
	地中電線路	27		橋	60
	その他の線路設備	21		岸壁、さん橋、防壁（爆発物用のものを除く。）、堤防、防波堤、塔、やぐら、上水道、水そう及び用水用ダム	50
放送用又は無線通信用のもの	鉄塔及び鉄柱			乾ドック	45
	円筒空中線式のもの	30		サイロ	35
	その他のもの	40		下水道、煙突及び焼却炉	35
	鉄筋コンクリート柱	42		高架道路、製塩用ちんでん池、飼育場及びへい	30
	木塔及び木柱	10		爆発物用防壁及び防油堤	25
	アンテナ	10		造船台	24
	接地線及び放送用配線	10		放射性同位元素の放射線を直接受けるもの	15
農林業用のもの	主としてコンクリート造、れんが造、石造又はブロック造のもの			その他のもの	60
	果樹棚又はホップ棚	14	コンクリート造又はコンクリートブロック造のもの（前掲のものを除く。）	やぐら及び用水池	40
	その他のもの	17		サイロ	34
	主として金属造のもの	14		岸壁、さん橋、防壁（爆発物用のものを除く。）、堤防、防波堤、トンネル、上水道及び水そう	30
	主として木造のもの	5		下水道、飼育場及びへい	15
	土管を主としたもの	10		爆発物用防壁	13
	その他のもの	8		引湯管	10
広告用のもの	金属造のもの	20		鉱業用廃石捨場	5
	その他のもの	10		その他のもの	40
競技場用、運動場用、遊園地用又は学校用のもの	スタンド		れんが造のもの（前掲のものを除く。）	防壁（爆発物用のものを除く。）、堤防、防波堤及びトンネル	50
	主として鉄骨鉄筋コンクリート造又は鉄筋コンクリート造のもの	45		煙突、煙道、焼却炉、へい及び爆発物用防壁	
	主として鉄骨造のもの	30		塩素、クロールスルホン酸その他の著しい腐食性を有する気体の影響を受けるもの	7
	主として木造のもの	10		その他のもの	25
	競輪場用競走路			その他のもの	40
	コンクリート敷のもの	15	石造のもの（前掲のものを除く。）	岸壁、さん橋、防壁（爆発物用のものを除く。）、堤防、防波堤、上水道及び用水池	50
	その他のもの	10		乾ドック	45
	ネット設備	15		下水道、へい及び爆発物用防壁	35
	野球場、陸上競技場、ゴルフコースその他のスポーツ場の排水その他の土工施設	30		その他のもの	50
	水泳プール	30	土造のもの（前掲のものを除く。）	防壁（爆発物用のものを除く。）、堤防、防波堤及び自動車道	40
	その他のもの			上水道及び用水池	30
	児童用のもの			下水道	15
	すべり台、ぶらんこ、ジャングルジムその他の遊戯用のもの	10		へい	20
	その他のもの	15		爆発物用防壁及び防油堤	17
	その他のもの			その他のもの	40
	主として木造のもの	15	金属造のもの（前掲のもの	橋（はね上げ橋を除く。）	45
	その他のもの	30		はね上げ橋及び鋼矢板岸壁	25
緑化施設及び庭園	工場緑化施設	7			
	その他の緑化施設及び庭園（工場緑化施設に含まれるものを除く。）	20			
舗装道路及び舗装	コンクリート敷、ブロック敷、れんが敷又は石敷のもの	15			

	細目	内容	耐用年数
を除く。)	サイロ		22
	送配管	鋳鉄製のもの	30
		鋼鉄製のもの	15
	ガス貯そう	液化ガス用のもの	10
		その他のもの	20
	薬品貯そう	塩酸、ふつ酸、発煙硫酸、濃硝酸その他の発煙性を有する無機酸用のもの	8
		有機酸用又は硫酸、硝酸その他前掲のもの以外の無機酸用のもの	10
		アルカリ類用、塩水用、アルコール用その他のもの	15
	水そう及び油そう	鋳鉄製のもの	25
		鋼鉄製のもの	15
	浮きドック		20
	飼育場		15
	つり橋、煙突、焼却炉、打込み井戸、へい、街路灯及びガードレール		10
	露天式立体駐車設備		15
	その他のもの		45
合成樹脂造のもの（前掲のものを除く。）			10
木造のもの（前掲のものを除く。）	橋、塔、やぐら及びドック		15
	岸壁、さん橋、防壁、堤防、防波堤、トンネル、水そう、引湯管及びへい		10
	飼育場		7
	その他のもの		15
前掲のもの以外のもの及び前掲の区分によらないもの	主として木造のもの		15
	その他のもの		50
船舶 船舶法（明治32年法律第46号）第4条から第19条までの適用を受ける鋼船	漁船	総トン数が500トン以上のもの	12
		総トン数が500トン未満のもの	9
	油そう船	総トン数が2,000トン以上のもの	13
		総トン数が2,000トン未満のもの	11
	薬品そう船		10
	その他のもの	総トン数が2,000トン以上のもの	15
		総トン数が2,000トン未満のもの	
		しゆんせつ船及び砂利採取船	10
		カーフェリー	11
		その他のもの	14
船舶法第4条から第19条までの適用を受ける木船	漁船		6
	薬品そう船		8
	その他のもの		10
船舶法第4条から第19条までの適用を受ける軽合金船（他の項に掲げるものを除く。）			9
船舶法第4条から第19条までの適用を受ける強化プラスチック船			7
船舶法第4条から第19条までの適用を受ける水中翼船及びホバークラフト			8
その他のもの	鋼船	しゆんせつ船及び砂利採取船	7
		発電船及びとう載漁船	8
		ひき船	10
		その他のもの	12
	木船	とう載漁船	4
		しゆんせつ船及び砂利採取船	5
		動力漁船及びひき船	6
		薬品そう船	7
		その他のもの	8
	その他のもの	モーターボート及びとう載漁船	4
		その他のもの	5
航空機 飛行機	主として金属製のもの	最大離陸重量が130トンを超えるもの	10
		最大離陸重量が130トン以下	

大分類	中分類	細分類	耐用年数
		のもので、5.7トンを超えるもの	8
		最大離陸重量が5.7トン以下のもの	5
		その他のもの	5
	その他のもの	ヘリコプター及びグライダー	5
		その他のもの	5
車両及び運搬具	鉄道用又は軌道用車両（架空索道用搬器を含む。）	電気又は蒸気機関車	18
		電車	13
		内燃動車（制御車及び附随車を含む。）	11
		貨車	
		高圧ボンベ車及び高圧タンク車	10
		薬品タンク車及び冷凍車	12
		その他のタンク車及び特殊構造車	15
		その他のもの	20
		線路建設保守用工作車	10
		鋼索鉄道用車両	15
		架空索道用搬器	
		閉鎖式のもの	10
		その他のもの	5
		無軌条電車	8
		その他のもの	20
	特殊自動車（この項には、別表第二に掲げる減価償却資産に含まれるブルドーザー、パワーショベルその他の自走式作業用機械並びにトラクター及び農林業用運搬機具を含まない。）	消防車、救急車、レントゲン車、散水車、放送宣伝車及びチップ製造車	5
		モータースィーパー及び除雪車	4
		タンク車、じんかい車、し尿車、寝台車、霊きゅう車、トラックミキサー、レッカーその他特殊車体を架装したもの	
		小型車（じんかい車及びし尿車にあつては積載量が2トン以下、その他のものにあつては総排気量が2リットル以下のものをいう。）	3
		その他のもの	4
	運送事業用、貸自動車業用又は自動車教習所用の車両及び運搬具（前掲のものを除く。）	自動車（二輪又は三輪自動車を含み、乗合自動車を除く。）	
		小型車（貨物自動車にあつては積載量が2トン以下、その他のものにあつては総排気量が2リットル以下のものをいう。）	3
		その他のもの	
		大型乗用車（総排気量が3リットル以上のものをいう。）	5
		その他のもの	4
		乗合自動車	5
		自転車及びリヤカー	2
		被けん引車その他のもの	4
	前掲のもの以外のもの	自動車（二輪又は三輪自動車を除く。）	
		小型車（総排気量が0.66リットル以下のものをいう。）	4
		その他のもの	
		貨物自動車	
		ダンプ式のもの	4
		その他のもの	5
		報道通信用のもの	5
		その他のもの	6
		二輪又は三輪自動車	3
		自転車	2
		鉱山用人車、炭車、鉱車及び台車	
		金属製のもの	7
		その他のもの	4
		フォークリフト	4
		トロッコ	
		金属製のもの	5
		その他のもの	3
		その他のもの	
		自走能力を有するもの	7
		その他のもの	4
工具	測定工具及び検査工具（電気又は電子を利用するものを含む。）		5
	治具及び取付工具		3
	ロール	金属圧延用のもの	4
		なつ染ロール、粉砕ロール、混練ロールその他のもの	3
	型（型枠を含む。）、鍛圧工具及び打抜工具	プレスその他の金属加工用金型、合成樹脂、ゴム又はガラス成型用金型及び鋳造用型	2
		その他のもの	3
	切削工具		2
	金属製柱及びカッペ		3
	活字及び活字に常用される金属	購入活字（活字の形状のまま反復使用するものに限る。）	2
		自製活字及び活字に常用される金属	8
	前掲のもの以外のもの	白金ノズル	13
		その他のもの	3
	前掲の区分によらないもの	白金ノズル	13
		その他の主として金属製のもの	8
		その他のもの	4

器具及び備品	1 家具、電気機器、ガス機器及び家庭用品（他の項に掲げるものを除く。）	事務机、事務いす及びキャビネット	
		主として金属製のもの	15
		その他のもの	8
		応接セット	
		接客業用のもの	5
		その他のもの	8
		ベッド	8
		児童用机及びいす	5
		陳列だな及び陳列ケース	
		冷凍機付又は冷蔵機付のもの	6
		その他のもの	8
		その他の家具	
		接客業用のもの	5
		その他のもの	
		主として金属製のもの	15
		その他のもの	8
		ラジオ、テレビジョン、テープレコーダーその他の音響機器	5
		冷房用又は暖房用機器	6
		電気冷蔵庫、電気洗濯機その他これらに類する電気又はガス機器	6
		氷冷蔵庫及び冷蔵ストッカー（電気式のものを除く。）	4
		カーテン、座ぶとん、寝具、丹前その他これらに類する繊維製品	3
		じゆうたんその他の床用敷物	
		小売業用、接客業用、放送用、レコード吹込用又は劇場用のもの	3
		その他のもの	6
		室内装飾品	
		主として金属製のもの	15
		その他のもの	8
		食事又はちゆう房用品	
		陶磁器製又はガラス製のもの	2
		その他のもの	5
		その他のもの	
		主として金属製のもの	15
		その他のもの	8
	2 事務機器及び通信機器	謄写機器及びタイプライター	
		孔版印刷又は印書業用のもの	3
		その他のもの	5
		電子計算機	
		パーソナルコンピュータ（サーバー用のものを除く。）	4
		その他のもの	5
		複写機、計算機（電子計算機を除く。）、金銭登録機、タイムレコーダーその他これらに類するもの	5
		その他の事務機器	5
		テレタイプライター及びファク	

		シミリ	5
		インターホーン及び放送用設備	6
		電話設備その他の通信機器	
		デジタル構内交換設備及びデジタルボタン電話設備	6
		その他のもの	10
	3 時計、試験機器及び測定機器	時計	10
		度量衡器	5
		試験又は測定機器	5
	4 光学機器及び写真製作機器	オペラグラス	2
		カメラ、映画撮影機、映写機及び望遠鏡	5
		引伸機、焼付機、乾燥機、顕微鏡その他の機器	8
	5 看板及び広告器具	看板、ネオンサイン及び気球	3
		マネキン人形及び模型	2
		その他のもの	
		主として金属製のもの	10
		その他のもの	5
	6 容器及び金庫	ボンベ	
		溶接製のもの	6
		鍛造製のもの	
		塩素用のもの	8
		その他のもの	10
		ドラムかん、コンテナーその他の容器	
		大型コンテナー（長さが6メートル以上のものに限る。）	7
		その他のもの	
		金属製のもの	3
		その他のもの	2
		金庫	
		手さげ金庫	5
		その他のもの	20
	7 理容又は美容機器		5
	8 医療機器	消毒殺菌用機器	4
		手術機器	5
		血液透析又は血しよう交換用機器	7
		ハバードタンクその他の作動部分を有する機能回復訓練機器	6
		調剤機器	6
		歯科診療用ユニット	7
		光学検査機器	
		ファイバースコープ	6
		その他のもの	8
		その他のもの	
		レントゲンその他の電子装置を使用する機器	
		移動式のもの、救急医療用	

	のもの及び自動血液分析器	4
	その他のもの	6
	その他のもの	
	陶磁器製又はガラス製のもの	3
	主として金属製のもの	10
	その他のもの	5
9　娯楽又はスポーツ器具及び興行又は演劇用具	たまつき用具	8
	パチンコ器、ビンゴ器その他これらに類する球戯用具及び射的用具	2
	ご、しようぎ、まあじやん、その他の遊戯具	5
	スポーツ具	3
	劇場用観客いす	3
	どんちよう及び幕	5
	衣しよう、かつら、小道具及び大道具	2
	その他のもの	
	主として金属製のもの	10
	その他のもの	5
10　生物	植物	
	貸付業用のもの	2
	その他のもの	15
	動物	
	魚類	2
	鳥類	4
	その他のもの	8
11　前掲のもの以外のもの	映画フイルム（スライドを含む。）、磁気テープ及びレコード	2
	シート及びロープ	2
	きのこ栽培用ほだ木	3
	漁具	3
	葬儀用具	3
	楽器	5
	自動販売機(手動のものを含む。)	5
	無人駐車管理装置	5
	焼却炉	5
	その他のもの	
	主として金属製のもの	10
	その他のもの	5
12　前掲する資産のうち、当該資産について定められている前掲の耐用年数によるもの以外のもの及び前掲の区分によらないもの	主として金属製のもの	15
	その他のもの	8

別表第2　機械及び装置の耐用年数表

番号	設備の種類	細目	耐用年数
1	食料品製造業用設備		年 10
2	飲料、たばこ又は飼料製造業用設備		10
3	繊維工業用設備	炭素繊維製造設備 　黒鉛化炉 　その他の設備 その他の設備	3 7 7
4	木材又は木製品（家具を除く。）製造業用設備		8
5	家具又は装備品製造業用設備		11
6	パルプ、紙又は紙加工品製造業用設備		12
7	印刷業又は印刷関連業用設備	デジタル印刷システム設備 製本業用設備 新聞業用設備 　モノタイプ、写真又は通信設備 　その他の設備 その他の設備	4 7 3 10 10
8	化学工業用設備	臭素、よう素又は塩素、臭素若しくはよう素化合物製造設備 塩化りん製造設備 活性炭製造設備 ゼラチン又はにかわ製造設備 半導体用フォトレジスト製造設備 フラットパネル用カラーフィルター、偏光板又は偏光板用フィルム製造設備 その他の設備	5 4 5 5 5 5 8
9	石油製品又は石炭製品製造業用設備		7
10	プラスチック製品製造業用設備（他の号に掲げるものを除く。）		8
11	ゴム製品製造業用設備		9
12	なめし革、なめし革製品又は毛皮製造業用設備		9
13	窯業又は土石製品製造業用設備		9
14	鉄鋼業用設備	表面処理鋼材若しくは鉄粉製造業	

番号	設備	細目	年数
		又は鉄スクラップ加工処理業用設備	5
		純鉄、原鉄、ベースメタル、フェロアロイ、鉄素形材又は鋳鉄管製造業用設備	9
		その他の設備	14
15	非鉄金属製造業用設備	核燃料物質加工設備	11
		その他の設備	7
16	金属製品製造業用設備	金属被覆及び彫刻業又は打はく及び金属製ネームプレート製造業用設備	6
		その他の設備	10
17	はん用機械器具（はん用性を有するもので、他の器具及び備品並びに機械及び装置に組み込み、又は取り付けることによりその用に供されるものをいう。）製造業用設備（第20号及び第22号に掲げるものを除く。）		12
18	生産用機械器具（物の生産の用に供されるものをいう。）製造業用設備（次号及び第21号に掲げるものを除く。）	金属加工機械製造設備	9
		その他の設備	12
19	業務用機械器具（業務用又はサービスの生産の用に供されるもの（これらのものであつて物の生産の用に供されるものを含む。）をいう。）製造業用設備（第17号、第21号及び第23号に掲げるものを除く。）		7
20	電子部品、デバイス又は電子回路製造業用設備	光ディスク（追記型又は書換え型のものに限る。）製造設備	6
		プリント配線基板製造設備	6
		フラットパネルディスプレイ、半導体集積回路又は半導体素子製造設備	5
		その他の設備	8
21	電気機械器具製造業用設備		7
22	情報通信機械器具製造業用設備		8
23	輸送用機械器具製造業用設備		9
24	その他の製造業用設備		9
25	農業用設備		7
26	林業用設備		5
27	漁業用設備（次号に掲げるものを除く。）		5

番号	設備	細目	年数
28	水産養殖業用設備		5
29	鉱業、採石業又は砂利採取業用設備	石油又は天然ガス鉱業用設備　坑井設備	3
		掘さく設備	6
		その他の設備	12
		その他の設備	6
30	総合工事業用設備		6
31	電気業用設備	電気業用水力発電設備	22
		その他の水力発電設備	20
		汽力発電設備	15
		内燃力又はガスタービン発電設備	15
		送電又は電気業用変電若しくは配電設備　需要者用計器	15
		柱上変圧器	18
		その他の設備	22
		鉄道又は軌道業用変電設備	15
		その他の設備　主として金属製のもの	17
		その他のもの	8
32	ガス業用設備	製造用設備	10
		供給用設備　鋳鉄製導管	22
		鋳鉄製導管以外の導管	13
		需要者用計量器	13
		その他の設備	15
		その他の設備　主として金属製のもの	17
		その他のもの	8
33	熱供給業用設備		17
34	水道業用設備		18
35	通信業用設備		9
36	放送業用設備		6
37	映像、音声又は文字情報制作作業用設備		8
38	鉄道業用設備	自動改札装置	5
		その他の設備	12

39	道路貨物運送業用設備		12
40	倉庫業用設備		12
41	運輸に附帯するサービス業用設備		10
42	飲食料品卸売業用設備		10
43	建築材料、鉱物又は金属材料等卸売業用設備	石油又は液化石油ガス卸売用設備（貯そうを除く。）	13
		その他の設備	8
44	飲食料品小売業用設備		9
45	その他の小売業用設備	ガソリン又は液化石油ガススタンド設備	8
		その他の設備	
		主として金属製のもの	17
		その他のもの	8
46	技術サービス業用設備（他の号に掲げるものを除く。）	計量証明業用設備	8
		その他の設備	14
47	宿泊業用設備		10
48	飲食店業用設備		8
49	洗濯業、理容業、美容業又は浴場業用設備		13
50	その他の生活関連サービス業用設備		6
51	娯楽業用設備	映画館又は劇場用設備	11
		遊園地用設備	7
		ボウリング場用設備	13
		その他の設備	
		主として金属製のもの	17
		その他のもの	8
52	教育業（学校教育業を除く。）又は学習支援業用設備	教習用運転シミュレータ設備	5
		その他の設備	
		主として金属製のもの	17
		その他のもの	8
53	自動車整備業用設備		15
54	その他のサービス業用設備		12
55	前掲の機械及び装置以外のもの並びに前掲の区分によらないもの	機械式駐車設備	10
		ブルドーザー、パワーショベルその他の自走式作業用機械設備	8

		その他の設備	
		主として金属製のもの	17
		その他のもの	8

別表第3　無形減価償却資産の耐用年数表

種　　類	細　　　　　目	耐用年数
漁　業　権		年 10
ダ ム 使 用 権		55
水　利　権		20
特　許　権		8
実 用 新 案 権		5
意　匠　権		7
商　標　権		10
ソ フ ト ウ エ ア	複写して販売するための原本	3
	その他のもの	5
育 成 者 権	種苗法（平成10年法律第83号）第4条第2項に規定する品種	10
	その他	8
営　業　権		5
専用側線利用権		30
鉄道軌道連絡通行施設利用権		30
電気ガス供給施設利用権		15
水道施設利用権		15
工業用水道施設利用権		15
電気通信施設利用権		20

別表第4　生物の耐用年数表

種　　類	細　　　　目	耐用年数
牛	繁殖用（家畜改良増殖法（昭和25年法律第209号）に基づく種付証明書、授精証明書、体内受精卵移植証明書又は体外受精卵移植証明書のあるものに限る。）	年
	役肉用牛	6
	乳用牛	4
	種付用（家畜改良増殖法に基づく種畜証明書の交付を受けた種おす牛に限る。）	4
	その他用	6
馬	繁殖用（家畜改良増殖法に基づく種付証明書又は授精証明書のあるものに限る。）	6

	種付用（家畜改良増殖法に基づく種畜証明書の交付を受けた種おす馬に限る。）	6
	競走用	4
	その他用	8
豚		3
綿羊及びやぎ	種付用	4
	その他用	6
かんきつ樹	温州みかん	28
	その他	30
りんご樹	わい化りんご	20
	その他	29
ぶどう樹	温室ぶどう	12
	その他	15
なし樹		26
桃樹		15
桜桃樹		21
びわ樹		30
くり樹		25
梅樹		25
かき樹		36
あんず樹		25
すもも樹		16
いちじく樹		11
キウイフルーツ樹		22
ブルーベリー樹		25
パイナップル		3
茶樹		34
オリーブ樹		25
つばき樹		25
桑樹	立て通し	18
	根刈り、中刈り、高刈り	9
こりやなぎ		10
みつまた		5
こうぞ		9
もう宗竹		20
アスパラガス		11
ラミー		8
まおらん		10
ホップ		9

別表第5　公害防止用減価償却資産の耐用年数表

種　　　　　　　　　類	耐用年数
構築物	年 18
機械及び装置	5

別表第6　開発研究用減価償却資産の耐用年数表

種　　類	細　　　　　目	耐用年数
建物及び建物附属設備	建物の全部又は一部を低温室、恒温室、無響室、電磁しやへい室、放射性同位元素取扱室その他の特殊室にするために特に施設した内部造作又は建物附属設備	年 5
構　築　物	風どう、試験水そう及び防壁	5
	ガス又は工業薬品貯そう、アンテナ、鉄塔及び特殊用途に使用するもの	7
工　　具		4
器具及び備品	試験又は測定機器、計算機器、撮影機及び顕微鏡	4
機械及び装置	汎用ポンプ、汎用モーター、汎用金属工作機械、汎用金属加工機械その他これらに類するもの	7
	その他のもの	4
ソフトウエア		3

別表第7　平成19年3月31日以前に取得をされた減価償却資産の償却率表

耐用年数	旧定額法の償却率	旧定率法の償却率	耐用年数	旧定額法の償却率	旧定率法の償却率
年			26	0.039	0.085
2	0.500	0.684	27	0.037	0.082
3	0.333	0.536	28	0.036	0.079
4	0.250	0.438	29	0.035	0.076
5	0.200	0.369	30	0.034	0.074
6	0.166	0.319	31	0.033	0.072
7	0.142	0.280	32	0.032	0.069
8	0.125	0.250	33	0.031	0.067
9	0.111	0.226	34	0.030	0.066
10	0.100	0.206	35	0.029	0.064
11	0.090	0.189	36	0.028	0.062
12	0.083	0.175	37	0.027	0.060
13	0.076	0.162	38	0.027	0.059
14	0.071	0.152	39	0.026	0.057
15	0.066	0.142	40	0.025	0.056
16	0.062	0.134	41	0.025	0.055
17	0.058	0.127	42	0.024	0.053
18	0.055	0.120	43	0.024	0.052
19	0.052	0.114	44	0.023	0.051
20	0.050	0.109	45	0.023	0.050
21	0.048	0.104	46	0.022	0.049
22	0.046	0.099	47	0.022	0.048
23	0.044	0.095	48	0.021	0.047
24	0.042	0.092	49	0.021	0.046
25	0.040	0.088	50	0.020	0.045

耐用年数			耐用年数		
51	0.020	0.044	76	0.014	0.030
52	0.020	0.043	77	0.013	0.030
53	0.019	0.043	78	0.013	0.029
54	0.019	0.042	79	0.013	0.029
55	0.019	0.041	80	0.013	0.028
56	0.018	0.040	81	0.013	0.028
57	0.018	0.040	82	0.013	0.028
58	0.018	0.039	83	0.012	0.027
59	0.017	0.038	84	0.012	0.027
60	0.017	0.038	85	0.012	0.026
61	0.017	0.037	86	0.012	0.026
62	0.017	0.036	87	0.012	0.026
63	0.016	0.036	88	0.012	0.026
64	0.016	0.035	89	0.012	0.026
65	0.016	0.035	90	0.012	0.025
66	0.016	0.034	91	0.011	0.025
67	0.015	0.034	92	0.011	0.025
68	0.015	0.033	93	0.011	0.025
69	0.015	0.033	94	0.011	0.024
70	0.015	0.032	95	0.011	0.024
71	0.014	0.032	96	0.011	0.024
72	0.014	0.032	97	0.011	0.023
73	0.014	0.031	98	0.011	0.023
74	0.014	0.031	99	0.011	0.023
75	0.014	0.030	100	0.010	0.023

耐用年数		耐用年数	
59	0.017	80	0.013
60	0.017	81	0.013
61	0.017	82	0.013
62	0.017	83	0.013
63	0.016	84	0.012
64	0.016	85	0.012
65	0.016	86	0.012
66	0.016	87	0.012
67	0.015	88	0.012
68	0.015	89	0.012
69	0.015	90	0.012
70	0.015	91	0.011
71	0.015	92	0.011
72	0.014	93	0.011
73	0.014	94	0.011
74	0.014	95	0.011
75	0.014	96	0.011
76	0.014	97	0.011
77	0.013	98	0.011
78	0.013	99	0.011
79	0.013	100	0.010

別表第9　平成19年4月1日から平成24年3月31日までの間に取得をされた減価償却資産の定率法の償却率、改定償却率及び保証率の表

別表第8　平成19年4月1日以後に取得をされた減価償却資産の定額法の償却率表

耐用年数	償 却 率	耐用年数	償 却 率
年		30	0.034
2	0.500	31	0.033
3	0.334	32	0.032
4	0.250	33	0.031
5	0.200	34	0.030
6	0.167	35	0.029
7	0.143	36	0.028
8	0.125	37	0.028
9	0.112	38	0.027
10	0.100	39	0.026
11	0.091	40	0.025
12	0.084	41	0.025
13	0.077	42	0.024
14	0.072	43	0.024
15	0.067	44	0.023
16	0.063	45	0.023
17	0.059	46	0.022
18	0.056	47	0.022
19	0.053	48	0.021
20	0.050	49	0.021
21	0.048	50	0.020
22	0.046	51	0.020
23	0.044	52	0.020
24	0.042	53	0.019
25	0.040	54	0.019
26	0.039	55	0.019
27	0.038	56	0.018
28	0.036	57	0.018
29	0.035	58	0.018

耐用年数	償 却 率	改定償却率	保 証 率
年			
2	1.000	—	—
3	0.833	1.000	0.02789
4	0.625	1.000	0.05274
5	0.500	1.000	0.06249
6	0.417	0.500	0.05776
7	0.357	0.500	0.05496
8	0.313	0.334	0.05111
9	0.278	0.334	0.04731
10	0.250	0.334	0.04448
11	0.227	0.250	0.04123
12	0.208	0.250	0.03870
13	0.192	0.200	0.03633
14	0.179	0.200	0.03389
15	0.167	0.200	0.03217
16	0.156	0.167	0.03063
17	0.147	0.167	0.02905
18	0.139	0.143	0.02757
19	0.132	0.143	0.02616
20	0.125	0.143	0.02517
21	0.119	0.125	0.02408
22	0.114	0.125	0.02296
23	0.109	0.112	0.02226
24	0.104	0.112	0.02157
25	0.100	0.112	0.02058
26	0.096	0.100	0.01989
27	0.093	0.100	0.01902
28	0.089	0.091	0.01866
29	0.086	0.091	0.01803
30	0.083	0.084	0.01766
31	0.081	0.084	0.01688
32	0.078	0.084	0.01655

33	0.076	0.077	0.01585		93	0.027	0.027	0.00615
34	0.074	0.077	0.01532		94	0.027	0.027	0.00598
35	0.071	0.072	0.01532		95	0.026	0.027	0.00594
36	0.069	0.072	0.01494		96	0.026	0.027	0.00578
37	0.068	0.072	0.01425		97	0.026	0.027	0.00563
38	0.066	0.067	0.01393		98	0.026	0.027	0.00549
39	0.064	0.067	0.01370		99	0.025	0.026	0.00549
40	0.063	0.067	0.01317		100	0.025	0.026	0.00546
41	0.061	0.063	0.01306
42	0.060	0.063	0.01261
43	0.058	0.059	0.01248
44	0.057	0.059	0.01210
45	0.056	0.059	0.01175
46	0.054	0.056	0.01175
47	0.053	0.056	0.01153
48	0.052	0.053	0.01126
49	0.051	0.053	0.01102
50	0.050	0.053	0.01072
51	0.049	0.050	0.01053
52	0.048	0.050	0.01036
53	0.047	0.048	0.01028
54	0.046	0.048	0.01015
55	0.045	0.046	0.01007
56	0.045	0.046	0.00961
57	0.044	0.046	0.00952
58	0.043	0.044	0.00945
59	0.042	0.044	0.00934
60	0.042	0.044	0.00895
61	0.041	0.042	0.00892
62	0.040	0.042	0.00882
63	0.040	0.042	0.00847
64	0.039	0.040	0.00847
65	0.038	0.039	0.00847
66	0.038	0.039	0.00828
67	0.037	0.038	0.00828
68	0.037	0.038	0.00810
69	0.036	0.038	0.00800
70	0.036	0.038	0.00771
71	0.035	0.036	0.00771
72	0.035	0.036	0.00751
73	0.034	0.035	0.00751
74	0.034	0.035	0.00738
75	0.033	0.034	0.00738
76	0.033	0.034	0.00726
77	0.032	0.033	0.00726
78	0.032	0.033	0.00716
79	0.032	0.033	0.00693
80	0.031	0.032	0.00693
81	0.031	0.032	0.00683
82	0.030	0.031	0.00683
83	0.030	0.031	0.00673
84	0.030	0.031	0.00653
85	0.029	0.030	0.00653
86	0.029	0.030	0.00645
87	0.029	0.030	0.00627
88	0.028	0.029	0.00627
89	0.028	0.029	0.00620
90	0.028	0.029	0.00603
91	0.027	0.027	0.00649
92	0.027	0.027	0.00632

別表第10　平成24年4月1日以後に取得をされた減価償却資産の定率法の償却率、改定償却率及び保証率の表

耐用年数	償却率	改定償却率	保証率
年			
2	1.000	—	—
3	0.667	1.000	0.11089
4	0.500	1.000	0.12499
5	0.400	0.500	0.10800
6	0.333	0.334	0.09911
7	0.286	0.334	0.08680
8	0.250	0.334	0.07909
9	0.222	0.250	0.07126
10	0.200	0.250	0.06552
11	0.182	0.200	0.05992
12	0.167	0.200	0.05566
13	0.154	0.167	0.05180
14	0.143	0.167	0.04854
15	0.133	0.143	0.04565
16	0.125	0.143	0.04294
17	0.118	0.125	0.04038
18	0.111	0.112	0.03884
19	0.105	0.112	0.03693
20	0.100	0.112	0.03486
21	0.095	0.100	0.03335
22	0.091	0.100	0.03182
23	0.087	0.091	0.03052
24	0.083	0.084	0.02969
25	0.080	0.084	0.02841
26	0.077	0.084	0.02716
27	0.074	0.077	0.02624
28	0.071	0.072	0.02568
29	0.069	0.072	0.02463
30	0.067	0.072	0.02366
31	0.065	0.067	0.02286
32	0.063	0.067	0.02216
33	0.061	0.063	0.02161
34	0.059	0.063	0.02097
35	0.057	0.059	0.02051
36	0.056	0.059	0.01974
37	0.054	0.056	0.01950
38	0.053	0.056	0.01882
39	0.051	0.053	0.01860
40	0.050	0.053	0.01791
41	0.049	0.050	0.01741
42	0.048	0.050	0.01694
43	0.047	0.048	0.01664
44	0.045	0.046	0.01664
45	0.044	0.046	0.01634

46	0.043	0.044	0.01601
47	0.043	0.044	0.01532
48	0.042	0.044	0.01499
49	0.041	0.042	0.01475
50	0.040	0.042	0.01440
51	0.039	0.040	0.01422
52	0.038	0.039	0.01422
53	0.038	0.039	0.01370
54	0.037	0.038	0.01370
55	0.036	0.038	0.01337
56	0.036	0.038	0.01288
57	0.035	0.036	0.01281
58	0.034	0.035	0.01281
59	0.034	0.035	0.01240
60	0.033	0.034	0.01240
61	0.033	0.034	0.01201
62	0.032	0.033	0.01201
63	0.032	0.033	0.01165
64	0.031	0.032	0.01165
65	0.031	0.032	0.01130
66	0.030	0.031	0.01130
67	0.030	0.031	0.01097
68	0.029	0.030	0.01097
69	0.029	0.030	0.01065
70	0.029	0.030	0.01034
71	0.028	0.029	0.01034
72	0.028	0.029	0.01006
73	0.027	0.027	0.01063
74	0.027	0.027	0.01035
75	0.027	0.027	0.01007
76	0.026	0.027	0.00980
77	0.026	0.027	0.00954
78	0.026	0.027	0.00929
79	0.025	0.026	0.00929
80	0.025	0.026	0.00907
81	0.025	0.026	0.00884
82	0.024	0.024	0.00929
83	0.024	0.024	0.00907
84	0.024	0.024	0.00885
85	0.024	0.024	0.00864
86	0.023	0.023	0.00885
87	0.023	0.023	0.00864
88	0.023	0.023	0.00844
89	0.022	0.022	0.00863
90	0.022	0.022	0.00844
91	0.022	0.022	0.00825
92	0.022	0.022	0.00807
93	0.022	0.022	0.00790
94	0.021	0.021	0.00807
95	0.021	0.021	0.00790
96	0.021	0.021	0.00773
97	0.021	0.021	0.00757
98	0.020	0.020	0.00773
99	0.020	0.020	0.00757
100	0.020	0.020	0.00742

別表第11　平成19年3月31日以前に取得をされた減価償却資産の残存割合表

種　　類	細　　目	残存割合
別表第1、別表第2、別表第5及び別表第6に掲げる減価償却資産（同表に掲げるソフトウエアを除く。）		100分の10
別表第3に掲げる無形減価償却資産、別表第6に掲げるソフトウエア並びに鉱業権及び坑道		零
別表第4に掲げる生物	牛	
	繁殖用の乳用牛及び種付用の役肉用牛	100分の20
	種付用の乳用牛	100分の10
	その他用のもの	100分の50
	馬	
	繁殖用及び競走用のもの	100分の20
	種付用のもの	100分の10
	その他用のもの	100分の30
	豚	100分の30
	綿羊及びやぎ	100分の5
	果樹その他の植物	100分の5

令和6年版　火災報告取扱要領ハンドブック

令和6年4月20日　初 版 発 行
令和6年9月20日　初版2刷発行　（令和6年2月1日現在）

編　著／防災行政研究会

発行者／星 沢 卓 也

発行所／東京法令出版株式会社

112-0002　東京都文京区小石川5丁目17番3号　03(5803)3304
534-0024　大阪市都島区東野田町1丁目17番12号　06(6355)5226
062-0902　札幌市豊平区豊平2条5丁目1番27号　011(822)8811
980-0012　仙台市青葉区錦町1丁目1番10号　022(216)5871
460-0003　名古屋市中区錦1丁目6番34号　052(218)5552
730-0005　広島市中区西白島町11番9号　082(212)0888
810-0011　福岡市中央区高砂2丁目13番22号　092(533)1588
380-8688　長 野 市 南 千 歳 町 1005 番 地
　　　　　〔営業〕T E L 026(224)5411　F A X 026(224)5419
　　　　　〔編集〕T E L 026(224)5412　F A X 026(224)5439
　　　　　　　　　https://www.tokyo-horei.co.jp/